한 번에 합격,
자격증은 이기적

KB050266

이렇게
기막힌
적중률

함께 공부하고 특별한 혜택까지!
이기적 스터디 카페 🔍

구독자 13만 명, 전강 무료!
이기적 유튜브 🔍

자격증 독학, 어렵지 않다!
수험생 합격 전담마크

이기적 스터디 카페

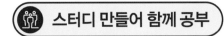 스터디 만들어 함께 공부

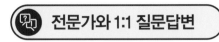 전문가와 1:1 질문답변

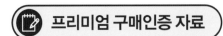 프리미엄 구매인증 자료

 365일 진행되는 이벤트

이기적 스터디 카페

인증만 하면, 고퀄리티 강의가 무료!

100% 무료 강의

영진닷컴 이기적

1년 365일 이기적이 쏜다!

365일 진행되는 이벤트에 참여하고 다양한 혜택을 누리세요.

EVENT ❶
기출문제 복원

- 이기적 독자 수험생 대상
- 응시일로부터 7일 이내 시험만 가능
- 스터디 카페의 링크 클릭하여 제보

이벤트 자세히 보기 ▶

EVENT ❷
합격 후기 작성

- 이기적 스터디 카페의 가이드 준수
- 네이버 카페 또는 개인 SNS에 등록 후 이기적 스터디 카페에 인증

이벤트 자세히 보기 ▶

EVENT ❸
온라인 서점 리뷰

- 온라인 서점 구매자 대상
- 한줄평 또는 텍스트 & 포토리뷰 작성 후 이기적 스터디 카페에 인증

이벤트 자세히 보기 ▶

EVENT ❹
정오표 제보
- 이름, 연락처 필수 기재
- 도서명, 페이지, 수정사항 작성
- book2@youngjin.com으로 제보

이벤트 자세히 보기 ▶

N Pay
20,000원
네이버페이
포인트 쿠폰

영진닷컴 쇼핑몰
30,000원

- N페이 포인트 5,000~20,000원 지급
- 영진닷컴 쇼핑몰 30,000원 적립
- 30,000원 미만의 영진닷컴 도서 증정

※ 이벤트별 혜택은 변경될 수 있으므로 자세한 내용은 해당 QR을 참고하세요.

이렇게
기막힌
적중률

굴착기(굴삭기)운전기능사
필기 기본서

"이" 한 권으로 합격의 "기적"을 경험하세요!

YoungJin.com Y.
영진닷컴

구매자 혜택 BIG 6

CBT 온라인 문제집

실제 시험장처럼 PC로 시험에 응시해 보세요.
(모바일로도 응시 가능합니다!)
하나하나 풀다 보면 실력이 쑥쑥 올라가는 것을 확인할
수 있습니다.

이기적 스터디 카페

이기적 스터디 카페에서 함께 자격증을 준비하세요.
다양한 시험 정보와 이벤트, 1:1 질문답변까지 해결해 드
립니다.

* 이기적 스터디 카페 : cafe.naver.com/yjbooks

이기적 유튜브

단기 합격의 공식, 이기적 수험서!
다양한 자격증의 실전 강의와 다채로운 영상을 찾아보실
수 있습니다.

자료실

책으로는 모자라다!
자료를 더 원하는 수험생을 위해 준비했습니다.
이기적 홈페이지에서 추가로 제공하는 다양한 자료를 다운로드 받으세요.

추가 모의고사 1회분

이기적 스터디 카페에서 해당 도서의 구매인증을 해주시면 모의고사 1회분 PDF를 보내드립니다. 합격을 위한 다양한 정보들도 받아가세요.

정오표

이미 출간된 도서에는 오류가 있을 수 있습니다.
출간 후 발견되는 오류는 정오표를 확인해 주세요.

* 도서의 오류는 교환, 환불의 사유에 해당하지 않습니다.

이기적 200% 활용 가이드

STEP 1
핵심 이론

SECTION **06** 위험요소

01 굴착기 작업시 위험요소 예방

굴착기 작업 시 주의할 위험요소는 낙하, 협착 및 충돌, 전도 및 추락 위험이 있다.

1) 작업장 확인
작업 현장에서는 작업 전에 작업 반경 내 위험 요소 및 주변 구조물과의 충돌 방지를 위해 반드시 시설물의 위치를 육안으로 확인한다.

더알기 Tip
재해예방의 4원칙(하인리히 법칙)
・손실 우연의 원칙 : 사고로 인한 손실상태의 종류 및 정도는 우연이다.
・원인 계기의 원칙 : 사고는 여러 가지 원인이 연속적으로 연쇄되어 일어난다.
・예방 가능의 원칙 : 사고는 예방이 가능하다.
・대책 선정의 원칙 : 사고예방을 위한 안전대책이 선정되고 적용되어야 한다.

기적의 Tip
안전한 작업을 수행하기 위해서 굴착기의 주기상태를 확인하고 파악하고 안전시고 예방을 위해 정비 이용 시 '도로교통법'을 준수한다.

2) 토사의 낙하 재해 예방
① 토사의 적재 상태를 확인하고 작업장 바닥의 요철을 확인한다.
② 허용 하중을 초과한 적재를 금지한다.
③ 마모가 심한 타이어를 교체한다.

3) 협착 및 충돌 재해 예방
① 굴착기 전용 통로를 확보한다.
② 굴착기 운행구간별 제한속도 지정 및 표지판을 부착한다.

③ 교차로 등 사각지대에 반사경을 설치한다.
④ 불안전한 화물 적재 금지 및 시야를 확보하도록 적재한다.

4) 굴착기 전도 재해 예방
① 연약한 지반에서는 받침판을 사용하고 작업한다.
② 연약한 지반에서 편하중에 주의하여 작업한다.
③ 굴착기의 용량을 무시하고 무리하게 작업하지 않는다.
④ 급선회, 급제동, 급출발 등의 오작동을 하지 않는다.

기적의 Tip
화물의 적재중량보다 작은 굴착기로 작업하지 않는다.

5) 추락 재해 예방
① 운전석 이외에 작업자 탑승을 금지한다.
② 난폭운전 금지 및 유도자의 신호에 따라 작업한다.
③ 안전벨트를 착용하고 작업한다.

02 폭발성 물질과 발화성 물질

1) 연소의 3요소와 점화원
① 연소의 3요소 : 가연물, 산소 공급원(공기), 점화원
② 점화원(열원) : 불꽃, 고열물, 단열압축, 산화열

2) 가연물의 조건
① 산소와의 접촉면이 크고 산화하기 쉬운 것
② 발열량이 크고 열전도율이 작으며 건조도가 양호

위험요소 : SECTION 06 **139**

기출 유형을 분석하여 반드시 알아야 할 내용 위주로 구성하였습니다.

① 출제 빈도 [상] [중] [하]
각 Section을 상/중/하 등급으로 나누었습니다.

② 기적의 Tip
출제 경향에 따라서 알고 넘어가야 할 내용을 담고 있습니다.

③ 더알기 Tip
내용을 좀 더 자세히 이해할 수 있도록 하는 설명입니다.

STEP 2
이론을 확인하는 개념체크

---

② 요철 부분의 길을 통과할 때 양 바퀴의 회전수를 다르게 하여 원활한 회전을 가능하게 한다.

3) 자동제한 차동 기어장치
자동제한 차동 기어장치는 미끄럼으로 공전하고 있는 바퀴의 구동력을 감소시키고 반대쪽의 저항이 큰 바퀴에 공전하고 있는 바퀴의 감소된 분량만큼의 동력을 더 전달시켜 미끄럼에 따른 공회전 없이 주행할 수 있도록 하는 장치이다.

기적의 Tip
노면이 양호한 곳을 주행할 때 좌ㆍ우 바퀴에는 동일한 크기의 동력이 분배된다. 하지만 커브길을 선회하거나 미끄럼이 발생하는 도로에서는 노면의 저항이 적은 쪽의 바퀴가 공전하여 반 구동바퀴에 저항이 증가되어 회전을 하지 못한다.

4) 액슬축
종 감속 기어, 차동 기어장치를 거쳐 전달된 동력을 뒷바퀴에 전달한다.

더알기 Tip
액슬축의 지지방식
・전 부동식 : 차량 중량은 액슬 하우징이 지지하고 액슬축은 동력만 전달한다.
・3/4 부동식 : 차량 중량의 1/4을 액슬축이 지지하고 나머지는 액슬 하우징이 지지한다.
・반 부동식 : 차량 중량 1/2을 액슬축이 지지하고 나머지는 액슬 하우징이 지지한다.

이론을 확인하는 개념 체크

01 산화 브레이크 밸브는 내부 기기의 파손이나 충격을 방지한다. (O, X)
02 타이어식 굴착기는 스프로킷을 통해 바퀴에 동력을 전달한다. (O, X)
03 무한궤도식의 조향 클러치는 좌우 기초에 장착된다. (O, X)
04 유체 클러치 오일의 점도는 높아야 한다. (O, X)
05 클러치의 자유 유격이 너무 크면 클러치가 미끄러질 수 있다. (O, X)
06 2개의 축 사이에 설치되어 동력을 전달하고 추진축의 각도 변화를 가능하도록 하는 드라이브 라인은 슬립 이음이다. (O, X)
07 토크컨버터는 유체 클러치에서 스테이터를 추가한 구조이다. (O, X)
08 자동제한 차동 기어장치는 공전하는 바퀴의 구동력을 감소시킨다. (O, X)

01 O 02 X 03 O 04 X 05 X 06 X 07 O 08 O

74 PART 02 : 주행 및 작업

Section에서 학습한 내용을 빠르고 신속하게 복습할 수 있습니다.

① 각 Section에서 놓치지 말아야 할 내용을 우선하여 구성하였습니다.

② 정답은 OX 문항 형태로, 시간 제한이 있는 시험장에서 빠르게 답을 떠올릴 수 있도록 연습할 수 있습니다.

③ 이론과 문제에서 헷갈릴 수 있는 개념을 쉽게 익힐 수 있습니다.

STEP 3

합격을 다지는 예상문제

합격을 다지는 **예상문제**

01 굴착기의 시동 전 점검 사항으로 적합하지 않은 것은?
① 라디에이터의 냉각수량 확인 및 부족 시 보충
② 엔진 오일량 확인 및 부족 시 조정
③ 배출가스의 상태 확인 및 조정
④ V벨트 상태 확인 및 장력 부족 시 조정

해설 가스의 상태는 시동을 건 후에 점검해야 한다.

02 굴착기의 힘이 약할 때 원인이 되는 것은?
① 메인 릴리프 밸브의 설정 압력이 낮다.
② 과부하 릴리프 밸브의 설정 압력이 낮다.
③ 브레이크 밸브의 설정 압력이 낮다.
④ 배터리에 충전이 안 되고 있다.

유압 밸브에서 내부 누유이거나 릴리프 밸브의 설정 압력이 낮을 때 힘이 약한 원인이 된다.

03 굴착기의 시동 전에 이뤄져야 하는 외관점검 사항이 아닌 것은?
① 고압 호스 및 파이프 연결부 손상 여부
② 각종 오일의 누유 여부
③ 각종 볼트, 너트의 체결 상태
④ 유압유 탱크의 필터 오염 상태

유압유 밸브의 필터는 연간(일정 시일)로 시동 전 점검 사항은 아니다

04 굴착기 작업 시 작업 안전사항으로 틀린 것은?
① 기중 작업은 가능한 피하는 것이 좋다.
② 경사지 작업 시 측면절삭을 행하는 것이 좋다.
③ 타이어식 굴착기로 작업 시 안전을 위하여 아웃트리거를 받치고 작업한다.
④ 한쪽 트랙을 들 때 암과 붐 사이의 각도는 90~110° 범위로 하는 것이 좋다.

굴착기로 경사지에서 작업할 때에는 경사지의 앞을 평면하게 고르고 작업을 해야 안전하고, 경사지 작업 시 측면으로 절삭하면 전복되기 쉽다.

05 덤프트럭에 상차 작업 시 가장 중요한 굴착기의 위치는?
① 선회 거리를 가장 짧게 한다.
② 암 작동 거리를 가장 짧게 한다.
③ 버킷 작동 거리를 가장 짧게 한다.
④ 붐 작동 거리를 가장 짧게 한다.

상차 작업 시 선회 거리를 가장 짧게 하는 것이 가장 안전하다.

28 PART 01 : 점검

STEP 4

기출 유형 문제

기출 유형 문제 **01회**

01 건설기계의 일상점검 정비사항이 아닌 것은?
① 볼트, 너트 등의 이완 및 탈락 상태
② 유압장치, 엔진, 롤러 등의 누유 상태
③ 브레이크 라이닝의 교환 주기 상태
④ 각 계기류, 스위치, 등화장치의 작동 상태

02 다음 중 굴착기 정차 및 주차 방법으로 틀린 것은?
① 평탄한 지면에 정차시키고 침수 지역은 피한다.
② 붐, 암 및 버킷을 최대한 오므리고 실린더가 노출되게 하며 레버를 중립 위치에 놓는다.
③ 경사지에서 트랙 밑에 쐐기를 고여 안전하게 한다.
④ 연료를 만충하고, 각 부를 청소하며, 그리스를 급유한다.

03 다음 중 굴착기의 작업장치에 속하지 않는 것은?
① 붐
② 암
③ 버킷
④ 롤러

04 다음 중 굴착기의 안전 수칙으로 설명이 잘못된 것은?
① 버킷이나 하중을 달아 올린 채로 브레이크를 걸어 두어서는 안 된다.
② 운전석을 떠날 때에는 기관을 정지시켜야 한다.
③ 주차 시 반드시 선회 브레이크를 풀어놓고 장비로부터 내려와야 한다.
④ 무거운 하중은 5~10cm 들어 올려 기계의 안전을 확인한 다음에 작업에 임하도록 한다.

05 하부 주행장치에 대한 조치사항 중 틀린 것은?
① 트랙의 장력은 38~50mm로 조정한다.
② 트랙의 장력 조정은 그리스 주입식이 있다.
③ 마멸 및 균열 등이 있으면 교환한다.
④ 프레임에 휨이 생기면 프레스로 수정하여 사용한다.

06 다음 중 굴착 작업방법에 대한 설명으로 틀린 것은?
① 버킷으로 옆으로 밀거나 스윙 시의 충격을 이용하지 말 것
② 하강하는 버킷이나 붐의 중력을 이용하여 굴착할 것
③ 굴착부를 주의 깊게 관찰하며 작업할 것
④ 과부하를 받으면 버킷을 지면에 내리고 레버를 중립으로 리턴시킬 것

278 PART 07 : 기출 유형 문제

시험에 언제든 출제될 수 있는 문제들을 모아 구성하였습니다.

① 답안을 눈에 띄도록 하여 신속하게 확인하고 문제와 답안을 숙지할 수 있습니다.

② 곧바로 해설을 확인하여 문제의 이론적 배경을 이해할 수 있습니다.

③ Section별 빈출 내용을 문제로 정리할 수 있습니다.

기출 문제 유형을 바탕으로 구성한 모의고사로 시험 준비를 마무리 할 수 있습니다.

① 다양한 유형을 수록하여 어떠한 문제에도 대비할 수 있도록 하였습니다.

② 실제 시험장에서 시험을 보듯 스스로의 실력을 검증해보세요.

차례

PART 01 점검

PART 02 주행 및 작업

**각 섹션을 출제 빈도에 따라
상 > 중 > 하 로 분류하였습니다.**

- **상** : 출제 범위 문제 은행 상에 가장 높은 비중을 차지하는 분야로, 거의 확정적으로 출제됩니다.
- **중** : 시험 문제에 종종 출제되지만, 문제의 수나 빈도는 다소 떨어집니다.
- **하** : 상대적으로 출제율이 낮은 분야로, 단기학습 시에는 중요도가 떨어집니다.

시험의 모든 것

01 필기 응시 자격 조건

- 남녀노소 누구나 응시 가능

02 필기 원서 접수하기

- q-net.or.kr에서 접수
- 상시 검정 : 최근 기간에 해당하는 시험 일정 조회 후 접수
- 검정 수수료 : 14,500원

03 필기 시험

- 신분증 및 필기구 지참
- 전과목 혼합, 객관식 60문항(60분)
- 시험은 컴퓨터로만 진행되는 CBT(Computer Based Test) 형식으로 진행됨

04 필기 합격자 발표

- 100점 만점으로 하여 60점 이상
- q-net.or.kr에서 합격자 발표

CBT 시험 가이드

CBT 시험 체험하기

CBT란 Computer Based Test의 약자로, 종이 시험 대신 컴퓨터로 문제를 푸는 시험 방식을 말합니다. 직접 체험을 원하는 수험생은 한국산업인력공단 홈페이지 큐넷(Q-net)을 방문하거나, 본 도서의 QR코드를 통해 자격검정 CBT 웹 체험 프로그램을 이용하실 수 있습니다.

* CBT 온라인 문제집 체험(cbt.youngjin.com)

01 좌석 번호 확인

수험자 접속 대기 화면에서 본인의 좌석 번호를 확인합니다.

02 수험자 정보 확인

시험 감독관이 수험자의 신분을 확인하는 단계입니다. 신분 확인이 끝나면 시험이 시작됩니다.

03 안내사항

시험 안내사항을 확인하고, 다음을 클릭합니다.

04 유의사항

시험과 관련된 유의사항을 확인합니다.

05 문제풀이 메뉴 설명

시험을 볼 때 필요한 메뉴에 대한 설명입니다. 메뉴를 이용해 글자 크기와 화면 배치를 조정할 수 있습니다. 남은 시간을 확인하며 답을 표기하고, 필요한 경우 아래의 계산기를 이용할 수 있습니다.

06 문제풀이 연습

시험 보기 전, 연습을 해 보는 단계입니다. 직접 시험 메뉴 화면을 클릭하며, CBT가 어떻게 진행되는지 확인합니다.

07 시험 준비 완료

문제풀이 연습을 모두 마친 후 [시험 준비 완료] 버튼을 클릭하면 시험 감독관의 지시에 따라 시험이 시작됩니다.

08 시험 시작

시험이 시작되었습니다. 수험자분들은 제한 시간에 맞추어 문제풀이를 시작합니다.

09 답안 제출

시험을 완료하면 [답안 제출] 버튼을 클릭합니다. 답안을 수정하기 위해 시험화면으로 돌아가고 싶으면 [아니오] 버튼을 클릭합니다.

10 답안 제출 최종 확인

답안 제출 메뉴에서 [예] 버튼을 클릭하면, 수험자의 실수를 방지하기 위해 한 번 더 주의 문구가 나타납니다. 완벽히 시험 문제 풀이가 끝났다면 [예] 버튼을 클릭하여 최종 제출합니다.

11 합격 발표

CBT 시험이 모두 종료되면, 바로 합격/불합격 여부를 확인할 수 있습니다.

교통안전표지

주의표지	+자형교차로	T자형교차로	Y자형교차로	ㅏ자형교차로	ㅓ자형교차로	우선도로
	우합류도로	좌합류도로	회전형교차로	철길건널목	우로굽은도로	좌로굽은도로	2방향통행
	우좌로이중굽은도로	좌우로이중굽은도로	오르막경사	내리막경사	도로폭이좁아짐	우측차로없어짐	좌측차로없어짐
	우측방통행	양측방통행	중앙분리대시작	중앙분리대끝남	신호기	미끄러운도로	강변도로
	노면고르지못함	과속방지턱	낙석도로	횡단보도	어린이보호	자전거	도로공사중
	비행기	횡풍	터널	교량	야생동물보호	위험	상습정체구간

규제표지	통행금지	자동차통행금지	화물자동차통행금지	승합자동차통행금지	이륜자동차 및 원동기장치자전거 통행금지	자동차·이륜자동차 및 원동기장치자전거 통행금지
	경운기·트랙터 및 손수레통행금지	자전거통행금지	진입금지	직진금지	우회전금지	좌회전금지	유턴금지
	앞지르기금지	정차·주차금지	주차금지	차중량제한	차높이제한	차폭제한	차간거리확보
	최고속도제한	최저속도제한	서행	일시정지	양보	보행자보행금지	위험물적재차량 통행금지

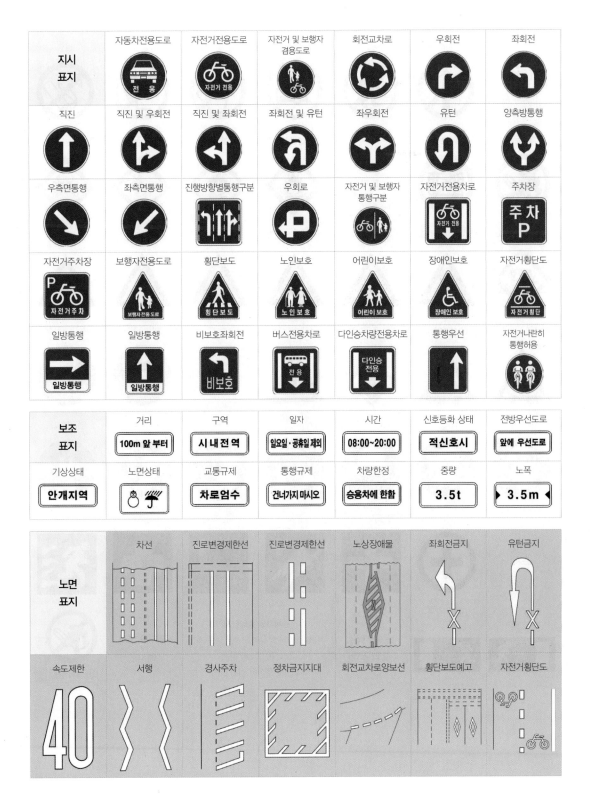

지시 표지	자동차전용도로	자전거전용도로	자전거 및 보행자 겸용도로	회전교차로	우회전	좌회전
	직진	직진 및 우회전	직진 및 좌회전	좌회전 및 유턴	좌우회전	유턴	양측방통행
	우측면통행	좌측면통행	진행방향별통행구분	우회로	자전거 및 보행자 통행구분	자전거전용차로	주차장
	자전거주차장	보행자전용도로	횡단보도	노인보호	어린이보호	장애인보호	자전거횡단도
	일방통행	일방통행	비보호좌회전	버스전용차로	다인승차량전용차로	통행우선	자전거나란히 통행허용

보조 표지	거리	구역	일자	시간	신호등화 상태	전방우선도로
	100m 앞 부터	시 내 전 역	일요일·공휴일 제외	08:00~20:00	적신호시	앞에 우선도로
	기상상태	노면상태	교통규제	통행규제	차량한정	중량	노폭
	안개지역		차로엄수	건너가지 마시오	승용차에 한함	3.5t	3.5m

| 노면
표지 | 차선 | 진로변경제한선 | 진로변경제한선 | 노상장애물 | 좌회전금지 | 유턴금지 |
| | 속도제한 | 서행 | 경사주차 | 정차금지지대 | 회전교차로양보선 | 횡단보도예고 | 자전거횡단도 |

안전·보건표지

금지 표지	출입금지	보행금지	차량통행금지	사용금지	탑승금지	금연
화기금지	물체이동금지	경고 표지	인화성물질경고	산화성물질경고	폭발성물질경고	급성독성물질경고
부식성물질경고	방사성물질경고	고압전기경고	매달린물체경고	낙하물경고	고온경고	저온경고
몸균형상실경고	레이저광선경고	발암성·독성·과민성 물질경고	위험장소경고	지시 표지	보안경착용	방독마스크착용
방진마스크착용	보안면착용	안전모착용	귀마개착용	안전화착용	안전장갑착용	안전복착용
안내 표지	녹십자표지	응급구호표지	들것	세안장치	비상용기구	비상구
좌측비상구	우측비상구	관계자외 출입금지	관계자외 출입금지 (허가물질 명칭) 제조/사용 보관 중 보호구/보호복 착용 흡연 및 음식물 섭취 금지		문자추가 시 예시문	

빈출 유압 용어(한국산업규격)

01 캐비테이션 : 유동하고 있는 액체의 압력이 국부적으로 저하되어, 포화 증기압 또는 공기 분리압에 달하여 증기를 발생시키거나, 용해 공기 등이 분리되어 기포를 일으키는 현상으로, 발생한 기포들이 흐르면서 터지게 되면 국부적으로 초고압이 생겨 소음 등을 발생시키는 경우가 많다.

02 채터링 : 릴리프 밸브 등으로 밸브 시트를 두들겨서 고음의 소음을 발생시키는 일종의 자력진동 현상

03 유량 : 단위 시간에 이동하는 유체의 체적

04 토출량 : 펌프등이 단위 시간에 토출시키는 액체의 체적

05 드레인 : 기기의 통로나 관로에서 탱크나 매니폴드 등으로 돌아오는 액체 또는 액체가 돌아오는 현상

06 누설 : 정상 상태로는 흐름이 차단된 장소 또는 흐르는 것이 좋지 않은 장소를 통하는 적은 양의 흐름

07 컷 오프 : 펌프 출구측 압력이 설정 압력에 가깝게 되었을 때 가변 토출량 제어가 작용하여 유량을 감소시키는 것

08 압력의 맥동 : 정상적인 작동 조건에서 발생하는 토출 압력의 변동. 과도적인 압력 변동은 제외한다.

09 서지 압(력) : 과도적으로 상승한 압력의 최대값

10 크래킹 압(력) : 체크 밸브 또는 릴리프 밸브 등으로 압력이 상승하여 밸브가 열리기 시작하고 어떤 일정한 흐름의 양이 확인되는 압력

11 유압회로 : 각종 유압기기 등의 요소에 의하여 조립된 유압장치의 구성

12 미터 인 방식 : 액추에이터 입구쪽 관로에서 유량을 교축시켜 작동 속도를 조절하는 방식

13 미터 아웃 방식 : 액추에이터 출구쪽 관로에서 유량을 교축시켜 작동 속도를 조절하는 방식

14 관로 : 작동 유체를 연결하여 주는 역할을 하는 관 또는 그 제품

15 포트 : 작동 유체의 통로의 열린 부분

16 피스톤 : 실린더 안을 왕복운동하면서 유체 압력과 힘을 주고 받기 위한 기계 부품. 지름에 비해서 길이가 짧고, 보통 연결봉 또는 피스톤 봉과 같이 사용된다.

17 플런저 : 실린더 안을 왕복운동하면서 유체 압력과 힘을 주고 받기 위한 기계 부품. 지름에 비해서 길이가 길고, 보통 연결봉 등을 붙이지 않고 사용된다.

18 스풀 : 원통형 미끄럼면에 내접하여 축방향으로 이동하여 유로를 개폐하는 꽂이 모양의 구성 부품

19 개스킷 : 정지 부분에 사용되는 유체의 누설 방지 부품

20 패킹 : 미끄럼면에서 사용되는 유체의 누설 방지 부품

21 유압 펌프 : 유압회로에서 사용되는 펌프

22 기어 펌프 : 케이싱 안에서 물리는 2개 이상의 기어에 의하여 액체를 흡입 쪽으로부터 토출 쪽으로 밀어내는 형식의 펌프

23 외접기어 펌프 : 기어와 외접 물림하는 형식의 기어 펌프

24 내접기어 펌프 : 기어와 내접 물림하는 형식의 기어 펌프

25 터보식 펌프 : 임펠러를 케이싱 안에서 회전시켜 액체를 토출시키는 형식의 펌프

26 베인 펌프 : 케이싱(캠링)에 접해 있는 베인을 로터 내에 설치하여 배인 사이에 흡입된 액체를 흡입 쪽에서 토출 쪽으로 밀어내는 형식의 펌프

27 피스톤 펌프, 플런저 펌프 : 피스톤 또는 플런저가 경사판, 캠, 크랭크 등에 의해서 왕복운동하여 액체를 흡입 쪽으로부터 토출 쪽으로 밀어내는 형식의 펌프

28 (유압) 액추에이터 : 유압 에너지를 사용하여 기계적인 일을 하는 기기

29 유압 모터 : 유압회로에 사용되는 연속 회전운동이 가능한 액추에이터

30 정용량형 모터 : 1회전마다의 이론 유입량이 변화되지 않는 유압 모터

31 기어 모터 : 케이싱 속에서 물리는 2개 이상의 기어가 유압 액체에 의하여 회전하는 형식의 유압 모터

32 베인 모터 : 케이싱(캠링)에 접해 있는 베인을 모터 속에 설치하여 베인 사이에 유입한 액체에 의하여 모터가 회전하는 형식의 유압 모터

33 피스톤 모터, 플런저 모터 : 유압 액체의 압력이 피스톤 또는 플런저 끝면에 작용하여, 그 압력에 의하여 경사판, 캠, 크랭크 등을 거쳐 모터축이 회전하는 형식의 유압 모터

34 유압 실린더 : 유압의 힘으로 피스톤이 왕복 직선 운동을 하는 액추에이터

35 복동 (유압) 실린더 : 액체압을 피스톤의 양쪽에 공급하는 것이 가능한 구조의 유압 실린더

36 단동 (유압) 실린더 : 액체압을 피스톤의 한쪽 면으로만 공급하는 것이 가능한 구조의 유압 실린더

37 단일로드 (유압) 실린더 : 피스톤의 한쪽 측면에만 로드가 있는 유압 실린더

38 양로드 (유압) 실린더 : 피스톤의 양쪽에 로드가 있는 유압 실린더

39 피스톤형 (유압) 실린더 : 피스톤을 주요 부재로 하는 유압 실린더

40 실린더 행정 : 피스톤 로드의 움직이는 길이. 쿠션부의 경우는 그 길이를 포함한다.

41 밸브 : 유체 계통에서 흐름의 방향이나 압력, 유량을 제어 또는 규제하는 기기

42 제어 밸브 : 흐름의 상태를 변경시켜 압력 또는 유량을 제어하는 밸브의 총칭

43 방향 제어 밸브 : 흐름의 방향을 제어하는 밸브의 총칭

44 압력 제어 밸브 : 압력을 제어하는 밸브의 총칭

45 유량 제어 밸브 : 유량을 제어하는 밸브의 총칭

46 릴리프 밸브 : 회로의 압력이 밸브의 설정값에 달하였을 때 유체의 일부 또는 전량을 빼돌려서 회로 내의 압력을 설정값으로 유지시키는 압력 제어 밸브

47 감압 밸브 : 유량 또는 입구 쪽 압력에 관계없이 출력 쪽 압력을 입구 쪽 압력보다 작은 설정 압력으로 조정하는 압력 제어 밸브

48 언로드 밸브 : 일정한 조건으로 펌프를 무부하 상태로 만들기 위해 사용되는 밸브

49 시퀀스 밸브 : 2개 이상의 분기회로를 갖는 회로 중에서 그 작동 순서를 회로의 압력에 의하여 제어하는 밸브

50 카운터 밸런스 밸브 : 추의 낙하를 방지하기 위해 배압을 유지시켜 주는 압력 제어 밸브

51 유량 조절 밸브 : 배압 또는 부압에 의해 생긴 압력 변화에 관계없이 유량을 설정된 값으로 유지시켜 주는 유량 제어 밸브

52 어큐뮬레이터 : 유체를 에너지원으로 사용하기 위하여 가압 상태로 저축하는 용기

53 유압유 : 유압기기 등에 사용되는 기름 또는 액체

54 작동유 : 유압기기 또는 유압 계통에 사용되는 액체

실기 합격 가이드

01 실기 시험 준비

1. 수험자 지참 공구 목록

구분	지참 공구명	규격	단위	수량
1	작업복	긴팔, 긴바지	벌	1
2	작업화	안전화 및 운동화	켤레	1

2. 작업복장 기준

① 작업복
- 상의 : 피부 노출이 되지 않는 긴소매(팔토시 허용)
- 하의 : 피부 노출이 되지 않는 긴바지(반바지, 7부 바지, 찢어진 청바지, 치마 등 허용 안 됨)
② 작업화
- 안전화 및 운동화(샌들, 슬리퍼, 굽 높은 신발[하이힐] 등 허용 안 됨)
※ 음주 상태의 경우 실기시험에 응시할 수 없음(도로교통법에서 정하는 혈중 알코올 농도 0.03% 이상 적용)

3. 검정 방법

① 작업형
② 시험 시간 : 약 6분 정도

4. 굴착기운전기능사 실기 출제 기준(굴착기 조종 실무)

1	장비 시운전	1. 엔진 시동 전 · 후 계기판 점검하기
		2. 엔진 예열하기
		3. 각부 작동하기
		4. 주변 여건 확인하기
2	주행	1. 주행성능 장치 확인하기
		2. 작업현장 외 주행하기
		3. 작업현장 내 주행하기
3	터파기	1. 관로 터파기
		2. 구조물 터파기
4	깎기	1. 깎기 작업 준비하기
		2. 부지사면 작업하기
		3. 암반 구간 작업하기
		4. 상차 작업하기

5	쌓기	1. 쌓기 작업 준비하기
		2. 쌓기 작업하기
		3. 야적 작업하기
6	메우기	1. 메우기 작업 준비하기
		2. 메우기 작업하기
		3. 되메우기 작업하기
7	선택장치 작업	1. 선택장치 연결하기
		2. 브레이커 작업하기
		3. 크러셔 작업하기
		4. 집게 작업하기
8	작업상황 파악	1. 작업목적 파악하기
		2. 작업공정 파악하기
		3. 작업간섭사항 파악하기
		4. 작업관계자 간 의사소통 방법 수립하기
9	운전 전 점검	1. 장비의 주변 상황 파악하기
		2. 각부 오일 점검하기
		3. 벨트 · 냉각수 점검하기
		4. 타이어 · 트랙 점검하기
		5. 전기장치 점검하기
10	안전 · 환경 관리	1. 안전교육 받기
		2. 안전사항 준수하기
		3. 작업 중 점검하기
		4. 환경보존하기
		5. 긴급 상황 조치하기
11	작업 후 점검	1. 필터 · 오일 교환주기 확인하기
		2. 오일 · 냉각수 유출 점검하기
		3. 각부 체결상태 확인하기
		4. 각 연결부위 그리스 주입하기

02 실기 시험

1. 국가기술자격 실기 시험 문제

자격 종목	굴착기운전기능사	과제명	코스운전 및 굴착작업

※시험시간 : 6분(코스운전 2분, 굴착작업 4분)

2. 요구사항

1) 코스운전

- 주어진 장비(타이어식)를 운전하여 운전석쪽 앞바퀴가 중간지점의 정지선 사이에 위치하면 일시정지한 후, 뒷바퀴가 (나) 도착선을 통과할 때까지 전진 주행하시오.
- 전진 주행이 끝난 지점에서 후진 주행으로 앞바퀴가 (가)종료선을 통과할 때까지 운전하여 출발 전 장비 위치에 주차하시오.

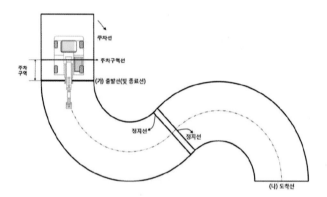

2) 굴착작업

- 주어진 장비로 A(C)지점을 굴착한 후, B지점에 설치된 폴(pole)의 버킷 통과구역 사이에 버킷이 통과하도록 선회합니다. 그리고 C(A)지점의 구덩이를 메운 다음 평탄작업을 마친 후, 버킷을 완전히 펼친 상태로 지면에 내려놓고 작업을 끝내시오.
- 굴착작업 횟수는 4회 이상(단, 굴착작업 시간이 초과될 경우 실격)
- ※ A지점 굴착작업 규격과 C지점 크기 : 가로(버킷 가로 폭)×세로(버킷 세로 폭의 2.5배)

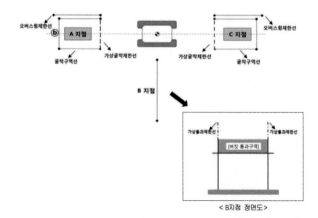

< B지점 정면도 >

3. 코스운전 따라하기

※ 주행 전 확인사항

• 주행 전 안전벨트 착용 및 시트, 핸들 조정을 통해 시험을 보기에 적합한 환경을 조성한다.

• 코스 운전은 2분간 진행되며, 출발을 알리는 호각 신호 1분 안에 앞바퀴가 출발선을 통과해야 한다.

1) 출발을 알리는 호각 신호가 울리면 래치를 해제하고, 전후진 레버를 앞으로 밀어 전진 상태로 둔다.

2) 가속 페달을 밟아 전진하고 핸들을 좌측으로 서서히 돌리며 전진한다.

3) 좌측 앞바퀴가 두 정지선 사이에 위치하도록 한 후, 브레이크를 밟아 정지한다.

4) 정지 후 다시 가속 페달을 밟아 우측으로 회전한다. 이때, 앞바퀴가 좌측 라인에 닿지 않게 주의하며 주행한다.

5) 뒷바퀴가 도착선을 완전히 통과한 것을 확인하고 브레이크를 밟아 정지한다.

6) 전후진 레버를 당겨 후진한다. 이때 감았던 핸들을 풀지 않고 들어온 라인을 유지하며 후진할 수 있도록 한다.

7) 좌측 뒷바퀴가 정지선 사이에 위치하게 진입한 후 핸들을 좌측으로 돌리며 후진한다.

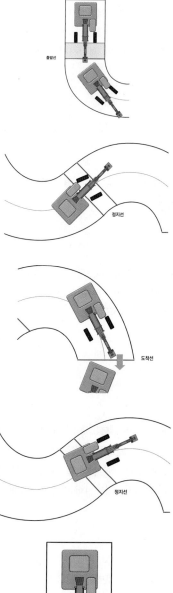

8) 앞바퀴가 종료선(출발선)과 출발구역선 사이에 위치한 것을 확인하고 평행하게 주차한다.

9) 전후진 레버를 중립으로 두고 브레이크를 밟아 래치를 채워준다.

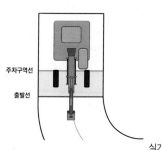

4. 굴착작업 따라하기

※ 주행 전 확인사항

• 굴착작업은 시작을 알리는 호각신호와 함께 4분간 진행된다.

• 총 4회 굴착작업이 시행되어야 하며, 굴착작업을 위해 적절한 rpm으로 조절한다.

1) 시작을 알리는 호각신호가 울리면 가상 굴착 제한선에 닿지 않게 붐을 들며 버킷을 접어준다.

2) 버킷의 투스가 흙에 묻힐 정도까지 붐을 하강시켜 준다. 이때 핀이 지면과 수평이 될 때까지 버킷을 접는다.

3) 흙이 가득찰 때까지 암을 당기며 버킷을 접는다. 흙이 가득 찼다면 버킷이 가상 굴착 제한선에 닿지 않게 완전히 접어준다.

4) 암을 당기며 붐을 들어 올려 오버스윙 제한선에 버킷을 맞춘다.

5) B지점(장애물)에 닿지 않도록 주의하며 C지점까지 스윙을 한다. 이때 버킷이 가상통과 제한선 및 버킷 통과구역을 벗어나지 않도록 주의한다.

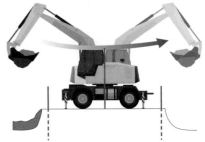

6) 붐을 내리며 암을 밀어 버킷이 수평이 되도록 유지한다. 버킷이 수평이 되도록 하강한 후 암을 당겨 흙을 내린다. 이때 버킷이 굴착 제한선에 걸리지 않도록 주의한다.

7) 굴착작업과 덤핑작업을 4회 반복한다. 이때 작업횟수가 4회 미만일 경우 실격된다.

8) 굴착작업과 덤핑작업이 완료되면 버킷을 펼쳐 들며 암과 붐을 동시에 당겨 밀어 지면을 평탄하게 한다. 이때 평탄작업은 1회 이상 실시되어야 하며 시간적 여유가 있다면 여러 번 가능하다.

9) 버킷을 완전히 펼치고 붐을 바닥에 내려놓은 후, rpm스위치를 0 으로 조절한다.

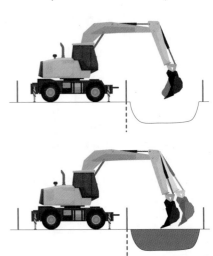

저자의 말

본 교재는 산업현장에서 직무를 수행하기 위해 요구되는 지식·기술·태도 등의 내용을 국가가 체계화한 NCS 국가
직무능력표준(National Competency Standards)을 바탕으로 한국산업인력공단에서 제시한 국가기능사 필기시험
출제기준에 맞게 핵심 요점 정리하였습니다. 또한 현장 실무에서 필요한 기본지침부터 초보자가 알아야 할 기초 지
식까지 건설기계 조종사가 꼭 알아야 할 교육 내용을 알기 쉽게 체계적으로 집필하기 위해 노력하였습니다.

필자는 그동안 건설기계 분야에서만 36년간 교육 훈련 경험과 NCS개발전문가로 활동하면서 현장 실무 경험을 가지
고 독자 여러분에게 보다 알기 쉬운 해설과 알찬 내용으로 책자를 구성하려고 노력하였으며 자격증을 취득할 수 있
도록 편집하여 보다 좋은 교재가 될 수 있도록 하였습니다. 감사합니다.

본 도서를 구입하시고 필기시험에 합격하신 후 도서를 가지고 서울중장비직업전문학교(www.kses.kr)로 오시면 실
기교육비에서 10%에 해당하는 금액을 할인해 드립니다.

저자 김주승

〈저자 약력〉
2021년도 직업능력개발 고용노동부장관상
훈련생 평가 우수사례 공모전 최우수상
현) 서울중장비직업전문학교 학교장
현) 전국건설기계교육기관협의회 부회장
현) 건설기계 사회적협동조합 이사장
현) 건설기계운전분야 NCS 개발 및 검토위원
현) 행정안전부 안전교육 전문강사
현) 국토교통부 안전교육 전문강사

PART 01

점검

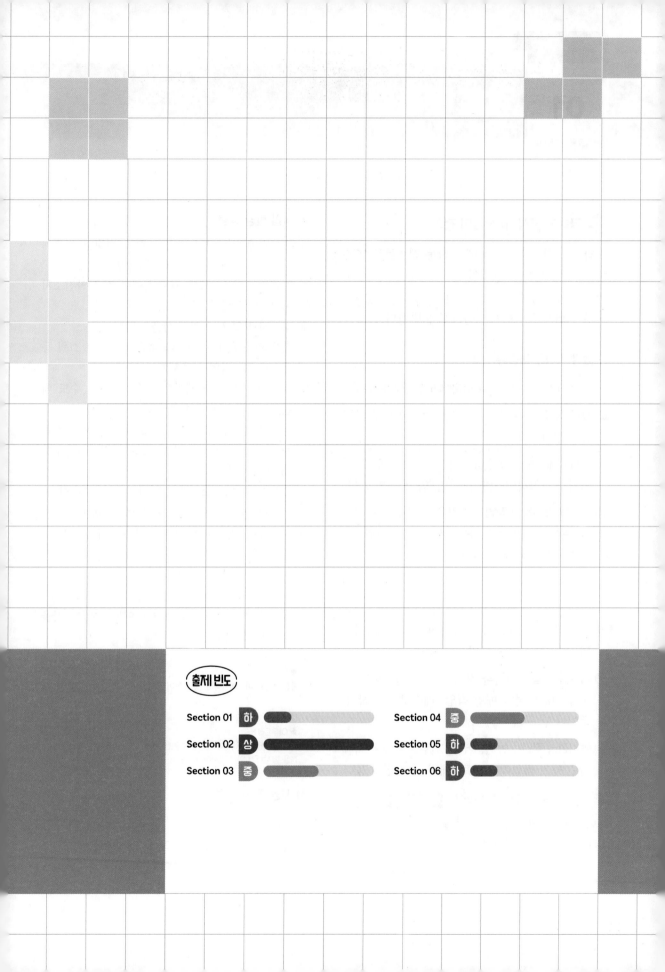

출제 빈도

Section 01 하	Section 04 중
Section 02 상	Section 05 하
Section 03 중	Section 06 하

작업 환경 점검

01 굴착기(굴삭기) 작업의 정의

굴착기 운전원은 조종실에서 작동 레버들을 조종해 기계에 부착된 장비인 붐(Boom), 암(Arm), 버킷(Bucket) 등을 작동시킨다. 그리고 장비의 상부 선회체를 선회시켜 물체를 운반한다.

1) 굴착기 작업의 종류

① **굴착 작업** : 토목, 건축 현장에서 땅을 파는 작업

② **상차 작업** : 덤프트럭과 조합하여 토사 및 암석 등을 상차

③ **브레이커(Breaker) 작업** : 작업장치에 유압 브레이커를 장착하여 단단한 지면, 암석 등을 파쇄

④ **크러셔(Crusher) 작업** : 버킷을 떼어내고 크러셔를 부착하여 유압을 이용해서 압력을 가한 후, 구조물 등을 해체 및 파쇄

⑤ **조경 작업** : 조경건설업에서 조경 수목을 식재하거나 이식

⑥ **토목 작업** : 대규모 간척사업 또는 택지 조성사업, 건축물 초기 터파기

⑦ **시설물 작업** : 시설물 작업 초기에 실시하는 토목공사나 매설물 매립 작업, 배수로 구축작업, 뚝이나 댐 공사

⑧ **농지정리 작업** : 농촌, 어촌, 산림지역에서 목재 관련 제거 작업이나 객토, 매립, 농지정리 등

> 🎓 **기적의 Tip**
>
> 덤프트럭에 상차 작업을 할 때는 선회 거리를 짧게 하는 것이 안전하다.

2) 작업 환경 점검

① 경사지에서 시동이 정지될 경우 버킷을 지면에 속히 내리고 모든 조작 레버는 중립으로 한다.

② 양중★ 작업을 지양하되 부득이한 경우 안전조치 사항을 강구한다.

③ 경사지 작업 시 측면 절삭을 지양한다.

④ 흙을 파면서 또는 버킷을 비질하듯 하는 스윙 동작으로 정지작업을 금지한다.

⑤ 굴착 장소의 동축 케이블, 전기 고압선, 수도 배관, 가스 송유관 매설 여부를 먼저 확인한다.

⑥ 굴착기 전부장치(붐, 암, 버킷)가 가장 큰 굴착력을 발휘할 수 있도록 암의 각도는 전방 50°~후방 15°를 유지한다.

⑦ 굴착한 후 버킷으로 덤프하기 위하여 스윙할 경우 붐과 암의 각도를 80°~110°로 유지한다.

⑧ 작업 중 주변의 지상 장애물 여부를 확인한다.

⑨ 휠 타입형 굴착기는 반드시 아우트리거 및 블레이드(배토판)를 받치고 작업한다.

⑩ 소형 굴착기는 장착된 블레이드가 아우트리거★ 역할을 하며 지지하므로 블레이드가 있는 곳을 향하여 굴착한다.

> ★ **양중**
> 중장비 등을 이용해 무거운 것을 들어 올리는 일

> ★ **아우트리거**
> 굴착기 작업 중 차체의 진동으로 인한 전복 위험 및 작업 상태의 불안정을 방지하기 위한 장치이다.

3) 시동 전·후 점검

① 시동 전 점검 사항

• 냉각수 및 엔진 오일량의 확인 및 보충

• 연료 및 유압 작동유량의 확인 및 보충

• 벨트 상태의 확인 및 장력 부족 시 조정

- 배터리 상태 확인
- 연료계통의 확인
- 볼트, 너트 등의 이완 및 탈락 상태 확인
- 각 계기류, 스위치, 등화장치의 작동 상태 확인

② 시동 후 점검 사항
- 이상 소음, 가스, 냄새 등의 확인
- 유압계기의 작동 상태 확인

> 🎓 **기적의 Tip**
>
> **굴착 작업 시 작업 능력이 떨어지는 원인**
> - 유량의 부족 및 유압유의 누유
> - 유압 펌프의 고장
> - 컨트롤 밸브의 고장 또는 릴리프 밸브의 설정 압력이 낮을 때

02 굴착기 일반 작업 시 대책

1) 일반적인 작업환경에서의 대책

① 굴착기의 종류 및 능력, 운행경로, 작업 방법 등의 작업계획을 수립한다.
② 전도, 전복 방지 조치를 수행한다.
③ 폭풍, 폭우, 폭설 등의 악천후 시 작업을 중지한다.
④ 유자격 운전자를 배치하고, 작업 전 굴착기 작업자 및 운전자 안전교육을 실시한다.

> 🎓 **기적의 Tip**
>
> **전도, 전복 방지 조치**
> 노폭의 유지, 노견(도로 폭 밖의 가장자리 길) 붕괴 방지, 지반침하 방지, 유도자 배치

2) 작업 중 대책

① 유도자 배치 및 굴착기별 특성에 따른 일정한 표준 방법을 정하여 신호한다.
② 굴착기의 작업 범위 내에는 작업관계자 외 출입을 금지한다.
③ 굴착기별 주 용도 외 사용을 제한한다(작업자에게 위험을 미칠 우려가 없는 때에는 제외).

> 🎓 **기적의 Tip**
>
> **굴착기 작업 중 장비 위치에서 이탈 시 조치사항**
> - 버킷, 디퍼 등 작업장치를 지면에 내려 둘 것
> - 기관을 정지하고 브레이크를 걸어 둘 것
> - 경사지면에 정지시킨 경우에는 반드시 고임목을 설치할 것

3) 주행 환경에서의 대책

① 지정된 제한속도를 준수하고 작업자 외 근로자 탑승을 금지한다.
② 운전석 내부와 오르내리는 발판 및 손잡이는 항상 깨끗이 유지하고 미끄럼을 방지한다.

이론을 확인하는 개념 체크

01 굴착기가 할 수 있는 작업은 굴착작업, 상차작업, 파쇄작업, 토목작업 등이다. (O, X)

02 굴착하기 전, 굴착 장소에 동축 케이블이나 고압선이 매설되어 있는지를 확인해야 한다. (O, X)

03 굴착기는 튼튼한 장비이므로 일반적으로 폭풍이나 폭우 속에서도 작업한다. (O, X)

04 굴착기에서 잠시 내릴 때는 작업장치를 땅에 내려놓으면 안 된다. (O, X)

01 O 02 O 03 X 04 X

01 굴착기의 시동 전 점검 사항으로 적합하지 않은 것은?

① 라디에이터의 냉각수량 확인 및 부족 시 보충
② 엔진 오일량 확인 및 부족 시 보충
③ 배출가스의 상태 확인 및 조정
④ V벨트 상태 확인 및 장력 부족 시 조정

배출가스의 상태는 시동을 건 후에 점검해야 한다.

02 굴착기의 힘이 약할 때 원인이 되는 것은?

① 메인 릴리프 밸브의 설정 압력이 낮다.
② 과부하 릴리프 밸브의 설정 압력이 낮다.
③ 브레이크 밸브의 설정 압력이 낮다.
④ 배터리에 충전이 안 되고 있다.

유압 실린더의 내부 누유이거나 릴리프 밸브의 설정 압력이 낮을 때 힘이 약한 원인이 된다.

03 굴착기의 시동 전에 이뤄져야 하는 외관점검 사항이 아닌 것은?

① 고압 호스 및 파이프 연결부 손상 여부
② 각종 오일의 누유 여부
③ 각종 볼트, 너트의 체결 상태
④ 유압유 탱크의 필터 오염 상태

유압유 탱크의 필터는 연간점검 사항으로 시동 전 점검 사항은 아니다.

04 굴착기 작업 시 작업 안전사항으로 틀린 것은?

① 기중 작업은 가능한 피하는 것이 좋다.
② 경사지 작업 시 측면절삭을 행하는 것이 좋다.
③ 타이어식 굴착기로 작업 시 안전을 위하여 아웃트리거를 받치고 작업한다.
④ 한쪽 트랙을 들 때 암과 붐 사이의 각도는 90~110° 범위로 하는 것이 좋다.

굴착기로 경사지에서 작업할 때에는 경사지의 땅을 평탄하게 고르고 작업을 해야하며 경사지 작업 시 측면으로 절삭하면 위험하다.

05 덤프트럭에 상차 작업 시 가장 중요한 굴착기의 위치는?

① 선회 거리를 가장 짧게 한다.
② 앞 작동 거리를 가장 짧게 한다.
③ 버킷 작동 거리를 가장 짧게 한다.
④ 붐 작동 거리를 가장 짧게 한다.

상차 작업 시 선회 거리를 가장 짧게 하는 것이 가장 안전하다.

01 엔진 오일 교환주기의 결정요인

엔진 오일 교환주기에 영향을 주는 요인을 파악하고 적정한 교환주기를 운전자가 알 수 있도록 한다.

🎓 기적의 Tip

굴착기 오일 교환주기
- 엔진 오일: 250~500시간마다
- 유압 작동유 : 1,500시간 또는 3개월마다
- 종 감속장치(파이널 드라이브) : 1,500시간마다

1) 시내주행 후

시내주행에서는 완전연소가 불가능하며 완전연소되지 않은 탄화수소 덩어리 등과 수분, 기타 불순물 등이 엔진 오일과 혼입되어 악영향을 줄 수 있다.

2) 예열과 후열

① 충분히 예열을 하면 드라이 스타트★를 최대한 예방할 수 있다.
② 주행 후 바로 시동을 끄면 엔진 온도는 높은데 냉각작용을 하던 엔진 오일은 오일 팬으로 내려가서 냉각작용이 잘 이루어지지 않는다. 따라서 어느 정도 후열을 해주면 슬러지(침전물) 감소에 도움이 된다.

★ **드라이 스타트(Dry start)**
엔진 시동 직후, 엔진 오일이 충분히 퍼지지 않아 윤활되지 않고 작동하는 상태

3) 급가속, 급출발 운전

급가속과 급출발은 기계의 동작과 엔진 오일의 윤활 동작의 균형을 무너뜨릴 수 있다.

4) 먼지의 유입

① 에어 클리너는 공기 중의 이물질, 먼지 등을 제거해주는 역할을 한다.
② 공사 현장이나 비포장도로를 자주 운행하는 차량은 에어 클리너를 수시로 교환해야 한다.

5) 오일 필터

오일 필터는 엔진 오일에 직접 접촉하면서 엔진 오일의 오염물질을 제거해준다.

6) 오일 게이지 체크

일정한 주기로 엔진룸을 열고 오일 레벨 게이지(유면표시기)를 이용하여 체크한다.

02 엔진 오일 점검

엔진 가동 후에는 각부가 고온의 위험한 상태이므로 오일이 냉각될 때까지 기다린 후 점검한다.

1) 윤활장치 구성

오일 팬	오일을 저장할 수 있는 용기
오일 펌프	캠축 또는 크랭크축에 의해 구동되어 오일을 압송하는 역할
유압조절 밸브	오일펌프에서 압송된 오일을 일정한 압력으로 조정하여 과부하 방지 예 릴리프 밸브
오일 스트레이너	오일 속에 포함된 비교적 큰 불순물 제거, 고정식과 부동식으로 구분

오일 여과기	오일 속의 금속 분말이나 먼지 등 미세한 불순물을 제거
유량계	오일 팬 내의 오일량을 점검하기 위한 막대. 유면 표시기(오일 레벨 게이지)
오일 쿨러	오일의 온도를 40~80℃ 정도로 유지하기 위한 장치
유압계기	윤활 회로에 흐르는 유압을 표시하는 계기

2) 엔진 오일량 점검

① 지면이 평탄한 곳에 주차 후 엔진을 정지시키고 10~15분이 경과한 후에 점검을 시작한다.
② 엔진 부분의 오일량을 점검하기 위하여 유면 표시기(유량계) 위치를 확인한다.
③ 유면 표시기(유량계)를 빼내어 "F"(MAX)선에 가까우면 정상이다.
④ 오일량이 부족할 경우 연소와 누설의 원인을 확인하고 조치한다.
⑤ 오일의 점도 상태와 점도 지수를 확인하기 위해서 손으로 만져본다.
⑥ 오일의 오염 상태는 미각, 후각, 시각을 사용하여 확인한다.

3) 오일이 연소되어 소비가 증대되는 원인

① 오일의 열화로 점도가 낮음
② 피스톤과 실린더의 간극이 큼
③ 피스톤 링의 장력이 부족
④ 밸브 스템과 가이드 간극이 큼
⑤ 밸브 가이드 오일 실(Seal)의 파손

4) 오일이 누유되어 소비가 증대되는 원인

① 크랭크축 오일 실의 마멸 및 소손
② 오일펌프의 개스킷의 마멸 또는 소손
③ 로커 암 커버의 개스킷 소손
④ 오일 팬의 고정 볼트 이완
⑤ 오일 여과기 및 필터의 오일 실 소손

5) 윤활유의 관리 및 취급상 주의사항

① 오일을 주입하는 과정에서 흙이나 먼지 등의 오염을 방지한다.
② 오일이 열화될 수 있는 요소를 제거한다.
③ 윤활유를 보충하거나 주입할 때 뚜껑이나 캡 부근을 깨끗이 한다.
④ 윤활유와 관련된 부속장치는 취급 주의하고 관리한다.
⑤ 오일펌프, 밸브, 오일 순환계통의 상태를 점검하고 유압 게이지를 확인한다.
⑥ 오일 필터의 종류를 확인하고 각부 장치에 적합한 필터를 선정한다.
⑦ 오일 필터는 교환 주기에 맞게 반드시 교환한다.
⑧ 팬과 냉각기의 작동, 오일량을 자주 점검한다.

> **기적의 Tip**
>
> 겨울철에는 여름철에 사용하는 오일의 점도보다 낮은 점도의 오일을 사용하여야 한다.

03 자동 변속기의 점검 및 시험

1) 오일량 점검

① 점검은 평탄한 장소에서 한다.
② 오일 레벨 게이지를 빼내기 전에 게이지 주위를 깨끗이 청소한다.
③ 시프트 레버를 P 레인지로 선택한 후 주차 브레이크를 걸고 엔진을 기동시킨다.
④ 변속기 내의 유온이 약 70~80℃에 이를 때까지 엔진을 공전 상태로 한다.
⑤ 게이지를 빼내어 오일량이 HOT 범위에 있는가를 확인한다.
⑥ 오일이 부족하여 보충할 경우 ATF(자동 변속기용 오일)를 보충한다.

> **기적의 Tip**
>
> 오일량이 부족하면 오일에 공기가 유입되어 라인 압력이 낮아진다.
> **오일량이 너무 많을 때의 영향**
> • 기포 발생으로 인한 오일의 변질
> • 오일의 과열 및 누출
> • 밸브, 클러치 및 서보기구의 작동에 간섭

2) 자동 변속기의 오일의 색깔

색	상태
투명도 높은 붉은 색	정상
갈색	자동 변속기의 가혹한 사용으로 열화를 일으킨 상태
투명도 없는 검은 색	자동 변속기 내부 클러치 판의 마멸, 분말에 의한 오일의 오염, 부싱 및 기어 마멸
니스 모양(Varnish)	장시간 고온에 노출
백색	다량의 수분이 유입된 상태

04 유압장치 관리요령 및 유압오일 점검

1) 유압장치 관리요령

① 유압장치의 구성요소 파악
- 유압계통은 작업장치 및 주행장치를 작동시키기 위하여 설치된다.
- 유압장치의 기본 구성으로는 유압 탱크, 유압 펌프, 각종 제어 밸브, 스윙 모터 및 주행 모터, 유압 실린더(작동기), 어큐뮬레이터(축압기) 등이 있다.
- 상부 작업장치는 유압 작동기로 연결되어 작업 장치가 작동되고, 하부로는 타이어식 주행장치와 무한궤도식 주행장치로 유압이 전달되어 작동된다.

② 유압유(Hydraulic oil)
- 유압장치에 사용되는 유압유는 작동 상태 온도에 따라서 점도가 변화하므로 적당한 점도를 유지하기 위해 점도 지수가 좋아야 하며 비 압축성을 지닌 것으로 한다.
- 작동기(유압 액추에이터)에 많은 영향을 준다.

③ 점도 지수
- 유압유의 온도 변화에 따른 점도의 변화를 의미한다.
- 점도 지수가 큰 오일은 온도 변화에 대한 점도 변화가 적다.
- 점도 지수가 낮은 오일은 저온에서 점도가 증가하므로 유압 작동기의 저항이 증가되고 마찰

손실이 증가하여 공기가 유입된다. 그러면 공동현상과 같은 현상이 발생하여 유압기기의 작동이 불량해진다.

2) 공동현상(캐비테이션 현상, Cavitation)

작동하고 있는 액체의 압력이 국부적으로 저하되어 포화증기 압력이 증기를 발생시키거나 용해된 공기가 분리되어 기포를 일으키는 현상을 말한다. 유압펌프에서 소음과 진동이 나타나며 수명이 단축되고 작동기 내부에서 국부적인 높은 압력이 발생한다.

① 숨 돌리기 현상
유압이 낮고 작동유의 공급량이 부족할 때 작동 시간의 지연이 일어나며, 서지압력(Surge pressure, 과도적으로 발생하는 이상 압력)이 발생한다.

② 열화 촉진
- 유압회로에 공기가 유입되면 비압축성인 작동유와 압축성인 공기가 만나 압축된 열이 발생하여 작동유의 온도가 상승하게 된다.
- 압력 상승과 공기 흡입량의 증가는 작동유의 산화작용을 촉진하고, 유압유의 중합이나 분해작용이 일어나 고무같은 물질이 만들어져 유압장치 작동 불량의 원인이 된다.

3) 유압오일 점검

압축 공기를 사용하는 경우에는 공기가 지속적으로 생산되므로 공기가 약간 누출되더라도 별다른 문제는 없으나, 액체인 경우에는 작업이 불량해지므로 오일의 질과 양을 수시로 점검한다.

① 트랙장치의 유압 실린더 오일의 누유를 확인하고 점검한다.
- 무한궤도의 트랙 장력은 아이들러(아이들 롤러)에 연결된 유압 실린더에 그리스(Grease)를 주입하여 장력을 조절한다.
- 조종 볼트의 불량이나 오일의 열화로 누수가 생길 때 수시로 점검한다.

② 각부 장치의 오일 누유를 확인하고 점검한다.
- 유압 실린더, 유압 모터, 유압 펌프, 유압 탱크 등 유압유를 이용해서 작동하는 유압기기의 연결부위나 틈새의 링, 패킹의 연결 상태 및 품질 상태를 확인한다.
- 조임 불량으로 인한 누유의 염려가 있는 부분을 점검한다.

③ 공기의 유입을 차단하고 오일의 누유를 확인하고 점검한다.
- 유압 탱크를 비롯하여 배관이나 실린더 내의 여러 틈을 통하여 공기가 유입될 수 있으므로 링이나 패킹의 밀봉 상태를 확인한다.
- 공기의 유입 또는 오일의 누유를 최대한 억제하고 공기가 고이기 쉬운 부분에 공기 빼기(Air-bleeder) 장치를 부착시킨다.

> **🎓 기적의 Tip**
>
> **작업현장에서 오일의 열화를 찾아내는 요령**
> - 유압유 색깔의 변화나 수분 및 침전물의 유무 확인
> - 유압유를 흔들었을 때 거품이 발생되는지 확인
> - 유압유에서 자극적인 악취가 있는지 확인
> - 유압유의 외관으로 판정할 때 색채, 냄새, 점도 확인

> **🎓 기적의 Tip**
>
> **작업현장에서 오일의 열화 방지 요령**
> - 지정된 품질의 오일을 선택
> - 작동유의 누출을 방지
> - 수분 및 먼지 등의 불순물 유입 주의
> - 오일 열화 시 교환하여 사용할 것

4) 작동유의 과열 원인

① 탱크 내 유압유가 부족하거나 펌프의 효율이 불량
② 유압유의 점도가 불량하거나 유압유의 노화
③ 오일 냉각기의 성능이 불량
④ 안전 밸브의 작동 압력이 너무 낮음

5) 작동유의 온도 상승 원인

① 높은 열을 갖는 물체에 유압유가 접촉될 때
② 과부하로 연속 작업을 하는 경우
③ 오일 냉각기가 불량할 때
④ 유압유에 캐비테이션이 발생될 때
⑤ 유압회로에서 유압 손실이 클 때
⑥ 높은 태양열이 작용할 때

05 냉각수 점검

1) 엔진 과열의 원인

① 수온 조절기가 닫힌 채로 고장났거나 열림 온도가 너무 높을 때
② 라디에이터 코어의 막힘이 과도하거나 코어의 오손 및 파손
③ 구동 벨트의 장력이 약하거나 이완 및 절손
④ 라디에이터 호스의 파손 및 누유
⑤ 물 재킷 내의 스케일(Scale, 물 때)이나 녹이 심하거나 물 펌프의 작동 불량

2) 엔진 과냉의 원인

수온 조절기가 열린 채로 고장났거나 열림 온도가 너무 낮을 때

3) 냉각수 보충 시 주의사항

① 냉각 계통의 물을 완전히 빼내고 물 때를 세척한 후 부동액을 넣는다.
② 부동액 사용 도중 액이 부족하면 에틸렌글리콜(영구 부동액)의 경우는 연수만 보충해 준다.

③ 부동액이 녹 등으로 변색될 경우 다시 한 번 냉각계통을 잘 청소하고 새 부동액을 넣는다.

④ 부동액을 혼합하여 사용할 경우에는 반드시 연수를 혼합하여 사용한다.

⑤ 라디에이터 캡의 개스킷을 점검하고 손상이 있을 때 교환한다.

> **🎓 기적의 Tip**
>
> **라디에이터(방열기, Radiator) 캡을 열었을 때 기포나 기름이 떠 있는 경우**
> • 실린더 헤드 개스킷 파손
> • 실린더 헤드 볼트 이완(풀림)
> • 오일 냉각기에서 오일이 누출

4) 냉각수량의 점검

① 냉각수 리저버 탱크의 수명이 FULL과 LOW 사이에 있는지 확인한다.

② 냉각수가 부족할 때에는 리저버 탱크의 캡을 열고 연수를 보충한다.

③ 겨울철에는 부동액을 지정량만큼 사용한다.

④ 리저버 탱크가 비어 있을 때에는 라디에이터 캡을 열고 냉각수를 보충한다.

5) 냉각수 교환

① 부동액을 사용할 때에는 피부에 닿지 않도록 한다.

② 지나친 접촉을 피하고 접촉 부위는 깨끗이 닦는다.

③ 냉각수의 온도가 50℃ 이하로 내려가기 전에는 라디에이터 캡을 열지 않는다.

④ 라디에이터의 드레인 밸브와 냉각수 주입구 아래의 플러그를 풀어 냉각수를 배출시킨다.

> **🎓 기적의 Tip**
>
> 엔진이 가열된 상태에서 라디에이터 캡을 열면 뜨거운 물이 분출되므로 엔진이 냉각된 후 캡을 연다.

6) 냉각 계통의 청소

① 탄산나트륨 0.5kg과 물 23ℓ의 혼합물을 채운다.

② 물의 온도가 85℃ 이상이 되도록 엔진을 5분 정도 공회전 후 냉각수를 배출시킨다.

③ 깨끗한 물로 채우고 공기 빼기를 실시하며 물이 투명해질 때까지 반복적으로 물을 배출시킨다.

7) 냉각수의 보충

① 물과 에틸렌글리콜계 부동액을 50:50의 비율로 혼합한 냉각수를 사용한다.

② 엔진 내부의 공기가 빠져 나가도록 냉각수 배출구에 있는 콕크를 열고 냉각수를 채운다.

③ 공기가 빠져나갈 수 있도록 2~3분 정도 후에 냉각수를 채운다.

④ 라디에이터 캡을 장착한 후 냉각수의 온도가 80℃에 이를 때까지 엔진을 공회전한다.

⑤ 냉각수 온도가 50℃ 이하로 내려가기 전에는 뜨거운 냉각수가 분출되어 화상을 입을 수 있으므로 라디에이터 캡을 열지 않는다.

⑥ 누유 여부를 확인한 후 보충을 종료한다.

01 굴착기의 일반적인 오일 교환시기로 적당한 것은?

① 500시간
② 1,000시간
③ 1,500시간
④ 2,000시간

굴착기는 일반적으로 250~500시간마다 오일을 교환하여야 한다.

02 겨울철에 사용하는 엔진 오일의 점도는 어떤 것이 좋은가?

① 계절에 관계없이 점도는 동일해야 한다.
② 겨울철 오일 점도는 높아야 한다.
③ 겨울철 오일 점도는 낮아야 한다.
④ 오일 점도는 성능과 아무런 관계가 없다.

겨울철에 사용하는 오일의 점도는 여름철에 사용하는 오일의 점도보다 낮은 점도의 오일을 사용하여야 한다.

03 굴착기 운전 시 계기판에서 냉각수량 경고등이 점등되었다. 그 원인으로 가장 거리가 먼 것은?

① 냉각수량이 부족하다.
② 냉각계통의 물 호스가 파손되었다.
③ 라디에이터 캡이 열린 채 운행하였다.
④ 냉각수 통로에 스케일(물 때)이 없다.

스케일은 물 때나 녹을 말하는 것으로 열전도성을 나쁘게 하여 엔진 과열의 원인이 된다. 냉각수 통로에 스케일이 없으면 정상 작동 상태로 경고등이 점등되지 않는다.

04 굴착기 파이널 드라이브의 일반적인 오일 교환시기로 적당한 것은?

① 500시간
② 1,000시간
③ 1,500시간
④ 2,000시간

파이널 드라이브(최종 감속장치)의 일반적인 오일 교환시기는 1,500시간마다 1회 교환이다.

SECTION 03 구동계통 점검

출제
빈도 상 중 하

---

01 엔진 오일 상태에 따른 관리요령

1) 회색 또는 백색일 경우

① 냉각수 혼입의 원인이 될 수 있는 부분의 밀봉 상태를 확인한다.
② 엔진 헤드 개스킷의 밀봉 불량, 파손 여부를 확인하고 교환한다.
③ 헤드 개스킷의 조임 불량이 원인일 경우 확실하게 조여준다.

2) 검정색일 경우

① 불완전 연소에 의한 것인지 확인한다.
② 연료 오염의 원인이 될 수 있으므로 확인하고 교환한다.
③ 연료의 분사량이 커지는 원인이 되므로 확인하고 조치한다.
④ 압축 압력이 낮으면 불완전 연소의 원인이 되므로 압축압력을 높인다.
⑤ 피스톤링의 마모로 인한 것일 경우 피스톤링을 교환한다.

02 브레이크 장치의 점검

1) 공기 브레이크 장치 취급 시 주의사항

① 라이닝 교환은 반드시 세트(조)로 한다.
② 매일 운행이 끝난 다음 공기탱크의 물을 제거한다.
③ 시동 후 운행할 때에는 규정 공기 압력을 확인한 다음 출발한다.
④ 공기 브레이크에서 제동력의 세기 조정은 압력 조정 밸브로 한다.

> **기적의 Tip**
>
> 공기 브레이크에 사용되는 공기압은 5~7kgf/cm²이다.

2) 브레이크 페달 및 핸드 브레이크 점검 조정

① 기계식 페달의 유격 조정(20~25mm) : 브레이크 케이블의 어저스팅으로 조절
② 유압식 페달의 유격 조정(6~10mm) : 푸시로드의 길이로 조절

3) 브레이크가 잘 듣지 않는 원인

① 마스터 실린더, 휠 실린더에서 오일 누출
② 브레이크 오일이 부족하거나 오일 라인에 공기 혼입
③ 브레이크 오일 라인에 오일의 누출 및 라이닝의 마멸
④ 브레이크 간극이 너무 크거나 라이닝에 물 또는 오일이 묻음

> **기적의 Tip**
>
> **브레이크 페달을 밟았을 때 조향 핸들이 쏠리는 원인**
> • 캐스터의 불량 또는 조향 너클의 휨
> • 타이어 공기압의 불균형
> • 휠 얼라인먼트의 불량 또는 스테빌라이저의 절손
> • 드럼의 편 마모 및 라이닝의 접촉 불량

4) 브레이크 필터 교환(250시간 사용 후 교환)

① 엔진을 정지시키고 시동 키를 ON 위치로 놓는다.
② 브레이크 페달을 여러 번 밟아서 어큐뮬레이터의 압력을 제거한다.
③ 안전레버를 아래로 내려 Lock 위치에 놓는다.

④ 탱크 윗면에 있는 에어 브리더를 위로 당겨, 탱크 내 압력을 제거한다.

⑤ 장비 좌측의 도어를 열고 브라켓에 부착된 필터를 순서대로 교환한다.

03 브레이크 계통의 공기 빼기 작업

1) 공기 빼기 작업을 하여야 하는 경우

① 브레이크 파이프, 호스를 교환할 때
② 베이퍼 록★ 현상이 생겼을 때
③ 휠 실린더를 분해 수리할 때
④ 마스터 실린더를 분해 수리할 때

> ★ 베이퍼 록(Vapor lock)
> 브레이크액 과열로 기포가 발생하여 브레이크가 제대로 작동하지 않는 현상

2) 공기 빼기 작업

① 에어 블리더를 통하여 배출 작업을 한다.
② 마스터 실린더에서 제일 먼 곳의 휠 실린더부터 행한다.
③ 마스터 실린더에 오일을 보충하면서 행한다.
④ 블리더 플러그에 비닐 호스를 끼우고 다른 끝은 오일을 받을 수 있는 통에 연결한다.
⑤ 페달을 여러 번 밟고 블리더 플러그를 1/2~3/4 정도 풀었다가 내압이 저하되기 전에 잠근다.
⑥ 위와 같은 작업을 반복하여 에어가 완전히 배출될 때까지 실시한다.
⑦ 2인이 1조로 하여 브레이크 페달을 밟고 있는 상태에서 블리더 플러그를 잠그고 페달에서 발을 떼어야 한다.

04 냉각장치 작동 상태 점검

1) 라디에이터(Radiator)와 오일 쿨러의 청소

① 라디에이터 핀의 막힘 유무를 확인한다.
② 냉각 핀에 붙어있는 먼지 등을 압축 공기를 이용하여 팬의 반대 방향으로 털어낸다.
③ 냉각 핀이 휘어져 있거나 손상되어 있는지 확인한다.
④ 라디에이터의 코어나 헤드 개스킷에 누유 여부를 확인한다.

2) 팬 벨트의 점검

① 엔진의 팬 벨트는 엔진이 정지된 상태에서 점검하며, 점검 시 엄지손가락으로 10kg의 힘으로 눌렀을 때, 벨트의 처짐 상태가 13~20mm 정도면 정상이다.
② 벨트의 작동 상태와 손상 여부를 점검한다.

3) 냉각 팬의 점검

① 냉각 팬의 균열, 리벳 풀림 및 블레이드의 굽힘이나 풀림을 점검한다.
② 냉각 팬의 장착 상태를 점검하고 장착 스크류를 이용하여 조여주거나 손상되었다면 교체한다.

01 브레이크 계통의 공기 빼기 작업을 하여야 하는 경우가 아닌 것은?

① 프레이크 파이프, 호스를 교환할 때
② 베이퍼 록 현상이 없을 때
③ 휠 실린더를 분해 수리할 때
④ 유압 실린더를 분해 수리할 때

베이퍼 록 현상이란 브레이크액에 기포가 발생하여 브레이크가 제대로 작동하지 않는 현상을 말한다.

02 공기 브레이크 장치를 취급할 때의 주의사항이 아닌 것은?

① 라이닝 교환은 한 번씩 번갈아 한다.
② 매일 운행이 끝난 후, 공기탱크의 물을 제거한다.
③ 시동 후 운행할 때에는 규정 공기압력을 확인후 출발한다.
④ 공기 브레이크의 세기 조정은 압력 조정 밸브로 한다.

라이닝 교환은 반드시 세트(조)로 한다.

엔진 및 구동부 시운전

출제
빈도 상 중 하

01 엔진, 작업장치 확인

1) 굴착기의 난기 운전 시 시동요령

작업 전에 작동유의 온도를 20℃ 이상으로 상승시키기 위한 운전이다.

① 엔진 공전 속도로 5분간 실시한다.

② 엔진을 중속으로 하여 버킷 레버만 당긴 상태로 5~10분간 운전한다.

③ 엔진을 고속으로 하여 버킷 또는 암 레버를 당긴 상태로 5분간 운전한다.

④ 붐의 작동과 스윙 및 전 · 후진 등을 5분간 실시한다.

> **기적의 Tip**
>
> 경사지에서는 좌측 레버를 앞으로 당겨 좌측 트랙이 뒤로 회전되게 하는 것이 장비에 무리가 없고 안전하다.

2) 작업장치 시운전

운전석 내부 구조를 확인하고 전방 시야를 확보한다.

> **기적의 Tip**
>
> • 스로틀 레버 : 엔진의 출력을 제어한다.
> • 컨트롤 레버 : 제어 밸브를 작동시키는 레버로 일의 크기, 방향, 속도를 조절한다.
> • 환향 클러치 레버 : 주행 또는 작업 시 방향을 전환한다.

① 붐을 작동한다.

• 우측 레버를 앞으로 밀면 붐이 내려간다.

• 우측 레버를 잡아당기면 붐이 올라간다.

• 작업 RPM에 따라 붐의 기본 속도가 달라지고 레버 작동 속도도 영향을 준다.

② 암을 작동한다.

• 좌측 레버를 앞으로 밀면 암이 펴진다.

• 좌측 레버를 잡아당기면 암이 접힌다.

• 레버를 작동하는 속도에 따라 암의 속도가 변한다.

③ 버킷을 작동한다.

• 우측 레버를 좌측으로 밀면 버킷은 오므려진다.

• 우측 레버를 우측으로 밀면 버킷은 펴진다.

• 우측 레버를 작동하는 속도에 따라 버킷의 속도가 변한다.

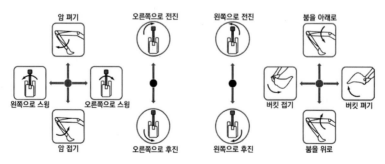

▲ 작업장치 좌, 우측 제어 레버

④ 스윙동작을 작동한다.
- 좌측 레버를 좌측으로 밀면 좌측으로 회전한다.
- 좌측 레버를 우측으로 밀면 우측으로 회전한다.
- 레버의 속도에 따라 회전이 달라지니 주의하여야 한다.

02 주행장치 구동부의 확인

1) 트랙의 장력을 점검한다.

1번 상부 롤러와 트랙 사이에 바를 넣고 들어 올렸을 때, 트랙 링크와 롤러 사이가 25~40mm이면 정상이다.
① 나사식 : 트랙을 평탄한 장소에 위치시키고 조정 스크류를 회전시켜 조정
② 유압식 : 그리스 실린더에 그리스를 주입하여 조정

2) 그리스(Grease) 주입구

① 핀이 연결된 부분에 그리스 니플(주입구)이 있다.
② 붐, 암 부분의 그리스 주입구는 중앙 집중식으로 배열되어 있다.
③ 그리스 주입구는 항상 청결을 유지하여야 한다.
④ 그리스는 작업 전 또는 작업 중 필요 시 주입한다.
⑤ 그리스는 굴절되는 곳의 마모를 줄이고 수명을 올려준다.

3) 안전장치

① 퓨즈박스 배선을 확인한다.
② 장기 보관 또는 장비 점검 시 배터리 전원을 차단하여 전기장치를 보호한다.

이론을 확인하는 개념 체크

01 난기운전은 워밍업이라고도 하며 유압회로의 작동유를 데우는 목적으로 한다. (O, X)

02 굴착기의 암을 작동하고 싶다면 우측 제어레버를 사용해야 한다. (O, X)

03 버킷과 스윙동작은 한 레버에서 조작할 수 있다. (O, X)

04 작업장치에 그리스를 주입하여 마모를 줄이고 수명을 늘일 수 있다. (O, X)

05 장비 보관 시에도 배터리 전원은 연결해두어야 한다. (O, X)

01 O 02 X 03 X 04 O 05 X

01 굴착기의 작업 전 난기 운전이란?

① 엔진을 충분히 예열시킨 후 시동시키는 것이다.
② 작업 전 굴착기의 작동유를 충분히 가열시키는 것이다.
③ 과격하게 작동하는 것이다.
④ 작업 종료 후 엔진을 충분히 가열시킨 후 정지하는 것이다.

작업 전에 작동유를 충분히 가열시켜 최소한 20℃ 이상이 되도록 워밍업하기 위한 운전을 말한다.

02 엔진을 시동하여 공전 시에 점검할 사항이 아닌 것은?

① 기관의 팬 벨트 장력을 점검
② 오일 누출 여부를 점검
③ 냉각수의 누출 여부를 점검
④ 배기가스의 색깔을 점검

엔진의 팬 벨트는 엔진이 정지된 상태에서 점검하며, 점검 시 엄지손가락으로 10kg의 힘으로 눌렀을 때 벨트의 처짐 상태가 13~20mm 정도가 되면 정상이다.

03 굴착기에서 붐의 작동방법으로 옳은 것은?

① 우측레버를 앞으로 밀면 붐이 내려간다.
② 좌측레버를 앞으로 밀면 붐이 내려간다.
③ 우측레버를 잡아당기면 붐이 내려간다.
④ 좌측레버를 잡아당기면 붐이 내려간다.

우측레버를 앞으로 밀면 붐이 내려가고 잡아당기면 붐은 올라간다.

04 굴착기에서 스윙 동작이 안 되는 원인으로 틀린 것은?

① 릴리프 밸브의 설정 압력 부족
② 오버로드 릴리프 밸브의 설정 압력 부족
③ 상하로 움직이는 암의 고장
④ 쿠션 밸브의 불량

스윙은 상부 회전체의 선회를 나타내는 것으로 암의 고장은 선회 동작과는 상관이 없다.

· SECTION · 05 작업 공정 및 작업 간섭사항 파악

출제빈도 상 중 하

01 작업 목적

1) 작업 공정 파악

① 작업의 종류(가설 공사, 토목 공사, 터널 공사, 철근 공사, 되메우기 공사 등)를 파악한다.
② 작업 공정 내용 및 작업계획서를 확인한다.
③ 도면에 따라 굴착기 위치, 이동 경로, 토사 적치, 현장 위치, 작업 범위 등을 파악한다.
④ 작업 방법에 따라 시험 터파기, 터파기, 깎기, 쌓기, 메우기, 되메우기를 실시한다.

> **기적의 Tip**
>
> **작업계획서**
> 작업의 종류, 작업량과 작업시간, 작업 장소 및 지형, 장비 위치 및 작업 진행 상태, 운행 경로 및 지장물의 위치를 파악하고 작성한다.

2) 작업 공정 시 안전 관리사항

① 전도, 전락 방지 조치를 위한 신호수와 작업자의 위치를 배치하고 확인한다.
② 건설기계 조종사 안전교육 이수 여부 및 현장 안전교육을 실시한다.
③ 버킷을 지면에 내리고 안전장치를 확인한다.
④ 작업반경 내 접근 금지 및 낙하물을 주의한다.
⑤ 타 작업자 및 장비의 이동 경로와 통제구역을 확인한다.

3) 작업 주변 여건 파악

① 작업 지시사항에 따라 정확한 작업과 주기 상태를 육안으로 파악한다.
② 안전사고 예방을 위해 도로교통법을 준수한다.

③ 작업 반경 내의 위험요소를 육안으로 확인한다.
④ 작업 현장 주변 시설물 및 장애물을 확인한다.

02 작업 공정

1) 작업 지시사항 및 일정 파악

① 공정표를 검토하고 작업 일정을 확인한다.
② 운전자 안전복장 및 보호구를 착용한다.
③ 작업 현장 내 관계자 외 출입을 통제한다.
④ 작업장 내 이동 시 규정 속도를 준수하고 지시사항에 따른다.

2) 장비관리 및 기상예보 확인

① 작업 공정에 따라 일일 소요되는 연료량을 확인한다.
② 구름, 눈, 비 등의 기상예보에 따른 작업 여부를 결정한다.
③ 지반 상태, 운전 상태, 장비 상태를 확인하고 급정지, 급선회, 급발진 등을 하지 않도록 한다.
④ 제설 작업 시 눈에 덮여 보이지 않는 환경에 주의하고 작업 일정 변동 여부를 확인한다.

3) 작업의 공정 과정

① 일반적으로 지면보다 낮은 곳에 있는 토량의 굴착에 사용된다.
② 굴착하는 토질과 굴착 작업의 높이 또는 깊이 등 작업 현장 조건을 고려하여 기종을 선택한다.

③ 특수한 경우를 제외하고 굴착 작업의 깊이는 버킷 계수★에 영향을 주지 않는다.
④ 굴착기와 굴착된 토량을 운반하는 기계의 상태가 작업상 균형을 유지해야 한다.
⑤ 운반기계의 적재 높이가 굴착기에 적합하도록 이루어져야 한다.

★ 버킷 계수
버킷에 담는 비율

03 작업 방법

작업 전에 굴착 위치를 선택하고 붐을 상승하면서 암과 버킷을 굴착 위치에 두고, 붐을 하강시켜 버킷을 내려놓는다.

1) 직진 굴착(채굴) 작업

후진하면서 똑바로 굴착하는 방법을 말한다.
① 붐을 수평 상태로 유지하고 작업 라인에 맞도록 차를 세운다.
② 지면을 수평으로 정리하여 채굴한 다음 뒤로 이동시켜 다시 채굴한다.
③ 넓은 도랑을 직진 채굴법으로 굴착 시 좌·우측을 굴착하고 나서 가운데를 굴착한다.
④ 좁은 도랑을 직진 채굴법으로 굴착 시 직진하여 굴착한다.

2) 병진 굴착(채굴) 작업

굴착할 부분과 하부 추진체를 나란히 하고, 상부 회전체는 하부 추진체에 대해 90° 선회한 후 이동하면서 굴착하는 방법을 말한다.
① 전부 장치를 트랙 방향과 90°로 회전시켜 채굴한다.
② 채굴하면서 트랙을 주행시킨다.
③ 채굴 시 직진 작업을 한다.

3) 굴착 작업

① 암과 버킷을 동시에 크라우드(오므리기)하면서 붐은 서서히 상승시킨다.
② 암과 붐은 90~110°의 범위를 유지하고 버킷에 토사 등의 골재가 만재되어야 한다.
③ 붐의 각은 35~65°가 효과적이며 정지 작업 시 붐의 각은 35~45°가 가장 적합하다.
④ 덤프 선회 시 붐과 암의 각도는 80~110°로 한다.

🎓 기적의 Tip

굴착 작업 시 유의사항
• 경사지를 내려갈 때는 저속으로 서행하여야 한다.
• 버킷으로 옆으로 밀거나 스윙할 때의 충격을 이용하지 않는다.
• 하강하는 버킷이나 붐의 중력을 이용하지 않는다.

🎓 기적의 Tip

붐의 길이
작업상태에 따라 붐의 길이를 변경하며, 일반적으로 짧게 하는 것이 안정성이 있고 시간을 절약할 수 있다.

4) 선회작동

굴착이 완료된 후에 붐을 올리면서 암과 버킷을 약간씩 오므려 토사가 흘러내리지 않는가를 확인한 후 선회하여야 안전하다.

5) 덤프

암을 뻗으면서 붐을 하강시키고 덤프 위치에 근접하면 버킷을 펴면서 토사 등의 골재를 쏟아준다.

🎓 기적의 Tip

덤프트럭에 돌을 적재할 때는 흙을 먼저 깔고 돌을 싣는다.

04 작업 간섭사항 파악

1) 장애물 밑 굴착

장애물 밑 부분을 굴착하기 위해서는 장애물이 있는 부분의 한쪽 트랙을 들어 올려 굴착기를 15° 정도 경사시켜 작업한다. 그러나 이러한 작업은 스윙장치 및 트랙에 무리가 올 수 있어 가능한 피하는 것이 좋다.

① 침목은 단단한 것(두꺼운 철판재 등)을 사용한다.
② 운전 조작은 서서히 한다.
③ 기울어진 쪽으로 회전할 경우 주의를 요한다.
④ 붐과 암의 각도는 90~110°를 유지시킨다.
⑤ 주변의 장애물을 주의한다.

2) 굴착 작업 시 주의할 점

① 굴착기가 수평으로 놓이도록 한다.
② 운전 조작 시 항상 버킷에 시선을 집중한다.
③ 지반이 연약할 때는 반드시 바닥 판을 깔고 작업을 한다.
④ 2,000m(2km) 이내는 자체 주행하고 그 이상은 트레일러를 이용한다.
⑤ 붐이나 암으로 차체를 올리고 그 밑으로 들어가지 않는다.
⑥ 운전석을 떠날 때는 항상 버킷을 지면에 접촉해 놓는다.
⑦ 차체를 경사지에 정지시켜 둘 때는 지면을 버킷으로 누르고 트랙 뒤에 쐐기를 고인다.
⑧ 기관이 과부하를 받을 때는 버킷을 지면에 내리고 모든 레버를 중립으로 리턴시킨다.
⑨ 주행 시 버킷의 높이는 30~50cm가 적당하며 전부장치는 전방을 향해야 한다.
⑩ 가능하면 평탄한 지면을 택하고 엔진은 중속이 적합하다.
⑪ 활지 또는 암반을 통과할 경우 저속으로 서행하여 운전한다.

3) 연약지반에서의 작업

필요에 따라 장비가 빠지지 않도록 매트나 나무 판을 사용한 후 주행한다.

4) 어두운 곳에서의 작업

장비의 작업등, 전조등을 켜고 작업해야 하며 필요한 경우 조명 시설을 설치하도록 한다.

5) 모래나 먼지가 많은 곳에서의 작업

① 에어 클리너 필터를 자주 점검한다. 계기판의 게이지 램프가 점등되고 동시에 부저가 울릴 때는 점검 시기에 관계 없이 필터를 청소하거나 교환한다.
② 라디에이터 점검을 자주하고 냉각 핀을 깨끗하게 청소한다.
③ 연료 탱크의 주입구, 작동유 탱크의 브리더 캡을 단단히 잠그고 모래나 먼지가 들어가지 않게 한다.
④ 연료 필터는 자주 점검하여 모래나 먼지를 제거한다.
⑤ 각 핀, 부싱 등의 윤활부를 깨끗하게 세척한다.
⑥ 에어컨 및 히터의 내기·외기 필터를 점검하고 청소하거나 교환한다.

6) 동절기와 같은 낮은 기온에서의 작업

① 기온에 맞는 엔진 오일 및 연료를 주입하였는지 확인한다.
② 냉각수에 규정량의 부동액을 넣었는지를 확인한다.
③ 동절기에는 장비 사용설명서를 참조하여 엔진을 시동하고 난기 운전을 한다.
④ 방전된 배터리는 충전된 배터리보다 쉽게 동결되므로 배터리는 항상 완전히 충전한다.
⑤ 작업 종료 후에는 동결을 방지하기 위해 깨끗하게 청소하고 침목 위에 주차한다.

05 일반적인 작업 현장 간섭사항

1) 일반적인 사항

① 양호한 운전 시계를 확보하고, 차량의 안전성을 유지하기 위해서 짐을 싣는 버킷을 지상으로부터 40~50cm 들어 운반한다.

② 대기 시간을 이용하여 작업 장소를 청소하고 평탄 작업을 한다.

③ 버킷에 과대한 하향의 힘이 걸리지 않도록 견인력을 유지한다.

④ 작업 대상물이 단단할 때는 투스(Tooth) 타입이나 커팅엣지(Cutting edge) 타입 버킷을 사용한다.

⑤ 덤프 작업을 하기 위해서는 조종 레버를 「덤프」 위치로 한 후, 원위치로 되돌린다. 덤프가 완료될 때까지 작동한다.

⑥ 먼지가 엔진으로 오지 않도록 바람을 등지고 작업한다.

⑦ 작업 대상물의 비중을 고려할 때 사용하는 버킷이 작업에 적절한지 확인한다.

2) 기타 작업 현장 여건

① 작업장 내에 장애물 여부 확인

② 작업 현장의 바닥 다짐 상태 확인

이론을 확인하는 개념 체크

01 굴착기 운전자는 안전교육 이수자이므로 현장에서의 교육은 불필요하다. (O, X)

02 작업의 종류나 작업량, 작업시간, 작업장소 등을 작성한 문서를 작업계획서라 한다. (O, X)

03 굴착하는 현장의 높이나 깊이에 따라 굴착기 기종을 선택해야 한다. (O, X)

04 붐은 가능한 길게 하여 작업하는 것이 좋다. (O, X)

05 작업하는 곳의 지반이 연약하다면 바닥에 판을 깔고 작업한다. (O, X)

06 주행 시 버킷의 높이는 1미터 이상 들어올려야 한다. (O, X)

07 새로 구축한 구축물 주변은 견고하므로 안심하고 다닐 수 있다. (O, X)

08 주행하면서 굴착을 해서는 안 된다. (O, X)

01 X 02 O 03 O 04 X 05 O 06 X 07 X 08 O

01 다음 중 굴착기로 행하기 어려운 작업은?

① 상차 작업
② 제설 작업
③ 평탄 작업
④ 굴착 작업

- -

굴착기는 상차, 평탄, 굴착 작업에 적합하나 제설 작업은 모터 그레이더나 불도저의 블레이드 삽날을 이용해야 효과적이다.

02 작업계획서의 작성 내용으로 맞지 않는 것은?

① 작업의 종류
② 작업 시간
③ 작업 장소
④ 사무실 위치

- -

작업의 종류, 작업량, 작업 시간, 작업 장소, 지형, 장비 위치, 작업 진행 상태, 운행 경로, 지장물의 위치 등을 파악하고 작업계획서를 작성해야 한다.

03 작업 공정 시 안전관리 사항으로 맞지 않는 것은?

① 전도, 전락 방지 조치를 위한 신호수를 배치한다.
② 건설기계 조종사 안전교육 이수 여부를 확인한다.
③ 안전교육 이수자는 현장 안전교육을 받지 않아도 된다.
④ 굴착기 위치, 이동경로, 작업범위 등을 파악한다.

- -

건설기계 조종사 안전교육을 받아도 현장에서의 안전교육은 꼭 받아야 한다.

04 굴착기 운전 시 작업안전 사항으로 적합하지 않는 것은?

① 스윙하면서 버킷으로 암석을 부딪쳐 파쇄하는 작업을 하지 않는다.
② 안전한 작업 반경을 초과해서 하중을 이동시킨다.
③ 굴착하면서 주행하지 않는다.
④ 작업을 중지할 때는 파낸 모서리로부터 떨어진 곳으로 장비를 이동시킨다.

- -

안전한 작업 반경을 초과하여 하중을 이동시켜서는 안 된다.

05 타이어식 굴착기의 운전 시 주의사항으로 적절하지 않은 것은?

① 토양의 조건과 엔진의 회전수를 고려하여 운전한다.
② 새로 구축한 구축물 주변은 연약 지반이므로 주의한다.
③ 버킷의 움직임과 흙의 부하에 따라 대처하여 작업한다.
④ 경사지를 내려갈 때는 클러치를 분리하거나 변속 레버를 중립에 놓는다.

- -

경사지를 내려갈 때는 저속으로 서행하여야 한다. 클러치를 차단하거나 변속 레버를 중립에 놓으면 관성에 의해 장비의 속도가 빠르게 내려가기 때문이다.

06 경사면 작업 시 전복 사고를 유발시킬 수 있는 행위가 아닌 것은?

① 붐이 부착되지 않은 경우 좌·우측으로만 회전시킬 때
② 안전한 작업 반경을 초과해서 짐을 이동할 때
③ 붐 포인트를 최대 각도로 올려 회전을 서서히 시작할 때
④ 작업 반경을 보정하기 위하여 붐을 올리지 않고 짐을 회전할 때

굴착기 붐 포인트가 최대 또는 최소 제한 각도를 벗어나면 전복되기 쉬우며, 안전 작업 반경을 초과해서 짐을 이동하면 안 된다.

07 굴착기의 작업 용도로 가장 적합한 것은?

① 도로 포장 공사에서 지면의 평탄, 다짐 작업에 사용한다.
② 터널 공사에서 발파를 위한 천공 작업에 사용한다.
③ 화물의 기중, 적재 및 적하 작업에 사용한다.
④ 토목 공사에서 터파기, 쌓기, 깎기, 되메우기 작업에 사용한다.

굴착기는 토목 공사의 터파기, 쌓기, 깎기, 되메우기 작업에 사용하는데 가장 적합하다.

08 일반적으로 굴착기가 할 수 없는 작업은?

① 땅 고르기 작업
② 리핑 작업
③ 경사면 굴토 작업
④ 차량 토사 적재 작업

굴착기는 일반적으로 터파기, 쌓기, 깎기, 되메우기, 고르기, 차량 토사 적재 작업에 사용하며, 리핑 작업은 불도저에 장착된 리퍼를 이용한 작업이다.

· SECTION · 06

작업 관계자 간 의사소통

출제빈도 상 중 하

01 수신호 방법 확인 후 신호수 배치

1) 신호수와 운전자 간 수신호 방법 확인

① 작업장 내 신호 방법은 사용자 지침서 및 건설 기계 신호지침과 거의 동일하다.

② 신호수는 작업장의 책임자가 지명한 자 외에 는 하여서는 안 된다.

③ 신호수는 사전에 신호 방법을 정해서 전달하여 배치한다.

④ 신호수는 운전자와 긴밀한 연락을 취하여야 한다.

⑤ 신호수는 1인으로 하여 수신호, 경적 등을 정확하게 사용하여야 한다.

⑥ 신호수의 부근에 혼동되기 쉬운 경적, 음성, 동작 등이 있어서는 안 된다.

⑦ 신호수는 운전자의 중간 시야가 차단되지 않는 위치에 항상 있어야 한다.

⑧ 신호수는 장비의 성능, 작동 등을 충분히 이해하고 비상 시 응급 처치가 가능하도록 항시 현장의 상황을 확인하여야 한다.

2) 신호수 배치

① 근로자에게 위험이 있는 경우

② 운전 중인 굴착기에 접촉되어 근로자가 다칠 위험이 있는 장소

③ 지반의 부동침하나 붕괴 위험이 있는 경우

④ 사람이 빈번하게 통행하는 경우

02 신호수의 수신호

1) 호출, 위치의 지시, 천천히 올림, 올리기 등의 수신호 방법

① 호출 : 한쪽 손을 높이 올리는 것

② 위치의 지시 : 손가락으로 지시하는 것

③ 천천히 올리기 : 팔을 수평으로 올리고 손바닥을 위로하여 상하로 흔드는 것

④ 올리기 신호 : 주먹쥔 상태에서 엄지손가락을 위로하고, 팔을 수평 상태에서 위를 향해 올리는 것

2) 천천히 내림, 내림, 조절 지시, 천천히 이동하기 등의 수신호 방법

① 천천히 내리기 : 팔을 수평으로 올리고 손바닥을 밑으로 하여 상하로 흔드는 것

② 버킷 내리기 : 주먹쥔 상태에서 엄지손가락을 밑으로 하고 팔을 수평 상태에서 밑으로 향해 내리는 것

③ 조절 지시 : 팔을 보기 쉬운 위치로 뻗고 손바닥을 이동하는 방향으로 붐, 암 버킷을 지시하는 것

④ 천천히 이동하기 : 새끼손가락 또는 손가락 표시로 천천히 움직임을 표시하는 것

3) 정지, 급정지, 작업 완료 등의 수신호 방법

① 정지 신호 : 손바닥을 전방을 향하게 펴서 높이 올리는 것

② 급정지 신호 : 두 손을 넓게 올려 손바닥을 펴고 좌우로 크게 흔드는 것

③ 작업 완료 신호 : 거수를 하여 알리거나 두 손을 머리 위에 교차시키는 것

03 무전기 신호 사용 방법 및 유도 신호 방법

1) 무전기 사용법 숙지

① 무전기 켜짐 상태를 체크한다. 이어셋이나 헤드셋이 무전기에 제대로 연결되어 있는지 확인한다.

② 작업장에서 할당된 채널을 사용한다. 현장 작업 관계자가 어떤 채널을 사용하고 있는지 확인하고 그에 맞게 채널을 설정한다.

③ 배터리가 부족하다면 교체하거나 수시로 충전한다.

2) 무전할 때 주의 사항

① PTT★ 버튼을 누른 뒤 사용한다.

② 말하기 전에 듣는다. 자신의 의사를 확실하게 한다.

③ 짧게 그리고 핵심 응답을 원할 때만 말한다.

④ 답변이 생각나지 않는다면 답을 찾는 동안 "잠시 대기(Wait on)"라고 말한다.

⑤ 길게 말하고자 할 때 "중지(Break)"라고 말한다.

★ PTT
Push To Talk

🎓 기적의 Tip

무전기 용어
- 응급 상황(Priority) : 최고 긴급 상황, 메디컬이 요구되는 부상 상황 또는 레스큐가 즉각적으로 필요
- 긴급 상황(Urgent) : 즉각적 행동 필요, 차량이 매우 위험한 상태이거나 부상 의심 상태
- 안전(Safety) : 긴급도 최하, 행동을 취할 속도가 지체되어도 안전한 상태

이론을 확인하는 개념 체크

01 신호수는 작업장의 책임자가 지정해야 한다. (O, X)

02 신호수가 팔을 수평으로 올리고 손바닥을 위로하여 상하로 흔들면 천천히 올리라는 의미이다. (O, X)

03 신호수가 손바닥을 전방을 향하게 펴서 높이 올리면 작업이 완료되었다는 의미이다. (O, X)

04 무전이 잘되지 않으면 임의로 통신이 잘 되는 다른 채널을 찾는다. (O, X)

05 무전 횟수를 줄이기 위해 가능한 해야 할 말을 길게 모두 말한다. (O, X)

06 신호수의 위치는 쉽게 식별할 수 있어야 한다. (O, X)

01 O   02 O   03 X   04 X   05 X   06 O

합격을 다지는 **예상문제**

01 신호수와 조종사 간 수신호 방법으로 틀린 것은?

① 신호수는 조종사와 긴밀한 연락을 취하여야 한다.

② 신호수는 조종사와 시야가 차단되지 않는 위치에 항상 있어야 한다.

③ 신호수는 1인으로 하며 수신호 등을 정확하게 사용하여야 한다.

④ 신호수는 현장에서 작업하는 조종사가 지명한다.

....

신호수는 작업장 책임자가 지명한 자 이외에는 하여서는 안 된다.

02 굴착기 작업 시 천천히 내리기의 수신호 방법은?

① 팔을 수평으로 올리고 손바닥을 밑으로 하여 상하로 흔든다.

② 엄지손가락을 밑으로 하고 다른 손가락은 쥐며 팔을 거의 수평 상태에서 밑으로 향하게 내린다.

③ 팔을 보기 쉬운 위치에 뻗고 손바닥을 이동하는 방향으로 붐, 암, 버킷을 지시한다.

④ 새끼손가락 또는 손가락 표시로 천천히 움직임을 표시한다.

오답 피하기

② **신호자의 버킷 내리기** : 엄지손가락을 밑으로 하고 다른 손가락은 쥐고 팔을 거의 수평 상태에서 밑으로 향하게 내리는 것

③ **신호자의 조절 지시** : 팔을 보기 쉬운 위치에 뻗고 손바닥을 이동하는 방향으로 붐, 암 버킷을 지시하는 것

④ **신호자의 천천히 이동하기** : 새끼손가락 또는 손가락 표시로 천천히 움직임을 표시하는 것

03 무전기 신호 사용방법 및 유도신호 방법으로 틀린 것은?

① 무전기 사용법은 작업 전에 숙지한다.

② 무전기 배터리가 부족하면 수신호로 한다.

③ 유도 신호는 호각과 수신호를 병용한다.

④ 신호수 위치는 식별할 수 있는 장소로 선택한다.

....

무전기 배터리가 부족하면 교체하거나 수시로 충전해야 한다.

PART 02

주행 및 작업

출제 빈도

Section 01	중
Section 02	하
Section 03	상
Section 04	상
Section 05	중
Section 06	중
Section 07	상
Section 08	중
Section 09	상
Section 10	상

주행성능 장치 확인

SECTION 01

출제빈도 상 중 하

01 주행장치

타이어(Wheel)식 굴착기는 38~40km/h의 자력 주행 속도를 가져 작업장 이동이 비교적 용이하다. 그러나 무한궤도(Crawler)식은 주행속도가 평균 3km/h 내외, 최고 10km/h 정도로 자력으로 2km 이상 이동하는 것은 비효율적이다. 장소 이동이 필요할 때 소형 굴착기는 4t 이상의 트럭, 중형 이상 굴착기는 10t 이상의 트레일러를 사용하여 운반하는 것이 좋다.

1) 타이어식(휠 타입) 주행장치

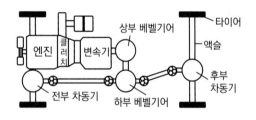

▲ 타이어식 굴착기 주행장치

장점	기동성이 좋고 작업 속도가 빠르며 구동장치의 정비가 용이하고 포장도로에서의 기동력이 양호하다.
단점	견인력과 구배(기울기) 능력이 작으며 접지압이 크고 습지, 사지(모래 흙으로 이루어진 땅) 작업이 곤란하다.

2) 무한궤도식(크롤러 타입) 주행장치

무한궤도식의 하부 주행체는 상부장치의 프론트 어태치먼트 등의 하중을 지지함과 동시에 굴착기를 이동시키는 장치이다. 무한궤도식은 주행 모터(유압 모터)로 트랙을 회전시켜 이동한다.

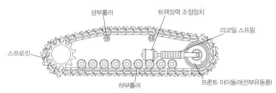

▲ 무한궤도식 굴착기 주행장치

장점	견인력과 등판 능력이 크고 접지압은 작으며 습지, 사지 작업이 용이하다.
단점	이동 속도가 느리고 안정성이 낮으며 구동장치 정비가 어렵다. 작업 속도가 느리며 작업 거리에 영향이 많아 포장도로에서 이동이 곤란하다.

02 주행장치 확인

1) 기계식 주행장치

① 일반 차량처럼 클러치 트랜스미션, 베벨 기어, 프로펠러 축을 통하여 후륜을 구동하는 방식다.

② 제동장치는 일반 차량과 동일하며, 주 제동장치와 주차 브레이크 장치로 되어있다.

- 주 제동장치는 주행 시 속도 제어를 위한 것으로 브레이크 페달을 밟으면 전륜이 동시에 제동되는 강력한 공압 브레이크이다.

- 주차 브레이크 장치는 레버로 상부 베벨기어 구동축상의 브레이크 드럼을 기계적으로 제동하는 내부 확장식 브레이크 장치이다.

- 브레이크 레버를 조작할 때 압축 공기를 이용하며, 작업 시 사용하면 차체의 흔들림, 끌림이 적어져 작업이 쉽게 되기 때문에 작업 환경에 따라 사용하면 편리하다.

2) 유압식 주행장치

① 자동차의 기계식 주행장치와는 달리 엔진으로부터 연결된 기어 펌프의 유압이 컨트롤 밸브를 통해 센터 조인트로 전달되어 주행 모터를 구동시킨다.

② 트랜스미션에서 유압을 컨트롤하는 변속 밸브에 의해 변속된 유압이 추진 축, 차동장치, 액슬 축을 거쳐 바퀴를 구동시키는 방식이다.

03 각종 점등장치 확인

1) 전조등, 차폭등 작동 상태 확인

① 스위치를 1번 누르면 차폭등, 번호판등이 점등되고 한번 더 누르면 전조등이 점등된다.

② 스위치를 1초 이상 누르면 소등된다.

2) 비상등 작동 상태 확인

① 장비 고장 및 비상 시 주변에 상태를 알리는 표시등의 작동 여부를 확인한다.

② 비상등 작동 시 좌·우측 방향의 지시등이 동시 작동되는지 확인한다.

3) 방향지시등 작동 상태 확인

① 주행 중 방향을 바꾸려할 때 알리는 표시등의 작동 여부를 확인한다.

② 레버를 당겨 좌측 지시등의 작동 여부를 확인한다.

③ 레버를 앞으로 밀어 우측 지시등의 작동 여부를 확인한다.

이론을 확인하는 개념 체크

01 험지에서 작업하는 목적으로는 타이어식이 무한궤도식보다 유리하다. (O, X)

02 굴착기의 장거리 이동이 필요할 시에는 트럭이나 트레일러에 싣고 운반해야 한다. (O, X)

03 타이어식 주행장치는 궤도식 주행장치보다 접지압이 크다. (O, X)

04 기계식 주행장치는 공압 브레이크를 사용한다. (O, X)

05 점등장치 스위치를 한번 누르면 전조등이 점등되고, 한번 더 누르면 전조등이 소등된다. (O, X)

06 방향지시등 레버를 당겨 좌측 지시등을 켤 수 있다. (O, X)

01 X 02 O 03 O 04 O 05 X 06 O

01 다음은 무한궤도식 굴착기와 타이어식 굴착기의 운전 특성에 대한 설명이다. 틀린 것은?

① 무한궤도식은 기복이 심한 곳이나 좁은 장소에서 작업이 불가능하다.

② 타이어식은 주행 속도가 빠르며, 변속이 가능하다.

③ 무한궤도식은 습지, 사지에서 작업이 가능하다.

④ 타이어식은 장비의 이동이 쉽고 기동성이 양호하다.

무한궤도식은 높은 견인력, 접지압, 등판 능력을 가지고 있다.

02 다음 중 유압식 주행장치의 특징이 아닌 것은?

① 컨트롤 밸브를 통해 주행 모터를 구동시킨다.

② 브레이크 페달을 밟아 제동되는 강력한 공압 브레이크이다.

③ 일반적인 휠 타입의 굴착기는 최대 50km/h의 속도로 주행할 수 있다.

④ 변속 밸브에 의해 변속된다.

브레이크 페달을 밟아 제동되는 주행장치는 기계식 주행장치이다.

SECTION 02

작업현장 내·외 주행

출제
빈도 상 중 하

01 작업현장 내 주행

장비가 수평인 상태에서 주행하며 항상 버킷에 시선을 집중한다. 지반이 연약한 곳은 바닥판을 깔고 자체 주행은 2km 이내로 한다.

1) 연약지반에서의 주행 방법

① 자력으로 주행 가능한 곳까지만 주행한다.
② 주행이 불가능할 때 버킷을 내리고 붐과 암을 이용하여 빠져나온다.
③ 무한궤도식인 경우 좌·우 트랙을 전·후진시키면서 빠져나온다.

2) 주행 전 점검

① 건설기계의 종류, 운행 경로, 방법 등의 계획
② 제동장치, 유압장치 등의 기능
③ 운행 경로상의 고압선, 케이블 등 장애물 여부
④ 지반 상태 확인
⑤ 운전석 내부 청소, 발판과 손잡이 등이 미끄럽지 않도록 조치
⑥ 충돌 예방을 위한 전담 유도자 배치, 신호 준수
⑦ 스윙 록★ 등의 안전장치 확인, 작동 상태 점검
⑧ 작업장 내 주행 시 운행 경로상에 근로자의 출입 통제

🎓 기적의 Tip

작업 현장 내 안전 작업을 위한 안전장치 확인
• 후사경, 후방 카메라를 확인한다.
• 작업장 내 위험 요인을 확인한다.
• 운행경로를 사전에 파악하고 안전대책을 세운다.

🎓 기적의 Tip

굴착기 전·후 주행장치 점검 개소
• 유니버설 조인트의 스플라인 부분 점검
• 유성 기어 점검
• 액슬 샤프트의 절단 여부 점검

★ 스윙 록
굴착기 상부 회전체의 흔들림과 회전 방향으로의 이동을 방지하기 위하여 상부 회전체를 하부 추진체에 고정하는 것

02 작업현장 외 주행

1) 굴착기 내부 구조와 작동 상태 확인

① 30° 범위로 핸들 위치를 조절
② 핸들을 위아래로 조절하여 높이를 조절
③ 좌측의 작업레버를 위로 젖혀 작업이 차단되는지 확인
④ 기타 시건 장치 및 계기판을 확인

2) 굴착기 주행 시 알아두어야 할 사항

① 붐이나 암으로 차체를 올리고 그 밑으로 들어가지 말 것
② 버킷이 올려진 상태에서 운전석을 떠나지 말고 운전석을 떠날 때는 항상 버킷을 지면에 내려 바닥에 접촉해 놓을 것
③ 2km 이상 거리 이동은 트레일러를 이용할 것
④ 차체를 경사지에 정지시켜 둘 때는 버킷으로 지면을 누르고 트랙 뒤에 쐐기를 고일 것
⑤ 기관이 과부하를 받을 때는 버킷을 지면에 내리고 모든 레버를 중립으로 리턴시킬 것
⑥ 주행 시 버킷의 높이는 30~50cm가 적당하며 전부장치는 전방을 향할 것

작업현장 내·외 주행 : SECTION 02 55

⑦ 가능하면 평탄한 지면을 택하고 엔진은 중속이 적합
⑧ 활지 또는 암반을 통과할 경우 저속으로 서행하여 운전할 것

3) 굴착기의 주행 전 준비사항

① 타이어 굴착기는 외관상 유압계통의 누유, 타이어 공기압 상태, 연결 상태 등을 확인한다.
② 발판 및 손잡이를 청결히 유지하고 미끄럽지 않게 한다.
③ 제동장치, 주행장치, 가속장치, 조향 핸들 등의 위치와 정상 작동 여부를 확인한다.
④ 시야를 확보하고 경고장치 작동 여부를 확인한다.

4) 도로 주행 종료 시 안전

① 우측에 있는 작업 RPM 다이얼을 좌측으로 내린다.
② 시동장치를 OFF로 하여 시동을 정지한다.
③ 도로 주행 또는 작업 종료 시 안전바를 내린다.
④ 좌측의 작업레버를 위로 올린다.
⑤ 잠금장치를 다시 한 번 확인하고 장비에서 내린다.

5) 무한궤도식 굴착기의 주행 요령

① 가능하면 평탄한 길을 택하여 주행한다.
② 요철이 심한 곳에서는 엔진의 회전수를 낮추고 서행으로 통과한다.
③ 돌 등이 주행 모터에 부딪치지 않도록 한다.
④ 연약한 땅은 피해서 간다.

이론을 확인하는 개념 체크

01 주행이 불가능한 연약지반에 빠진 경우 붐과 암을 사용해서 빠져나올 수 있다. (O, X)

02 굴착기 상부 회전체의 흔들림과 회전 방향으로의 이동을 방지하기 위해 상부 회전체를 하부 추진체에 고정하는 장치를 스윙 록이라 한다. (O, X)

03 기관이 과부하 상태면 버킷을 지면에 내리고 레버를 중립으로 한다. (O, X)

04 요철이 심한 곳은 가능한 빠르게 통과한다. (O, X)

01 O 02 O 03 O 04 X

01 굴착기를 트레일러로 운반할 시 전부장치의 위치는 어떻게 하는 것이 가장 적당한가?

① 앞쪽으로 한다.
② 뒤쪽으로 한다.
③ 옆쪽으로 한다.
④ 아무 쪽이나 상관없다.

굴착기를 트레일러로 운반할 시 전부장치의 위치는 뒤쪽이어야 한다.

02 굴착기가 작업장 내·외 주행 중 주행 방향이 틀어지고 있다. 다음 중 그 원인과 관계가 적은 것은?

① 트랙의 균형이 맞지 않을 때
② 유압라인에 이상이 있을 때
③ 트랙 슈가 약간 마모되었을 때
④ 지면이 불규칙적일 때

트랙 슈가 마모되면 미끄러지거나 견인력이 감소될 수는 있으나 주행 방향이 틀어지지는 않는다.

03 작업장 내·외에서 굴착기 주행 및 선회 시 안전을 위한 가장 적절한 조치로 맞는 것은?

① 버킷을 내려서 점검하고 작업한다.
② 급회전을 위하여 위험 시간을 최대한 줄인다.
③ 경적을 울려서 작업장 주변 사람에게 알린다.
④ 굴착작업으로 안전을 확보한다.

굴착기를 주행하거나 회전할 경우 먼저 경적을 울려 주변 작업자에게 알려야 한다.

04 엔진의 시동을 멈추지 않고 장비를 정차시킬 경우에 어떻게 하는 것이 가장 좋은가?

① 스로틀 레버를 고속 위치에 두고 변속 레버는 중립 위치에 둔다.
② 스로틀 레버를 고속 위치에 두고 전·후진 레버는 중립 위치에 둔다.
③ 스로틀 레버를 저속 위치에 두고 변속 레버는 중립 위치에 둔다.
④ 스로틀 레버를 저속 위치에 두고 전·후진 레버는 후진 위치에 둔다.

엔진의 시동을 멈추지 않은 상태에서 장비를 정차시킬 경우에 스로틀 레버는 저속 위치, 변속 레버는 중립 위치에 둔다.

05 무한궤도식 굴착기의 주행 요령 중 틀린 것은?

① 가능하면 평탄한 길을 택하여 주행한다.
② 요철이 심한 곳에서는 엔진의 회전수를 높여 신속히 통과한다.
③ 돌 등이 주행 모터에 부딪치거나 올라타지 않도록 한다.
④ 연약한 땅은 피해서 간다.

요철이 있는 곳은 엔진의 회전수를 낮추고 서행으로 통과한다.

. SECTION . 03 작업장치

출제 빈도 　상　중　하

01 굴착기의 유압장치

유압장치는 작업장치 및 타이어의 주행장치를 작동시키며, 작동유 탱크, 유압펌프, 제어 밸브, 스윙 모터와 주행 모터, 유압 실린더 등으로 구성되어 있다.

1) 작동유 탱크

① 탱크의 구조는 밀폐형으로 위쪽에는 작동유 주입구, 아래쪽에는 배출구(드레인 플러그)가 위치하고 있다.
② 작동유의 보유량을 점검하기 위해 외부에 유량계를 두고 있다.

2) 유압 펌프

① 유압 펌프는 기관의 크랭크축에 의해 작동되므로 회전 속도와 회전 방향은 엔진과 같다.
② 작동유 탱크 내의 유압 오일을 흡입하고 가압하여 유압 모터 및 유압 실린더로 압송한다.
③ 유압 펌프로는 주로 기어 펌프, 베인 펌프, 피스톤 펌프가 이용된다.

> **기적의 Tip**
>
> 굴착기 작업 장치의 유압 실린더에는 주로 복동식 실린더가 사용된다.

3) 제어 밸브

제어 밸브는 작동유 통로를 개폐하여 작동유가 흐르는 방향을 바꾸어주는 일을 하며, 작업 레버 및 주행 레버에 연결되어 작동하는 스풀형(Spool type)으로 되어 있다.

> **기적의 Tip**
>
> 제어 밸브에는 릴리프 밸브를 부착하여 유압회로에 규정 이상의 압력이 발생하면 과잉 압력의 작동유를 탱크로 복귀시키는 회로를 두고 있다.

① **수동식 제어장치** : 구형 굴착기에서 사용하던 방식으로 레버와 로드 사이를 연결하며 기계적 힘에 의해 작동된다. 고장이 비교적 적으나 조작력이 큰 단점이 있다.

② **전자식 제어장치** : 수중 작업용이나 원격 조정용 등의 특수 목적으로 사용되고 있다.

③ **공압식 제어장치** : 레버를 조작하면 공기 제어 밸브가 열려 공기가 호스를 통하여 흐르면서 공기 실린더를 작동시키고 공기 실린더가 제어 밸브를 작동시키도록 되어있다. 조작력은 매우 작으나 구조가 복잡하다.

④ **유압식 제어장치** : 작업 레버와 연결된 어저스트★(조절) 밸브가 작동하여 제어 밸브를 작동시키는 것으로 조작력이 작다. 보조 유압 펌프가 엔진과 직결되어 있어 엔진이 가동되면 유압 탱크의 작동유를 흡입하고 가압하여 어저스트 밸브로 공급하며, 작업 레버에 의해 어저스트 밸브가 작동하면 제어 밸브 스풀을 왕복 운동시켜 작동유 통로를 개폐시킨다.

> ★ **어저스트(adjust)**
> 어떤 구성품이나 장치의 부품들이 규정된 관계, 치수 또는 압력을 가지도록 조정하는 것

> **기적의 Tip**
>
> 유압식 작업장치의 작업 속도는 유량제어 레버로 조절한다.

02 작업장치

1) 상부장치

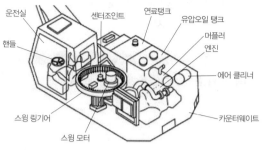

▲ 상부장치 구조 및 명칭

① **엔진부** : 동력 발생 장치
② **유압부** : 유압 발생, 전달, 회수
③ **운전석** : 작업 조종, 주행 운전
④ **카운터웨이트(Counter/Balance weight)** : 작업 시 균형 유지

2) 작업(전부)장치 구조

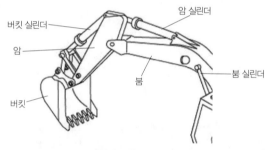

▲ 작업(전부)장치 구조

① **붐(Boom)**
상부회전체에 푸트 핀에 의하여 설치되어 있으며 원 붐이라고도 한다. 2개 또는 1개의 유압 실린더에 의하여 붐을 상하로 움직인다.

② **암(Arm)**
붐과 버킷 사이에 설치된 부분이며 투 붐이라 하기도 한다. 1개의 유압 실린더에 의하여 작동된다.

③ **버킷(Bucket)**
• 버킷은 직접 작업을 하는 부분이며 굴착기의 크기에 따라 버킷의 용량이 다르다.
• 굴착력 증가를 위해 투스(이빨) 또는 팁이 설치되어 있으며, 마모 시 교체한다.

④ **셔블(Shovel)**
• 주행장치 위로 선회체를 가진 본체에 붐과 디퍼를 장착한 굴착용 토공기계이다.
• 와이어 로프식은 대형에 많으며 유압식은 소형이 많다.
• 셔블계 굴착기는 각종 프론트 어태치먼트를 갖는 자주식의 것이 많다.

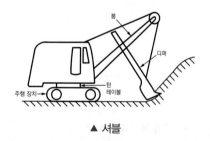

▲ 셔블

⑤ **백호(Back hoe)**
• 붐 끝에 부착한 백호 버킷으로 아래쪽에서 앞쪽으로 긁어 올리듯이 조작하여 토사를 굴착한다.
• 기계가 서 있는 지면보다 낮은 장소의 굴착에도 적당하고 수중굴착도 가능하다.

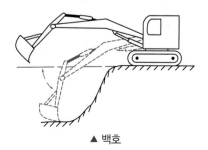

▲ 백호

03 작업 수행

1) 굴착기의 작업순서

굴착기의 작업은 굴착, 선회, 적재, 선회, 굴착의 동작을 반복하면서 수행된다.

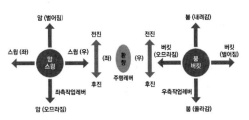

▲ 제어 레버 작동 요령

> **기적의 Tip**
>
> **주요 조작장치의 조작력**
> • 페달류: 90kg 이하
> • 레버류: 50kg 이하

> **기적의 Tip**
>
> 붐 제어 레버를 계속 상승 위치로 당기고 있으면 릴리프 밸브에서 채터링 현상이 생겨 시트가 손상될 수 있다.

2) 1 사이클(순환) 작용

① 굴착 : 버킷이나 디퍼에 흙을 담는 작업
② 선회 : 덤프트럭의 위치까지 선회
③ 적재 : 덤프트럭에 싣는 작업
④ 굴착 위치 : 원 상태로 위치

> **기적의 Tip**
>
> 굴착기의 1 순환 작업 사이클 속도는 공수당 20~30sec 정도이다.

이론을 확인하는 개념 체크

01 굴착기의 유압 실린더는 주로 단동식이 사용된다. (O, X)

02 수동식 제어장치는 작은 조작력으로도 움직일 수 있다. (O, X)

03 붐, 암, 버킷 등 작업을 부분을 상부장치라 한다. (O, X)

04 백호는 기계가 서 있는 곳보다 낮은 장소의 굴착에 적합하다. (O, X)

05 대형 셔블 굴착기는 와이어 로프식을, 소형 셔블 굴착기는 유압식을 주로 이용한다. (O, X)

06 굴착기의 작업 순서는 굴착, 적재, 선회, 굴착, 적재 순이다. (O, X)

07 페달식보다는 레버식이 최대 조작력이 더 크다. (O, X)

08 굴착기의 1순환 작업에는 2분 정도가 걸린다. (O, X)

01 X 02 X 03 X 04 O 05 O 06 X 07 X 08 X

합격을 다지는 예상문제

01 굴착기 붐 제어 레버를 계속 상승 위치로 당기고 있으면 다음 어느 곳에 가장 많은 손상이 오는가?

① 오일펌프　　　　② 엔진
③ 유압 모터　　　　④ 릴리프 밸브 시트

굴착기 붐 제어 레버를 계속 상승 위치로 당기고 있으면 붐 실린더의 압력이 과도하게 상승되어 릴리프 밸브에서 채터링 현상이 생겨 시트가 손상될 수 있다.

02 다음 중 굴착기의 작업장치에 속하지 않는 것은?

① 붐　　　　　　　② 스틱
③ 버킷　　　　　　④ 롤러

굴착기의 작업장치에는 붐, 암, 버킷 등이 속하며 롤러는 하부 주행체의 구성부품이다.

03 굴착기 작업장치에 대한 설명으로 틀린 것은?

① 붐 실린더는 붐의 상승·하강 작용을 해준다.
② 버킷 실린더는 버킷의 오므림·벌림 작용을 해준다.
③ 굴착기의 규격은 작업 가능 자체 중량(Ton)으로 표시한다.
④ 작업장치를 작동하게 하는 실린더 형식은 주로 단동식이다.

굴착기 작업장치를 작동시키는 유압 실린더는 주로 복동 실린더가 사용된다.

04 다음 사항에서 유압 셔블의 특징이 아닌 것은?

① 운전 조작이 쉽다.
② 구조가 간단하다.
③ 회전 부분의 용량이 크다.
④ 프런트 교환이 쉽다.

유압 셔블은 운전 조작과 프런트 교환이 쉽고 구조가 간단하다. 또한 회전 부분의 용량이 적고 힘의 분배 및 집중과 원격조작이 용이하다.

05 굴착기 조종 레버의 명칭이 아닌 것은?

① 암 및 스윙 제어 레버
② 붐 및 버킷 제어 레버
③ 전·후진 주행 레버
④ 버킷 회전 제어 레버

버킷 회전 제어 레버는 굴착기 조종 레버가 아니다.

06 굴착기의 전부장치에 속하는 않는 것은?

① 암　　　　　　　② 붐
③ 버킷　　　　　　④ 스윙 모터

굴착기의 전부장치는 붐, 암, 버킷 등의 작업장치를 말하며 스윙 모터는 상부회전체에 있는 구성품이다.

작업 및 선택장치 연결

01 깎기

굴착기의 백호 작업으로 도랑 파기, 굴토, 굴착, 덤프, 기초파기, 쌓기, 메우기, 강변 구축 등에 효율적으로 사용되고 있다.

1) 드래그라인(Dragline)의 1사이클

드래그라인은 기중기 붐에 연결하여 사용하는 작업장치로, 그 끝에 매단 스크레이퍼 버킷을 전방에 투하하고 버킷을 끌어당기면서 토사를 긁어 들여 지반보다 낮은 곳을 파는 작업장치이다.
① 굴착 : 버킷에 가득 채움
② 선회 : 가득 찬 버킷을 들어 올려 선회
③ 흙 쏟기 : 흙을 버릴 곳에 버킷을 기울여 쏟음
④ 선회 : 원래의 위치까지 선회
⑤ 굴착 위치 : 버킷을 굴착 위치로 던짐

02 쌓기 및 메우기 작업

1) 지면 고르게 메우기

차량과 보행자가 통행할 수 있도록 지면을 고르게 한다.
① 혼합 재료(점토, 백토, 모래 등)는 도로 전폭에 교대로 층을 이루도록 포설한다.
② 비탈면은 소단★과 기울기를 유지해야 한다.
③ 메우기 부위는 파손되지 않고 양호한 상태를 유지해야 한다.
④ 재료가 동결되었을 때 그 부분을 제거하고 메우기 작업을 한다.

> ★ 소단
> 비탈면의 중간에 설치하는 작은 계단

03 깎기, 쌓기 및 메우기 작업방법

1) 지형 파악하기

① 지형을 파악하고 주변 상황을 미리 예측한다.
② 기준점을 정해두고 작업하며 작업 방해 요인의 위치를 파악한다.
③ 작업 시작점과 끝나는 점을 확인한다.
④ 작업 구간 확장은 거푸집 및 자재 놓을 자리, 물길, 콘크리트 타설 자리 등을 포함한다.
⑤ 되메움하고 남은 흙을 이동 통로를 통해 반출하도록 경로를 확인한다.
⑥ 시설물, 건물, 지하 매설물, 작업자, 운전원의 안전사항을 포함하여 안전성을 확보한다.

> 🎓 **기적의 Tip**
>
> 굴착 작업 시 넓은 홈은 좌, 우, 중앙의 순서로 작업하되 2단으로 나누어 먼 쪽부터 작업을 수행한다.

2) 작업로 및 안전둑★ 만들기

① 부채꼴 형식
• 부채꼴 형식은 경사지 길과 평지 길이 합쳐진 곳에 적합하다.
• 제방 공사 길 내기에 적합하며, 높은 지형이 통행에 용이하다.
• 회전 반경을 고려하여 쌓기 구간 길 내기에 적합한 방법이다.
② 사선형 형식
• 사선형 형식의 길 내기는 작업 반경이 작은 좁은 지형에서 적합하다.
• 사선 길은 깎기와 채우기 여유를 주어야 한다.

③ 안전둑 만들기
- 흙으로 1~1.5m의 둑을 쌓는다.
- 흙은 표토★를 실어 옮겨 쌓는다.
- 법면 깎기는 위에서 아래로 내려가면서 작업한다.

★ **안전둑**
높은 곳의 흙을 낮은 곳으로 옮길 때 임시로 쌓은 언덕

★ **표토**
토양의 표면에 위치하는 층

3) 흙 깎기와 쌓기, 다짐 작업하기
① 위쪽의 흙을 아래로 옮기면서 평지를 만든다.
② 1단 작업 시에는 안전둑의 사면과 쌓기해서 채운 사면을 일치하도록 한다.
③ 깎은 흙으로 성토★부를 다져 토질의 밀도를 높인다. 이때, 균일하게 롤러 다짐한다.
④ 버킷으로 경사면을 긁고 밀면서 뒤쪽으로 후진하며 마무리 작업을 한다.

★ **성토**
흙을 쌓아 올리는 것

04 선택장치(Attachments)의 정의
굴착기의 작업장치에 연결된 버킷 외에 용도에 맞는 작업을 위한 부가장치를 말한다.

1) 선택장치의 종류
① 브레이커(Breaker) : 유압식 해머로 연속적으로 타격을 가해 암석 등을 파쇄 하는 장치
② 크러셔(Crusher) : 2개의 집게를 조여서 콘크리트를 파쇄하거나 철근을 절단하는 장치, 고정식과 회전식이 있다.
③ 리퍼(Ripper) : 단단한 지반의 절삭, 제거 등에 사용하는 장치

🎓 **기적의 Tip**

집게(Grapple, Grap)
2~5개의 유압 실린더를 이용하여 물건을 잡는 장치, 고정식과 회전식이 있으며, 작업 용도에 따라 스톤(stone) 그랩, 우드(wood) 그랩, 멀티(multi) 그랩으로 구분된다.
컴팩터(Compactor)
지반 다짐이 필요할 때 사용하는 장치
퀵 클램프(Quick clamp)
선택장치를 쉽게 분리하거나 연결할 수 있는 장치

05 굴착기 버킷의 설치

1) 버킷의 설치
① 핀, 핀 구멍을 깨끗이 닦고, 그리스를 알맞게 주유한다.
② 커플러를 이용하여 연결할 수 있다.
③ 핀에 버킷을 바로 조립할 경우 암 레버를 조작하여 암의 핀 구멍과 일치시켜 핀을 꽂은 다음 O링을 설치한다.
④ 그리스 니플에 충분한 양의 그리스를 주입한다.

🎓 **기적의 Tip**

일반적으로 토사를 담을 수 잇는 버킷 형태를 셔블계라고 한다.

2) 커플러(Coupler)를 이용한 버킷의 설치
① 버킷의 핀, 핀 구멍을 깨끗이 닦고, 그리스를 알맞게 주유한다.
② 커플러의 안전핀을 제거한다.
③ 커플러를 오므리고 버킷의 핀 사이를 일치시킨다.
④ 버킷사이에 커플러가 정상적으로 끼워져 있으면 커플러를 최대한 벌린다.
⑤ 커플러의 안전장치를 체결한다.
⑥ 정상 작동 여부를 확인한다.
⑦ 그리스 니플에 충분한 양의 그리스를 주입한다.

01 드래그라인의 1 순환을 바르게 표시하고 있는 것은?

① 굴착 – 흙 쏟기 – 선회 – 굴착 위치
② 굴착 – 선회 – 굴착 위치 – 흙 쏟기
③ 굴착 – 선회 – 흙 쏟기 – 굴착 위치
④ 굴착 – 선회 – 흙 쏟기 – 선회 – 굴착 위치

드래그라인의 1 순환은 굴착 – 선회 – 흙 쏟기(덤프) – 선회 – 굴착 위치이다.

02 굴착기 작업장치의 연결 부분인 니폴에 주유하는 것은?

① 유압오일
② 엔진 오일
③ 기어오일
④ 그리스

작동하는 부분에 핀 등으로 연결되어 있으며 작동 시 마모를 방지하기 위해서 그리스를 주입하여야 한다.

조향장치 및 현가장치 구조와 기능

01 조향장치(Steering system)

건설기계의 주행 방향을 바꾸는 장치로 조향 핸들을 돌려서 앞바퀴 또는 뒷바퀴의 방향을 제어한다.

1) 조향각

① 선회하는 안쪽 바퀴의 조향각이 바깥 바퀴의 조향각보다 크다.
② 앞차축 또는 뒤차축의 연장선상의 한 점 O를 중심으로 하여 동심원을 그린다.

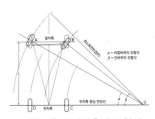

▲ 앞자축과 뒤자축의 조향각

🎓 기적의 Tip

무한궤도식 굴착기의 조향은 좌측과 우측에 설치된 주행(유압) 모터에 의해 작동된다.

🎓 기적의 Tip

최소회전반경
조향각도를 최대로 하고 선회할 때 그려지는 동심원 중 가장 바깥쪽 원의 회전반경

2) 현가장치★ 형식에 의한 분류

① 일체 차축

• 일체로 된 차축에 바퀴가 설치되며, 다시 스프링을 거쳐 차체에 설치된다.
• 화물 자동차의 앞뒤 차축에서 사용되며 스프링은 주로 판스프링을 사용한다.

② 독립 현가장치

차축을 분할해 양쪽 바퀴가 서로 관계없이 움직이도록 하여 승차감과 안정성이 향상되도록 한 것이다.

③ 위시본형(평행 링크형)

• Y자 모양 구조이며, 위아래 컨트롤 암, 조향너클, 코일 스프링 등으로 구성되어 있다.
• 바퀴가 스프링에 의해 완충되면서 상하운동을 한다.

④ 더블 위시본형

위시본 형식의 단점을 보완한 것으로 일반적인 구조는 위시본 형식과 비슷하나 기관실의 공간을 효율적으로 활용할 수 있다.

★ 현가장치
차량의 차륜과 차체를 연결하며, 노면 충격 흡수와 접지력을 확보하는 장치

3) 작동 방식에 따른 분류

수동 조향장치, 동력 조향장치, 전자제어 동력 조향장치

02 조향기어

1) 조향기어비

① 조향기어에 맞는 알맞은 감속비를 두며, 이 감속비를 조향기어비라 한다.
② 조향기어비는 일반적으로 대형 차량에서는 크게, 소형 차량에서는 작게 한다.

🎓 기적의 Tip

조향기어비를 크게 하면 핸들의 조작력이 가벼워지고 조향 핸들을 놓칠 염려가 없다. 하지만 복원 성능이 좋지 못하고, 조향 링키지의 마멸이 커진다.

2) 조향기어 형식

① 가역식 : 앞바퀴로 조향 휠을 움직일 수 있음
② 비가역식 : 조향 핸들로 앞바퀴를 움직일 수 있으나 앞바퀴로 조향 휠을 움직일 수 없음
③ 반가역식 : 가역식과 비가역식의 중간 형식

> **기적의 Tip**
>
> 가역식은 소형 차량에서 주로 사용된다. 중량이 증가하면 앞바퀴를 회전시키는데 필요한 힘도 증가하기 때문이다.

03 조향장치의 고장 진단

1) 조향 핸들이 한쪽으로 쏠리는 원인

① 타이어 공기 압력과 브레이크 라이닝 간극이 불균일하다.
② 앞바퀴 얼라인먼트가 불량하거나 앞차축 한쪽의 스프링이 절손되었다.
③ 한쪽 쇽업소버(Shock absorber)의 작동이 불량하고, 한쪽의 허브 베어링이 마멸되었다.
④ 뒤차축이 자동차 중심선에 대하여 직각이 되지 않는다.

2) 조향 핸들이 무거운 원인

① 타이어의 공기압이 낮거나 마멸이 과다하다.
② 앞바퀴 얼라인먼트가 불량하고 조향기어 박스 내에 오일이 부족하다.
③ 조향기어의 백래시 조정 불량하다.

3) 조향 핸들의 유격이 크게 되는 원인

① 조향기어 백래시가 크고 조향 링키지의 접촉부가 헐겁다.
② 조향기어와 조향 너클의 베어링이 마멸되었다.
③ 피트먼 암과 조향 너클 암이 헐겁다.

4) 조향 핸들에 충격을 느끼는 원인

① 타이어 공기압이 높거나 바퀴가 평행하지 않다.
② 앞바퀴 얼라인먼트가 불량하거나 조향 너클이 휘었다.
③ 조향기어의 조정이 불량하거나 쇽업소버의 작동이 불량하다.

> **기적의 Tip**
>
> **조향 핸들의 조작을 가볍게 하는 방법**
> • 타이어 공기압을 높이거나 조향기어비를 크게 한다.
> • 앞바퀴 얼라인먼트를 정확히 하며 고속으로 주행한다.
> • 동력 조향장치를 부착한다.

04 동력 조향장치(Power steering system)

조향력을 작게 하여 큰 하중의 건설기계도 쉽게 조향할 수 있게 한다.

1) 동력 조향장치의 장점

① 조향 조작력을 가볍게 할 수 있다.
② 조향 조작력에 관계없이 조향기어비를 설정할 수 있다.
③ 불규칙한 노면에서 조향 핸들을 빼앗기는 일이 없다.
④ 충격을 흡수하여 핸들에 전달되는 것을 방지한다.

2) 동력 조향장치의 단점

① 구조가 복잡하고 가격이 비싸며, 고장 시 정비가 복잡하다.
② 오일 펌프 구동에 엔진의 출력이 일부 소비된다.
③ 오일의 점도가 낮거나 높을 때 누출되거나 동력 조작을 어렵게 할 수 있다.

> **기적의 Tip**
>
> **동력 조향장치의 유압이 낮은 원인**
> • 오일 펌프의 구동 벨트가 헐겁다.
> • 제어 밸브가 고착되었다.
> • 압력 조절 밸브가 고착되었다.
> • 오일이 누출되었다.
>
> **동력 조향장치의 핸들이 무거운 원인**
> • 오일 회로에 공기가 유입되었다.
> • 오일 펌프의 유압이 낮다.
> • 타이어의 공기압이 낮다.

01 주행 중 특정 속도에서 조향 핸들의 떨림이 발생 되는 원인으로 틀린 것은?

① 타이어의 좌 · 우 공기압이 다름
② 타이어 사이즈와 휠 사이즈가 다름
③ 타이어 휠 밸런스가 맞지 않음
④ 타이어 또는 휠 불량

타이어 좌 · 우 공기 압력이 다르면 주행 중에 굴착기가 한쪽으로 쏠리는 현상이 발생된다.

02 조향 핸들의 조작이 무거운 원인으로 틀린 것은?

① 유압유 부족 시
② 타이어 공기압 과다 주입 시
③ 앞바퀴 휠 얼라인먼트 조정 불량 시
④ 유압 계통 내에 공기 혼입 시

타이어 공기압이 높으면 조향 핸들의 조작이 쉬워진다.

03 타이어식 굴착기에서 조향기어 백래시가 클 경우 발생될 수 있는 현상으로 가장 적절한 것은?

① 핸들이 한쪽으로 쏠린다.
② 조향 각도가 커진다.
③ 조향 핸들의 축 방향 유격이 커진다.
④ 핸들의 유격이 커진다.

백래시란 기어와 기어 사이 틈새를 말하며 백래시가 크면 조향기어의 핸들 유격이 커지게 된다.

04 유압식 조향장치의 핸들 조작이 무거운 원인으로 틀린 것은?

① 유압이 낮다.
② 오일이 부족하다.
③ 유압계통 내에 공기가 혼입되었다.
④ 펌프의 회전이 빠르다.

펌프의 회전이 빠르면 유압이 정상적으로 작동하여 조향 핸들의 조작 또한 정상적으로 이루어진다.

05 타이어식 건설기계에서 주행 중 조향 핸들이 한쪽 으로 쏠리는 원인이 아닌 것은?

① 타이어 공기압 불균일
② 브레이크 라이닝 간극 조정 불량
③ 베이퍼 록 현상 발생
④ 휠 얼라인먼트 조정 불량

베이퍼 록은 유체가 흐르는 관로에서 열에 의해 가열 · 기화되어 유체의 흐름을 방해하는 현상이다.

01 변속기(Transmission)

변속기는 엔진과 추진축 사이에 설치되어 엔진의 동력을 주행 상태에 알맞도록 회전력으로 바꾸어 구동 바퀴에 전달하는 장치이다.

1) 변속기의 역할

① 기관의 회전력을 증대 또는 차단시킨다.
② 바퀴의 회전 방향을 역전시켜 후진을 가능하게 한다.

2) 변속기의 종류

① 점진 기어식
② 선택 기어식(섭동 기어식, 상시 물림식, 동기 물림식)
③ 유성 기어식(자동 변속기) : 선 기어, 유성 기어, 유성 기어 캐리어, 링 기어 등으로 구성되어 있다.

> **더 알기 Tip**
>
> **기어가 잘 들어가지 않을 때**
> • 클러치 차단 불량
> • 싱크로나이저 링과 기어의 싱크로나이저 콘부와의 접촉 불량 및 마멸
> • 인터록 장치의 파손
> • 변속 레버 및 시프트 레버 선단의 마모
>
> **주행 중 기어가 빠질 때**
> • 기어의 과도한 마멸
> • 각 베어링의 마모 또는 불량
> • 인서트 키의 마멸 또는 불량
> • 로킹 볼★ 스프링의 마멸 또는 절손
>
> **변속기에서 소음이 날 때**
> • 윤활유의 불량 또는 부족
> • 기어 물림의 불량
> • 각 베어링의 과도한 마모
> • 각 기어의 과도한 마모

> ★ **로킹 볼**
> 기어 물림이 빠짐을 방지하기 위한 장치

02 자동 변속기(Automatic transmission)

자동 변속기는 클러치와 변속기의 작동이 장비의 주행 속도나 부하에 따라 자동적으로 이루어지게 하는 장치이다. 주로 토크 컨버터와 유성 기어식 변속기에 유압 조절장치를 두어 자동 변속기로 사용하며, 최근에는 컴퓨터로 조절하는 전자제어식 자동 변속기가 사용되고 있다.

1) 자동 변속기의 특징

① 클러치 조작 없이 출발이 가능하고 주행 중 기어 변속이 없어 운전이 편하다.
② 엔진의 동력을 오일로 전달하므로 조작 미숙에 의한 엔진 정지가 없다.
③ 각 부분의 진동을 오일이 흡수하므로 충격이 적고 엔진 수명이 길어진다.
④ 저속 측의 구동력이 커 등판 발진이 쉽고, 최대 등판능력도 크다.
⑤ 변속기의 구조가 복잡하고 가격이 비싸다.
⑥ 토크 컨버터를 사용하는 경우 공전 운전에서도 클립 현상으로 인해 동력 전달이 이루어지므로 정지 시 운전 감도가 나빠진다.
⑦ 연료 소비율이 수동 변속기에 비해 10% 정도 많다.
⑧ 구동축을 연결한 상태로 밀거나 끌어서는 안 되며 시동할 수 없다.

2) 자동 변속기 오일(ATF)

① 토크 컨버터 내의 작동 유체로서 동력을 전달한다.
② 기어 또는 베어링 등의 회전 부분에 공급되어 윤활 작용을 한다.
③ 밸브, 클러치, 브레이크 등을 작동시킨다.
④ 마찰 부분에 공급되어 냉각 작용을 한다.
⑤ 변속 시 충격을 흡수하는 완충(댐핑) 작용을 한다.

> **기적의 Tip**
>
> **자동 변속기의 과열되는 경우**
> • 메인 압력이 높을 때
> • 과부하 운전을 하였을 때
> • 변속기 오일 쿨러가 막혔을 때

이론을 확인하는 개념 체크

01 변속기는 기관의 회전력을 증대시키거나 차단시키는 역할을 한다. (O, X)

02 점진 기어식은 선 기어, 유성 기어, 유성 기어 캐리어, 링 기어 등으로 구성된다. (O, X)

03 기어가 과도하게 마멸되면 주행 중 기어가 빠질 수 있다. (O, X)

04 윤활유의 부족으로 인해 변속기에서 소음이 발생할 수 있다. (O, X)

05 자동 변속기는 엔진의 동력을 기계식으로 전달한다. (O, X)

06 자동 변속기는 수동 변속기에 비해 연료 소비율이 10% 정도 적다. (O, X)

07 변속기 오일 쿨러가 막히면 자동 변속기가 과열될 수 있다. (O, X)

08 변속기는 시동 시 무부하 상태를 만들기 위해서 필요하다. (O, X)

01 O   02 X   03 O   04 O   05 X   06 X   07 O   08 O

01 변속기에서 기어 빠짐을 방지하는 것은?

① 셀렉터
② 인터록 볼
③ 로킹 볼
④ 싱크로나이저 링

오답 피하기
① 셀렉터: 여러 개의 신호를 받아 선택하여 출력하기 위한 장치
② 인터록 볼: 2중으로 기어가 물리는 것을 방지하기 위한 장치
④ 싱크로나이저 링: 기어 물림을 원활하게 해 주는 장치

02 자동 변속기의 과열 원인이 아닌 것은?

① 메인 압력이 높다.
② 과부하 운전을 계속 하였다.
③ 오일이 규정량보다 많다.
④ 변속기 오일 쿨러가 막혔다.

오일이 규정량보다 많으면 필요 이상의 오일 순환으로 압력이 높아지게 되나 자동 변속기의 과열 원인은 아니다.

03 자동 변속기가 장착된 건설기계의 모든 변속단에서 출력이 떨어질 경우 점검해야 할 항목과 거리가 먼 것은?

① 임펠러
② 터빈
③ 스테이터
④ 펌프

스테이터는 펌프와 터빈사이에 설치하여 유체의 흐름 방향을 전환하는 역할을 한다.

04 변속기의 필요성과 관계가 없는 것은?

① 시동 시 장비를 무부하 상태로 한다.
② 기관의 회전력을 증대시킨다.
③ 장비의 후진 시 필요로 한다.
④ 환향을 빠르게 한다.

변속기는 엔진 시동 시 엔진을 무부하 상태로 하고 엔진의 회전력 증대와 장비 후진을 위하여 필요하다.

05 굴착기에서 변속기의 구비조건으로 맞는 것은?

① 연속적 변속에는 단계가 있어야 한다.
② 조작이 쉬우므로 신속할 필요는 없다.
③ 대형이고 고장이 없어야 한다.
④ 전달효율이 좋아야 한다

오답 피하기
① 단계 없이 연속적으로 변속되어야 한다.
② 조작하기 쉽고 신속, 정확하게 변속되어야 한다.
③ 소형 경량이고, 고장이 적어야 한다.

동력 전달장치 구조와 기능

01 굴착기의 동력 전달장치

1) 상부 회전체의 동력 전달장치

① 선회할 때 동력 전달 과정
기관 → 유압 펌프 → 제어 밸브 → 선회 브레이크 밸브 → 선회 모터 → 선회 감속 기어 → 피니언 → 링 기어 → 상부 회전체 회전

② 선회 브레이크 밸브(쿠션 밸브)의 기능
- 선회 레버를 놓는 순간 브레이크 밸브가 유압 라인을 차단하여 선회 모터가 관성력으로 선회하지 않게 한다.
- 선회 모터가 급정지할 때 발생하는 관성력에 의한 내부 기기의 파손을 방지하며, 제어 밸브에서 오일이 곧바로 선회 모터로 유입되어 선회 모터에 가해지는 충격을 막아준다.

2) 굴착기 주행 시 동력 전달

① 타이어식 굴착기 주행 시 동력 전달 순서
기관 → 메인 유압 펌프 → 컨트롤 밸브 → 센터 조인트 → 주행 모터 → 추진축 → 바퀴

② 무한궤도식 굴착기 주행 시 동력 전달 순서
기관 → 메인 유압 펌프 → 컨트롤 밸브 → 센터 조인트 → 주행 모터 → 스프로킷 → 트랙

3) 하부 주행체 동력 전달장치 점검
타이어식과 무한궤도식 모두 기관의 동력을 클러치 변속기를 통하여 주행장치와 작업장치로 전달한다.

① 기계식 클러치 방식(Clutch type) 작동 순서
기관 → 메인 클러치 → 변속기 → 베벨 기어 → 환향 클러치 → 환향 브레이크 → 종 감속 기어 → 스프로킷 → 무한궤도

② 토크 컨버터 방식(Torque converter type) 작동 순서
기관 → 토크 컨버터 → 자재이음 → 변속기 → 베벨 기어 → 환향 클러치 → 환향 브레이크 → 종 감속 기어 → 스프로킷 → 무한궤도

4) 동력 전달 장치의 기능

① 타이어식(Wheel type) 동력 전달장치
엔진 구동으로 유압 펌프가 작동되어 주 변속기로 전달된다. 롤러 체인에 연결되어 뒷바퀴로 동력이 전달되고 구동된다.

② 무한궤도식(Crawler type) 동력 전달장치
엔진 구동으로 유압 펌프를 작동시켜 V벨트와 연결된 주 변속기, 조향용 클러치로 전달된다. 고무 커버링을 이용해서 주행 출력축과 주행 중간축으로 체인을 연결해서 크롤러를 작동한다.

> 🎓 **기적의 Tip**
>
> 무한궤도식 보조 변속기에서 나온 동력은 조향 클러치축 등을 지나 주행 구동축에 롤러 체인으로 전달하고, 궤도를 구동하여 기동시킨다. 조향 클러치는 핸드 브레이크가 붙은 건조한 다판식인데, 좌우 각 1조씩 장착되고 조향은 일반적인 환향방식이다.

02 클러치(Clutch)

1) 클러치의 필요성
기관의 동력을 구동 바퀴에 서서히 전달하고 신속히 차단하는 역할을 한다.
① 엔진 시동 시 무부하 상태로 만든다.
② 기어 변속의 역할을 한다.
③ 장비의 관성 운전을 할 수 있다.

2) 클러치의 종류

① 마찰 클러치
• 압력판과 플라이휠이 같이 회전하면서 그 사이에 클러치판이 끼워져 있다.
• 강판으로 만든 원판으로 마찰 면에는 라이닝이 리벳 죔으로 고정되어 있다.

② 유체 클러치
• 구조가 간단하고 마멸되는 부분이 적다.
• 진동, 충격 등을 기관에 직접 전달하지 않을 뿐더러 바퀴에 많은 부하가 걸려도 미끄럼이 증가하여 기관에 무리가 없다.

3) 클러치의 구조 및 기능

① **클러치 디스크(판)** : 원형의 강판으로 된 라이닝이 리벳으로 플라이휠과 압력판 사이에 설치, 클러치 축을 통하여 변속기에 동력을 전달하거나 차단
② **압력판** : 클러치 스프링의 장력으로 클러치 판을 플라이휠에 밀착시킴
③ **릴리스 레버** : 릴리스 베어링의 힘을 받아 압력판을 움직이는 역할
④ **클러치 스프링** : 클러치 커버와 압력판 사이에 설치되어 압력판에 압력을 가함
⑤ **릴리스 베어링** : 릴리스 포크에 의해 클러치 축의 길이 방향으로 움직이며, 회전 중인 릴리스 레버를 눌러 동력을 차단

4) 클러치의 조작 기구

① **기계식** : 페달의 밟는 힘을 로드나 케이블로 릴리스 포크에 전달하는 형식
② **유압식** : 페달의 밟는 힘에 의해서 발생된 유압으로 릴리스 포크를 움직이는 형식

5) 유체 클러치

유체의 원심력을 이용하여 동력을 전달한다.
① **펌프 임펠러** : 크랭크축에 연결되어 유체 에너지를 발생
② **터빈 러너** : 변속기 입력 축과 연결되어 유체 에너지에 의해 회전
③ **가이드 링** : 유체 충돌의 발생을 감소시켜 클러치 효율을 높임

6) 토크 컨버터

유체 클러치와 동일하지만 오일의 흐름 방향을 바꾸는 스테이터를 추가로 설치하여 회전력을 올려준다. 엔진과 연결된 펌프 임펠러, 변속기 입력 축과 연결된 터빈 러너, 유체의 충돌을 방지하기 위한 가이드 링으로 구성되어 있다.

▲ 십자축 자재 이음

03 변속기(Transmission)

변속기는 엔진과 추진축 사이에 설치되어 엔진의 동력을 주행 상태에 알맞도록 회전력으로 바꾸어 구동 바퀴에 전달하는 장치이다.

04 드라이브 라인(Drive line)

1) 추진축(Propeller shaft)

변속기의 회전력을 종 감속장치에 전달하여 바퀴를 회전시키는 부분이다.

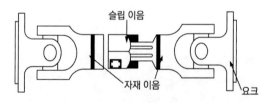

▲ 드라이브 라인(추진 축)

2) 자재 이음(Universal joint)

자재 이음은 각도를 가진 2개의 축 사이에 설치되어 원활한 동력을 전달할 수 있도록 사용되며, 추진축의 각도 변화를 가능하게 한다.

3) 슬립 이음(Slip joint)

변속기 출력축의 스플라인에 설치되어 주행 중 추진축의 길이 변화를 가능하게 한다.

05 뒤차축(Rear axle)

장비의 뒤쪽에 설치되어 장비의 중량을 지지함과 동시에 엔진의 회전력을 구동 바퀴에 전달하는 역할을 하며 종 감속 기어, 차동 기어장치, 액슬 축 및 하우징으로 구성되어 있다.

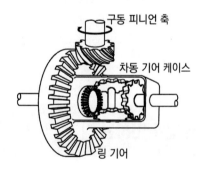

▲ 차동 기어장치 구조

1) 종 감속 기어

추진축의 회전력을 직각 또는 직각에 가까운 각도로 바꾸어 뒤차축에 전달하고 동시에 감속하는 일을 한다.

2) 차동 기어장치

① 주행 시 양쪽 바퀴가 미끄러지지 않고 커브길을 원활히 주행하도록 바깥 바퀴를 안쪽 바퀴보다 더 많이 회전시킨다.

② 요철 부분의 길을 통과할 때 양 바퀴의 회전수를 다르게 하여 원활한 회전을 가능하게 한다.

3) 차동 제한장치

차동 제한장치는 미끄럼으로 공전하고 있는 바퀴의 구동력을 감소시키고 반대쪽의 저항이 큰 바퀴에 공전하고 있는 바퀴의 감소된 분량만큼의 동력을 더 전달시켜 미끄럼에 따른 공회전 없이 주행할 수 있도록 하는 장치이다.

> **기적의 Tip**
>
> 노면이 양호한 곳을 주행할 때 좌·우 바퀴에는 동일한 크기의 동력이 분배된다. 하지만 커브길을 선회하거나 미끄럼이 발생되는 도로에서는 노면의 저항이 적은 쪽의 바퀴가 공전하게 되어 구동력이 감소하고 반대쪽 구동바퀴는 저항이 증가되어 회전을 하지 못한다.

4) 액슬축

종 감속 기어, 차동 기어장치를 거쳐 전달된 동력을 뒷바퀴에 전달한다.

> **더 알기 Tip**
>
> **액슬축의 지지방식**
> - 전 부동식 : 차량 중량은 액슬 하우징이 지지하고 액슬축은 동력만 전달한다.
> - 3/4 부동식 : 차량 중량의 1/4을 액슬축이 지지하고 나머지는 액슬 하우징이 지지한다.
> - 반 부동식 : 차량 중량 1/2을 액슬축이 지지하고 나머지는 액슬 하우징이 지지한다.

이론을 확인하는 개념 체크

01 선회 브레이크 밸브는 내부 기기의 파손이나 충격을 방지한다. (O, X)

02 타이어식 굴착기는 스프로킷을 통해 바퀴에 동력을 전달한다. (O, X)

03 무한궤도식 굴착기의 조향 클러치는 좌우 각 1조씩 장착된다. (O, X)

04 유체 클러치 오일의 점도는 높아야 한다. (O, X)

05 클러치의 자유 유격이 너무 크면 클러치가 미끄러질 수 있다. (O, X)

06 2개의 축 사이에 설치되어 동력을 전달하고 추진축의 각도 변화를 가능하도록 하는 드라이브 라인은 슬립 이음이다. (O, X)

07 토크 컨버터는 유체 클러치에서 스테이터를 추가한 구조이다. (O, X)

08 차동 제한장치는 공전하는 바퀴의 구동력을 감소시킨다. (O, X)

01 O 02 X 03 O 04 X 05 X 06 X 07 O 08 O

01 드라이브 라인에 슬립 이음을 사용하는 이유는?

① 회전력을 직각으로 전달하기 위해
② 출발을 원활하게 하기 위해
③ 추진축의 길이 변화를 주기 위해
④ 추진축의 각도 변화에 대응하기 위해

슬립 이음은 추진축의 길이 변화에 대응하기 위하여 설치되어 있다.

02 토크 컨버터가 구조상 유체 클러치와 다른 점은?

① 임펠러
② 터빈
③ 펌프
④ 스테이터

① 유체 클러치
• **토크 변환비율** : 1 : 1
• **구성 요소** : 펌프, 터빈, 가이드링
• **날개 모양** : 직선 방사형
② 토크 컨버터
• **토크 변환비율** : 2~3 : 1
• **구성 요소** : 펌프, 터빈, 스테이터
• **날개 모양** : 곡선 방사형

03 슬립 이음과 자재 이음을 설치하는 곳은?

① 드라이브 라인
② 종 감속 기어
③ 차동기어
④ 유성 기어

변속기의 동력을 종 감속 기어장치에 전달하면서 축의 각도 변화에 대응하기 위한 자재 이음과 길이 변화에 대응하기 위해 슬립 이음이 드라이브 라인(추진축)에 설치되어있다.

04 토크 컨버터의 동력 전달 매체로 맞는 것은?

① 기어
② 유체
③ 벨트
④ 클러치 판

토크 컨버터는 유체 클러치를 개량한 것으로 자동 변속기 오일(유체)로 동력을 전달하게 된다.

05 유니버설 조인트의 설치 목적으로 알맞은 것은?

① 축의 길이를 변화시키기 위해
② 회전 속도를 변화시키기 위해
③ 축간 거리를 변화시키기 위해
④ 축의 각도를 변화시키기 위해

유니버설 조인트는 자재 이음으로 축의 각도 변화에 대응하기 위해 설치되어 있다.

06 무한궤도식 굴착기의 동력 전달계통과 관계가 없는 것은?

① 주행 모터
② 최종 감속 기어
③ 유압 펌프
④ 추진축

추진축은 타이어식 굴착기에서 동력 전달 장치로 사용된다.

07 굴착기 작업 시 동력 전달 순서로 알맞은 것은 어느 것인가?

① 엔진-유압 펌프-컨트롤 밸브-실린더
② 엔진-컨트롤 밸브-잭-유압 펌프
③ 엔진-고압 펌프-컨트롤 밸브-유압 펌프
④ 엔진-컨트롤 밸브-유압 펌프-잭

동력 전달 순서는 엔진-유압 펌프-컨트롤 밸브-작동하고자 하는 유압 실린더 순이다.

08 토크 컨버터 오일의 구비조건이 아닌 것은?

① 점도가 높을 것
② 착화점이 높을 것
③ 빙점이 낮을 것
④ 비점이 높을 것

토크 컨버터는 유체 클러치를 개량한 것으로 낮은 점도의 오일을 사용한다.

09 토크 컨버터의 기본 구성품이 아닌 것은?

① 펌프
② 터빈
③ 스테이터
④ 터보

토크 컨버터의 구성 요소에는 엔진과 연결된 펌프 임펠러, 변속기 입력축과 연결된 터빈 런너, 유체의 충돌을 방지하기 위한 가이드 링이 있으며 펌프와 터빈 사이에 설치된 스테이터는 오일의 흐름 방향을 바꾸어 주는 역할을 하고 있다.

10 타이어식 굴착기의 구성품 중에서 습지, 사지 등을 주행할 때 타이어가 미끄러지는 것을 방지하기 위한 장치는 무엇인가?

① 차동제한 장치
② 유성 기어장치
③ 브레이크 장치
④ 종 감속 기어장치

차동제한 장치는 차동 작용을 제한하여 양쪽 바퀴에 균등한 구동력이 제공되게 돕는 장치이다.

SECTION 08 제동장치 구조와 기능

출제
빈도 상 중 하

01 제동장치(Brake system)

주행 중 감속, 정차나 주차 상태를 위해 사용되는 장치이며, 작동의 신뢰성과 내구성이 크고 점검ㆍ정비가 쉬워야 한다. 독립적으로 작동시킬 수 있는 2계통이 있으며 경사로에서 정지된 상태를 유지할 수 있도록 한다.

1) 조작 방법에 의한 분류

① 핸드 브레이크(기계식 브레이크) : 손으로 조작, 주로 주차용으로 사용(사이드 브레이크)

② 풋 브레이크 : 발로 조작, 주행 중에 사용(기계식, 유압식, 서보 브레이크)

> 🎓 기적의 Tip
>
> **주차 브레이크**
> 주차용으로 사용되는 것으로 사이드 브레이크 또는 핸드 브레이크라고도 하며 추진축에 설치하는 센터 브레이크과 뒷바퀴에 장착하는 휠 브레이크식이 있다. (타이어식 굴착기에는 풋 페달에 잠금장치가 있어 주차 브레이크로 사용한다.)

2) 형식에 의한 분류

① 드럼 브레이크 : 마찰재를 이용하여 회전하는 브레이크 드럼에 압착되어 제동력을 발생

② 디스크 브레이크 : 회전하는 디스크에 패드를 압착시켜 제동력을 발생

3) 조작 기구에 의한 분류

① 기계식 : 와이어나 로드를 사용하는 것으로 핸드 브레이크에 사용

② 유압식 : 유압을 이용하는 것으로 풋 브레이크에 사용

③ 공기식 : 압축 공기를 이용하는 것으로 풋 브레이크에 사용

> 🎓 기적의 Tip
>
> **브레이크 페달의 자유간극**
> 지렛대의 원리를 이용하여 힘을 증가시킨다.
> • 대형: 15~30mm
> • 중형: 10~15mm
> • 소형: 5~10mm
>
> **브레이크 페달의 유격이 커지는 원인**
> • 브레이크 오일 라인에 공기가 유입
> • 브레이크 드럼이 마모되었거나 피스톤 컵에서 오일이 누출

02 유압식 브레이크장치

1) 유압의 일반(파스칼의 원리 이용)

① 공기는 압축이 되지만 액체는 압축이 안 된다.

② 액체는 운동을 전달한다.

③ 액체는 힘을 증대시킬 수 있다.

④ 액체는 작용력을 감소시킬 수 있다.

2) 유압식 브레이크의 특징

① 제동력이 모든 바퀴에 동일하게 작용한다.

② 마찰손실이 적고 페달 조작력이 작아도 된다.

③ 오일이 누설되거나 회로 내에 공기가 침입되면 제동력이 감소한다.

> 🎓 기적의 Tip
>
> **브레이크 오일의 조건**
> • 알코올과 피마자유를 혼합한 식물성 오일을 사용할 것
> • 화학적으로 안정되고 알맞은 점도를 가질 것
> • 금속을 부식하지 않으며 윤활성이 있을 것
> • 빙점이 낮고 인화점이 높을 것

03 유압식 브레이크의 구조와 작용

1) 마스터 실린더

브레이크 페달을 밟을 때 페달의 힘을 받아 유압을 발생시켜 파이프를 통해 휠 실린더에 보내는 역할을 한다. 현재 탠덤 마스터 실린더가 주로 사용되고 있다.

① 실린더 보디 : 위쪽에 오일 탱크가 설치, 재질은 주철이나 알루미늄 합금 사용
② 피스톤 : 페달을 밟는 것에 의해 푸시로드가 실린더 내를 미끄럼 운동시켜 유압을 발생
③ 피스톤 컵 : 마스터 실린더 내의 오일이 밖으로 누출되는 것을 방지
④ 체크 밸브(Check valve) : 회로 내의 잔압을 유지
⑤ 피스톤 리턴 스프링 : 페달을 놓았을 때 피스톤이 제자리로 복귀하도록 도움

> 🎓 **기적의 Tip**
>
> **잔압을 유지하는 이유**
> • 브레이크 작동 지연 및 베이퍼 록을 방지한다.
> • 회로 내에 공기가 침입하는 것을 방지한다.
> • 휠 실린더 내에서 오일이 누출되는 것을 방지한다.

2) 휠 실린더

마스터 실린더의 유압을 받아서 브레이크 슈를 드럼에 압착시키는 일을 한다.

3) 브레이크 슈

휠 실린더에 의해서 드럼에 압착되어 마찰력을 발생시키는 역할을 하며, 라이닝이 리벳으로 설치되어 있다.

4) 라이닝

마찰을 증대시키는 마찰제로 구비조건은 다음과 같다.

① 고열에 견디며 내마멸성이 있을 것
② 마찰 계수가 크며 변화가 작고 기계적 강도가 클 것

5) 브레이크 드럼

바퀴와 함께 회전하며, 브레이크 슈와 마찰에 의해서 제동력을 발생한다.

> 🎓 **기적의 Tip**
>
> **브레이크가 풀리지 않는 원인**
> • 마스터 실린더의 리턴 스프링이 불량하거나 구멍의 막힐 때
> • 마스터 실린더의 푸시로드 길이가 길 때
> • 드럼과 라이닝의 라이닝 간격이 없을 때
> • 피스톤 1차 컵이 부풀 때
>
> **브레이크가 한쪽만 듣는 원인**
> • 드럼의 편 마모 및 공기압의 불균형
> • 라이닝의 접촉 불량 및 오일 및 오물 부착
>
> **브레이크가 듣지 않는 원인**
> • 오일의 누설 또는 라이닝의 과대 마모
> • 오일 회로의 잔압이 낮거나 마스터 실린더의 피스톤 컵 파손
> • 브레이크 드럼과 슈의 간극이 과대
> • 브레이크 오일이 부족하거나 회로 내 공기의 유입
>
> **브레이크를 밟았을 때 차량이 한쪽으로 쏠리는 원인**
> • 한쪽 휠 실린더의 작동 불량
> • 좌우 타이어 공기압의 불균형
> • 앞바퀴 정렬의 불량
> • 라이닝 간극 조정 불량

04 배력식 브레이크

1) 진공 배력식(하이드로 백)

유압식 브레이크에서 제동력을 증대시키기 위해 엔진 흡입 행정에서 발생하는 진공(부압)과 대기압 차이를 이용한다.

① 분리형 : 마스터 실린더와 배력 장치가 분리되어 설치, 중형차 등에 사용
② 일체형 : 실린더의 앞 또는 뒤에 직접 설치, 소형차 등에 사용

> 🎓 **기적의 Tip**
>
> 하이드로 백은 제동력을 강화시키기 위한 배력 기구로 고장이 나면 일반 브레이크는 작동이 되지만 브레이크 페달을 밟는 힘을 증가시켜야 한다. 또한 외부에 누출이 없는데도 브레이크 작동이 좋지 않다면 하이드로 백의 고장일 수 있다.

2) 공기 배력식(하이드로 에어백)

압축 공기와 대기압 차이를 이용하며 대형트럭 등에 사용된다.

05 디스크 브레이크(Disc brake)

① 바퀴와 함께 회전하는 디스크를 유압에 의해 작동하는 패드로 양쪽에서 압착하여 마찰력으로 제동한다.
② 디스크가 대기 중에 노출되어 회전하므로 페이드 현상이 작으며 자동 조정 브레이크 형식을 가진다.

06 공기 브레이크(Air brake)

공기 브레이크는 엔진으로부터 공기 압축기를 구동하여 발생한 압축 공기의 압력($5\sim7\mathrm{kgf/cm^2}$)을 이용하여 브레이크 슈를 드럼에 압착시켜 제동하는 방식이다.

07 브레이크 계통의 공기빼기 작업

1) 공기빼기 작업이 필요한 경우

① 브레이크 파이프, 호스를 교환할 때
② 베이퍼 록 현상이 생겼을 때
③ 휠 실린더 및 마스터 실린더의 분해 수리

2) 공기 빼기 작업

① 에어 블리더를 통하여 배출 작업을 한다.
② 마스터 실린더에서 제일 먼 곳의 휠 실린더부터 행한다.
③ 마스터 실린더에 오일을 보충하면서 행한다.
④ 블리더 플러그에 비닐호스를 끼우고 다른 끝은 오일을 받을 수 있는 통에 연결한다.
⑤ 페달을 몇 번 밟고 블리더 플러그를 1/2~3/4 정도 풀었다가 내압이 저하되기 전에 플러그를 잠근다.
⑥ 위와 같은 작업을 반복하여 에어가 완전히 배출될 때까지 실시한다.

01 브레이크에서 하이드로 백에 관한 설명으로 틀린 것은?

① 대기압과 흡기 다기관 부압과의 차를 이용하였다.
② 하이드로 백이 고장이 나면 브레이크가 전혀 작동하지 않는다.
③ 외부에 누출이 없는데도 브레이크 작동이 나빠지는 것은 하이드로 백 고장일 수 있다.
④ 하이드로 백은 브레이크 계통에 설치되어 있다.

하이드로 백은 제동력을 강화시키기 위한 배력기구로 고장이 나면 일반 브레이크는 작동이 되나 브레이크 페달을 밟는 힘을 증가시켜야 한다.

02 타이어식 굴착기에서 브레이크 장치의 유압회로에 베이퍼 록이 생기는 원인이 아닌 것은?

① 마스터 실린더 내의 잔압 저하
② 비점이 높은 브레이크 오일 사용
③ 드럼과 라이닝의 끌림에 의한 가열
④ 긴 내리막길에서 과도한 브레이크 사용

베이퍼 록 현상이란 브레이크 회로에 흐르는 브레이크 오일이 마찰열 등에 의해 공기가 발생되어 액체의 흐름을 방해하는 현상으로 비점이 높은 오일을 사용하면 베이퍼 록 현상을 방지할 수 있다.

03 브레이크 페달을 밟았을 때 차량이 한쪽으로 쏠리는 현상에 대한 원인으로 틀린 것은?

① 한쪽 휠 실린더의 작동이 불량하다.
② 좌우 타이어의 공기 압력이 불균일하다.
③ 앞바퀴 정렬이 일정하다.
④ 라이닝 간극조정이 불량하다.

앞바퀴 정렬이 불량하면 한쪽으로 쏠리는 현상이 나타난다.

04 제동장치의 기능을 설명한 것으로 틀린 것은?

① 속도를 감속시키거나 정지시키기 위한 장치이다.
② 독립적으로 작동시킬 수 있는 2계통의 제동장치가 있다.
③ 급제동 시 노면으로부터 발생되는 충격을 흡수하는 장치이다.
④ 경사로에서 정지된 상태로 유지할 수 있는 구조이다.

급제동 시 노면으로부터 발생되는 진동과 충격을 흡수 완화하는 장치는 현가장치이다.

05 연결용 작업장치를 교환하거나 유압 실린더를 교환 후 우선적으로 시행하여야 할 사항은?

① 엔진을 저속 공회전 시킨 후 공기빼기 작업을 실시한다.
② 엔진을 고속 공회전 시킨 후 공기빼기 작업을 실시한다.
③ 유압장치를 최대한 부하 상태로 유지한다.
④ 시험 작업을 실시한다.

연결용 작업장치를 교환하거나 유압 실린더를 교환한 후에는 유압관로 내에 공기가 유입되어 있으므로 엔진을 공회전 시킨 후 공기빼기 작업을 먼저 실시하여야 한다.

06 공기 브레이크의 특징으로 맞는 것은?

① 차량 중량에 제한을 받는다.
② 베이퍼 록 발생이 많다.
③ 페달을 밟는 양에 따라 제동력이 조절된다.
④ 공기가 다소 누출되면 제동 성능에 큰 영향을 준다.

공기 브레이크는 중량에 제한을 받지 않으며 베이퍼 록의 발생 염려가 없고 공기가 다소 누출이 되어도 제동력에 영향을 주지 않으며 페달을 밟는 양에 따라 제동력이 조절된다.

07 타이어식 굴착기에서 유압식 제동장치의 구성품이 아닌 것은?

① 휠 실린더　　　② 공기 압축기
③ 마스터 실린더　④ 오일 서브 탱크

....

공기 압축기는 에어 컴프레서라고 하며 유압식 브레이크에는 사용하지 않는다.

08 브레이크 오일 파이프 내에 잔압을 두는 이유로 다음 중 가장 타당치 않은 것은?

① 공기의 침입 방지
② 작동 지연 방지
③ 오일 누설 방지
④ 베이퍼 록의 촉진

....

브레이크 회로 내의 잔압을 두는 이유는 작동지연과 오일 누설 및 베이퍼 록을 방지하기 위함이다.

01 굴착기의 주행장치

1) 굴착기 주행장치의 구성

① 무한궤도식 굴착기 : 주행 모터, 주행컨트롤 밸브(주행 모터에 오일을 보냄), 터닝조인트(주행 모터로 가는 오일 통로), 주행컨트롤 페달 및 레버(주행동작을 하도록 파이로트 오일을 보냄) 등

② 타이어식 굴착기 : 주행 모터, 주행컨트롤 밸브, 터닝조인트, 주행컨트롤 페달(레버) 외에 트랜스미션과 액슬 등

2) 무한궤도식 굴착기의 선회

① 피벗 턴(Pivot turn) : 완만한 선회

좌·우측의 주행 레버 중 한쪽만 밀거나 당겨, 한쪽 트랙만 전·후진시키는 조향 방법이다.

② 스핀 턴(Spin turn) : 급선회

좌·우측의 주행 레버를 동시에 한쪽은 앞으로 밀고 한쪽은 조정자 앞으로 당겨 차체를 급회전하는 방법이다.

> 🎓 **기적의 Tip**
>
> **급경사로에서의 환향 레버 조작 방법**
> - 환향 클러치 레버는 당기면 동력이 차단되고 놓으면 동력이 전달된다.
> - 급경사로를 내려갈 때 한쪽 스프로킷의 동력을 차단하면 반대쪽으로 선회한다.
> - 선회 방향이 좌측일 경우에는 우측 환향 레버를 당기고, 우측일 경우에는 좌측 환향 레버를 당긴다.

02 무한궤도식 주행 방법

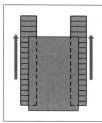

① 좌측과 우측 레버를 민다.
② 좌우측 트랙이 앞으로 회전한다.
③ 하부 추진체가 전진 주행한다.

▲ 전진 주행

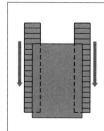

① 좌측과 우측 레버를 당긴다.
② 좌우측 트랙이 뒤로 움직인다.
③ 하부 추진체가 후진 주행한다.

▲ 후진 주행

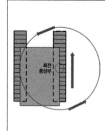

① 우측 레버를 민다.
② 좌측 트랙은 정지한다.
③ 우측 트랙이 앞으로 회전한다.
④ 하부 회전체가 천천히 좌회전한다.

▲ 피벗 턴(완회전)

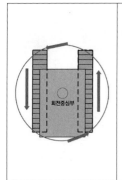

① 우측 레버를 민다.
② 좌측 레버를 당긴다.
③ 우측 트랙이 앞으로 회전한다.
④ 좌측 트랙은 뒤로 회전한다.
⑤ 좌측으로 하부 추진체가 급회전한다.

▲ 스핀 턴(급회전)

03 무한궤도식 주행장치(트랙형, 크롤러형)의 구조와 기능

하부 주행체는 상부 회전체와 프론트 어태치먼트 등의 하중을 지지함과 동시에 굴착기를 이동시킨다.

1) 하부 주행체의 구조

① 트랙(Track) : 작업장 내 이동
• 핀, 부싱, 링크, 슈로 구성되어 스프로킷(구동륜)으로부터 동력을 받아 회전한다.
• 트랙에는 36개의 핀과 1~2개의 마스터 핀이 있으며 트랙을 분리할 때에는 마스터핀을 빼내고, 부싱이 마모되면 180° 회전시켜 다시 사용한다.
• 트랙의 유격이 너무 크면 주행이 부드럽지 않고 벗겨지기 쉽기 때문에 유의하여야 한다.
• 트랙의 장력은 일반적으로 25~40mm 정도가 되도록 한다.

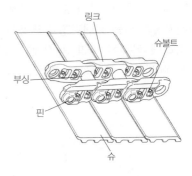

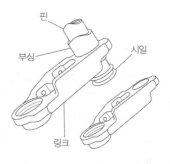

▲ 트랙 구조 명칭

② 하부 롤러(Idle roller) : 장비 중량을 지지
싱글 플랜지형과 더블 플랜지형을 병용하여 트랙 프레임 아래에 차종에 따라 3~9개가 설치되어 있으며 트랙이 받는 굴착기의 중량을 지면에 균일하게 분산시킨다.

▲ 하부 롤러 장치

③ 상부 롤러(Carrier roller) : 트랙 처짐 방지
싱글 플랜지형으로 트랙 프레임 위에 1~3개가 설치되어 프론트 아이들러와 스프로킷 사이에서 수직으로 트랙의 처짐과 이탈을 방지하고 회전 위치를 바르게 유지한다.

> 🎓 **기적의 Tip**
>
> 캐리어(상부) 롤러를 통해 트랙의 늘어짐을 방지하고 장력을 보호한다.

④ 스프로킷(Sprocket) : 트랙을 구동
유압 펌프에서 송출된 압력을 주행 모터로 전달하여 트랙을 회전시키는 역할을 한다.

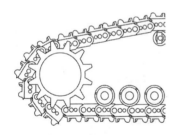

▲ 스프로킷(구동륜)

⑤ 프론트 아이들러 : 주행 방향 유도
조정 실린더와 연결되어 있기 때문에 트랙의 장력(긴도)을 조정하면서 트랙과 주행 방향을 유도하는 역할을 한다.

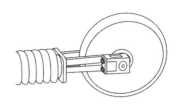

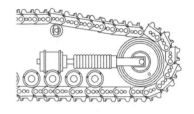

▲ 아이들러(유동륜)

⑥ 트랙 리코일 스프링 : 충격 완충
주행 중 앞쪽으로부터 프론트 아이들러에 가해지는 충격과 하중을 완충시킨다.

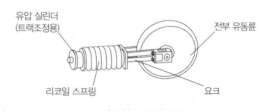

유압 실린더
(트랙조정용)   전부 유동륜

리코일 스프링   요크

▲ 리코일 스프링 구조

⑦ 주행 모터
레이디얼형 플런저 모터가 사용되며 유압에 의해서 스프로킷을 구동시키는 역할을 한다.

⑧ 블레이드
도저의 블레이드를 굴착기에 장착하여 토사 정리 및 아웃트리거 역할을 담당한다.

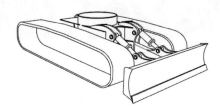

▲ 블레이드의 구조

⑨ 트랙 슈(Shoe)

• 트랙 슈는 4개의 볼트로 고정되어 있으며 굴착기의 전체 하중을 지지하고 견인하면서 회전한다.

• 굴착기 슈 팁(크로스)은 슈 판 1장에 3개씩 설치된 형태(트리플)인데 도저처럼 많은 견인력이 필요치 않고, 회전저항을 적게 하기 위함이다.

▲ 트리플 돌기 슈

▲ 더블 돌기 슈

▲ 싱글 돌기 슈

 기적의 Tip

트랙 슈는 링크에 고정되어 지면과 직접 접촉을 통해 차체를 견인하기 때문에 오일 주유가 필요하지 않다.

기적의 Tip

트랙 슈는 36~37장으로 되어 있다.

더 알기 Tip

트랙 슈(Shoe)의 종류

• 트리플 돌기 슈 : 돌기가 3개인 것으로 조향할 때 회전저항이 적어 선회 성능이 양호하다. 견고한 지반의 작업장에 좋으며 굴착기에 많이 사용한다.

• 더블 돌기 슈 : 돌기가 2개인 것으로 중 하중에 의한 슈의 굽음을 방지할 수 있으며, 선회 성능이 우수하다.

• 싱글(단일) 돌기 슈: 돌기가 1개인 것으로 견인력이 우수하며, 중 하중용에 적합하다.

• 건지용 슈 : 암석지, 사지, 거친 마른땅에 사용되는 슈로, 크로스가 3개 설치되어 있다.

• 습지용 슈 : 접지면적을 넓게 하여 수렁이나 습지에서 작업 시 잘 빠지지 않고 견인력을 크게 한다.

• 평활 슈: 도로를 주행할 때 포장 노면의 파손을 방지하기 위해 사용한다.

• 기타: 작업 용도나 환경에 따라 고무 슈, 암반용 슈 등을 사용한다.

01 도로를 주행할 때 포장 노면의 파손을 방지하기 위해 주로 사용하는 트랙 슈는?

① 평활 슈
② 단일 돌기 슈
③ 습지용 슈
④ 스노 슈

노면의 파손을 방지하기 위해 평활 슈를 이용해서 도로를 주행한다.

02 굴착기의 트랙 유격이 너무 크면 어떤 현상이 일어나는가?

① 주행 속도가 빨라진다.
② 슈 판의 마모가 급격해진다.
③ 주행이 아주 늦어진다.
④ 트랙이 벗겨지기 쉽다.

트랙 유격이 너무 크면 주행이 부드럽지 않고 트랙이 벗겨지기 쉽다.

03 무한궤도식 굴착기에서 주행 또는 방향 전환 시 트랙이 벗겨지는 원인이 아닌 것은?

① 트랙의 장력이 느슨하다.
② 스프로킷의 측면 마모가 심하다.
③ 트랙 정렬이 맞지 않다.
④ 트랙 장력이 팽팽하다.

트랙이 잘 벗겨지는 주요 원인
• 트랙 아이들러와 스프로킷의 중심이 맞지 않음
• 트랙 장력이 약하거나 정렬이 불량할 때
• 트랙 아이들러와 스프로킷 상부 롤러의 중심이 맞지 않음
• 고속 주행 중 급회전
• 아이들러 및 각종 롤러가 마모

04 무한궤도식 굴착기의 주행장치 부품이 아닌 것은?

① 주행 모터
② 스프로킷
③ 트랙
④ 스윙 모터

무한궤도식 주행 장치 부품은 본체 프레임, 상부 롤러, 하부 롤러, 전부 유동륜(아이들러), 구동륜(스프로킷), 트랙 및 구동 모터와 감속기어, 리코일 스프링 등으로 구성되어 있으며 스윙 모터는 상부 회전체의 부품에 해당된다.

05 유압식 굴착기의 주행 레버 2개를 동시에 반대 방향으로 작동시키면 굴착기의 중심을 기점으로 차체가 회전한다. 이것을 무엇이라 하는가?

① 피벗 턴
② 스핀 턴
③ 와이드 턴
④ 라운드 턴

• **피벗 턴(완회전)**: 주행 레버의 좌, 우측 중에서 한쪽 주행 레버만 밀거나 당겨서 한쪽 트랙만 전, 후진시켜 회전하는 방법
• **스핀 턴(급회전)**: 주행 레버 2개를 동시에 반대 방향으로 작동시켜 양쪽 트랙을 전, 후진시켜 회전을 하는 방법

06 트랙 슈에 주유하는 것으로 옳은 것은?

① 엔진 오일
② 그리스
③ 기어 오일
④ 주유할 필요는 없다.

트랙 슈는 링크에 고정되어 지면과 직접 접촉하면서 차체를 견인하는 것으로 오일을 주유할 필요가 없다.

07 트랙 링크의 수가 38조(set)라면 트랙 핀의 부싱은 몇 조인가?

① 19조(set)
② 80조(set)
③ 76조(set)
④ 38조(set)

트랙 링크가 38조(set)라면 링크 1조에 좌우로 핀이 연결되므로 트랙 핀의 부싱은 76조(set)가 필요하다.

08 트랙 구성품을 설명한 것으로 틀린 것은?

① 링크는 핀과 부싱에 의하여 연결되어 상하부 롤러 등이 굴러갈 수 있는 레일을 구성해 주는 부분으로 마멸되었을 때 용접하여 재사용할 수 있다.

② 부싱은 링크의 큰 구멍에 끼워지며 스프로킷 투스가 부싱을 물고 회전하도록 되어 있으며 마멸되면 용접하여 재사용할 수 있다.

③ 슈는 링크에 4개의 볼트에 의해 고정되며 전체 하중을 지지하고 견인하면서 회전하고 마멸되면 용접하여 재사용할 수 있다.

④ 핀은 부싱 속을 통과하여 링크의 작은 구멍에 끼워지며, 핀과 부싱을 교환할 때는 유압 프레스로 작업하여 약 100톤 정도의 힘이 필요하다.

부싱은 링크의 작은 구멍에 끼워져 있으며 핀은 부싱 속을 통과해 연결되어 있다. 스프로킷 투스는 트랙을 물고 회전하도록 되어 있으며 마멸되면 교환하여야 한다.

09 트랙 슈의 종류가 아닌 것은?

① 고무 슈   ② 2중 돌기 슈
③ 3중 돌기 슈   ④ 반이중 돌기 슈

슈의 종류에는 단일 돌기, 2중 돌기, 3중 돌기, 4중 돌기, 습지, 고무, 암반용, 평활 슈 등이 있다.

10 굴착기의 하부 주행체를 구성하는 요소가 아닌 것은?

① 선회 록 장치   ② 주행 모터
③ 스프로킷   ④ 전부 유동륜

선회 록 장치는 상부 회전체와 하부 추진체를 고정하기 위한 것으로 주행 시, 운반 시, 주차 시에 사용하는 안전장치이다.

11 무한궤도식의 하부 추진장치에 대한 조치사항 중 틀린 것은?

① 트랙의 장력은 38~50mm로 조정한다.
② 트랙의 장력 조정으로 그리스 주입식이 있다.
③ 마멸 및 균열 등이 있으면 교환한다.
④ 프레임에 휨이 생기면 프레스로 수정하여 사용한다.

무한궤도식에서 트랙의 장력은 일반적으로 25~38mm 정도를 둔다.

01 차륜 정렬(Wheel alignment)

1) 목적

① 조향 핸들의 조작을 가볍게 한다.

② 조향 핸들의 조작을 확실하게 하고 안정성을 준다.

③ 조향 핸들에 복원성을 준다.

④ 타이어의 마멸을 최소로 한다.

2) 차륜 정렬의 구성 요소와 필요성

① 토 인(Toe-in)

• 앞바퀴를 위에서 볼 때 좌우 바퀴의 중심선 사이의 거리가 앞쪽이 뒤쪽보다 조금 좁다.

• 토 인은 타이로드의 길이로 조정하며 앞바퀴 평행 회전을 돕고, 타이어 마멸을 방지한다.

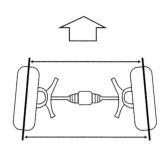

▲ 토 인

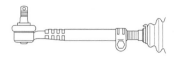

▲ 타이로드

> 🎓 **기적의 Tip**
>
> **토 인의 역할**
> • 타이어의 이상 마멸을 방지한다.
> • 조향 바퀴를 편행하게 회전시킨다.
> • 바퀴가 옆으로 미끄러지는 것을 방지한다.

② 캠버(Camber)

• 앞바퀴를 앞에서 보았을 때 윗부분이 바깥쪽으로 약간 기울어진 상태이다.

• 캠버는 수직 방향 하중에 의한 앞 차축의 휨을 방지하고 조향 핸들의 조작을 가볍게 하며, 하중을 받았을 때 앞바퀴의 아래쪽이 벌어지는 것을 방지한다.

▲ 캠버

▲ 정(+)의 캠버

▲ 부(-)의 캠버

③ 캐스터(Caster)

• 앞바퀴를 옆에서 보았을 때 앞바퀴가 차축에 설치되어 있는 킹핀의 중심선이 수직 중심선과 어떤 각도로 설치되었는지 나타내는 상태이다.

• 직진 시 조향 바퀴의 방향성과 선회 시 직진 방향으로의 복원력에 영향을 준다.

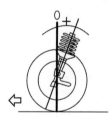 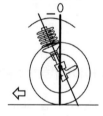

▲ 정(+)의 캐스터   ▲ 부(-)의 캐스터

④ 킹핀 경사각(Kingpin angle)

• 앞바퀴를 앞에서 볼 때 킹핀(조향축) 중심선이 수직선에 대하여 5~10° 경사각을 이루고 있는 것을 말한다.

• 캠버와 함께 조향 핸들의 조작력을 가볍게 하고 조향 바퀴에 복원성을 부여하며 앞바퀴의 시미(shimmy) 현상★을 방지한다.

▲ 킹핀 경사각

★ 시미 현상
주행 중에 떨리는 현상

02 타이어(Tire)

바퀴는 휠(wheel)과 타이어로 구성되어 있다. 휠은 타이어를 지지하는 림과 휠을 허브에 지지하는 디스크로 되어 있으며 타이어는 림 베이스에 끼워진다.

1) 타이어의 종류

① 사용 공기 압력에 따라 고압, 저압, 초저압 타이어 등이 있으며 튜브 유무에 따라 튜브 타이어와 튜브 없는 타이어로 나뉜다.

② 형상에 따라 보통 타이어, 레이디얼 타이어, 스노 타이어, 편평 타이어 등이 있다.

2) 타이어의 구조

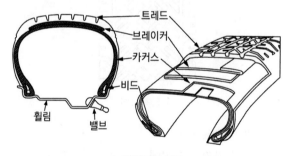

▲ 타이어의 구조

① 트레드(Tread)

• 노면과 직접 접촉하는 고무 부분으로 카커스와 브레이커를 보호한다.

• 타이어의 기본적인 기능인 구동, 제동, 선회 성능은 물론 승차감과 소음, 굴러가는 데 대한 저항, 마모 같은 모든 특성에 관계된다

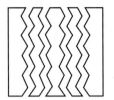

▲ 리브 패턴

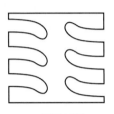

▲ 러그 패턴

▲ 리브러그 패턴

▲ 블록 패턴

② 브레이커(Breaker)

트레드와 카커스 사이에 있으며, 몇 겹의 코드 층을 내열성의 고무로 싼 구조로 되어있다.

③ 카커스(Carcass)

타이어의 뼈대가 되는 부분으로 차체 하중을 지지한다.

④ 비드 부(Bead section)

타이어가 림과 접촉하여 고정하는 부분으로 타이어가 림에서 빠지는 것을 방지한다.

더 알기 Tip

트레드 패턴의 종류

- 리브 패턴 : 타이어 원둘레 방향으로 몇 개의 홈을 둔 것으로 포장도로에서 고속 주행에 적합하다.
- 러그 패턴 : 타이어 회전 방향의 직각으로 홈을 둔 것으로 제동성능과 구동성능이 우수하다.
- 리브러그 패턴 : 타이어 숄더(Shoulder)부에 러그 패턴을, 트레드 중앙부에는 지그재그형의 리브 패턴을 사용하여 양호한 도로나 험악한 노면에서 모두 사용할 수 있다.
- 블록 패턴 : 연약한 노면을 다지면서 주행할 수 있어 슬립을 방지할 수 있다.
- 슈퍼 트랙션 패턴 : 러그 패턴의 중앙부에 연속된 부분을 없애 진행 방향에 대해 방향성을 가지게 한다.
- 오프 더 로드 패턴 : 진흙길에서도 강력한 견인력을 발휘할 수 있도록 홈을 깊게 하고 폭을 넓게 한 패턴이다.

기적의 Tip

트레드 패턴의 필요성

- 제동력, 견인력, 구동력을 좋게 한다.
- 열 방출 효과로 인한 변형을 방지하고 타이어의 배수 효과를 준다.
- 조향성능을 향상시키고 안전성을 준다.

03 타이어의 호칭 치수

바깥지름과 폭은 표준 공기 압력과 무부하 상태에서 측정하며, 정하중 반지름은 타이어를 수직으로 하여 규정의 하중을 가하였을 때 타이어의 축 중심에서 접지 면까지의 가장 짧은 거리를 측정한다.

1) 타이어의 호칭 치수 종류

① 고압 타이어의 호칭 치수

바깥지름(inch) × 폭 – 플라이 수

② 저압 타이어의 호칭 치수(건설기계에 주로 사용)

타이어 폭(inch) – 안지름(내경) – 플라이 수

기적의 Tip

타이어의 표시

예) 11.00-20-12PR

- 11.00 = 타이어 폭을 인치로 표시
- 20 = 타이어 내경을 인치로 표시
- 12PR = 코드층의 수 즉, 플라이 수를 표시

2) 타이어에서 발생하는 이상 현상

① 스탠딩 웨이브(Standing wave) : 타이어 공기압이 낮은 상태에서 고속으로 달릴 때 타이어 접지부의 바로 뒷부분이 부풀어 물결처럼 주름이 접히는 현상

② 수막현상 : 타이어가 물 위를 미끄러지듯이 진행되는 현상

이론을 확인하는 개념 체크

01 차륜 정렬을 하면 조향 핸들의 움직임이 무거워진다. (O, X)

02 차륜 정렬의 요소는 토인, 캠버, 캐스터, 킹핀 경사각이다. (O, X)

03 토 인은 앞바퀴를 위에서 볼 때 좌우 바퀴의 중심선 사이의 길이가 앞쪽이 뒤쪽보다 좁은 것을 의미한다. (O, X)

04 정(+)의 캠버는 앞바퀴를 앞에서 보았을 때 윗부분이 안쪽으로 기울어진 상태이다. (O, X)

05 앞바퀴를 앞에서 볼 때 조향축 중심선이 타이어 중심의 수직선에 대해 경사각을 이루고 있는 것을 캐스터라고 한다. (O, X)

06 타이어에서 노면에 직접 닿는 부분을 카커스라고 한다. (O, X)

07 리브 패턴은 타이어 회전 방향의 직각으로 홈을 파두어 제동과 구동에 유리하다. (O, X)

08 11.00-20-12PR로 표시된 타이어의 폭은 11.00이다. (O, X)

09 스탠딩 웨이브는 타이어의 공기압이 낮을 때 발생한다. (O, X)

10 타이어 마모 한계를 초과하여 사용하면 수막현상이 발생할 수 있다. (O, X)

01 X 02 O 03 O 04 X 05 X 06 X 07 X 08 O 09 O 10 O

01 사용 압력에 따른 타이어의 분류에 속하지 않는 것은?

① 고압 타이어
② 초고압 타이어
③ 저압 타이어
④ 초저압 타이어

사용 압력에 따라 고압, 저압, 초저압 타이어가 있으며 중장비는 대부분 저압 타이어가 사용되나 굴착기만큼은 고압 타이어도 사용한다.

02 굴착기 타이어에 11.00-20-12PR 이란 표시 중 "11.00"이 나타내는 것은?

① 타이어 외경을 인치로 표시한 것
② 타이어 폭을 센티미터로 표시한 것
③ 타이어 내경을 인치로 표시한 것
④ 타이어 폭을 인치로 표시한 것

타이어의 표시에서 11.00은 타이어 폭을 인치로 표시, 20은 타이어 내경을 인치로 표시, 12PR은 코드층의 수 즉, 플라이 수를 나타낸 것이다.

03 타이어식 건설장비에서 조향 바퀴의 얼라인먼트 요소와 관계없는 것은?

① 캠버
② 토 인
③ 캐스터
④ 부스터

조향 바퀴의 얼라인먼트는 캠버, 캐스터, 킹핀, 토 인, 선회 시 토 아웃 등이 있다.

04 타이어식 건설기계의 휠 얼라인먼트에서 토 인(Toe-in)의 필요성이 아닌 것은?

① 조향 바퀴의 방향성을 준다.
② 타이어의 이상마멸을 방지한다.
③ 조향 바퀴를 편행하게 회전시킨다.
④ 바퀴가 옆 방향으로 미끄러지는 것을 방지한다.

조향 바퀴의 방향성을 부여하는 것은 캐스터이다.

05 타이어 구조 중 내부에는 고탄소강의 강선을 묶음으로 넣고 고무로 피복한 링 상태의 보강부위로 타이어를 림에 견고하게 고정 시키는 역할을 하는 부분은?

① 카커스(Carcass)부
② 비드(Bead)부
③ 숄더(Shoulder)부
④ 트레드(Tread)부

오답 피하기
① 카커스(Carcass)부 : 타이어의 뼈대가 되는 부분
③ 숄더(Shoulder)부 : 타이어의 옆 부분
④ 트레드(Tread)부 : 타이어가 노면과 접촉하는 부분

06 타이어 트레드 패턴의 필요성과 관계가 없는 것은?

① 타이어가 옆 방향으로 미끄러지는 것을 방지한다.
② 타이어에서 발생한 열을 방산한다.
③ 트레드 부에 생긴 절상 등의 확산을 방지한다.
④ 주행 중 진동을 흡수하고 소음을 방지한다.

트레드에 패턴을 주게 되면 주행 중 소음이 발생되는 단점이 있다.

07 타이어식 굴착기에서 조향 바퀴의 토 인(Toe-in)을 조정하는 것은?

① 핸들
② 타이로드
③ 웜엄 기어
④ 드래그링크

토 인의 조정은 타이로드의 길이를 늘리거나 줄여서 조절한다.

PART 03

구조와 기능

출제 빈도

Section 01	상
Section 02	중
Section 03	중
Section 04	중
Section 05	상
Section 06	중

01 굴착기 개요

① 굴착기는 크레인의 앞 작업장치를 개발한 건설기계로 엑스카베이터(Excavator)라고도 하며, 굴토 및 굴착 작업과 토사 적재 작업에 사용하는 장비이다.

② 주요부의 구성은 상부 회전체, 하부 주행체 및 프론트 어태치먼트(작업장치)의 3부분으로 되어 있다.

③ 하부 주행체에 대하여 360° 회전할 수 있는 상부 회전체는 셔블을 포함한 여러 가지 작업장치를 설치하여 사용할 수 있다.

④ 굴착기의 규격은 법적으로 작업 가능상태의 자체 중량(t)으로 표시한다. 다만 작업 현장에서는 보통 버킷의 디퍼(버킷)의 용량(m³)으로 부르기도 한다.

> 🎓 **기적의 Tip**
>
> **굴착기의 정의**
> • 무한궤도 또는 타이어식, 굴착 장치를 가진 1톤 이상의 것
> • 토양을 굴착하는 장비로 기중기의 도랑파기 전부 장치를 유압식으로 개발한 장비

02 굴착기의 구조

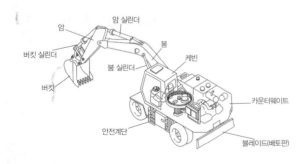

03 굴착기의 특징

① 상부 회전체에는 엔진, 유압장치, 펌프, 탱크 등 각종 제어장치 및 조종장치 등이 있다.

② 하부 주행체에는 상부 선회체를 지지하는 장치와 주행을 위한 무한궤도식 휠, 타이어식 바퀴가 있다.

③ 작업장치는 붐, 암, 버킷을 가지고 굴착, 정리, 파쇄, 인양, 상차, 채굴, 지균(평탄), 터파기, 시멘트 비비기, 운반, 조경, 관로, 법면 작업 등이 가능한 동력 기계장치를 말한다.

04 굴착기의 분류

1) 원동기에 의한 분류

주로 디젤 엔진을 많이 사용하고 있으며, 전동기식은 이동이 없는 지정된 장소에서 사용되고 있다.

① **디젤 엔진** : 경유를 주 연료로 사용

② **가솔린 엔진** : 휘발유 또는 가스를 주 연료로 사용

③ **전동기** : 전기를 동력으로 사용

2) 조작 방식에 의한 분류

① **수동식** : 액추에이터가 손으로 조작하는 레버에 의해서 작업 수행

② **유압식** : 액추에이터가 유압에 의해서 작업 수행

③ 공기식 : 액추에이터가 공기의 압력에 의해서 작업 수행
④ 전기식 : 액추에이터가 전기에 의해서 작업 수행

3) 기구에 의한 분류
① 기계 로프식 : 액추에이터가 와이어 로프에 의해 작동
② 유압식 : 액추에이터가 유압 펌프, 유압 모터, 유압 실린더에 의해 작동

05 굴착기의 종류

1) 무한궤도식 굴착기
① 주행 속도 10~15km/h로 기동성이 떨어진다.
② 장거리 이동작업에 적당하지 않고 이동 시 트레일러를 이용하여야 한다.
③ 평탄치 않은 작업 장소나 습지의 작업이 양호하다.
④ 암석, 암반 작업이 용이하다.
⑤ 접지면적이 넓어 견인력이 좋다.

2) 타이어식 굴착기
① 주행 속도 35km/h 내외로 기동성이 양호하다.
② 이동 시 자체의 동력에 의해서 도로 주행이 가능하다.
③ 평탄치 않은 작업 장소나 습지의 작업이 곤란하다.
④ 암석, 암반 작업 시 타이어가 손상될 수 있다.
⑤ 견인력이 약하다.

> **기적의 Tip**
>
> 무한궤도식 굴착기는 경사도 30%, 타이어식 굴착기는 25%의 평탄하고 견고한 건조 지면을 등판할 수 있는 등판 및 제동 능력이 필요하다.

3) 트럭식 굴착기
① 차대 위에 굴착기를 설치한 것으로 최대 속도가 50km/h로 기동성이 좋다.
② 넓은 작업장에서 유리하다.
③ 자체의 동력에 의해서 도로의 주행이 가능하다.

이론을 확인하는 개념 체크

01 굴착기의 주요 구성은 상부 회전체, 하부 회전체, 전부장치(작업장치)이다. (O, X)

02 굴착기의 용량은 버킷의 용량이나 작업 가능상태의 자체 중량으로 나타낸다. (O, X)

03 하부 주행체에는 엔진, 유압장치, 펌프, 탱크와 각종 제어장치가 포함된다. (O, X)

04 무한궤도식 굴착기는 타이어식에 비해 견인력이 우수하다. (O, X)

05 무한궤도식 굴착기는 30% 경사도를 등판할 수 있어야 한다. (O, X)

06 타이어식 굴착기는 차대 위에 굴착기를 설치한 것을 말한다. (O, X)

01 O 02 O 03 X 04 O 05 O 06 X

01 굴착기의 3대 주요 구성품으로 가장 적당한 것
은?

① 상부 회전체, 하부 추진체, 중간 선회체
② 작업장치, 하부 추진체, 중간 선회체
③ 작업장치, 상부 선회체, 하부 추진체
④ 상부 조정장치, 하부 회전장치, 중간 동력장
치

굴착기의 3대 주요 구성품은 작업(전부)장치, 상부 선회체(회전체), 하부 주행체
(추진체)이다.

02 무한궤도식 굴착기는 몇 도 구배의 평탄하고 견고
한 건조 지면을 등판할 수 있는 능력을 갖추어야
하는가?

① 15%
② 25%
③ 30%
④ 40%

무한궤도식의 등판 능력 및 제동 능력은 경사도 30%이고, 타이어식은 25%이
다.

03 대형 굴착기 규격은 일반적으로 무엇으로 표시 되
는가?

① 붐의 길이
② 작업 가능상태의 자체 중량
③ 오일 탱크의 용량
④ 버킷의 용량

대형 굴착기의 규격 표시는 작업 가능상태에서 자체 중량으로 표시한다.

출제
빈도 | 상 | 중 | 하 |

01 프론트 어태치먼트(Front attachment, 작업장치)의 구조

굴착기의 프론트 어태치먼트는 유압 실린더, 붐, 암, 버킷으로 구성되어 유압 펌프에서 공급되는 유압이 각각의 유압 실린더에 공급되어 작업을 수행하게 된다.

1) 붐(메인 붐)

붐은 푸트 핀(Foot pin)에 의하여 상부 회전체에 설치되어 있으며, 1개 또는 2개의 붐 실린더(유압 실린더)에 의해서 상하로 움직여 상차 및 굴착한다.

① 원피스 붐(One piece boom)

백호 버킷을 부착하여 173°~177° 정도의 굴착 작업이 가능하고, 훅을 설치할 수도 있다.

② 투피스 붐(Two piece boom)

굴착 깊이가 깊고, 토사의 이동, 적재, 크램셸 작업 등에 적합하며, 좁은 장소에서의 작업에 용이하다.

③ 백호 스틱 붐(Back hoe sticks boom)

암의 길이가 길어서 깊은 장소의 굴착이 가능하며, 도랑파기 작업에 적합하다.

④ 회전형 붐

붐과 암에 회전 장치를 설치하고 굴착기의 이동 없이도 암이 360° 회전할 수 있어 편리하게 굴착 및 상차 작업을 할 수 있다. 제철공장, 터널 내부 공사 등에서 주로 사용된다.

2) 암(디퍼 스틱, 투 붐)

① 암의 한쪽에는 핀에 의해 붐에 연결되고 다른 한쪽에는 핀에 의해 버킷이 설치된다.

② 버킷은 1개의 암 실린더(유압 실린더)에 의해 전방 또는 후방으로 작동하며, 버킷을 작동시키는 버킷 실린더가 설치되어 있다.

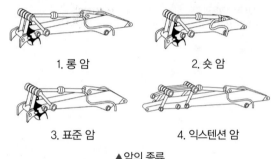

1. 롱 암　　　　　　　2. 숏 암

3. 표준 암　　　　　4. 익스텐션 암

▲암의 종류

3) 버킷(디퍼)

① 버킷은 굴착하여 흙을 담을 수 있는 부분으로 굴착력을 향상시키기 위해 투스(tooth : 포인트 또는 팁)가 부착되어 있다.

② 용량은 1회에 담을 수 있는 용량 m^3(루베)로 표시한다.

③ 버킷은 고장력 강판으로 제작되었으며 반대로 돌려서 연결하면 셔블 작업도 가능하다.

④ 굴착기와 로더의 버킷에 투스를 부착하여 굴착력을 증대시킬 수 있다.

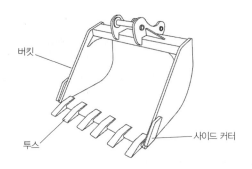

▲ 버킷 구조

버킷

투스

사이드 커터

02 붐, 암 및 버킷의 작동

1) 붐 작동방법

① 우측 레버를 앞으로 밀면 붐이 내려간다.
② 우측 레버를 잡아당기면 붐이 올라간다.
③ 작업 RPM과 레버 작동 속도에 따라 속도는
   변한다.

2) 암 작동방법

① 좌측 레버를 앞으로 밀면 암이 펴진다.
② 좌측 레버를 잡아당기면 암이 오므려진다.

3) 버킷 작동방법

① 우측 레버를 좌측으로 밀면 버킷은 오므려진
   다.
② 우측 레버를 우측으로 밀면 버킷은 펴진다.

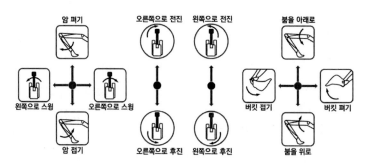

암 펴기   오른쪽으로 전진   왼쪽으로 전진   붐을 아래로

왼쪽으로 스윙   오른쪽으로 스윙   버킷 접기   버킷 펴기

암 접기   오른쪽으로 후진   왼쪽으로 후진   붐을 위로

▲ 작업장치 좌, 우측 제어 레버

01 굴착기에서 붐에 사용되는 유압 실린더는 몇 개로 되어 있는가?

① 1~2개
② 2~3개
③ 3~4개
④ 4~5개

굴착기에서 유압 실린더는 붐에 1~2개, 암에 1개, 버킷에 1개씩 설치 되어있다.

02 굴착 깊이가 깊으며, 토사의 이동, 적재, 클램셀 작업 등에 적합하며, 좁은 장소에서 작업이 용이한 붐은?

① 원피스 붐
② 투피스 붐
③ 백호 스틱 붐
④ 회전형 붐

오답 피하기
① **원피스 붐** : 가장 많이 사용되고 있는 형식으로 170°~178° 정도의 굴착 작업이 가능하다.
③ **백호 스틱 붐** : 암의 길이가 길어 굴착 깊이를 깊게 할 수 있고 표토 제거 작업에 적당하다.
④ **회전형 붐** : 붐과 암 사이에 회전 장치를 설치하여 굴착기의 이동 없이 암을 360° 회전시킬 수 있다.

03 디퍼의 개폐작용의 종류이다. 해당하지 않는 것은?

① 래칫휠식
② 전기식
③ 드럼식
④ 진공식

디퍼는 토사를 담는 버킷으로 개폐의 종류로는 래칫휠식, 전기식, 드럼식, 유압식, 공기식 등이 있다.

04 버킷에 굴착력을 증가시키기 위해 연결한 것은?

① 투스
② 보강 판
③ 리퍼
④ 사이드 판

버킷의 굴착력을 증가시키기 위해서 버킷 앞부분에 투스 또는 포인트를 연결하여 사용한다.

05 굴착기 버킷 앞부분에 연결된 투스의 종류 중 석탄등을 잘라낼 때 용이한 것은?

① 록형 투스
② 샤프형 투스
③ 슈형 투스
④ 롤러형 투스

샤프형 투스(Sharp type tooth)는 점토, 석탄 등을 잘라낼 때 효과적이다.

06 다음 중 굴착기의 버킷 용량은 무엇으로 표시하는가?

① Id²
② m^3
③ yd²
④ m

굴착기의 버킷 용량은 m^3으로 표시한다.

선택장치 및 작업용 연결장치

출제
빈도 상 중 하

01 선택장치 연결장치

주 작업장치 외에 작업 특성에 따라 다양한 작업을 할 수 있도록 선택장치를 연결한다.

1) 퀵 커플러(링크)

다양한 어태치먼트의 간편한 교체를 위한 장치로 기계식과 유압식이 있다.

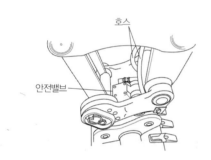

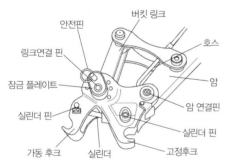

▲ 퀵 커플러(링크)의 구조 및 명칭

① 기계식 : 버킷 핀의 록킹 장치를 볼트나 너트로 조이는 방식
② 유압식 : 운전석에서 솔 밸브 또는 유압 조작 레버로 유압 실린더를 작동시켜 버킷 핀 록킹 장치를 작동시키는 방식

2) 어태치먼트 탈거

① 장비를 편평하고 단단한 지면에 주차하고 어태치먼트를 지면에 내린다.
② 잠금 핀의 잠금 위치에서 풀림 위치까지 돌려 빼낸다.
③ 스위치 박스 커버를 열고 전원공급 스위치를 눌러 전원을 공급한다.
④ 컨트롤 스위치를 왼쪽으로 돌려서 탈거 위치에 두고 어태치먼트를 탈거한다.
⑤ 퀵 커플러를 어태치먼트에서 탈거한다.

3) 어태치먼트 장착

① 어태치먼트를 편평하고 단단한 지면에 내리고 핀을 설치한다.
② 가동후크를 닫고 고정 후크를 암 측면 어태치먼트 핀에 둔다.
③ 퀵 커플러를 지면과 수평하게 하고 어태치먼트를 들어 올린다.
④ 어태치먼트를 오므려서 수평이 되도록 한다.
⑤ 컨트롤 스위치를 오른쪽으로 돌려서 장착 위치에 두고 어태치먼트를 장착한다.
⑥ 안쪽까지 삽입되는 구멍을 통해서 잠금 핀을 삽입한다.
⑦ 잠금 핀을 잠금 측면으로 돌린다.
⑧ 전원공급 스위치를 누르기 전에 어태치먼트가 퀵 커플러에 단단히 고정되었는지 확인한다.

| 쪽 버킷 | 채 버킷 | 기본 버킷 |

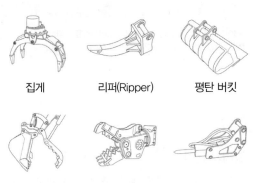

집게   리퍼(Ripper)   평탄 버킷

코끼리 집게   크러셔(Crusher)   브레이커(Breaker)

▲작업장치(어태치먼트)의 종류

02 작업용 연결장치의 구조와 기능

버킷 등의 작업장치를 탈부착하기 쉽도록 작업용 도에 따라서 퀵 커플러를 이용 작업장치인 어태치먼트와 연결하여 작업을 수행한다.

1) 작업용 연결장치(어태치먼트)의 종류와 기능

① 백호 : 도랑 파기, 지하철 공사, 토목공사, 조경작업 등에 효과적
② 브레이커 : 공기식과 유압식이 있으며 콘크리트, 암석 파괴 등에 많이 사용
③ 크러셔 : 콘크리트 벽면을 눌러 파쇄할 수 있는 작업에 용이
④ 채 버킷 : 자갈을 골라낼 수 있는 작업에 사용
⑤ 셔블 버킷 : 암반 또는 굳은 땅, 경사면 굴착 및 연약지 채굴작업
⑥ 리퍼 : 암반 굴착, 포장도로 면의 파괴, 개척지, 나무뿌리 등의 제거작업
⑦ V형 버킷 : V배수로, 농수로 작업에 효과적
⑧ 이젝터 버킷 : 버킷 안에 토사를 밀어내는 이젝터가 있어 연약지반이나 점성토(진흙) 굴착에 효과적
⑨ 스로프 휘니쉬 버킷 : 경사지 조성, 도로, 하천 공사 정지작업에 효과적
⑩ 크램셸 버킷 : 수직 굴토작업, 배수구 준설작업 등에 적합하며 버킷의 개폐도 유압실린더로 함

⑪ 둥근 구멍파기 버킷 : 크램셸 버킷과 비슷
⑫ 우드 클램프 : 전신주, 목재 운반과 적재 하역에 효과적
⑬ 플립 클램프 : 자갈, 골재선별, 오물처리 등의 작업
⑭ 도저용 블레이드 : 매설 등에 적합한 것으로 앞부분에 삽이 설치
⑮ 어스 오거 : 유압 모터를 이용한 스크루로 구멍을 뚫고 전신주 등을 박는 작업에 적합
⑯ 파일 드라이버 : 주로 단단한 땅에 말뚝(파일)을 박거나 구멍을 뚫는데 사용

> 🎓 **기적의 Tip**
>
> **파워 셔블**
> 장비의 위치보다 높은 곳을 굴착하는데 알맞으며, 토사 및 암석을 적재하기 쉽게 디퍼(버킷) 덮개를 개폐하는 형태이다.

03 브레이커

충격 에너지를 발생시키는 파워셀을 감싸면서 굴착기의 암과 연결시켜주는 브라켓, 유체의 흐름 방향을 조절하는 방향조절 밸브, 유압에너지를 저장하고 유량을 보충함과 동시에 충격압력을 흡수하는 축압기(Accumulator), 질소 가스로 충전되는 백 헤드(Back head), 왕복운동으로 피스톤 암반 등을 파괴하는 치즐(Chisel) 등으로 구성되어 있다.

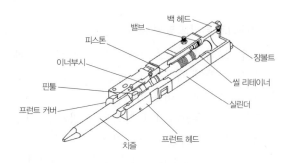

▲브레이커의 구조 및 명칭

1) 유압 브레이커 장치 연결

① 본체나 브레이커의 손상 없이 기능을 완전히 습득하고 작동유 오염도 관리를 철저히 한다.
② 유압 브레이커는 버킷보다 무겁고 빠르기 때문에 파쇄물을 내리치는 것을 금지한다.
③ 유압 호스가 심하게 진동하면 작업을 중지한다.
④ 본체의 붐, 암, 버킷 실린더 조작 시에는 유압 브레이커의 치즐이 붐에 닿지 않도록 한다.
⑤ 유압 브레이크의 수중 작업은 부식이나 먼지의 혼입으로 유압기기 파손의 원인이 된다.
⑥ 유압 브레이커의 인양 작업은 전도, 유압 브레이커 파손의 원인이 되므로 금지한다.
⑦ 본체의 휠 방향 작업은 전도 및 주행장치 수명 저하의 원인이 된다.

2) 브레이커 작동 전 점검

① 질소 탱크, 고압 탱크, 저압 탱크를 확인하고 질소가스 압력을 점검한다.
② 설치 후에 수직 위치에 놓고 브레이커에 압력을 가하여 밀어 넣은 후 시동을 끄고 그리스를 주입한다.
③ 작동 전에 시작 버튼 또는 페달을 눌러 작업대기 상태에서 3~5초 간격으로 3회 반복으로 작동시켜 공기를 제거한다. 그 후 브레이커를 껐다가 다시 키고 10분 정도 연약지반에 작업한다.

3) 브레이커 릴리프 밸브 조정 방법

① 유압 브레이커에 호스를 연결하지 않은 상태에서 끝단의 배관을 350kg/cm의 고압에 견딜 수 있도록 커버를 막아준다.
② 브레이커 유압라인의 압력을 개방하고 상부 선회체에 설치된 브레이커용 릴리프 밸브의 스크류를 조정하여 릴리프 작업을 조정한다.
③ 컨트롤 밸브에 있는 과부하 릴리프 밸브를 브레이커용 릴리프 밸브로 사용하면 안 된다.

04 크러셔

1) 크러셔 연결

① 퀵 커플러를 이용하여 굴착기 본체에 크러셔를 연결한다.
② 크러셔의 유압 호스를 굴착기 본체의 유압라인에 연결한다.
③ 볼트, 너트 형식의 유압 호스를 연결할 경우 잔여 공기를 제거해야 한다.
④ 굴착기 작동 레버를 이용하여 체결상태를 확인하고 이중 안전 잠금장치를 체결한다.

2) 크러셔 작업

① 높은 구조물은 위에서부터 아래로 파쇄한다.
② 측 방향 작업은 전·후 방향으로 뻗은 자세로 작업한다.
③ 지붕이나 콘크리트 바닥 작업 시 바닥 강도를 점검한 후 작업한다.

05 집게

1) 집게

① 돌, 목재 등을 잡고 이동하는 작업장치로 고정식 집게와 회전식 집게가 있다.
② 경량 구조물 철거, 재활용, 건축폐기물 분류 작업에 사용하며 데몰리션 그랩, 멀티 타입 그랩, 오렌지 그랩 등이 있다.

2) 집게 작업 시 유의사항

① 잡는 작업과 회전 작업을 동시에 하지 않는다.
② 땅을 고르는 작업 및 지렛대로 이용하는 작업은 하지 않는다.
③ 기둥을 밀거나 잡아서 뽑는 작업은 하지 않는다.
④ 집게를 이용한 건물 해체작업 시 붕괴 위험이 있으므로 건물 상부에서부터 작업한다.
⑤ 무리하게 돌 등을 파내거나 잡아당기지 않는다.
⑥ 과도한 회전 작업은 하지 않는다.
⑦ 고압 전류가 흐르는 전선이나 전선주 근처에 접근하지 않는다.

이론을 확인하는 개념 체크

01 선택장치는 다양한 작업을 위해 연결한다. (O, X)

02 선택장치를 연결하는 퀵 커플러는 기계식과 유압식이 있다. (O, X)

03 브레이커는 도랑을 파기 위한 목적의 연결 장치이다. (O, X)

04 채 버킷은 나무뿌리 등을 제거하기 위해 사용한다. (O, X)

05 크램셸 버킷은 수직 굴토작업에 사용된다. (O, X)

06 유압 브레이커로 인양 작업을 할 수 있다. (O, X)

07 크러셔 작업 시, 구조물은 아래서부터 위로 파쇄한다. (O, X)

08 집게 장치를 이용해 기둥을 밀거나 잡아서 뽑을 수 있다. (O, X)

01 O 02 O 03 X 04 X 05 O 06 X 07 X 08 X

01 굴착기 작업에서 암반 작업 시 가장 효과적인 버킷은?

① V형 버킷
② 이젝터 버킷
③ 리퍼 버킷
④ 로더 버킷

....

암반 작업에 사용되는 버킷은 리퍼 버킷이다.

02 굴착기에 연결할 수 없는 작업장치는?

① 파일 드라이브
② 어스 오거
③ 스캐리 파이어
④ 브레이커

....

스캐리 파이어는 모터그레이더에 있는 장치이다.

03 점토질의 땅을 굴착할 때 버킷 안에 흙이 부착될 염려가 없어 연약지반이나 점성토 굴착에 효과적인 작업장치는?

① 크러셔   ② 셔블 버킷
③ 리퍼   ④ 이젝터 버킷

....

이젝터 버킷은 버킷 안에 토사를 밀어내는 이젝터가 있어 점성토 굴착에 효과적이다.

04 다음 중 자갈 등을 골라낼 수 있는 연결용 작업장치는?

① 채 버킷   ② 크램셀 버킷
③ 셔블 버킷   ④ 백호 버킷

....

채 버킷은 자갈 등을 골라내는데 효과적이다.

05 연결용 작업장치 중 브레이커의 구조에서 돌에 구멍을 쪼아서 다듬는 쇠로 만든 연장은?

① 어큐뮬레이터
② 치즐
③ 백 헤드
④ 측압기

....

왕복운동으로 타격하여 암반 등을 파괴하는 것은 치즐(Chisel)이다.

06 크러셔 작업장치의 설명으로 틀린 것은?

① 높은 구조물은 위에서부터 아래로 파쇄한다.
② 측 방향 작업은 전·후 방향으로 뻗은 자세로 작업한다.
③ 지붕이나 콘크리트 바닥 작업 시 바닥 강도를 점검한 후 작업한다.
④ 돌에 구멍을 뚫거나 쪼아서 다듬는 작업을 한다.

....

돌에 구멍을 뚫거나 쪼아서 다듬는 작업을 하는 것은 브레이커 장치에서 치즐 또는 정이다.

07 장비 위치보다 높은 곳을 굴착하는데 알맞은 것으로 토사 및 암석을 트럭에 적재하기 쉽게 버킷 덮개를 개폐하도록 제작된 장비는?

① 파워 셔블
② 백호
③ 스크레이퍼
④ 브레이커

파워 셔블은 장비의 위치보다 높은 곳을 굴착하는데 알맞으며, 적재하기 쉽게 디퍼(버킷) 덮개를 개폐하는 형태이다.

08 유압 모터를 이용한 스크루로 구멍을 뚫고 전신주 등을 박는 작업에 사용되는 굴착기 작업장치는?

① 오거
② 브레이커
③ 그래플
④ 리퍼

오답 피하기
② **브레이커** : 암반, 아스팔트, 콘크리트 등을 파쇄하는 장치
③ **그래플** : 집게 장치
④ **리퍼** : 언 땅, 굳은 땅, 잡목 제거 등에 사용되는 곡괭이 장치

09 진흙 등의 굴착 작업을 할 때 용이한 버킷은?

① 폴립 버킷
② 이젝터 버킷
③ 포크 버킷
④ 리퍼 버킷

이젝터(Ejector) 버킷은 버킷 안에 토사를 밀어내는 이젝터가 있어 진흙 등의 작업에 용이하다.

01 상부 회전체의 개요

하부 주행체 프레임의 스윙 볼 레이스에 결합되어 360° 선회할 수 있으며, 앞쪽에는 붐이 설치되고 뒤쪽에는 굴착기의 안전성을 유지하기 위한 카운터웨이트가 설치되어 있다.

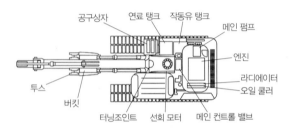

▲ 굴착기 하감도(현대중공업 운전자매뉴얼, 2014)

1) 상부 회전체

① 엔진, 조종석, 유압장치, 선회장치 등이 탑재되어 있다.
② 굴착 시 안전한 무게중심을 확보하기 위해 후방에 카운터웨이트가 설치된다.
③ 하부 주행체와는 선회륜을 통해 볼트로 설치된다.
④ 붐 및 실린더의 지지부는 하중에 견딜 수 있게 충분한 강도로 제작된다.

> **기적의 Tip**
>
> 굴착기의 상부 회전체가 하부 주행체에 대한 역위치에 있을 때, 좌측 주행 레버를 당기면 우측 트랙이 전진하므로 좌회전한다.

2) 상부 회전체의 구조

① 엔진(Engine) 룸
굴착기의 동력원으로 주로 운전석 뒤쪽에 설치되어 있다.

② 운전실
• 강한 방열용으로 내부에 재장판 및 크라스 휠을 부착시킨 구조이며, 안전유리를 부착한다.
• 운전 시 시야가 넓고 의자는 전후 조정식으로 편히 운전할 수 있다.

③ 연료 탱크
연료가 저장되며 탱크 내부에는 스트레이너가 있어서 불순물이 들어가지 못하게 한다.

④ 작동유 탱크
• 내부는 인산염 피막처리의 특수 방청처리 되어 있다.
• 아래부분에 필터가 설치되어 있어 먼지나 오물이 파이프 라인속으로 들어가지 않게 한다.
• 상부에는 공기빼기용 안전밸브가 부착되고 규정치 이상의 공기압 시 외부로 배출시켜 규정압을 유지한다.
• 작동유의 양을 밖에서 쉽게 볼 수 있도록 유면계 게이지가 부착되어 있다.

⑤ 작동유 필터
• 컨트롤 밸브에서 온 리턴 오일의 먼지 등을 필터에서 걸러준다.
• 필터 엘레먼트 구멍의 폐쇄로 인한 유압라인의 고장을 막기 위해서 파이프 내압이 1.5kg/cm^2 이상에서는 릴리프 밸브가 열려 오일을 릴리프 시켜주어 유압기기를 보호하는 작용을 한다.

⑥ 메인 유압 펌프

- 엔진이 시동되면 항상 회전되어 고압의 작동유를 유압기기로 보낸다.
- 레버로 작동하며, 레버 중립 시 작동유를 토출하지 않음으로써 엔진에 무리를 주지 않는다.

⑦ 컨트롤 밸브(Control valve)

- 펌프에서 나온 고압 오일을 각 유압기기로 보내 쉽게 작동시킬 수 있는 수풀형 구조로 반영구적 수명을 갖는다.
- 릴리프 밸브를 부착하여, 유압회로에 규정된 압력 이상이 걸리면 오일을 탱크로 돌아가게 함으로써 모든 유압회로의 과부하 및 그로 인한 파손을 방지한다.

⑧ 작업 조작 레버

우측레버는 붐, 버킷을 동작하고, 좌측레버는 암 동작과 선회 동작의 복합 조작으로 십자형 레버 구조이다.

⑨ 작동유 냉각기

- 작동유의 온도를 $50 \pm 5°$로 유지하기 위해 기관 앞쪽에 라디에이터와 같이 부착되어 있다.
- 엔진 팬(Fan)의 회전에 의해 냉각되는 방식으로 항상 일정한 온도가 유지된다.

⑩ 공기 탱크

- 엔진에 부착된 공기 압축기에서 압축된 공기를 저장하는 탱크이다.
- 압축된 공기가 냉각되면 수분이 발생하므로 탱크 밑 부분에 수분제거용 밸브가 부착되어 있다.
- 작업이 끝나면 공기빼기를 해주어야 한다.

02 선회장치

스윙 모터에 유압이 공급되면 피니언 기어가 링 기어를 따라 회전하면서 상부 회전체가 회전된다.

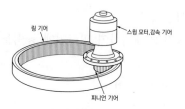

▲스윙 모터와 감속기의 구조

> 🎓 **기적의 Tip**
>
> **상부 회전체가 선회하지 않는 원인**
> - 쿠션(브레이크) 밸브의 불량
> - 스틸 볼의 손상 또는 파손
> - 릴리프 밸브 설정압의 낮음

1) 선회장치

선회장치는 스윙 모터, 스윙 피니언, 스윙 링 기어, 스윙 볼 레이스 등으로 구성되어 있다. 링 기어와 스윙 볼 레이스 사이에는 볼 베어링이나 롤러 베어링이 들어 있어 상부 회전체가 자유롭게 360° 스윙할 수 있다.

① 스윙 모터 : 레이디얼 플런저형을 사용
② 스윙 링 기어 : 하부 추진체의 프레임에 볼트로 고정
③ 스윙 볼 레이스 : 상부 회전체와 하부 주행체를 연결하는 부분
④ 스윙 감속 피니언 : 링 기어와 물려서 상부 회전체가 회전
⑤ 턴 테이블(Turn table) : 유압에 의해 360° 회전
⑥ 스윙 고정장치 : 상부 회전체와 하부 주행체를 고정

2) 스윙 모터(Swing motor)

굴착기의 선회(터닝) 모터로는 기어식과 엑시얼식의 모터를 장착하여 사용한다. 회전 및 회전정지 시 일어나는 충격을 완화하기 위해 쿠션밸브를 장착하고 있으며 기어식과 유성 기어식 감속기가 있다.

① 기어식 감속기

1단 감속기를 채택하여 피니언에 동력을 전달한다.

② 유성 기어식 감속기

- 모터축이 선 기어를 돌리고 링 기어가 하우징에 고정되어 유성 캐리어와 연결되어 있는 구동 피니언 기어는 유성 캐리어와 함께 선 기어와 같은 방향을 돌게 된다.
- 턴 테이블 기어와 스윙 모터 피니언 기어가 연결되어 턴 테이블 기어 주위를 선회하므로 상부 선회체가 돌게 된다.

> **기적의 Tip**
>
> 굴착기의 스윙 모터는 가변 용량이 가능한 레디얼 피스톤 모터를 주로 사용한다.

3) 스윙 볼 레이스

스윙 볼 레이스의 아웃레일은 상부 선회체에, 이너레일은 턴테이블 기어와 함께 하부 추진체에 설치되어 있으며, 레일 사이에 볼을 삽입하여 회전저항을 최소화한 것이다.

> **기적의 Tip**
>
> 베어링 급유는 250시간마다, 스윙 기어(턴테이블 기어)에는 500시간마다 그리스를 주유해야 한다.

03 고정 장치(스윙 록)

① 상부 회전 장치와 하부 주행장치를 고정시키는 역할을 한다.
② 트레일러로 굴착기를 운반하거나 원거리 주행할 때 상부 회전체가 회전되지 않도록 고정한다.

이론을 확인하는 개념 체크

01 하부 주행체 뒤쪽에는 무게중심을 확보하기 위한 카운터웨이트가 설치된다. (O, X)

02 굴착기의 엔진은 운전석 앞쪽에 설치된다. (O, X)

03 작동유 탱크에는 공기빼기를 할 수 있는 밸브가 부착된다. (O, X)

04 작업 조작 레버의 우측 레버는 붐과 버킷을 조작한다. (O, X)

05 상부 회전체는 최대 180°까지 회전할 수 있다. (O, X)

06 스윙 록은 상부 회전체와 하부 주행장치를 고정시키는 역할을 한다. (O, X)

01 X 02 X 03 O 04 O 05 X 06 O

01 굴착기의 상부 회전체는 몇 도까지 회전이 가능한가?

① 90도   ② 180도
③ 270도   ④ 360도

굴착기의 상부 회전체는 360도 회전이 가능하다.

02 상부 회전체에 설치된 부품에 해당하지 않는 것은?

① 원동기
② 크롤러
③ 스윙감속기
④ 선회 프레임

크롤러는 무한궤도식의 트랙을 말하는 것이며, 하부 주행체의 부품이다.

03 굴착기의 회전장치 부품이 아닌 것은?

① 회전 모터
② 링 기어
③ 피니언 기어
④ 레디얼 펌프

굴착기의 회전 장치 부품은 회전(스윙) 모터(레디얼 모터), 링 기어, 감속(스윙) 피니언 기어, 볼 레이스 등이 있다.

04 상부 회전체의 검사에 따른 조치 사항이다. 틀린 것은?

① 고무 호스─수리하여 재사용
② 유압 펌프─규정 압력 하에서 토출량이 정상이면 사용
③ 급유 상태─동급유로 보충
④ 조작 레버─규정 유격으로 조정

고무 호스는 수리하여 사용할 수 없으며, 고압 호스로 교환하여야 한다.

05 굴착기에서 스윙 록 장치는 언제 사용하는가?

① 작업 시
② 트레일러에 탑승할 때
③ 트레일러에서 하차할 때
④ 트레일러로 운반할 때

굴착기를 트레일러로 운반 시 상부 회전체와 하부 추진체를 고정시킨다.

06 굴착기의 상부 회전체가 하부 주행체에 대한 역 위치에 있을 때 좌측 주행레버를 당기면 차체가 어떻게 회전되는가?

① 좌향 스핀 회전
② 우향 스핀 회전
③ 좌향 피벗 회전
④ 우향 피벗 회전

굴착기의 상부 회전체가 하부 주행체에 대한 역 위치에 있을 때, 좌측 주행레버를 당기면 우측 트랙이 전진하므로 좌회전한다.

07 굴착기 엔진에는 소형 공기 압축기가 설치되어 있다. 이 공기 압축기가 반드시 필요한 곳은?

① 경적
② 컨트롤 밸브
③ 유압 탱크
④ 하부 주행장치

굴착기에 사용하는 플런저식 유압 펌프는 흡입력이 약하여 유압유 탱크를 가압하기 위해서 공기 압축기를 설치하여 펌프의 효율을 증가시킨다.

카운터웨이트 및 센터 조인트

🔘 카운터웨이트(Counterweight)

1) 카운터웨이트의 역할

엔진실의 뒤쪽에 설치되며, 굴착기의 평형을 유지하기 위한 평형추로 작업 시에 뒷부분이 들리는 것을 방지하여 안전을 유지시키는 역할을 한다.

2) 카운터웨이트(Counterweight)의 설치

① 상부 회전체 뒷부분에 설치
② 장비의 균형을 고려한 중량으로 설치
③ 쉽게 탈착 가능해야 함
④ 작업 시 최대의 안전성 필요
⑤ 차체의 롤링 완화

🔘 센터 조인트(터닝 조인트, 스위블 조인트)

상부 회전체의 중심부에 설치되며, 상부 회전체의 유압을 중심부의 구멍을 통해서 하부장치에 속하는 브레이크 라인, 배토판 블레이드, 핸들 실린더, 소바 실린더, 주행 모터 등에 공급하는 역할을 한다.

1) 센터 조인트의 기능

① 메인 펌프의 유압유를 하부 주행 모터로 전달한다.
② 주행 모터의 구동과 도저 블레이드의 작동을 해주는 유압기기이다.

③ 상부 회전체가 회전하더라도 호스, 파이프 등이 꼬이지 않고 원활하게 회전한다.
④ 슬립 링(Slip ring)이 설치되어 상하로 베어링 몸체가 따로 회전하며, 한쪽 몸체는 고정되고 다른 한쪽을 회전한다.

2) 센터 이음

유압유를 하부 추진체의 주행모터에 보내주는 배관의 일부이다.

3) 선회 베어링

① 내부 기어식 구조이기 때문에 기어에 주입된 그리스의 소모가 거의 없고, 먼지 등이 부착되지 않아 기어 손상도 거의 없다.
② 유압 회전 모터에 의해 회전하기 때문에 작동이 유연하다.

4) 스윙 링 기어

① 스윙 베어링, 외부 베어링 케이싱 등으로 구성되어 있다.
② 하부 추진체에 볼트로 고정되어 있다.

합격을 다지는 **예상문제**

01 굴착기의 센터 조인트에 관한 설명 중 틀린 것은?

① 상부 회전체의 회전 중심부에 설치되어 있다.
② 상부 회전체의 오일을 주행 모터에 전달한다.
③ 상부 회전체가 회전하더라도 호스 파이프 등 이 꼬이지 않고 원활히 송유하는 일을 한다.
④ 조인트가 고장나도 직선 운행과는 관계가 없 다.

··

센터 조인트는 배관의 일종인 기계적 이음체로써 상부 회전체의 회전에도 영향 을 받지 않으며 상부 회전체의 오일을 하부 주행 모터에 공급하는 장치이다.

02 무한궤도식 굴착기에서 상부 회전체의 회전에도 영향을 받지 않고 주행 모터에 오일을 공급할 수 있는 부품은 어느 것인가?

① 컨트롤 밸브
② 센터 조인트
③ 킹핀
④ 턴 테이블

오답 피하기

① **컨트롤 밸브** : 제어 밸브
③ **킹핀** : 조향 너클과 차축을 연결하는 핀
④ **턴 테이블** : 회전반

03 굴착기의 카운터웨이트의 역할이 아닌 것은?

① 상부 회전체에서 하부 주행체로 유압을 공급 한다.
② 장비의 균형을 잡아준다.
③ 차체의 롤링을 완화시켜 준다.
④ 평형을 유지시키고 장비가 들리는 것을 방지 한다.

··

카운터웨이트는 굴착기 작업 시 균형을 잡아주고 차체가 들리는 것을 방지하며 롤링을 완화시켜 준다.

04 굴착기의 카운터웨이트 설치 위치로 맞는 것은?

① 상부 회전체 앞부분
② 상부 회전체 뒷부분
③ 하부 추진체 앞부분
④ 하부 추진체 뒷부분

··

카운터웨이트는 굴착기 상부 회전체 뒷부분에 설치한다.

01 하부 주행체의 개요

① 하부 주행체는 상부 회전체와 프론트 어태치먼트 등의 하중을 지지함과 동시에 굴착기를 이동시키는 장치이다.

② 타이어식은 자동차와 같은 방법으로 기관의 동력이 전달되어 바퀴 회전으로 이동하며, 무한궤도식은 주행 모터(유압 모터)에 의해서 트랙을 회전시켜 이동한다.

▲ 타이어식

▲ 무한궤도식

02 주행 모터

오일을 순환시켜 회전하는 유압 모터와 모터 회전 속도를 감속해주는 감속기로 구성되어 있으며 다판 클러치식과 레디얼 플런저형을 주로 사용한다.

1) 주행 모터의 작동

① 엔진에 의해 유압 펌프가 작동되면 센터 조인트를 통하여 하부 주행체에 설치된 유압 모터로 작동유가 전달되어 회전시켜 주는 역할을 한다.

② 주행 모터는 양쪽 트랙에 각각 한 개씩 설치되는 유압식 모터이다.

③ 무한궤도식에서는 주행 레버 하나를 핸들로 사용하여 하부의 주행 모터를 작동할 수 있다.

2) 타이어식

① 엔진에 연결된 메인펌프가 고압으로 컨트롤 밸브에 공급하고 레버의 조작을 통해 오일이 센터 조인트를 지나 변속밸브에 공급된다.

② 변속레버에 의해 선택된 속도로 유압 모터의 프로펠러 축과 차동장치, 액슬 축 및 유성 기어식 감속기를 거쳐 타이어를 구동한다.

③ 드라이브라인은 상부의 유압 펌프에서 하부 주행체에 출력을 전달하는 장치로 스플라인에 막대(추진 축)를 연결하여 바퀴를 구동시켜주는 역할을 한다.

④ 최종 감속 기어를 이용하여 구동력을 증가시키기 위한 2중 감속 등을 수행하며, 최종 감속 기어로는 스퍼 기어나 유성 기어식을 택하여 사용한다.

3) 무한궤도식

① 트랙 링크

• 슈(Shoe), 링크(Link), 핀(Pin), 부싱(Bushing)이 결합되어 무한궤도를 구성한다.

• 트랙의 한쪽에는 정비 등의 목적으로 트랙을 분해할 때 해제하는 마스터 핀이 2개 설치되어 있다.

- 슈, 링크, 핀, 부싱은 열처리 되어 가혹한 조건에서도 충분히 견딜 수 있으며 슈는 돌출부가 있어 주행 시 지면과의 마찰력을 크게 한다.

② 트랙 장력 조정장치
- 그리스 실린더에 그리스를 주입하면 실린더 로드가 스프링과 일체가 되어있는 아이들러(유동륜)를 밀어서 트랙의 장력이 커진다.
- 그리스 실린더에 붙은 그리스 니플의 볼을 눌러 그리스를 빼내면 실린더가 축소되어 장력이 작아지므로 트랙이 이완된다.
- 그리스 실린더 로드에 끼워진 스프링에 의해서 돌출부분 주행 시 완충역할을 하며, 하부 롤러 및 트랙 링크에 과도한 힘이나 무리가 가지 않게 하고 본체의 충격을 방지한다.

③ 트랙장치
트랙은 상부롤러, 하부롤러, 스프로킷(구동륜), 아이들러(유동륜), 리코일 스프링, 유압 실린더로 구성되어있다.

03 감속장치

1) 스윙 모터 감속기
스윙 모터의 회전 속도를 감속시키는 장치로, 상부 회전체의 고속 작동으로 인한 스윙 모터, 감속기어 어셈블리, 링 기어 등의 마멸 및 파손을 방지한다. 주로 유성 기어식을 사용한다.

① 선 기어
스윙 모터 아래쪽에 스플라인과 볼트로 고정되어 3개의 유성 기어를 회전시킨다.

② 유성 기어
3개조 기어가 유성 기어 캐리어에 의해 지지되며 선 기어로부터 동력을 받아 링 기어로 전달한다.

③ 링 기어
상부 회전체에 볼트로 고정되어 있기 때문에 유성 기어가 링 기어를 회전시키려고 하지만 링 기어가 회전을 하지 못하므로 유성 기어 차체가 회전하면서 유성 기어 캐리어를 회전시킨다.

2) 주행 모터 감속기
① 주행 모터의 회전수를 줄이는 대신, 토크를 높여 견인력을 증대시켜 모터의 동력을 주행장치에 전달하는 기어이다.
② 굴착기의 주행감속기는 2중 기어식과 유성 기어식 감속기로 구성된다.

합격을 다지는 예상문제

01 다음 중 무한궤도식 굴착기의 트랙장치가 아닌 것은?

① 상부롤러
② 스프로킷
③ 리코일 스프링
④ 링크

링크는 무한궤도식 굴착기의 트랙 링크 부품이다.

02 굴착기의 트랙 장력이 느슨해졌을 때 주입하여 팽팽하게 만드는 것은?

① 기어오일
② 그리스
③ 브레이크 오일
④ 유압 오일

그리스 실린더에 그리스를 주입하면 트랙 장력이 커진다.

PART 04

안전관리

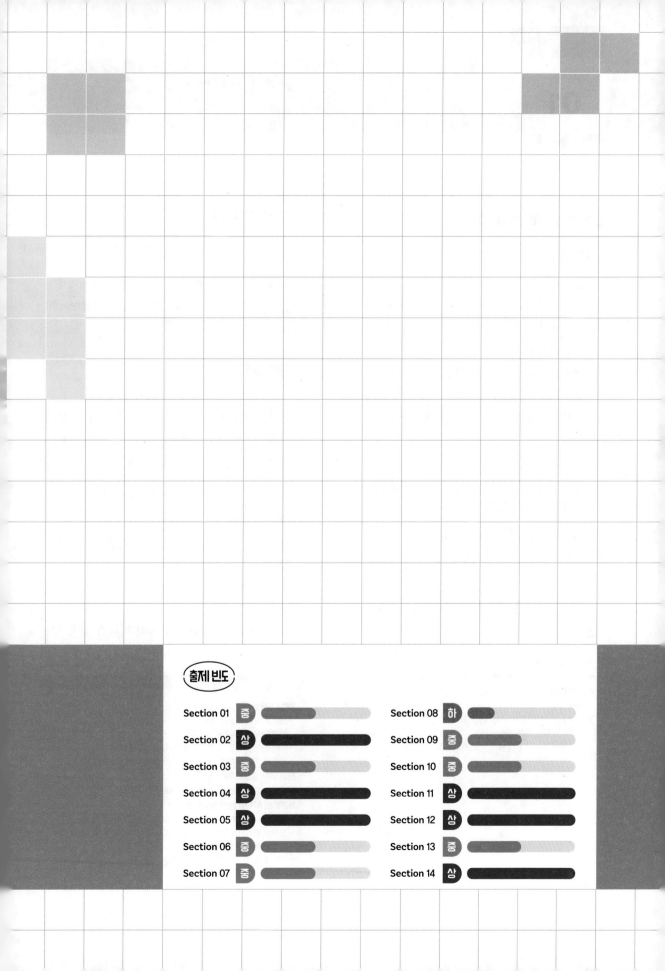

출제 빈도

Section 01	중	
Section 02	상	
Section 03	중	
Section 04	상	
Section 05	상	
Section 06	중	
Section 07	중	
Section 08	하	
Section 09	중	
Section 10	중	
Section 11	상	
Section 12	상	
Section 13	중	
Section 14	상	

산업 안전 관리규정

1) 산업 안전규칙

① 안전의 정의
위험 요인이 없거나 있더라도 위해를 받는 일이 없도록 대책을 세운 환경, 상태를 말한다.

② 안전관리의 목적
안전한 환경과 인도주의 실현을 위한 인명의 존중, 사회복지 증진, 생산성 및 경제성의 향상과 대외여론의 개선으로 인한 신뢰성 향상을 목적으로 한다.

③ 산업재해
통제를 벗어난 에너지의 광란으로 인해 입은 인명과 재산의 피해이다.

④ 산업안전보건법상의 산업재해
근로자가 업무에 관계되어 사망, 부상, 질병에 걸린 경우이다.

> 🎓 **기적의 Tip**
>
> **안전수칙**
> 근로자가 안전하게 작업할 수 있는 세부작업 행동지침
> **작업장의 안전시설**
> 작업 시 위해로부터 안전하게 작업하기 위한 시설
> **작업장 안전 관리**
> • 청결 유지
> • 작업대 및 기계 사이의 통로 공간 확보
> • 미끄럼 방지를 위한 바닥 관리
> • 전원 콘센트 및 스위치 등에 수분 차단

2) 안전사고와 부상

중상해	2주 이상의 노동손실을 가져온 상해 정도(일신 상해: 3주)
경상해	1~14일 미만의 노동손실을 가져온 상해 정도
경미상해	8시간 이하의 휴무 또는 작업에 종사하면서 치료를 받는 상해 정도

3) 중대재해
① 사망자가 1인 이상 발생한 재해
② 3개월 이상의 요양을 요하는 부상자 또는 직업성 질병이 동시에 2인 이상 발생한 재해
③ 부상자 또는 직업성 질병이 동시에 10인 이상 발생한 재해

4) 사고와 재해
① 안전사고 : 고의성은 없으나 불안전한 행동이나 조건으로 발생하는 사고
② 재해 : 안전사고의 결과로 일어난 인명과 재산 손실
③ 무재해 사고 : 인명이나 물적 피해가 일체 없는 사고

> 🎓 **기적의 Tip**
>
> **재해 조사 방법**
> • 현장의 물리적 흔적 수집
> • 사고 당시 인명 구조 후 실시
> • 재해 현장은 사진 촬영 등으로 기록 및 보관
> • 목격자, 현장 책임자 등 다수의 서술로 사고 시의 상황 파악
> **산업재해 조사의 목적**
> 적절한 예방대책을 수립하여 유사 사고를 미연에 방지
> **사고 발생 시 위급 환자 응급 처치**
> • 의식 여부, 상처 및 출혈 등으로 환자의 상태를 확인한다.
> • 정확한 방법으로 응급 처치 후 반드시 의사의 치료를 받도록 한다.
> • 꼭 필요한 경우가 아니라면 의약품 사용을 지양한다.
> • 의식 불명 시 생사를 임의로 판단하지 않는다.

5) 재해 형태별 분류

① **추락** : 사람이 건축물, 비계, 기계, 사다리, 계단, 경사면, 나무 등에서 떨어지는 것

② **전도** : 사람이 평면상으로 넘어졌을 때(과속, 미끄러짐 포함)

③ **충돌** : 사람이 정지물에 부딪친 경우

④ **낙하, 비래** : 물건이 주체가 되어 사람이 맞는 경우

⑤ **협착** : 신체가 끼이거나 물리는 것

⑥ **감전** : 전기 접촉이나 방전에 의해 사람이 충격을 받은 경우

> 🎓 기적의 Tip
>
> **안전 행동의 원인**
> 생리적, 심리적, 환경적 재해의 직접적인 원인은 불안전한 행동(인적 요인)이 88%이며 불안전한 상태(물적 요인)가 10%이다. 환경적 요인은 2%이다.

이론을 확인하는 개념 체크

01 위험 요인이 없어도 안전에 대한 대책을 세워야 한다. (O, X)

02 통제를 벗어난 에너지의 광란으로 인한 인명과 재산의 피해를 산업재해라고 한다. (O, X)

03 중상해란 4주 이상의 노동손실을 가져온 상해 정도이다. (O, X)

04 부상자가 8명 발생한 재해는 중대재해로 볼 수 있다. (O, X)

05 재해의 결과로 발생한 인명과 재산 손실을 안전사고라고 한다. (O, X)

06 인명이나 물적 피해가 전혀 없는 사고도 있을 수 있다. (O, X)

07 날아온 물건에 사람이 맞는 경우를 충돌이라 한다. (O, X)

08 신체가 어딘가에 끼인 경우를 협착이라고 한다. (O, X)

01 O 02 O 03 X 04 X 05 X 06 O 07 X 08 O

합격을 다지는 **예상문제**

01 산업안전에서 근로자가 안전하게 작업을 할 수 있는 세부작업 행동지침을 무엇이라고 하는가?

① 안전수칙
② 안전표지
③ 작업지시
④ 작업수칙

근로자가 안전하게 작업할 수 있는 세부작업 행동지침을 안전수칙이라고 한다.

02 안전사고와 부상의 종류에서 재해 분류상 중상해는?

① 부상으로 1주 이상의 노동 손실을 가져온 상해 정도
② 부상으로 2주 이상의 노동 손실을 가져온 상해 정도
③ 부상으로 3주 이상의 노동 손실을 가져온 상해 정도
④ 부상으로 4주 이상의 노동 손실을 가져온 상해 정도

중상해는 부상으로 2주 이상의 노동 손실을 가져온 상해 정도를 말한다.

03 산업재해 중 중대재해가 아닌 것은?

① 사망자가 1명 이상 있는 사고
② 부상자 또는 직업성 질병자가 동시에 10명 이상 발생한 재해
③ 3개월 이상의 요양을 요하는 부상자가 동시에 2명 이상 발생한 재해
④ 4일 이상의 요양을 요하는 부상을 입은 자가 5명 발생한 재해

중대재해는 부상자 또는 직업성 질병자가 동시에 10인 이상 발생한 재해이다(산업안전보건법 시행규칙 제3조).

04 사고로 인하여 위급한 환자가 발생하였다. 의사의 치료를 받기 전까지 응급처치를 실시할 때 응급처치 실시자의 준수사항으로 가장 거리가 먼 것은?

① 사고현장 조사를 실시한다.
② 원칙적으로 의약품의 사용은 피한다.
③ 의식 확인이 불가능하여도 생사를 임의로 판정하지 않는다.
④ 정확한 방법으로 응급처치를 한 후 반드시 의사의 치료를 받도록 한다.

사고현장의 조사는 경찰서에서 하는 일이다.

05 중량물을 들어 올리거나 내릴 때 손이나 발이 중량물과 지면 등에 끼어 발생하는 재해는?

① 낙하
② 충돌
③ 전도
④ 협착

손이나 발이 중량물과 지면에 끼이는 재해는 협착이다.

06 안전을 위해 작업장의 시설은 정기적으로 안전 점검을 하여야 하는데 그 대상이 아닌 것은?

① 설비의 노후화 속도가 빠른 것
② 노후화의 결과로 위험성이 큰 것
③ 작업자의 출퇴근 시 사용하는 것
④ 변조에 현저한 위험을 수반하는 것

작업장의 안전시설은 작업 시 위해로부터 안전하게 작업하기 위한 시설이며 작업자의 출퇴근 시 사용하는 것과는 거리가 멀다.

07 다음 중 일반적인 재해 조사 방법으로 적절하지 않은 것은?

① 현장의 물리적 흔적을 수집한다.
② 재해 조사는 사고 종결 후 실시한다.
③ 재해 현장은 사진 등으로 촬영하여 보관하고 기록한다.
④ 목격자, 현장 책임자 등 많은 사람들에게 사고 시의 상황을 듣는다.

··

재해 조사는 사고 당시에 인명 구조 후 실시하여야 한다.

08 산업재해 발생원인 중 직접 원인에 해당되는 것은?

① 유전적 요소 　　② 사회적 환경
③ 불안전한 행동 　④ 인간의 결함

··

작업자의 불안전한 행동은 사고의 직접적인 원인이다.

09 다음 중 산업재해 조사의 목적에 대한 설명으로 가장 적절한 것은?

① 적절한 예방대책을 수립하기 위하여
② 작업능률 향상과 근로기강 확립을 위하여
③ 재해 발생에 대한 통계를 작성하기 위하여
④ 재해를 유발한 자의 책임 추궁을 위하여

··

재해 조사는 적절한 예방대책을 수립하여 유사 사고를 미연에 방지하는 것을 목적으로 한다.

10 안전제일에서 가장 먼저 선행되어야 하는 이념으로 맞는 것은?

① 재산 보호 　　　② 생산성 향상
③ 신뢰성 향상 　　④ 인명 보호

··

안전제일에서 근로자의 인명보호가 가장 먼저 선행되어야 할 이념이다.

11 작업장에 대한 안전 관리상 설명으로 틀린 것은?

① 항상 청결하게 유지한다.
② 작업대 사이 또는 기계 사이의 통로는 안전을 위한 너비가 필요하다.
③ 작업장 바닥은 폐유를 뿌려 먼지 등이 일어나지 않도록 한다.
④ 전원 콘센트 및 스위치 등에 물을 뿌리지 않는다.

··

작업장 바닥에 폐유를 뿌리면 보행 시 미끄러지기 쉽고 화재의 위험이 존재한다.

12 구급처치 중 환자의 상태를 확인하는 사항과 가장 거리가 먼 것은?

① 의식 　　　　② 상처
③ 출혈 　　　　④ 격리

··

구급환자가 아닌 전염성이 있는 환자일 때 격리시킨다.

13 재해 발생원인 중 직접원인이 아닌 것은?

① 기계배치의 결함
② 교육 훈련 미숙
③ 불량 공구 사용
④ 작업 조명 불량

··

교육 훈련의 미숙은 재해 발생원인 중 직접원인이 아니고 간접원인에 속한다. 직접적인 원인은 불안전한 행동이다.

출제
빈도 상 중 하

01 안전보호구

재해 방지를 위해 안전복장, 안전화, 안전모, 안전장갑, 보안경 등을 착용하거나 기구, 장치를 사용한다.

> 🎓 **기적의 Tip**
>
> **점검대상 안전보호구의 종류**
> • 안전모(A, B, AB, AE, ABE 등급) : 머리 보호구
> • 안전대 : 추락 방지
> • 안전화, 안전각반, 고무장화 : 발 보호구
> • 보안면 : 얼굴 보호구
> • 안전장갑 : 손 보호구
> • 방진마스크, 방독 마스크, 송기마스크 : 유해 물질 흡입을 방지
> • 보안경 : 눈 보호구
> • 귀마개, 귀덮개 : 소음차단을 위한 보호구

1) 안전보호구의 구비조건

① 착용이 간편하고 작업에 방해가 되지 않을 것
② 유해 · 위험요소에 대하여 방호가 완전할 것
③ 외관이 보기 좋고, 사용되는 재료는 작업자에게 해로운 영향을 주지 않을 것
④ 구조 및 표면 가공이 양호하고 끝마무리가 우수할 것

2) 안전보호구 보관방법

① 열을 받지 않는 곳, 햇빛이 들지 않고 통풍이 양호한 곳에 보관한다.
② 다른 물건과 같이 혼합하여 보관하지 않는다.
③ 착용 후 세척하여 깨끗한 상태로 건조해서 보관한다.

02 안전보호구의 종류별 기능

1) 안전모

합성수치 재질로 내진성, 내열성, 내한성, 내수성, 난연성이 높아야 하고 유해 위험물에 대한 방호가 적합해야 한다.
① A : 낙하 방지용, 물체의 낙하 및 비래에 의한 위험방지 또는 경감
② B : 추락 방지용
③ AB : 낙하 · 추락 방지용
④ AE : 낙하 · 감전 방지용
⑤ ABE : 다목적(낙하 · 추락 · 감전)용

> 🎓 **기적의 Tip**
>
> **안전모의 관리 및 착용 방법**
> • 큰 충격을 받은 것은 사용 지양
> • 사용 후 약품을 이용하여 소독
> • 정해진 방법으로 착용하고 사용
> • 통풍을 목적으로 모체에 구멍을 뚫는 등 임의로 변형 금지

2) 안전화

다양한 환경에서 발을 보호하며 경작업용, 보통작업용, 중작업용이 있다.
① 가죽제 안전화 : 물체의 낙하 · 충격, 날카로운 물체로의 찔림 위험으로부터 발을 보호하는 기본기능
② 고무제 안전화 : 기본기능 및 방수 또는 내화학성
③ 정전기 안전화 : 기본기능 및 대전에 의해 생기는 정전기로부터 인체를 보호
④ 발등 안전화 : 기본기능 및 발등 집중 보호
⑤ 절연화 : 기본기능 및 저압 전기에 의한 감전 방지
⑥ 절연장화 : 고압 전기에 의한 감전 방지 및 방수

3) 보안경

① 내구성을 가지고 위험에 대해 적절한 보호를 할 수 있어야 한다.
② 가볍고 편안하며 세척이 쉬워야 한다.
③ 작업자의 움직임에 쉽게 탈락 또는 움직이지 않아야 한다.
④ 작업자의 시력이 나쁠 경우 도수 렌즈를 지급한다.

> **기적의 Tip**
>
> **보안경을 사용해야 하는 작업 예시**
> • 장비 밑에서 정비 작업을 할 때
> • 철가루 또는 모래 등이 날리는 작업을 할 때
> • 전기 용접 및 가스 용접 작업을 할 때

4) 방진 안경

① 투과율은 투과광선의 약 90%를 투과시켜야 하며, 70% 이하로 떨어지면 안된다.
② 광학적으로 질이 좋아 두통을 일으키지 않아야 한다.
③ 렌즈에는 줄이나 홈, 기포, 비뚤어짐 등이 없어야 한다.
④ 렌즈의 강도가 요구될 때에는 강화 렌즈를 사용한다.
⑤ 렌즈의 양면은 매끄럽고 평행해야 한다.

5) 보안면

① **차광 보안면** : 강렬한 가시광선을 약하게 하여 광원의 상태를 관측 가능, 유해한 자외선, 열 작업에서 발생하는 적외선 차단
② **용접 보안면** : 유해광선으로부터 안면, 눈을 보호
③ **일반 보안면** : 면 전체가 전부 투시 가능, 일반 작업 및 점용접 작업 시 발생하는 비산물과 액체로부터 안면을 보호, 보안경 위에 겹쳐 착용할 수도 있음

6) 방음 보호구(귀마개, 귀덮개)

작업장에서 발생하는 소음이 85~115dB일 때는 귀마개 또는 귀덮개, 110~120dB 이상일 때는 귀마개와 귀덮개를 동시 착용한다.

03 호흡용 보호구

공기 중 산소 농도가 18% 미만인 작업장에서 착용하며 보호 방식에 따라 공기 정화식과 공기 공급식의 방진 및 방독마스크가 있다.

1) 마스크 재질의 구비조건

① 안면 접촉부분은 피부에 해를 주지 않을 것
② 여과재는 여과 성능이 우수하고 인체에 해가 없을 것
③ 플라스틱은 내열성 및 내한성을 가질 것

> **기적의 Tip**
>
> **마스크의 기타 재질**
> • 금속재료는 내식 처리(녹슬지 않음)가 되어있을 것
> • 고무재료는 인장강도, 신장률, 경도, 내열성, 내한성 및 비중시험에 합격할 것
> • 섬유재료는 강도가 충분할 것

2) 방진 마스크 구비조건

① 분진, 포집 효율, 안면 밀착성이 좋을 것
② 흡·배기 저항이 적고 피부 접촉 부위의 고무 재질이 좋을 것
③ 시야가 넓고 중량이 가벼우며 유효 공간이 적을 것

3) 방독 마스크 선정조건

① 방진 마스크 기준에 따르며 유해물질을 제독할 수 있는 정화통을 선정한다.
② 산소 농도 18% 미만인 산소 결핍 장소에서는 사용을 금지한다.
③ 정화통 내부의 흡착재가 포화상태가 되어 흡수능력을 상실하기까지가 길어야 한다.

04 작업 복장 착용

① 작업복은 신체에 맞고 가벼워야 하며 항상 청결을 유지한다.
② 작업의 성격에 따라 상의의 끝이나 바짓자락이 말려 들어가지 않도록 잡아 맨다.
③ 실밥이 풀리거나 터진 것은 즉시 꿰맨다.
④ 기름 묻은 작업복은 화재의 위험이 있으니 즉시 세척한다.
⑤ 더운 계절이나 고온 작업 시 작업복을 절대 벗지 않는다.
⑥ 기계의 주위에서 작업을 하는 경우 반드시 착용한다.
⑦ 장발자의 경우 모자나 수건으로 머리카락을 완전히 감싸도록 한다.
⑧ 신발은 작업 내용에 잘 맞는 것을 선정한다.
⑨ 맨발 작업이나 샌들 착용은 절대 금지한다.

이론을 확인하는 개념 체크

01 안전보호구는 보호를 위해서라면 사용되는 재료는 고려하지 않아도 된다. (O, X)

02 A형 안전모는 추락 방지를 목적으로 한다. (O, X)

03 안전모는 내진성, 내열성, 내한성, 내수성, 난연성이 높아야 한다. (O, X)

04 안전모는 사용 후 약품을 이용하여 소독한다. (O, X)

05 고무제 안전화는 방수와 내화학성을 갖추고 있다. (O, X)

06 방진 안경은 투과율 60%까지 허용된다. (O, X)

07 발생하는 소음의 크기가 85dB 이상인 현장에서는 방음 보호구를 착용해야 한다. (O, X)

08 마스크의 안면 접촉 부분은 피부에 해를 주지 말아야 한다. (O, X)

09 산소 농도가 18% 미만일 시 방독 마스크를 사용한다.(O, X)

10 실밥이 풀린 작업복은 즉시 꿰맨다. (O, X)

01 X 02 X 03 O 04 O 05 O 06 X 07 O 08 O 09 X 10 O

01 안전모의 관리 및 착용 방법으로 틀린 것은?

① 큰 충격을 받은 것은 사용을 피한다.
② 사용 후 뜨거운 스팀으로 소독하여야 한다.
③ 정해진 방법으로 착용하고 사용하여야 한다.
④ 통풍을 목적으로 모체에 구멍을 뚫어서는 안된다.

안전모의 소독은 약품을 이용한다.

02 다음 중 보호구를 선택할 때의 유의사항으로 틀린 것은?

① 작업 행동에 방해되지 않을 것
② 사용목적에 구애 받지 않을 것
③ 보호구 성능 기준에 적합하고 보호 성능이 보장 될 것
④ 착용이 용이하고 크기 등 사용자에게 편리할 것

보호구는 용도에 맞는 사용목적 외에 사용하면 안 된다.

03 안전관리상 보안경을 사용해야 하는 작업과 가장 거리가 먼 것은?

① 장비 밑에서 정비 작업을 할 때
② 산소 결핍 발생이 쉬운 장소에서 작업을 할 때
③ 철분 또는 모래 등이 날리는 작업을 할 때
④ 전기 용접 및 가스 용접 작업을 할 때

산소 결핍 작업장에서 작업할 때 착용하는 것은 산소마스크이다.

04 일반적인 보호구의 구비조건으로 맞지 않는 것은?

① 착용이 간편할 것
② 햇볕에 잘 열화될 것
③ 재료의 품질이 양호할 것
④ 위험 유해 요소에 대한 방호성능이 충분할 것

보호구는 열에 강해야하며 열화되지 않아야 한다.

05 작업장에서 작업복을 착용하는 주된 이유는?

① 작업 속도를 높이기 위해서
② 작업자의 복장 통일을 위해서
③ 작업장의 질서를 확립시키기 위해서
④ 재해로부터 작업자의 몸을 보호하기 위해서

작업복의 착용은 재해로부터 작업자의 신체를 보호하기 위함이다.

06 먼지가 많은 장소에서 착용하여야 하는 마스크는?

① 방독 마스크   ② 산소마스크
③ 방진 마스크   ④ 일반 마스크

먼지가 많은 작업장에서는 방진 마스크를 착용하고 작업을 하여야 한다.

07 안전작업의 복장상태로 틀린 것은?

① 땀을 닦기 위한 수건이나 손수건을 허리나 목에 걸고 작업해서는 안 된다.
② 옷소매 폭이 너무 넓지 않은 것이 좋고 단추가 달린 것은 되도록 피한다.
③ 물체 추락의 우려가 있는 작업장에서는 안전모를 착용해야 한다.
④ 복장을 단정하게 하기 위해 넥타이를 매야 한다.

안전작업에서 복장을 단정하게 하는 것은 소맷자락, 바짓자락이 나풀대지 않도록 하는 것이다.

08 감전되거나 전기 화상을 입을 위험이 있는 곳에서 작업 시 작업자가 착용해야 할 것은?

① 구명구
② 보호구
③ 구명조끼
④ 비상벨

감전이나 전기 화상을 입을 위험이 있는 곳에서 작업 시 작업자는 반드시 보호구를 착용하여야 한다.

09 보호구의 구비조건으로 틀린 것은?

① 작업에 방해가 안 되어야 한다.
② 착용이 간편해야 한다.
③ 유해 위험 요소에 대한 방호성능이 경미해야 한다.
④ 구조와 끝마무리가 양호해야 한다.

보호구는 작업자의 안전을 위해 사용하며 유해 위험 요소에 대한 방호성능이 우수해야 한다.

SECTION 03 안전장치

출제빈도 상 중 하

01 안전장치

안전장치는 작업자를 위해, 기계설비의 손상을 방지하기 위하여 기계적, 전기적인 기능을 구비한 장치이다.

> **기적의 Tip**
> 작업자를 위험으로부터 보호하기 위해서 안전장치 외에도 여러 안전수단을 활용하여야 한다.

1) 동력기계의 표준 방호 덮개장치

① 작업자의 작업행동이 기계의 특성에 맞아야 한다.
② 운전 중 위험한 부분과 인체의 접촉이 없어야 한다.
③ 생산에 방해를 주어서는 안 된다.
④ 최소의 손실로 장기간 사용할 수 있고 가능한 자동화로 되어야 한다.
⑤ 통상적인 마모나 충격에 견뎌야 한다.
⑥ 기계장치와 조화를 이루어야 한다.

2) 방호장치의 종류

① **격리형** : 사람이 접촉하여 말려들거나 다칠 위험이 있는 장소를 덮어씌우며 완전차단형, 덮개형, 방호망 등의 형태로 존재
② **위치 제한형** : 작업자의 신체가 위험한계 밖에 있도록 조작장치를 안전거리 이상 떨어뜨림
③ **접근 거부형** : 작업자의 신체가 위험에 접근하지 못하도록 제지
④ **접근 반응형** : 작업자가 위험범위 내에 들어오면 작업을 정지
⑤ **포집형** : 연삭기의 덮개처럼 위험원이 비산하거나 튀는 것을 방지

> **기적의 Tip**
> **위험 기계·기구에 설치하는 방호 장치 예시**
> • 급정지 장치
> • 역화 방지장치
> • 자동전격 방지장치

02 굴착기 일반 안전장치

굴착작업 시 다른 작업자 및 구조물과의 충돌을 방지하여 각종 위험에서 운전자를 안전하게 보호한다.

1) 주행 연동 안전벨트

안전벨트 착용 시에만 전·후진할 수 있도록 굴착기 전·후진 레버의 접점과 안전벨트를 연결하는 인터록 시스템을 구축하여, 전도, 충돌 시 운전자가 운전석에서 튕겨져 나가는 것을 방지한다.

> **기적의 Tip**
> 굴착기 전복 시 운전자가 밖으로 튕겨 나가는 것을 방지하고 소음, 기상 조건 등 작업환경의 변화에도 작업이 가능하도록 안전문을 설치해야 한다.

2) 후방 접근 경보장치

① 굴착기 후진 시 사람 또는 물체와의 충돌을 방지하기 위해 후방 접근 상태를 감지할 수 있는 접근 경보장치를 설치한다.
② 굴착기 후면에 작업자 등이 있을 때 센서가 감지하여 경고음이 발생하도록 한다.

3) 후사경

① 굴착기 운전 시 후방 사각 지역의 타 근로자나 다른 장비와의 충돌 및 협착을 방지하기 위한 거울이다.
② 오염 시 오염물질을 제거하고 각도를 조절한다.
③ 탈부착이 쉬워야 하며 조임 상태를 견고히 한다.

> **기적의 Tip**
>
> 후사경 외에도 굴착기 뒷면의 사각지역 해소를 위하여 룸미러를 설치한다.

4) 굴착기의 식별을 위한 형광 테이프 부착

조명이 어두운 작업장에서 약한 불빛으로 운행하더라도 굴착기의 위치와 움직임 등을 식별할 수 있도록 굴착기의 좌우 및 후면에 형광 테이프를 부착한다.

5) 경광등 및 작업등 설치

작업장 조명이 불량한 경우 또는 굴착기의 운행 상태를 알릴 수 있도록 굴착기 후면에 경광등을 설치하고 작업 시 전후방에 작업등을 설치한다.

이론을 확인하는 개념 체크

01 방호장치는 작업자를 위험으로부터 보호하기 위한 장치이다. (O, X)

02 접근 거부형 방호장치는 위험원이 비산하고 튀는 것을 차단한다. (O, X)

03 안전벨트와 안전문은 굴착기 전도 시 운전자가 밖으로 튕겨나가는 것을 방지한다. (O, X)

04 후사경은 탈부착이 되지 않으며 견고하게 붙어있어야 한다. (O, X)

05 형광 테이프는 조명이 어두운 작업장에서 굴착기의 위치를 식별하기 위해 부착한다. (O, X)

06 조명이 불량한 작업장에서 경광등은 굴착기의 전방에 설치한다. (O, X)

01 O 02 X 03 O 04 X 05 O 06 X

01 작업점 외에 직접 사람이 접촉하여 말려들거나 다칠 위험이 있는 장소를 덮어씌우는 방호 장치는?

① 격리형 방호장치
② 위치 제한형 방호장치
③ 포집형 방호장치
④ 접근 거부형 방호장치

격리형 방호장치에 대한 설명이다.

02 위험 기계 · 기구에 설치하는 방호장치가 아닌 것은?

① 하중 측정 장치
② 급정지 장치
③ 역화 방지장치
④ 자동전격 방지장치

하중 측정 장치는 물체의 중량을 측정하는 것으로 안전방호 장치에 해당되지 않는다.

03 연삭기에서 연삭 칩의 비산을 막기 위한 안전 방호장치는?

① 안전 덮개
② 광전식 안전 방호장치
③ 급정지 장치
④ 양수 조작식 방호장치

연삭기에 안전 덮개를 장착하여 연삭 칩의 비산을 막을 수 있다.

01 산업안전표지

1) 안전표지의 사용 목적
위험성을 경고하고 작업환경을 통제하며 재해를 사전에 예방한다.

2) 안전표찰
녹십자 모양 표지에 안전제일이라고 표기하여 안전완장, 작업복의 우측어깨, 안전모의 좌·우측 위치에 부착한다.

3) 안전표지의 색상별 표시
① 주황 : 위험, 안전명령 및 특정행위 금지, 적색 원형으로 표시
② 빨강 : 방화, 정지, 금지 등 심리적 위험 표시
③ 노랑 : 주의 표시
④ 녹색 : 안전, 진행, 구급기호
⑤ 파랑 : 조심, 지시
⑥ 자주 : 방사능

> 🎓 기적의 Tip
>
> **안전표지의 구성요소**
> • 모양
> • 색깔
> • 내용

02 안전표지의 종류 ※ 본 도서 14p 참고

1) 금지표지(8종)
안전 명령으로 특정 행위를 금지시키는 내용으로 적색 원형이며, 바탕은 흰색, 관련 부호 및 그림은 검정색으로 되어 있다.

2) 경고표지(15종)
유해 및 위험물에 대한 주의를 환기시키는 내용이며 관련 부호 및 그림은 검정색으로 되어 있다.

3) 지시표지(9종)
청색 원형으로 보호구 착용을 지시하는 내용이며 바탕은 파랑, 관련 그림은 흰색으로 되어 있다.

4) 안내표지(8종)
위치(비상구, 의무실, 구급용구)를 알리는 내용으로 녹색과 흰색의 조합으로 되어 있다.

03 안전표지 부착

위험 장소 및 작업별로 위험 요인에 대한 경각심을 부여하기 위하여 작업장의 눈에 잘 띄는 장소 및 장비에 안전표지를 부착한다.

1) 위험경고 안전표지 부착

① 굴토 상태 확인 및 허용 하중을 초과한 적재 금지
② 마모가 심한 타이어 사용 및 무자격자의 운전 금지
③ 작업장 바닥의 요철 확인, 굴착기 주변에 안전 부착물 부착

2) 협착 및 충돌 예방을 위하여 굴착기의 위치 안전 표지 부착

① 전용 통로를 확보하고 운행구간별 제한속도를 지정하여 표지판을 부착한다.
② 교차로 등 사각지대에 반사경을 설치한다.
③ 시야를 확보할 수 있도록 굴착기 위치를 알린다.
④ 경사진 노면에 굴착기를 방치할 수 없도록 경고표지판을 부착한다.

3) 추락 재해 예방 안전표지 부착

① 주차위치를 표시한다.
② 운전자 이외에는 굴착기 탑승금지 표시를 한다.

이론을 확인하는 개념 체크

01 빨간색 안전표지는 지시를 의미한다. (O, X)

02 안전표지의 구성요소에는 모양, 색깔, 내용이 있다. (O, X)

03 경고표지는 유해 및 위험물에 대한 주의를 환기시키는 내용이다. (O, X)

04 안내표지는 청색과 흰색의 조합으로 되어 있다. (O, X)

05 이 표지는 탑승금지를 나타내는 표지이다. (O, X)

06 이 표지는 보안경을 착용해야 하는 곳에서 볼 수 있다. (O, X)

07 이 표지는 소음이 큰 현장에서 볼 수 있다. (O, X)

08 이 표지는 낙하물에 대한 경고이다. (O, X)

01 X 02 O 03 O 04 X 05 X 06 O 07 O 08 X

합격을 다지는 예상문제

01 안전 · 보건표지의 종류와 형태에서 그림과 같은 표지는?

① 인화성 물질 경고
② 폭발물 경고
③ 고온 경고
④ 낙하물 경고

그림의 표지는 인화성 물질 경고 표지이다.

02 산업안전 보건표지에서 그림이 나타내는 것은?

① 비상구 없음 표지
② 방사선위험 표지
③ 탑승금지 표지
④ 보행금지 표지

그림의 표지는 보행금지표지이다.

03 안전 · 보건표지에서 그림이 표시하는 것으로 맞는 것은?

① 독극물 경고
② 폭발물 경고
③ 고압전기 경고
④ 낙하물 경고

그림의 표지는 고압전기 경고 표지이다.

04 안전표지 색채 중 대피장소 또는 방향표시의 색채는?

① 청색
② 녹색
③ 빨간색
④ 노란색

대피장소 또는 방향표시를 안내하는 색채는 녹색으로 표시한다.

05 안전표지의 구성요소가 아닌 것은?

① 모양
② 색깔
③ 내용
④ 크기

안전표지에서 크기는 안전표지의 구성 요소에는 해당되지 않지만 그림 또는 부호의 크기는 표지의 크기와 비례하여야 하고 산업안전표지 전체 규격의 30% 이상이어야 한다.

06 산업 안전 보건법상 안전 · 보건표지의 종류가 아닌 것은?

① 위험표지
② 경고표지
③ 지시표지
④ 금지표지

산업 안전표지의 종류에 위험표지는 없다.

07 산업안전 보건 법령상 안전 · 보건표지에서 색채와 용도가 틀리게 짝지어진 것은?

① 파란색−지시
② 녹색−안내
③ 노란색−위험
④ 빨간색−금지, 경고

안전보건 표지의 색채에서 노란색은 주의를 표시한다.

08 안전표지의 종류 중 안내표지에 속하지 않는 것은?

① 녹십자 표지
② 응급구호 표지
③ 비상구 표지
④ 출입금지 표지

출입금지 안전표지는 경고, 금지 표지이다.

01 안전수칙 일반

1) 작업 안전수칙

① 안전보호구 착용
기계, 설비 등 위험 요인으로부터 작업자를 보호하기 위해 작업 조건에 맞는 안전보호구의 착용법을 숙지하고 착용한다.

② 안전 보건표지 부착
위험장소 및 작업별로 위험 요인에 대한 경각심을 부여하기 위하여 작업장의 눈에 잘 띄는 해당 장소에 안전표지를 부착한다.

③ 안전 보건교육 실시
작업자 및 사업주에게 안전 보건교육을 실시하여 안전의식에 대한 경각심을 고취하고 작업 중 발생할 수 있는 안전사고에 대비한다.

④ 안전작업 절차 준수
정비, 보수 등의 비계획적 작업 또는 잠재 위험이 존재하는 작업 공정에서, 지켜야 할 작업 단위별 절차와 순서를 숙지하여 안전작업을 할 수 있도록 유도한다.

2) 운전 안전수칙

① 조종사면허 소지자만 탑승
건설기계조종사면허를 소지한 운전자만 탑승이 가능하고 안전교육을 받아야 한다.

② 작업용도 확인
작업용도와 안전보호 장치를 확인하고 탑승한다.

③ 안전보호구 착용 후 탑승
안전화, 안전모 등 안전복장을 착용하고 탑승한다.

02 굴착 작업 시 안전수칙

1) 작업장치 작동 상태 확인
① 의자 쪽 센서 라인을 확인한다.
② 운전자가 정위치에 있지 않을 때의 작업장치 작동 여부를 확인한다.
③ 작업장치 차단버튼 센서의 정상 작동 여부를 확인한다.

2) 운전 시 안전수칙
① 주정차 시에는 반드시 주차 브레이크를 고정시킬 것
② 전·후진 변속 시에는 굴착기가 완전히 정지된 상태에서 행할 것
③ 후진 시에는 반드시 뒤쪽을 살필 것
④ 급발진, 급브레이크, 급선회는 하지 않을 것

3) 굴착기의 기본 안전수칙
① 연료, 오일, 그리스 주유나 점검, 정비 시에는 기관 시동을 끄고 버킷을 지면에 내린다.
② 작업조종(PCU) 레버를 급격하게 조작하지 않는다(차체에 심한 요동이 발생하기 때문).
③ 작업 시 유압 실린더의 행정 말단까지 사용해서는 안 된다.
④ 무한궤도식 굴착기는 작업 시 아웃트리거 또는 블레이드를 받치고 작업한다.
⑤ 경사지 작업 시 시동이 정지될 때는 버킷을 땅에 속히 내리고 모든 조작 레버는 중립에 둔다.
⑥ 경사지 작업 시 측면 절삭(병진 채굴)은 피해야 한다.

⑦ 경사지 작업 시 차체의 밸런스(평형)에 유의해야 한다.

⑧ 흙을 파면서 또는 버킷으로 비질하듯이 스윙 동작으로 정지작업을 해서는 안 된다.

⑨ 버킷을 사용하여 낙하력으로 굴착하거나, 선회 동작으로 토사 등에 타격을 가하는 일이 없도록 한다.

⑩ 장비는 토사붕괴, 홍수의 위험이 없는 평탄한 장소에 놓는다.

⑪ 경사지에 주차시킬 때는 버킷을 땅에 누르고 전후진 PCU 레버는 중립으로 한 후 트랙 뒷면에 고임목을 고인다.

⑫ 벨트의 회전을 중지시킬 때 손으로 잡지 않고 자연적으로 멈출 때까지 기다린다.

03 안전기준에 관한 규칙

건설기계의 안전한 운행 또는 사용에 지장이 없도록 건설기계의 구조·규격 및 성능 등에 관한 기준을 정함을 목적으로 한다.

1) 굴착기 용어

① 중심선

타이어식 건설기계에서는 가장 앞차축의 중심점과 가장 뒤차축의 중심점을 통과하는 직선을, 무한궤도식에서는 양쪽 무한궤도 사이의 중심점을 지나는 지면에 평행한 종단방향의 직선을 말한다.

② 길이

건설기계의 앞뒤 양쪽 끝이 만드는 두 개의 횡단방향의 수직평면 사이의 최단거리를 말한다. 이 경우 후사경 및 그 고정용 장치는 포함하지 않는다.

③ 높이

작업 장치를 부착한 자체 중량 상태의 굴착기 가장 위쪽 끝이 만드는 수평면으로부터 지면까지의 수직 최단거리를 의미한다.

④ 슈 판

무한궤도를 구성하는 요소로서 금속, 합성수지 또는 고무 등으로 된 판을 말한다.

⑤ 트랙

슈 판이 링크에 의하여 연결된 것을 말한다.

⑥ 자체중량

작업할 수 있는 상태에 있는 건설기계의 중량을 말하며, 조종사의 체중은 제외한다.

⑦ 운전중량

조종에 필요한 최소의 조종사가 탑승한 상태의 중량을 말하며, 조종사 1명의 체중은 65킬로그램으로 본다.

⑧ 최소회전반경

수평면에 놓인 건설기계가 최대 선회할 때 바퀴 또는 기동륜의 중심이 그리는 원형 궤적 중 바깥쪽 바퀴가 그리는 반지름을 말한다.

> **기적의 Tip**
>
> **그라우저(Grouser)**
> 슈 판의 바깥부분으로부터 돌출된 핀을 말한다.

2) 무한궤도식 굴착기의 접지압

$$접지압 = \frac{운전\ 중량(킬로그램)}{트랙의\ 수 \times 슈\ 폭(센티미터) \times 접지\ 길이(센티미터)} = \frac{빈차의\ 무게}{접지\ 면적}$$

3) 버킷의 용적

버킷은 토사 등을 굴착 또는 적재하기 위한 용기를 말하며, 버킷의 용적 표시는 산적으로 한다.

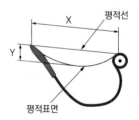

① 평적 : 버킷의 평적면 또는 평적표면 아래 부분의 용적

② 평적선 : 버킷 후판 윗면의 중심점과 굴착 날의 중심점을 연결한 직선

③ **평적표면** : 평적선의 양 끝점과 버킷 측판의 최저점을 곡면의 네 개의 점으로 하는 원통형 태 중 평적면 아래의 부분

④ **산적** : 평적과 덧쌓인 용적을 합한 것

이론을 확인하는 **개념 체크**

01 안전 보건표지는 작업장 내에 잘 보이는 장소에 부착한다. (O, X)

02 건설기계는 조종사면허 소지자만 탑승해야 한다. (O, X)

03 작업장치는 운전자가 정위치에 없어도 작동 가능해야 한다. (O, X)

04 전·후진 변속은 굴착기가 완전히 정지되기 전에 이루어져야 한다. (O, X)

05 경사지에 주차할 시에는 버킷을 땅에 내려야 한다. (O, X)

06 무한궤도를 구성하는 금속, 합성수지, 고무로 된 판을 슈 판이라고 한다. (O, X)

07 운전중량은 조종사를 제외한 장비의 중량이다. (O, X)

08 최소회전반경이란 수평면에 놓인 건설기계가 선회할 때 기동륜의 중심이 그리는 원형 궤적 중 안쪽 바퀴가 그리는 반지름이다. (O, X)

09 평적선이란 버킷 후판 윗면의 중심점과 굴착 날의 중심점을 연결한 직선이다. (O, X)

10 작업장에서 선회 시 경적을 울려 주변에 이동을 알려야 한다. (O, X)

01 O 02 O 03 X 04 X 05 O 06 O 07 X 08 X 09 O 10 O

01 작업장에서 지킬 안전사항 중 틀린 것은?

① 안전모는 반드시 착용한다.
② 고압전기, 유해가스 등에 적색 표지판을 부착한다.
③ 해머 작업을 할 때는 장갑을 착용한다.
④ 기계의 주유 시 동력을 차단한다.

해머 작업 중 손에서 미끄러져 해머가 이탈되지 않도록 하기 위하여 해머 작업 시 장갑 착용을 금지한다.

02 다음 중 현장에서 작업자가 작업안전상 꼭 알아두어야 할 사항은?

① 장비의 가격
② 종업원의 작업 환경
③ 종업원의 기술 정도
④ 안전규칙 및 수칙

작업자 또는 근로자가 작업 현장에서 꼭 알아두어야 하고 지켜야하는 것은 안전규칙과 안전수칙이다.

03 벨트 취급 시 안전에 대한 주의 사항으로 틀린 것은?

① 벨트에 기름이 묻지 않도록 한다.
② 벨트의 적당한 유격을 유지하도록 한다.
③ 벨트 교환시 회전이 완전히 멈춘 상태에서 한다.
④ 벨트의 회전을 중지시킬 때 손으로 잡아 정지시킨다.

자연적으로 멈출 때까지 기다리면서 벨트의 회전을 정지 시킨다.

04 다음 중 접지압을 구하는 공식은?

① $\dfrac{\text{접지 면적}}{\text{빈차의 무게}}$

② $\dfrac{\text{빈차의 무게}}{\text{접지 면적}}$

③ $\dfrac{\text{슈폭} \times \text{덤블러 중심간의 거리}}{\text{빈차의 무게}}$

④ $\dfrac{\text{빈차의 무게}}{\text{슈폭} \times \text{덤블러 중심간의 거리}}$

접지 압력 = $\dfrac{\text{빈차의 무게}}{\text{접지 면적}}$

05 작업장에서 이동 및 선회 시 먼저 하여야 할 것은?

① 경적 울림
② 버킷 내림
③ 급 방향 전환
④ 굴착 작업

작업장에서 이동 및 선회 시 먼저 경적을 울리거나 수신호를 통해서 이동 및 방향 전환을 알리고 버킷을 지면에 가깝게 내린 후 이동한다.

06 건설기계 안전기준에 관한 규칙상 건설기계 높이의 정의로 옳은 것은?

① 앞차축의 중심에서 건설기계의 가장 윗부분까지의 최단거리
② 작업장치를 부착한 자체중량 상태의 건설기계의 가장 위쪽 끝이 만드는 수평면으로부터 지면까지의 수직 최단거리
③ 뒷바퀴의 윗부분에서 건설기계의 가장 윗부분까지의 수직 최단거리
④ 지면에서부터 적재할 수 있는 최고의 최단 거리

건설기계 높이는 작업장치를 부착한 자체중량 상태의 굴착기 가장 위쪽 끝이 만드는 수평면으로부터 지면까지의 수직 최단거리를 말한다.

01 굴착기 작업 시 위험요소 예방

굴착기 작업 시 주의할 위험요소는 낙하, 협착 및 충돌, 전도 및 추락 위험이 있다.

1) 작업장 확인

작업 현장에서는 작업 전에 작업 반경 내 위험 요소 및 주변 구조물과의 충돌 방지를 위해 반드시 시설물의 위치를 육안으로 확인한다.

> **더 알기 Tip**
>
> **재해예방의 4원칙(하인리히 법칙)**
> • 손실 우연의 원칙 : 사고로 인한 손실(상해)의 종류 및 정도는 우연적이다.
> • 원인 계기의 원칙 : 사고는 여러 가지 원인이 연속적으로 연계되어 일어난다.
> • 예방 가능의 원칙 : 사고는 예방이 가능하다.
> • 대책 선정의 원칙 : 사고예방을 위한 안전대책이 선정되고 적용되어야 한다.

> **기적의 Tip**
>
> 안전한 작업을 수행하기 위해서 굴착기의 주기상태를 육안으로 파악하고 안전사고 예방을 위해 장비 이동 시 「도로교통법」을 준수한다.

2) 토사의 낙하 재해 예방

① 토사의 적재 상태를 확인하고 작업장 바닥의 요철을 확인한다.
② 허용 하중을 초과한 적재를 금지한다.
③ 마모가 심한 타이어를 교체한다.

3) 협착 및 충돌 재해 예방

① 굴착기 전용 통로를 확보한다.
② 굴착기 운행구간별 제한속도 지정 및 표지판을 부착한다.

③ 교차로 등 사각지대에 반사경을 설치한다.
④ 불안전한 화물 적재 금지 및 시야를 확보되도록 적재한다.

4) 굴착기 전도 재해 예방

① 연약한 지반에서는 받침판을 사용하고 작업한다.
② 연약한 지반에서 편하중에 주의하여 작업한다.
③ 굴착기의 용량을 무시하고 무리하게 작업하지 않는다.
④ 급선회, 급제동, 급출발 등의 오작동을 하지 않는다.

> **기적의 Tip**
>
> 화물의 적재중량보다 작은 굴착기로 작업하지 않는다.

5) 추락 재해 예방

① 운전석 이외에 작업자 탑승을 금지한다.
② 난폭운전 금지 및 유도자의 신호에 따라 작업한다.
③ 안전벨트를 착용하고 작업한다.

02 연소와 화재

1) 연소의 3요소와 점화원

① 연소의 3요소 : 가연물, 산소 공급원(공기), 점화원
② 점화원(열원) : 불꽃, 고열물, 단열압축, 산화열

2) 가연성의 조건

① 산소와의 접촉면이 크고 산화하기 쉬운 것
② 발열량이 크고 열전도율이 작으며 건조도가 양호

3) 연소의 특성

① 인화점 : 점화원을 주었을 때 연소가 시작되는 최저온도
② 발화점(착화점) : 점화원 없이 스스로 연소가 시작되는 최저온도

> **기적의 Tip**
>
> **자연발화의 방지**
> • 저장실의 온도 상승을 피해야 하며, 통풍을 잘 시킨다.
> • 습도가 높은 것을 피하고 연소성 가스의 발생에 주의한다.

4) 화재의 종류

A급 화재(일반 화재)	• 일반 가연물로 연소 후 재를 남기는 화재 • 물에 의한 냉각 소화로 주수 외에도 산, 알칼리 등을 이용
B급 화재(유류 화재)	• 가연성 액체 등의 유류 화재 • 이산화탄소, 분말 소화기로 소화
C급 화재(전기 화재)	• 전기장치 등에서 누전 또는 과부하 등에 의하여 발생하는 화재 • 증발성 액체, 탄산가스 소화기 등을 사용하여 질식 냉각시켜 소화
D급 화재(금속 화재)	• 마그네슘 같은 금속에 발생하는 화재 • 건조사(모래)를 사용하여 질식 소화

5) 인화성 물질의 성질 및 위험성

① 물보다 가볍고 물에 잘 녹지 않는다.
② 증기는 공기보다 무거우며 공기와 약간 혼합되어도 연소할 우려가 있다.
③ 아황화탄소와 같이 착화온도가 낮은 것은 더 위험하다.

> **기적의 Tip**
>
> **인화성 물질에 의한 화재 예방조치**
> • 인화성 액체의 취급은 폭발 한계의 범위를 초과한 농도로 할 것
> • 배관 또는 기기에서 가연성 증기의 누출 여부를 철저히 점검할 것
> • 화재를 진화하기 위한 방화 장치는 위급 상황 시 눈에 잘 띄는 곳에 설치할 것

6) 소화기의 종류

① 분말 소화기 : 분말이 불에 닿아 분해되면서 이산화탄소 등의 여러 기체를 발생
② 탄산가스(CO_2) 소화기 : 방사거리가 짧고 바람의 영향을 받으나 전기에 대한 절연성과 주변 오손 우려가 없음
③ 물 소화기 : A급 화재에 적합, 현재 거의 사용되고 있지 않음
④ 포말 소화기 : 약제의 화합으로 포말(거품)을 발생시켜 공기 공급을 차단하여 소화
⑤ 할로겐화물 소화기 : B, C급 화재에 적합
⑥ 산 알칼리 소화기 : A급 화재만 유효

> **기적의 Tip**
>
> **화재 시 소화 원리**
> • 냉각 소화법 : 열원을 발화 온도 이하로 냉각
> • 질식 소화법 : 가연물에 산소 공급을 차단
> • 제거 소화법 : 가연물을 제거

> **더 알기 Tip**
>
> **소화설비 선택 시 고려사항**
> • 작업의 성질
> • 화재의 성질
> • 작업장의 환경
>
> **소화기 사용법**
> • 안전핀 걸림 장치를 제거한다.
> • 안전핀을 뽑는다.
> • 노즐을 불이 있는 곳으로 향하게 한다.
> • 손잡이를 움켜잡아 분사한다.

합격을 다지는 예상문제

01 작업장에서 휘발유 화재가 일어났을 경우 가장 적합한 소화방법은?

① 물 호스의 사용
② 불의 확대를 막는 덮개의 사용
③ 소다 소화기 사용
④ 탄산가스 소화기의 사용

> 탄산가스를 이용하여 산소 유입을 차단하는 질식 소화법으로 소화한다.

02 소화설비 선택 시 고려하여야 할 사항이 아닌 것은?

① 작업의 성질
② 작업자의 성격
③ 화재의 성질
④ 작업장의 환경

> 소화설비 선택 시 고려사항과 작업자의 성격은 관계가 없다.

03 가스 및 인화성 액체에 의한 화재 예방조치 방법으로 틀린 것은?

① 가연성 가스는 대기 중에 자주 방출시킬 것
② 인화성 액체의 취급은 폭발 한계의 범위를 초과한 농도로 할 것
③ 배관 또는 기기에서 가연성 증기의 누출 여부를 철저히 점검할 것
④ 화재를 진화하기 위한 방화 장치는 위급 상황 시 눈에 잘 띄는 곳에 설치할 것

> 가연성의 가스를 대기 중으로 방출시켜서는 안 된다.

04 전기시설과 관련된 화재로 분류되는 것은?

① A급 화재
② B급 화재
③ C급 화재
④ D급 화재

> 전기시설에 관련된 화재는 C급 화재이다.

05 연소의 3요소가 아닌 것은?

① 가연성 물질
② 산소(공기)
③ 점화원
④ 이산화탄소

> 연소의 3요소는 불꽃을 발생할 수 있는 점화원, 가연성 물질과 산소 등이다.

06 화재 시 소화 원리에 대한 설명으로 틀린 것은?

① 기화 소화법은 가연물을 기화시키는 것이다.
② 냉각 소화법은 열원을 발화 온도 이하로 냉각하는 것이다.
③ 질식 소화법은 가연물에 산소 공급을 차단하는 것이다.
④ 제거 소화법은 가연물을 제거하는 것이다.

> 소화 방법에 기화 소화법은 없다.

07 화재의 분류가 옳게 된 것은?

① A급 화재 : 일반 가연물 화재
② B급 화재 : 금속 화재
③ C급 화재 : 유류 화재
④ D급 화재 : 전기 화재

> A급 화재는 재가 남을 수 있는 일반 가연물 화재, B급 화재는 유류 및 가스 등의 연료 화재, C급은 전기 화재, D급은 금속 화재로 분류한다.

08 B급 화재에 대한 설명으로 옳은 것은?

① 목재, 섬유류 등의 화재로서 일반적으로 냉각 소화를 한다.
② 유류 등의 화재로서 일반적으로 질식효과(공기 차단)로 소화한다.
③ 전기기기의 화재로서 일반적으로 전기 절연성을 갖는 소화재로 소화한다.
④ 금속 나트륨 등의 화재로서 일반적으로 건조사를 이용한 질식효과로 소화한다.

유류 화재는 B급 화재로 산소를 차단하는 질식 소화법으로 소화한다.

09 유류 화재 시 소화용으로 가장 거리가 먼 것은?

① 물
② 소화기
③ 모래
④ 흙

물은 유류를 물 위로 띄워 오히려 화재를 더욱 번지게 한다.

10 화재 발생 시 초기 진화를 위해 소화기를 사용하고자 할 때 다음 보기에서 소화기 사용방법에 따른 순서로 맞는 것은?

[보기]
a. 안전핀을 뽑는다.
b. 안전핀 걸림 장치를 제거한다.
c. 손잡이를 움켜잡아 분사한다.
d. 노즐을 불이 있는 곳으로 향하게 한다.

① a → b → c → d
② c → a → b → d
③ d → b → c → a
④ b → a → d → c

소화기의 사용은 먼저 안전핀의 걸림 장치를 제거하고 안전핀을 뽑은 다음 노즐을 불이 있는 방향으로 향하게 하고, 손잡이를 잡아 소화제를 분사한다.

11 산업재해를 예방하기 위한 재해예방 4원칙으로 틀린 것은?

① 대량 생산의 원칙
② 예방 가능의 원칙
③ 원인 계기의 원칙
④ 대책 선정의 원칙

산업재해를 예방하기 위한 재해예방 4원칙은 예방 가능, 손실 우연, 원인 연계, 대책 선정의 원칙이다.

굴착기의 장비사용설명서

01 주행장치

1) 저 · 고속 레버

1단과 2단을 선택하는 역할을 하며, 레버를 밀면 저속, 레버를 당기면 고속이 된다. 작업 시에는 저속의 위치에서 행한다.

2) 전 · 후진 레버

전진과 후진을 선택하는 역할을 하며, 레버를 밀면 전진, 당기면 후진한다.

02 굴착기 트럭적재 및 탑승방법

1) 자력 주행 시의 자세

버킷과 암을 오므리고 난 후 붐을 하강시켜 붐을 앞으로 하고 주행하는 것이 가장 좋다.

2) 트럭에 탑승하는 방법

① 트럭을 주차시킨 후 주차 브레이크를 걸고, 차륜에 고임목을 설치한다.
② 경사대(탑재대)를 10~15° 이내로 빠지지 않도록 설치한다.
③ 트럭 적재함에 받침대를 설치한다.
④ 탑승 시 배토판(블레이드)은 뒤로 하고, 전부장치는 버킷과 암을 오므린 상태로 탑승해야 한다. 이때 주행 이외의 다른 조작은 하지 않는다.

> 🎓 **기적의 Tip**
>
> 지면 상태가 불량할 때는 평탄한 지역으로 이동하며 비가 내려 미끄러울 때는 경사대에 거적을 깔고 탑승한다.

3) 트레일러에 탑승하는 방법

① 자력 주행 탑승 방법
• 주차 브레이크를 걸은 후 차륜에 고임목을 받치고 경사대를 10~15° 이내로 설치한 후 탑승한다.
• 언덕을 이용하거나 바닥을 파고 트레일러를 낮은 지형에 밀어 넣고 탑승하는 방법도 있다.

② 기중기에 의한 탑승 방법
장비를 매달기 충분한 기중능력을 갖춘 기중기를 사용하여 와이어 로프로 굴착기를 수평으로 들어 탑승시킨다.

4) 탑승 후의 자세

① 본체에 스윙록을 걸고 버킷과 암을 오므린 후 붐을 하강시켜 트레일러 바닥판에 내려놓되 각 실린더 양단에 250mm 정도 행정 여유가 있도록 한다.
② 트레일러 운행 시 굴착기를 와이어 체인 블록 등을 이용해서 고정하고, 트랙의 후단부에는 고임목을 설치한다. 이때 굴착기의 전부장치는 트레일러 및 트럭의 후방을 향해야 한다.

03 조향장치

굴착기의 진행 방향을 임의로 바꾸는 장치로, 전륜으로 방향을 바꾼다. 무한궤도식 굴착기는 대부분 레버를 이용해 선회하지만, 타이어식은 조향 핸들을 사용한다.

1) 기계식 조향 방법

① 회전하고자 하는 방향으로 핸들을 돌리면 조향기어 박스를 통해 피트먼 암으로 전달된다.

② 피트먼 암의 운동은 드래그 링크와 조향 실린더를 거쳐 밸 크랭크를 회전시킨다. 조향 너클과 연결된 타이로드가 휠에 힘을 가하면서 방향을 전환할 수 있다.

2) 유압식 조향 방법

① 조향 기어 박스 하단에 연결된 유량 조정 밸브는 핸들의 각 변위에 따라 조향 펌프로부터 나오는 유량을 조절하여 조향 실린더로 보낸다.

② 조향 실린더로 들어온 유압유는 로드를 수축 또는 팽창시켜 밸 크랭크에 전달해 주어 방향을 전환한다.

③ 핸들 조작력이 작아도 방향 회전이 가능한 방식이다.

04 유압계통

1) 유압 펌프

① 유압 펌프는 크랭크축 풀리에 연결된 자재 이음(유니버설 조인트)을 통하여 구동된다.

② 컨트롤 밸브에 유압유를 레버에 의해서 선택된 액추에이터에 공급된다.

③ 발생 유압은 $70 \sim 130 kgf/cm^2$ 정도이다.

④ 레버 중립 시 작동유는 컨트롤 밸브를 통하여 유압 탱크로 리턴된다.

⑤ 유압 조절 밸브는 유압을 항상 일정하게 유지하는 역할을 한다.

2) 붐 실린더

① 우측 레버를 당기면 유압유가 실린더의 아래쪽으로 유입되어 피스톤을 밀어 붐이 상승된다.

② 우측 레버를 밀면 버킷의 중량 또는 자중에 의해 피스톤이 하강하여 연결된 붐이 하강한다.

③ 중량에 의해서 붐이 갑자기 하강하는 것을 방지하기 위하여 안전 체크 밸브(슬로우 리턴 밸브)가 설치되어 있다.

3) 암 실린더

① 좌측 레버를 밀면 유압유가 피스톤의 운전석 쪽으로 유입되어 암이 펼쳐진다.

② 좌측 레버를 당기면 유압유가 피스톤 운전석 반대쪽으로 전달되어 암이 오므려진다.

4) 버킷 실린더

① 우측 레버를 우측으로 밀면 유압유가 피스톤의 운전석 쪽으로 유입되어 버킷이 펼쳐진다.

② 우측 레버를 좌측으로 밀면 유압유가 피스톤 운전석 반대쪽으로 전달되어 버킷이 오므려진다.

5) 스윙 모터

① 좌측 레버를 좌측으로 밀면 유압유가 모터의 좌측 방향으로 유압되어 좌측으로 회전한다.

② 좌측 레버를 우측으로 밀면 유압유가 모터의 우측 방향으로 유압되어 우측으로 회전한다.

05 기타장치

1) 선회 주차 브레이크

① 굴착기는 선회할 때 작업의 안전을 위해 선회 주차 브레이크를 설치하여야 한다.

② 선회 주차 브레이크는 선회조작이 중립에 위치할 때 자동으로 제동되어야 하며, 엔진이 가동되는 상태나 정지된 상태에서도 제동기능을 유지하여야 한다.

2) 센터 조인트

① 굴착기의 센터 조인트는 회전부 중심에 설치하며, 상부 및 하부의 유압기기가 선회 중에도 송유 가능한 구조이다.

② 굴착 작업을 할 때 발생하는 하중 및 유압의 변동에 대하여 견딜 수 있어야 한다.

3) 퀵 커플러

굴착기 버킷의 결합 및 분리를 신속하게 할 수 있는 퀵 커플러를 설치할 경우에는 다음의 기준에 적합하여야 한다.

① 버킷 잠금장치는 이중 잠금으로 할 것
② 유압 잠금장치가 해제된 경우 조종사가 알 수 있을 정도로 충분한 크기의 경고음이 발생되는 장치를 설치할 것
③ 퀵 커플러에 과전류가 발생할 때 전원을 차단할 수 있어야 하며, 작동 스위치는 조종사의 조작에 의해서만 작동되는 구조일 것

이론을 확인하는 개념 체크

01 굴착기 작업 시에는 주행장치 레버를 당겨 고속의 위치에 두어야 한다. (O, X)

02 굴착기가 자력 주행하는 경우, 버킷과 암을 오므리고 붐을 하강시킨 상태로 주행한다. (O, X)

03 굴착기로 트럭에 탑승 시, 배토판(블레이드)은 앞으로 한다. (O, X)

04 굴착기로 트럭이나 트레일러에 탑승 시, 경사대의 각도는 10~15°로 한다. (O, X)

05 유압 조절 밸브는 유합을 항상 일정하게 유지하는 역할을 한다. (O, X)

06 스윙 모터는 우측 레버를 통해 조작할 수 있다. (O, X)

01 X 02 O 03 X 04 O 05 O 06 X

01 굴착기의 각 장치 가운데 옆 방향의 전도를 방지하는 것을 주목적으로 하는 것은?

① 붐 스톱 장치
② 파워 롤링 장치
③ 스윙 록 장치
④ 아우트리거 장치

타이어식 굴착기에서 아우트리거는 작업 중 차체의 전복 위험 및 작업 상태의 불안정을 방지하여 안정성을 높인다.

02 굴착기를 트레일러에 상차 시 잘못된 것은?

① 반드시 경사대를 사용하여 상차한다.
② 경사대는 충분한 강도가 있어야 한다.
③ 경사대가 없을 때는 버킷으로 차체를 들어 올려 상차한다.
④ 경사대에 오르기 전에 방향 위치를 정확히 한다.

경사대가 없어 자력 탑승이 어려울 시 기중기에 의한 탑승 방법을 활용한다.

03 굴착기를 트레일러에 상차하는 방법에 대한 설명으로 적합하지 않은 것은?

① 가급적 경사대를 사용한다.
② 지면 상태가 불량할 때는 평탄한 지역으로 이동하여 상차한다.
③ 경사대는 10~15° 정도 경사 시키는 것이 좋다.
④ 트레일러에 상차 후 작업장치를 반드시 앞쪽으로 하여 고정한다.

트레일러에 굴착기를 상차한 후에는 앞, 뒤 주행장치에 고임목을 고이고 체인 등으로 차체를 고정한 다음 작업장치는 반드시 후방으로 가도록 하고, 스윙 록 장치로 고정하여야 한다.

04 무한궤도 굴착기를 트레일러에 상·하차하는 방법 중 틀린 것은?

① 언덕을 이용한다.
② 타이어를 이용한다.
③ 기중기를 이용한다.
④ 전용 경사대를 이용한다.

무한궤도 굴착기를 트레일러에 상·하차 시 타이어를 이용할 수 없다.

SECTION 08 · 안전운반 및 기타 안전 사항

출제빈도 상 중 하

01 안전운반

1) 운반기계의 안전수칙

① 건설기계를 도로변에 방치하고 작업하지 않는다.
② 인도 근처에서는 서행하고 제한 속도를 준수한다.
③ 작업 계획서를 작성한다.
④ 편하중이 생기지 않도록 적재한다.
⑤ 운전자의 시야를 가리지 않도록 적재한다.
⑥ 토사의 붕괴 또는 낙하 등의 위험을 방지하기 위한 조치를 한다.
⑦ 운전석을 떠날 때에는 원동기를 정지시키고 제동장치를 확실히 한다.
⑧ 평탄하고 견고한 지면에서 작업한다.
⑨ 승차석 외의 위치에 사람을 탑승시키지 않는다.
⑩ 작업장의 통행 우선순위(굴착기 → 운반차 → 빈 차 → 보행자 순)를 지킨다.
⑪ 굴착기의 경우 굴착하면서 선회하지 않는다.
⑫ 후진 시에는 후진하기 전 사람 및 장애물 여부를 확인하고 안전하게 후진한다.

2) 운반 시의 안전수칙

① 운반차는 규정 속도를 지킨다.
② 빙판 운반 시 미끄럼에 주의한다.
③ 긴 물건에는 끝에 표지를 단 후 운반한다.
④ 통행로와 운반차, 기타의 시설물에는 안전표지를 한다.

3) 주차 시의 안전수칙

① 단단하고 평탄한 지면에 정차시키고 침수 지역은 피한다.
② 붐과 암, 버킷은 최대로 벌려 실린더 로드가 노출되지 않게 한 후 버킷을 지면에 내려둔다.
③ 어태치먼트는 장비 중심선과 일치시키고 유압 계통의 압력을 완전히 제거한다.
④ 경사지에서는 고임목을 사용하여 안전하게 주차한다.

02 작업 전 행동요령

1) 난기운전

① 엔진을 가동한 후에 5분 정도 저속 운전(후열)을 실시한다.
② 붐 레버로 상승 및 하강 운동을 실린더 전 행정으로 2~3회 실시한다.
③ 암 레버를 사용하여 오므리기, 벌리기 동작을 2~3회 실시한다.
④ 주행레버를 밀고 천천히 전진한다.
⑤ 주행레버를 당기고 천천히 후진한다.
⑥ 전진과 후진을 반복 후 전륜 조향을 작은 각도로 회전한다.

2) 더운 날씨에서의 관리요령

① 라디에이터(방열기)의 냉각수량을 점검한다.
② 팬 벨트 장력을 점검하고 적절하게 조정한다.
③ 엔진이 과열되어 냉각수가 끓어 넘치면 후드를 열고 엔진을 공회전하여 온도가 떨어지게 한 후 엔진을 정지시킨다.
④ 압축 공기로 라디에이터를 정기적으로 불어내고 냉각수가 누수되는지 점검 한다.

3) 추운 날씨에서의 관리요령

① 장비를 작동시키기 전에 창문에 있는 얼음이나 눈을 제거한다.
② 빙판 위에 장비가 있는 경우는 미끄럼에 주의한다.
③ 장비 승·하차 시 또는 점검 시 미끄럼방지 처리가 되지 않은 부분은 밟지 않는다.
④ 냉각수의 부동액 상태를 점검한다.
⑤ 마모가 심한 타이어는 즉시 교환한다.
⑥ 급제동이나 급출발을 하지 않는다.

4) 고장점검 관리요령

작업을 실시하기 전에 "일일점검" 항목에 준하여 굴착기를 매일 점검해야 하며 모든 안전장치는 정확하게 작동되는지 확인한다.

이론을 확인하는 개념 체크

01 운반차가 긴 물건을 적재할 시에는 끝에 표지를 달아야 한다. (O, X)

02 경사지에 주차할 경우 고임목을 이용한다. (O, X)

03 난기운전 시에는 가동성을 확인하기 위해 큰 각도로 조향해보아야 한다. (O, X)

04 마모가 심한 타이어는 빙판에서 미끄러질 수 있으므로 교체한다. (O, X)

01 O 02 O 03 X 04 O

01 굴착기의 조종 시 작동이 불가능하거나 해서는 안 되는 작동은 어느 것인가?

① 굴착하면서 선회한다.
② 붐을 들면서 담는다.
③ 붐을 낮추면서 선회한다.
④ 붐을 낮추면서 굴착한다.

굴착을 하면서 선회를 하여서는 안 된다.

02 건설기계 작업 시 주의사항으로 틀린 것은?

① 운전석을 떠날 경우에는 기관을 정지시킨다.
② 작업 시 항상 사람의 접근에 특별히 주의한다.
③ 주행 시 가능한 한 평탄한 지면으로 주행한다.
④ 후진 시 후진 후 사람 및 장애물을 확인한다.

후진 시에는 후진하기 전 사람 및 장애물 여부를 확인하고 안전하게 후진을 하여야 한다.

03 다음 중 굴착기 운반 시의 안전수칙으로 맞지 않는 것은?

① 운반차는 규정 속도를 지켜야 한다.
② 빙판 운전 시에는 미끄럼에 주의하여야 한다.
③ 짧은 물건에는 끝에 표지를 단 후 운반하여야 한다.
④ 통행로와 운반차에는 안전표지를 하여야 한다.

긴 물건에는 끝에 표지를 단 후 운반하여야 한다.

04 다음 중 추운 날씨의 굴착기 관리 요령을 맞지 않는 것은?

① 냉각수의 부동액 상태를 점검한다.
② 마모가 심한 타이어는 교체한다.
③ 급제동이나 급출발을 하지 않는다.
④ 라디에이터의 냉각수량을 점검한다.

라디에이터(방열기)의 냉각수량 점검은 더운 날씨의 관리 요령이다.

01 장비관리

1) 안전작업 매뉴얼 준수

① 작업계획서를 작성한다.
② 굴착기 작업 장소의 안전한 운행경로를 확보한다.
③ 안전수칙 및 안정도를 준수한다.

2) 작업 시 안전수칙 준수

① 작업 전, 작업 중, 작업 후 일일점검을 실시한다.
② 주행 및 운반, 적재 시 안전수칙을 준수한다.
③ 주차 및 작업 종료 후 안전수칙을 준수한다.

> **기적의 Tip**
>
> **굴착기 작업 시 운전자 확인 사항**
> • 엔진 회전속도 게이지
> • 온도게이지
> • 엔진 회전수
> • 소음 및 배기 상태
>
> 승차 또는 적재 방법과 제한에서 운행상의 안전기준을 넘어 승차 및 적재가 가능한 경우는 출발지를 관할하는 경찰서장의 허가를 받은 때뿐이다.

02 장비 취급 시 안전수칙

1) 엔진 취급 시 안전수칙

① 엔진의 분해 전에는 작업에 필요한 공구, 기록용지 및 부품 정리대를 준비 한다.
② 작업하기 전에 방해가 되거나 손상될 우려가 있는 부품은 미리 떼어낸다.

③ 엔진을 이동할 경우 체인 블록으로 묶어 운반잭을 이용하여 작업대로 옮긴다.
④ 빼낸 볼트와 너트는 본래의 위치에 가볍게 꽂아둔다.
⑤ 전기제품은 축전지의 접지 단자를 먼저 제거한 다음 떼어낸다.
⑥ 분해 조립 순서를 정확히 지키고 무리한 힘을 가하지 않는다.
⑦ 작업 시에는 장갑을 끼지 않도록 한다.
⑧ 밀폐된 공간에서 엔진을 가동할 때에는 환기시설을 갖추고 배출가스의 중독에 주의한다.

> **기적의 Tip**
>
> 체인 블록 사용 시 체인이 느슨한 상태에서 급격히 잡아당기면 재해가 발생할 수 있으므로 시간적 여유를 가지고 작업해야 한다.

2) 섀시 취급 시 안전수칙

① 변속기 탈착 등 굴착기 밑에서 작업할 경우 반드시 보안경을 착용한다.
② 정비할 차량을 받칠 때는 유압잭으로만 들지 말고 삼각대로 잘 고인다.
③ 차량이 잭에 올려 있으면 절대로 차 내에 들어가지 말고, 잭이나 차에 충격을 주지 않는다.

3) 전기장치 취급 시의 안전수칙

① 전장품을 세척할 경우에는 절연된 부분에 손상을 입히지 않도록 주의한다.
② 절연된 부분은 오일이나 기름으로 세척하지 않는다.
③ 배선 연결의 경우 건조한 장소에서 작업하고 접촉 저항이 작아지도록 확실히 조인다.

④ 전기제품을 다룰 때는 충격을 가하지 않는다.
⑤ 시험기 및 측정기의 조작 방법을 숙지하고 직류계기는 극성을 바르게 맞춘다.
⑥ 모든 측정용 계기의 사용은 명판을 확인하고 최대 측정범위를 넘지 않는다.
⑦ 배선 연결은 부하 측으로부터 전원 측으로 접속하고 스위치를 열어 둔다.
⑧ 전기장치의 시험기를 사용할 때 정전이 되면 즉시 스위치를 OFF에 놓는다.

 기적의 Tip

전류계는 부하와 직렬로, 전압계는 병렬로 연결한다.

이론을 확인하는 개념 체크

01 일일 점검은 작업 전에만 시행한다. (O, X)

02 안전기준을 넘어 승차 및 적재하기 위해서는 도착지를 관할하는 경찰서장의 허가를 받아야 한다. (O, X)

03 엔진 분해 작업 시에는 반드시 장갑을 착용한다. (O, X)

04 엔진 가동 시 외부로 유해가스가 나가지 않도록 밀폐된 공간에서 작업한다. (O, X)

05 절연 처리된 부분은 오일로 세척하지 않는다. (O, X)

06 전류계는 저항과 직렬로 연결하여 사용한다. (O, X)

01 X 02 X 03 X 04 X 05 O 06 O

합격을 다지는 예상문제

01 밀폐된 공간에서 엔진을 가동할 때 주의 사항은?

① 소음으로 인한 추락
② 배출가스 중독
③ 진동으로 인한 직업병
④ 작업 시간

밀폐된 공간에서 엔진을 가동할 때에는 환기 시설을 갖추고, 배출가스의 중독에 주의하여야 한다.

02 굴착기 작업 중에 운전자가 특히 관심을 가져야 할 사항이 아닌 것은?

① 엔진 회전 속도 게이지
② 온도게이지
③ 작업속도 게이지
④ 소음 및 배기 상태

작업속도는 게이지가 없으며 엔진 회전수로 확인한다.

03 체인 블록을 이용하여 무거운 물체를 이동 시키고자 할 때 가장 안전한 방법은?

① 체인이 느슨한 상태에서 급격히 잡아당기면 재해가 발생할 수 있으므로 시간적 여유를 가지고 작업한다.
② 작업의 효율을 위해 가는 체인을 사용한다.
③ 내릴 때는 하중 부담을 줄이기 위해 최대한 빠른 속도로 실시한다.
④ 이동 시는 무조건 최단거리 코스로 빠른 시간 내에 이동 시켜야 한다.

체인이 느슨한 상태에서 급격히 잡아당기면 재해가 발생할 수 있으므로 시간적 여유를 가지고 천천히 작업해야한다.

04 승차 또는 적재 방법과 제한에서 운행상의 안전기준을 넘어서 승차 및 적재가 가능한 경우는?

① 도착지를 관할하는 경찰서장의 허가를 받은 때
② 출발지를 관할하는 경찰서장의 허가를 받은 때
③ 관할 시 · 군수의 허가를 받은 때
④ 동 · 읍 · 면장의 허가를 받은 때

승차 또는 적재 방법과 제한에서 운행상의 안전기준을 넘어 승차 및 적재가 가능한 경우는 출발지를 관할하는 경찰서장의 허가를 받은 때이다.

01 굴착기 일상점검

일상점검표에 의거하여 작업 전, 작업 중, 작업 후 점검을 실시한다.

1) 실린더 작동 상태를 점검한다.

① 레버를 작동하여 실린더의 누유 여부 및 실린더 로드의 손상을 점검한다.

② 실린더 내벽의 마모가 심하면 실린더 로드의 내부 섭동으로 유격이 커진다.

2) 변속장치, 제동장치 및 핸들 조작 상태 점검

① 전·후진 작동 점검 : 작업 전, 후진 레버를 조작하여 레버가 부드럽게 작동하는지 확인

② 제동장치 점검 : 브레이크 페달을 밟아 페달 유격이 정상인지 확인

③ 주차 브레이크 점검 : 주차 브레이크가 원활하게 해제되고 확실히 체결되는지 확인

④ 핸들 작동 상태 점검 : 조향 핸들을 조작해서 핸들에 이상 진동이 느껴지는지 확인, 유격상태 점검

3) 누유 · 누수 상태 점검

연료 및 각종 오일 누유 점검과 냉각계통의 누수를 육안으로 확인, 기록한다.

> **기적의 Tip**
>
> 각종 부품의 이완 및 탈락, 각 계기류, 스위치, 등화장치의 작동 상태도 추가로 점검해야 한다.

> **기적의 Tip**
>
> 연료통 용접 시에는 연료를 비우고 연료 가스 등의 가연성 물질을 완전히 제거한 후 주입구를 열어 놓고 작업한다.

02 작업요청서

작업요청서는 화물운반 작업을 해당 업체에 의뢰하는 서류로 의뢰인의 작업요청 내용을 정확하게 파악할 수 있도록 작성되어 있다.

1) 도로 상태 확인

① 사전에 상·하수도 및 가스 공사 작업 현장을 확인하고 우회도로를 선택하여 주행한다.

② 미디어 매체를 참고하여 도착지점까지 운행경로상 공사 상황을 확인한다.

③ 젖은 노면은 수막현상으로 제동거리가 길어지므로 감속운행 한다.

2) 작업시간 확인

작업요청서의 화물명, 규격, 중량, 운반수량, 운반거리 및 작업에 필요한 장비를 선정하고 출발지, 도착지 및 작업장 환경을 고려하여 작업시간을 계산한다.

3) 운반할 화물 확인

작업요청서에 따라 운반할 화물의 물품명, 규격, 중량, 수량을 확인한다.

4) 운반할 화물의 보험가입 여부 파악

운반할 화물이 보험에 가입 여부를 파악하기 위해 작업요청서를 확인한다.

03 장비 안전관리

1) 안전관리 교육

① 작업 전 안전 교육을 실시하고 안전복장을 착용한다.
② 장비 유지관리 및 안전사고를 예방하기 위해 장비 사용설명서를 확인한다.
③ 작업 전 점검을 실시하고 최적의 굴착기 상태를 유지한다.
④ 유자격자를 지정하여 운전하도록 하고, 시동키는 별도 관리하도록 한다.

2) 중량물 취급 시 위험 요인 확인

① 운전자 시야 확보 불량 및 굴착기 용도 외 사용
② 무자격자 운전 및 운전 미숙
③ 과속에 의한 충돌 및 급선회 시 전도
④ 화물 과다 적재 및 화물 편하중 적재

3) 위험 요인에 대한 안전대책 수립

① 작업 시 안전 통로를 확보하고 안전장치를 설치한다.
② 굴착 작업 구간에 보행자의 출입을 금지시킨다.
③ 작업 구역 내 장애물을 제거한다.
④ 주행 시 스윙록을 체결하고 작업 쪽 유압라인을 차단한다.
⑤ 안전표지판을 설치하고 안전표지를 부착한다.
⑥ 사각지역에 반사경을 설치하고 운전자 운전 시야를 확보한다.

04 특별 안전보건 교육

1) 굴착면의 높이가 2m 이상 되는 지반 굴착 작업

① 지반의 상태에 따른 굴착요령에 관한 사항
② 지반 붕괴 및 재해예방에 관한 사항
③ 붕괴방지용 구조물 설치 및 작업방법에 관한 사항

④ 보호구의 종류 및 사용에 관한 사항
⑤ 그 밖에 안전보건 관리에 필요한 사항

2) 터널 안에서의 굴착 작업

① 작업환경의 점검 및 작업방법에 관한 사항
② 붕괴 방지용 구조물 설치 및 안전 작업 방법에 관한 사항
③ 재료의 운반 및 취급의 안전기준에 관한 사항
④ 소화 설비의 설치 장소 및 사용 방법에 관한 사항
⑤ 그 밖에 안전보건 관리에 필요한 사항

3) 굴착면의 높이가 2m 이상 되는 암석의 굴착 작업

① 폭발물 취급 요령과 대피 요령에 관한 사항
② 안전거리 및 안전기준에 관한 사항
③ 방호물의 설치 및 기준에 관한 사항
④ 보호구 및 신호방법 등에 관한 사항
⑤ 그 밖에 안전보건 관리에 필요한 사항

4) 높이가 2m 이상인 물건 또는 토사를 쌓거나 무너뜨리는 작업

① 취급방법 및 요령에 관한 사항
② 물건의 위험성, 낙하 및 붕괴 재해예방에 관한 사항
③ 적재방법 및 전도 방지 안전장치에 관한 사항
④ 보호구 및 착용 방법에 관한 사항
⑤ 그 밖에 안전보건 관리에 필요한 사항

> 🎓 **기적의 Tip**
>
> **굴착기 운전 주의사항**
> • 작업 중 운전자는 항상 버킷을 주시한다.
> • 엔진을 필요 이상 공회전하지 않는다.
> • 급가속은 굴착기에 악영향을 주로 피한다.
> • 회전 시 속도를 줄이고 주의하면서 회전한다.
> • 주행 중에 이상소음, 냄새 등의 이상을 느낀 경우 즉시 점검한다.
> • 조종석을 떠날 때는 기관을 정지시킨다.
> • 흙이 묻은 와이어 로프는 그대로 급유해서는 안 된다.
> • 하중을 달아 올릴 때는 중량물을 지면에 내려놓는다.

01 굴착기로 작업 시 운전자의 시선은 어디를 향해야 하는가?

① 붐
② 측방
③ 버킷
④ 후방

굴착기 작업 중 운전자는 항상 버킷을 주시해야 한다.

02 굴착기 운전 중 주의사항으로 가장 거리가 먼 것은?

① 엔진을 필요 이상 공회전 시키지 않는다.
② 급가속은 굴착기에 악영향을 주므로 피한다.
③ 회전 시 속도를 줄이고 주의하면서 회전한다.
④ 주행 중 이상소음이 발생하면 작업 후 점검한다.

주행 중에 이상소음, 냄새 등의 이상을 느낀 경우 즉시 점검하여야 한다.

03 정비 작업 시 안전에 가장 위배되는 것은?

① 깨끗하고 먼지가 없는 작업 환경을 조성한다.
② 회전 부분에 옷이나 손이 닿지 않도록 한다.
③ 연료를 채운 상태에서 연료통을 용접한다.
④ 가연성 물질 취급 시 소화기를 준비한다.

연료통을 용접하고자 할 때에는 연료를 비우고 연료 가스 등의 가연성 물질을 완전히 제거한 후 주입구를 열어 놓고 용접하여야 한다.

04 굴착기 작업의 안전 수칙이다. 다음 중 잘못된 것은?

① 조종석을 떠날 때는 기관을 정지시킨다.
② 하중을 달아 올릴 때에는 제동을 걸어 둔다.
③ 조종자의 시선은 반드시 버킷을 주시한다.
④ 흙이 묻은 와이어 로프는 그대로 급유해서는 안 된다.

하중을 달아 올릴 때에는 중량물을 지면에 내려놓아야 한다.

05 굴착을 깊게 하여야 하는 작업 시 안전 준수사항으로 거리가 먼 것은?

① 작업은 가능한 숙련자가 하여야 한다.
② 작업장소의 위험요소의 여부를 점검하여야 한다.
③ 여러 번 나누지 말고 단 한 번에 굴착한다.
④ 산소결핍의 위험이 있는 경우 산소농도 측정을 하여야 한다.

여러 단계로 나누어서 굴착하는 것이 안전하다.

06 운전자가 작업 전에 장비 점검과 관련된 내용 중 거리가 먼 것은?

① 타이어 및 궤도 차륜 상태
② 브레이크 및 클러치의 작동 상태
③ 낙석, 낙하물 등의 위험이 예상되는 작업 시 견고한 헤드 가이드 설치 상태
④ 정격 용량보다 높은 회전으로 수차례 모터를 구동시켜 내구성 상태 점검

장비의 내구성 상태 점검은 운전자 장비 점검 사항에 해당되지 않는다.

기계/기구 및 공구에 관한 안전수칙

01 기계/기구에 관한 안전수칙

1) 공작기계의 안전수칙

① 공작기계 위에 공구나 재료를 올려놓지 않는다.
② 기계의 회전을 손이나 공구로 멈추지 않는다.
③ 절삭공구는 짧게 설치하고 절삭성이 나쁘면 일찍 교환한다.
④ 절삭 중 절삭 면에 손이 닿아서는 안 된다.

> 🎓 **기적의 Tip**
>
> 공구류는 기름 묻은 것을 사용하지 않고 종류별로 지정된 장소에 정리 보관한다.

2) 드릴 작업의 안전수칙

① 회전하고 있는 축이나 드릴에 신체를 가까이 하지 않는다.
② 드릴을 고정하거나 풀 때는 주축이 완전히 멈춘 후에 한다.
③ 작은 물건은 바이스나 고정구로 고정하고 직접 손으로 잡지 말아야 한다.
④ 얇은 물건을 드릴 작업할 때는 밑에 나무 등을 놓고 구멍을 뚫는다.
⑤ 드릴 끝이 가공물의 맨 밑에 나올 때 가공물이 회전하기 쉬우므로 이때는 이송을 늦춘다.
⑥ 가공 중 드릴이 가공물에 박히면 기계를 정지시키고 손으로 돌려서 뽑는다.
⑦ 드릴이나 소켓 등을 뽑을 때는 해머 등으로 두들겨 뽑지 않도록 한다.
⑧ 장갑을 끼고 작업하지 않는다.

> 🎓 **기적의 Tip**
>
> • 숫돌은 반드시 지정된 사람이 설치해야 한다.
> • 플랜지는 좌우 같은 것을 사용하고 숫돌 바깥지름의 1/3 이상의 것을 사용한다.

3) 연삭 작업의 안전수칙

① 숫돌을 설치하기 전에 나무망치로 숫돌을 때려 상태를 점검한다.
② 숫돌차는 기계에 규정된 것을 사용한다.
③ 숫돌차의 안지름은 축의 지름보다 $0.05 \sim 0.15mm$ 정도 커야 한다.
④ 숫돌은 작업개시 전 3분 이상 시운전 한다.
⑤ 숫돌과 받침대의 간격은 3mm 이하로 유지한다.
⑥ 소형 숫돌은 측압에 약하므로 컵형 숫돌 외에는 측면 사용을 피한다.
⑦ 숫돌 커버를 벗겨 놓은 채 사용해서는 안 된다.
⑧ 안전 차폐막을 갖추지 않은 연삭기를 사용할 때는 방진 안경을 사용한다.

4) 정 작업 안전수칙

① 정은 기름을 깨끗이 닦은 후에 방진안경을 착용한 후 사용한다.
② 날 끝이 결손된 것이나 둥글어진 것은 사용하지 않는다.
③ 정 작업 시 반대편에 차폐막을 설치한다.
④ 정 작업은 처음에는 가볍게 두들기고 목표가 정해진 후에 차츰 세게 두들긴다.
⑤ 담금질한 재료를 정으로 쳐서는 안 된다.
⑥ 머리가 벗겨진 정은 사용하지 않는다.

5) 바이스 작업의 안전수칙

① 죠의 기름을 잘 닦아낸다.
② 죠의 중심에 공작물이 오도록 고정한다.
③ 가공물을 체결한 다음에는 반드시 핸들을 밑으로 내린다.
④ 둥근 가공물은 프리즘형 보조구를 이용하여 고정한다.
⑤ 공작물이 손상되지 않도록 연한 금속판을 죠에 댄다.
⑥ 다듬질한 공작물은 가죽이나 고무를 대고 고정한다.
⑦ 사용 후에는 바이스의 죠를 가볍게 조여 둔다.

6) 줄 다듬질 작업의 안전수칙

① 균열이 있는 것은 사용 중에 부러질 염려가 있으므로 잘 점검 사용한다.
② 자루는 든든한 쇠고리가 끼워진 것을 선택하고 확실하게 고정하여 사용한다.
③ 입으로 불거나 맨손으로 털지 말고 반드시 브러시 또는 솔을 사용한다.
④ 새 줄은 처음에는 연질재에 사용하고 차차 경질재에 사용한다.

02 용접작업 시 안전수칙

1) 산소 용기 취급 시 주의사항

① 충격을 주지 말고 밸브 개폐를 천천히 한다.
② 항상 40℃ 이하로 유지하고 직사광선을 쬐지 않는다.
③ 밸브 조정기 등에 기름이 묻으면 안 된다.
④ 산소통을 뉘어 놓지 않는다.

2) 아세틸렌 용기 취급 시 주의사항

① 용기를 거꾸로 눕히지 않고 충격을 가하지 않는다.
② 누설 검사는 비눗물로 하고, 사용 후에는 반드시 약간 잔압을 남겨 둔다.
③ 화기나 열기를 가까이 하지 않는다.

3) 토치 취급 시 주의사항

① 팁을 모래나 먼지 위에 놓지 않는다.
② 토치를 함부로 분해하지 말고, 기름을 바르지 않는다.
③ 팁이 과열되었을 때에는 산소만 조금씩 분출시키면서 물속에 넣어 냉각시킨다.
④ 팁이 막히면 팁 구멍 클리너로 청소한다.

4) 아크 용접작업 시 안전수칙

① 용접 시 소화기 및 소화수를 준비하고 우천 시 옥외작업을 피한다.
② 장시간 용접 시 수시로 용접기를 점검한다.
③ 작업 시 반드시 보호구를 착용하고 벗겨진 홀더는 사용하지 않는다.
④ 작업 중단 시에는 전원 스위치를 끄고 커넥터를 풀어준다.
⑤ 환기장치가 완전한, 일정한 장소에서만 용접한다.

5) 산소 용접 시 일반적인 주의사항

① 점화는 성냥불로 직접 하지 말고 마찰식 라이터를 사용한다.
② 아세틸렌 밸브를 먼저 열고 점화한 다음 산소 밸브를 열어 불꽃을 조절한다.
③ 작업 후에는 산소 밸브를 먼저 잠그고 아세틸렌 밸브를 닫는다.
④ 역화의 위험을 방지하기 위하여 안정기를 사용한다.
⑤ 역류·역화 시에는 산소 밸브를 잠근다.

6) 가스용기의 색상

산소	아세틸렌	액화석유가스(LPG)	액화염소	수소	탄산가스	암모니아
녹색	황색	회색	갈색	주황색	청색	백색

산소-아세틸렌 사용 시 안전수칙
- 산소는 산소병에 35℃, 150기압으로 충전한다.
- 1.5기압 이상이면 폭발할 위험성이 있으므로 아세틸렌의 사용압력은 1기압으로 제한한다.
- 산소통의 메인 밸브가 얼면 60℃ 이하의 물로 녹인다.
- 산소의 누출 여부는 비눗물로 확인한다.

가스 용접기가 발생기와 분리되어 있는 아세틸렌 용접장치의 안전기는 가스 발생기와 가스 용기 사이에 설치한다.

03 공구에 관한 안전수칙

1) 해머 작업의 안전수칙

① 좁은 곳에서 사용하지 않으며 처음에는 서서히 타격한다.
② 장갑을 끼지 말고, 대형의 해머는 능력에 맞게 사용한다.
③ 녹슨 공작물에는 보호 안경을 착용하고 작업 전 반드시 주위를 살핀다.
④ 쐐기가 없는 것, 낡은 것, 모양이 찌그러진 해머는 사용하지 않는다.

2) 스패너, 렌치 작업의 안전수칙

① 몸의 중심에서 조금씩 잡아당겨 사용한다.
② 녹이 슨 볼트나 너트에는 오일을 넣고 스며들게 한 후에 작업한다.
③ 스패너와 볼트, 너트 사이에 쐐기 등의 물림쇠를 끼워 사용하지 않는다.
④ 스패너에 파이프를 끼우거나 연장대를 연결하여 사용하지 않는다.
⑤ 렌치의 종류
- 조정 렌치(몽키 스패너) : 죠의 간격을 조절하여 다양한 규격에 사용 가능한 렌치
- 복스 렌치 : 미끄러지지 않고 사용 가능하도록 볼트나 너트의 머리를 감싸는 형태의 렌치
- 오픈엔드 렌치 : 양 끝에 서로 다른 크기의 개구부가 있는 렌치
- 조합 렌치 : 한쪽에는 포크형 끝이, 다른 쪽에는 다면체 머리가 달린 렌치

- 토크 렌치 : 토크에 맞추어 볼트 · 너트를 조이는 렌치
- 파이프 렌치 : 관 등과 같이 주위가 매끄러운 것에 사용하는 렌치
- 소켓 렌치 : 소켓 렌치용 소켓과 그 소켓을 돌리는 핸들류로 구성된 렌치

3) 공기구 작업의 안전수칙

① 공기구를 사용할 때에는 반드시 방진 안경 및 마스크를 착용한다.
② 공기 밸브는 서서히 열어서 속도를 조절한다.
③ 공기구는 항상 기름 또는 그리스를 주유하여 원활하게 움직이도록 한다.
④ 공기구의 호스를 꺾거나 구부려서는 안 된다.
⑤ 공구 교체 또는 고장 시 반드시 공기 밸브를 잠그고 한다.

4) 드라이버 작업의 안전수칙

① 자루가 휜 것, 부러진 것, 끝이 무뎌진 것은 사용하지 않는다.
② 작은 공작물은 바이스 등으로 고정시키고 작업한다.
③ 테이블이나 작업대 위에 올려놓고 작업한다.

일반적인 작업상에서의 안전수칙
- 공구나 부속품 세척 시 석유, 경유, 솔벤트 등을 사용한다.
- 기름걸레나 인화 물질은 철제통에 보관한다.
- 작업복에 기름이 배었을 때에는 바로 갈아입는다.
- 엔진 기동 및 연료장치 정비 시에는 소화기를 비치한다.
- 결함개소의 확인과 동시에 고장 원인을 규명하고 분해 및 분리 여부를 파악한다.
- 엔진 시운전 시 배출되는 일산화탄소에 주의하고 적절한 통풍장치를 한다.

01 산소-아세틸렌 사용 시 안전수칙으로 잘못된 것은?

① 산소는 산소병에 35℃, 150기압으로 충전한다.
② 아세틸렌의 사용압력은 2기압으로 제한한다.
③ 산소통의 메인 밸브가 얼면 60℃ 이하의 물로 녹인다.
④ 산소의 누출 여부는 비눗물로 확인한다.

아세틸렌의 사용압력은 1기압이며 1.5기압 이상이면 폭발할 위험성이 있다.

02 해머 사용 시 주의 사항이 아닌 것은?

① 쐐기를 박아서 자루가 단단한 것을 사용한다.
② 기름 묻은 손으로 자루를 잡지 않는다.
③ 타격면이 닳아 경사진 것은 사용하지 않는다.
④ 처음에는 크게 휘두르고 차차 작게 휘두른다.

해머 작업은 처음에 약하게 시작하고 점차 강하게 휘두르며 끝에서 다시 약하게 휘두른다.

03 볼트 머리나 너트의 크기가 명확하지 않을 때나 가볍게 조이고 풀 때 사용하는 렌치는?

① 소켓 렌치
② 조정 렌치
③ 복스 렌치
④ 파이프 렌치

조정 렌치는 일명 몽키 스패너라고도 부르며 크기 조절이 가능하여 볼트나 너트의 크기가 명확하지 않을 때 조정해서 가볍게 조이고 풀 때 사용한다.

04 가스 용접기가 발생기와 분리되어 있는 아세틸렌 용접장치의 안전기 설치 위치는?

① 발생기
② 가스 용기
③ 발생기와 가스 용기 사이
④ 용접 토치와 가스 용기 사이

아세틸렌 용접장치의 안전기는 가스 발생기와 가스 용기 사이에 설치한다.

05 수공구 사용 시 안전수칙으로 바르지 못한 것은?

① 톱 작업은 밀 때 절삭되게 작업한다.
② 줄 작업으로 생긴 쇳가루는 브러시로 털어낸다.
③ 해머 작업은 미끄러짐을 방지하기 위해서 면장갑을 끼고 작업한다.
④ 조정 렌치는 조정조가 있는 부분에 힘을 받지 않게 하여 사용한다.

해머 작업은 미끄러짐을 방지하기 위해서 장갑을 벗고 작업을 하는 것이 안전하다.

06 다음 중 드라이버 사용 방법으로 틀린 것은?

① 날 끝 홈의 폭과 깊이가 같은 것을 사용한다.
② 전기 작업 시 자루는 모두 금속으로 되어 있는 것을 사용한다.
③ 날 끝이 수평이어야 하며 둥글거나 빠진 것은 사용하지 않는다.
④ 작은 공작물이라도 한손으로 잡지 않고 바이스 등으로 고정하고 사용한다.

전기 작업 시 드라이버의 자루는 금속과 절연이 되어 있는 것을 사용한다.

가스안전 및 가스배관

01 가스배관의 표시색상 및 안전표지

1) 가스배관의 표시
① 배관의 외부표시 : 사용가스명, 최고 사용 압력, 가스의 흐름 방향
② 가스의 지상배관의 표면색상 : 황색

2) 매설 가스배관의 표시 색상
① 최고 사용 압력이 저압(1kgf/cm^2 미만)인 경우 : 황색
② 최고 사용 압력이 중압(1~10kgf/cm^2) 또는 고압(10kgf/cm^{2}이상)인 경우 : 적색
③ 지상 배관 중 건축물의 외벽에 노출된 것 : 황색 띠로 표시(지워지지 않을 것)
④ 2층 이상의 건물의 경우 : 각 층의 바닥으로부터 1m 높이에 3cm 띠를 2중으로 표시

3) 보호포의 바탕색(최고 사용 압력 기준)
저압인 경우 황색이고 중압 이상인 경우는 적색이며 가스명, 사용 압력, 공급자명을 표시한다.
① 저압인 경우 : 황색(1kgf/cm^2(0.1MPA) 미만)
② 중압 이상인 경우 : 적색(1kgf/cm^2~10kgf/cm^2(0.1~1MPA) 미만)
③ 가스명, 사용 압력, 공급자명 표시(10kgf/cm^2(1MPA) 이상)

4) 가스배관의 라인마크
① 라인마크의 설치 장소 : 도로 및 공동주택 등의 부지 내
② 라인마크의 설치 방법 : 배관 길이 50m마다 1개 이상(주요 분기점, 구부러진 지점 및 그 주위는 50m 이내)

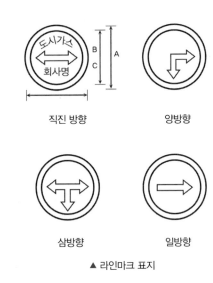

직진 방향   양방향

삼방향   일방향

▲ 라인마크 표지

5) 가스배관의 표지판
① 설치 장소 : 일반인이 쉽게 볼 수 있도록 설치, 배관을 따라 500m 간격으로 설치
② 표지판의 크기 : 가로 200mm, 세로 150mm 이상의 직사각형
③ 표지판의 색상 : 황색 바탕에 적색 글씨로 표기

02 가스배관의 도로매설 및 매설깊이

1) 가스배관의 도로매설
① 자동차 등의 하중의 영향이 적은 곳에 매설할 것
② 배관의 외면으로부터 도로의 경계까지 1m 이상의 수평거리를 유지할 것
③ 배관은 그 외면으로부터 도로 밑의 다른 시설물과 0.3m 이상의 거리를 유지할 것

④ 시가지의 도로 밑에 매설하는 경우에는 노면으로부터 배관의 외면까지 길이를 1.5m 이상으로 할 것(방호 구조물 안에 설치하는 경우 깊이 1.2m 이상)

⑤ 포장된 차도에 매설하는 경우에는 그 포장부분의 노반(차단층의 경우 그 차단층)의 밑에 매설하고 배관외면과 노반의 최하부와의 거리는 0.5m 이상으로 할 것

⑥ 인도, 보도 등 노면 외의 도로 밑에 매설하는 경우, 지표면으로부터 배관의 외면까지의 깊이는 1.2m 이상으로 할 것(방호 구조물 안에 설치하는 경우 깊이 0.6m 이상)

2) 가스배관의 지하매설 깊이

① 공동주택 등의 부지 내 : 1.6m 이상
② 폭 8m 이상의 도로 : 1.2m 이상
③ 폭 4m 이상 8m 미만인 도로 : 1m 이상
④ 최고 사용 압력이 저압인 배관에서 수요가에게 직접 연결되는 배관 : 1m 이상
⑤ 기타 지역 : 0.8m 이상
⑥ 암반 등으로 매설깊이 유지가 곤란한 경우 : 0.6m 이상

기적의 Tip

• 매설 깊이를 확보할 수 없는 곳에 가스배관을 설치하였을 때는 배관 주위에 가스배관 보호판 또는 보호관을 노면과 0.3m 이상의 깊이로 설치하여야 한다.
• 보호포는 배관 정상부로부터 0.4m 이상 떨어진 곳에 설치한다. 하지만 매설 깊이를 확보할 수 없어 보호관 등을 사용한 경우에는 보호관 직상부에 보호포를 설치할 수 있다.

이론을 확인하는 개념 체크

01 가스 지상배관의 표면 색상은 청색이다. (O, X)

02 가스배관 내 압력이 1kgf/cm² 미만인 경우 저압으로 분류한다. (O, X)

03 가스배관 표지판은 일반인의 눈에 잘 띄지 않는 곳에 설치한다. (O, X)

04 가스배관 표지판은 황색 바탕에 적색 글씨로 표시한다. (O, X)

05 가스배관은 외면으로부터 도로 밑 다른 시설물까지 0.3m 이상의 거리를 유지해야 한다. (O, X)

06 가스배관을 충분히 깊게 매설할 수 없는 경우 0.3m 이상의 깊이로 매설하고 가스배관 보호판을 설치한다. (O, X)

07 가스배관은 자동차 등의 하중이 가능한 적은 곳에 설치한다. (O, X)

01 X 02 O 03 X 04 O 05 O 06 O 07 O

01 도시가스배관 매설 시 매설 위치를 확인할 수 있는 라인마크는 배관길이 최소 몇 m마다 1개 이상 설치하여야 하는가?

① 10m
② 20m
③ 30m
④ 50m

도시가스배관 매설시 라인마크는 50m마다 1개 이상 매설 위치를 확인할 수 있도록 지면에 설치하여야 한다.

02 도시가스사업법령에 따라 도시가스배관 매설 시 폭 8m 이상의 도로에서는 지면으로부터 얼마 이상의 설치 간격을 두어야 하는가?

① 0.3m
② 0.5m
③ 0.8m
④ 1.2m

도시가스배관을 매설할 때에는 폭 8m 이상의 도로에서는 지면으로부터 1.2m 이상의 간격을 두고 매설하여야 한다.

03 공동 주택 부지 내에서 굴착 작업 시 황색의 가스 보호포가 나왔다. 도시가스배관은 그 보호포가 설치된 위치로부터 최소 몇 m 이상 깊이에 매설되어 있는가? (단, 배관의 심도는 0.6m이다.)

① 0.2m
② 0.3m
③ 0.4m
④ 0.5m

사유지 내 매설 시 최소 깊이는 0.4m이고 기본은 0.6m이다.

04 특수한 사정으로 인해 매설 깊이를 확보할 수 없는 곳에 가스배관을 설치하였을 때 노면과 0.3m 이상의 깊이를 유지하여 배관주위에 설치하여야 하는 것은?

① 수취기
② 도시가스 입상관
③ 가스배관의 보호판
④ 가스 차단장치

특수한 사정으로 인해 매설 깊이를 확보할 수 없는 곳에 가스배관을 설치하였을 때 배관 주위에 가스배관 보호판 또는 보호포를 노면과 0.3m 이상의 깊이로 설치하여야 한다.

05 도시가스사업법에서 압축가스의 저압이란 몇 MPa 미만의 압력을 말하는가?

① 1MPa
② 0.1MPa
③ 3MPa
④ 0.01MPa

도시가스 압력은 저압을 0.1Mpa 미만, 중압을 0.1Mpa 이상 1.0Mpa 미만, 고압을 1.0Mpa 이상으로 분류한다.

손상방지, 작업 시 주의사항 (가스배관)

SECTION 13

출제빈도 상 중 하

01 가스배관의 타공·굴착공사에 따른 관리

1) 타공 시의 가스배관 손상방지

① 가스배관의 수평거리 2m 이내에서 파일박기를 하려는 경우, 도시가스 사업자의 입회하에 시험 굴착 후 작업할 것

② 가스배관의 수평거리가 30cm 이내일 경우 파일박기 작업을 금지할 것

③ 항타기(pile driver)는 가스배관과 수평거리가 2m 이상 되는 곳에 설치할 것, 다만 부득이하게 수평거리 2m 이내에 설치하고자 할 때는 진동을 완화할 수 있는 조치를 취할 것

④ 가스배관 주위를 굴착 작업 시 가스배관 좌우 1m 이내 부분은 인력으로 굴착

⑤ 가스배관 주위를 발파 작업하는 경우, 도시가스 사업자의 입회하에 충분한 대책을 수립한 후 그 지시에 따라 작업

⑥ 가스배관의 위치를 파악한 경우 그것을 알리는 표지판을 설치

> **기적의 Tip**
> **타공 시의 가스배관 사고요인**
> • 가스배관 매설 상황조사 및 확인작업을 하지 않음
> • 노출 배관에 대한 방호조치 미비
> • 실제 매설 위치와 도면의 불일치
> • 가스사업자와 협의 없이 무단으로 도로를 굴착
> • 가스사업자와 사전 협의 및 합동 순회점검 체제를 미확립
> • 작업 안전수칙 및 안전의식 등의 미준수

2) 굴착작업의 안전 유의사항

작업 전에 도시가스배관 확인 및 도시가스 사업자 입회하여 협의 확인한다.

① 라인마크 확인 (배관길이 50m 마다 1개 이상 설치됨)

② 배관 표지판 (배관길이 500m 마다 1개 이상 설치됨)

③ 전기방식 측정용 터미널 박스 위치 및 크기

④ 밸브 박스 위치 및 크기

⑤ 도시가스배관 설치도면

> **기적의 Tip**
> **가스배관이 매설된 도로 굴착 작업 시 준수사항**
> • 도시가스 회사의 입회하에 작업한다.
> • 라인마크는 배관 길이 50m마다 1개 이상이 설치되어 있으나 라인마크가 없다고 직접 굴착하지 않는다.
> • 굴착 전 라인마크, 표지판, 밸브박스 등으로 가스배관의 유무를 확인한다.
> • 반드시 도시가스 회사에 매설 유무를 조회한다.

3) 굴착 시의 가스배관의 매설위치 확인 및 조치사항

① 배관도면, 탐지기 또는 시험 굴착 등으로 확인한다.

② 가스배관의 위치 및 관경을 스프레이, 깃발 등으로 노면에 표시하여 둔다.

③ 타공 작업의 자재 등에 의한 가스배관의 충격, 손상, 하중에 주의한다.

④ 가스배관의 좌우 1m 이내의 부분은 반드시 인력으로 작업을 하여야 한다.

⑤ 가스배관에 부속 시설물이 있는 경우 작업으로 인한 이탈 및 손상 방지에 유의한다.

> **기적의 Tip**
> **작업 전 수작업으로 작업을 하여야 하는 경우**
> • 보호포(적색 또는 황색 시트)가 나타났을 때
> • 모래가 나왔을 때
> • 보호판이 나왔을 때
> • 적색 또는 황색의 가스배관이 나왔을 때

4) 가스배관 파손 시 긴급조치 요령

① 천공기 등으로 도시가스배관이 손상 또는 파손 등이 발생되었을 경우에는 천공기 등 기계 기구를 빼지 말고 그대로 유지한 채 기계를 정지시킨다.
② 누출되는 가스배관의 지표면에 라인마크 등을 확인하여 밸브를 차단하고 신고한다.
③ 주변의 차량 및 사람을 통제하여 경찰서, 소방서, 한국가스안전공사에 연락한다.

> 🎓 기적의 Tip
>
> **가스 누출 시 폭발 조건**
> • 가스가 폭발 범위 내의 농도일 때
> • 가스가 누출되는 압력이 3.0Mpa 이상일 때
> • 점화가 가능한 공기(산소)가 있을 때

5) 가스배관 안전(파손)사고 예방 대책

① 타공 공사에 따른 정보를 파악한다.
② 가스배관의 매설상황 및 부속물 등의 위치 및 상황을 조사 확인한다.
③ 사전에 충분한 협의 및 안전대책을 수립한다.
④ 합동입회, 순회 점검 등을 실시한다.
⑤ 안전교육을 실시한다.

6) 되메우기 및 복구 공사

① 가스배관의 하부 및 주변은 압축성이 적은 양질의 모래로 충분히 다진 후 되 메우기 작업을 실시한다.
② 포장 작업의 경우 부속 시설물(밸브 수취기, 터미널 박스, 라인마크, 보호포 등)을 재설치하고 매몰을 방지한다.

02 노출된 가스배관 안전 조치내용

1) 노출된 가스배관의 길이가 15m 이상인 경우의 안전조치 기준

① 점검통로의 폭은 점검자의 통행이 가능한 80cm 이상으로 하고 발판은 사람의 통행에 지장이 없는 각목 등으로 설치하여야 한다.
② 가드레일은 0.9m 이상의 높이로 설치하여야 한다.
③ 점검통로는 가스배관에서 가능한 한 가깝게 설치하되 원칙적으로 가스배관으로부터 수평거리 1m 이내에 설치하여야 한다.
④ 가스배관 양 끝단부 및 곡관은 항상 관찰이 가능하도록 점검 통로를 설치한다.
⑤ 조명은 70Lux 이상을 원칙으로 유지하여야 한다.

2) 노출된 가스배관의 길이가 20m 이상인 경우의 안전조치 기준

① 매 20m마다 가스 누출 경보기를 현장 관계자가 상주하는 장소에 경보음이 전달되도록 설치한다.
② 작업장에는 현장 여건에 맞는 경광등을 설치하여야 한다.

01 다음 [보기] 중 도시가스가 누출되었을 경우 폭발할 수 있는 조건으로 모두 고른 것은?

> a. 누출된 가스의 농도는 폭발 범위 내에 들어야 한다.
> b. 누출된 가스에 불씨 등의 점화원이 있어야 한다.
> c. 가스가 누출되는 압력이 3.0Mpa 이상 이어야 한다.
> d. 점화가 가능한 공기(산소)가 있어야 한다.

① a
② a, b
③ a, b, c
④ a, c, d

폭발할 수 있는 조건에서 누출된 가스의 농도는 폭발 범위 내에 들어야 하고 불씨 등의 점화원이 있어야 하며 점화가 가능한 공기(산소)가 있어야 한다.

02 도시가스배관이 매설된 도로에서 굴착 작업을 할 때 준수사항으로 틀린 것은?

① 가스배관이 매설된 지점에서는 도시가스 회사의 입회하에 작업한다.
② 가스배관은 도로에 라인마크를 하기 때문에 라인마크가 없으면 직접 굴착해도 된다.
③ 어떤 지점을 굴착하고자 할 때는 라인마크, 표지판, 밸브박스 등으로 가스배관의 유무를 확인하는 방법이 있다.
④ 가스배관의 매설 유무는 반드시 도시가스 회사에 유무 조회를 하여야 한다.

도시가스배관의 라인마크는 배관 길이 50m마다 1개 이상이 설치하나 라인마크가 없다고 직접 굴착해서는 안 된다.

03 도시가스가 공급되는 지역에서 굴착공사 중에 [그림]과 같은 것이 발견되었다. 이것은 무엇인가?

① 보호포
② 보호판
③ 라인마크
④ 가스 누출 검지공

그림은 보호판을 나타낸다.

04 굴착공사를 위하여 가스배관과 근접하여 H 파일을 설치하고자 할 때 가장 근접하여 설치할 수 있는 수평거리는?

① 10cm
② 20cm
③ 30cm
④ 50cm

매설된 가스배관과 근접하여 굴착 작업 시 최소 이격거리는 30cm 이상이다.

05 도시가스배관 주위를 굴착 후 되메우기 시 지하에 매설하면 안 되는 것은?

① 보호포
② 보호판
③ 라인마크
④ 전기방식용 양극

전기방식용 양극은 전기설비이므로 절대 도시가스배관과 함께 매설하여서는 안 된다.

06 굴착 공사로 인해 노출된 도시가스배관의 안전 조치사항으로 노출된 가스배관의 길이가 최소 몇 m 이상일 때 가스 누출 경보기 등을 설치하여야 하는가?

① 20m
② 50m
③ 100m
④ 200m

노출된 가스배관의 길이가 20m 이상 노출된 배관은 20m마다 가스 누출 경보기를 설치하여야 한다.

전기안전 관련 및 전기시설

01 전기공사 관련 작업 안전

1) 고압선 관련 유의사항

① 차도에서 전력케이블은 지표면 아래 약 1.2~1.5m의 깊이에 매설되어 있다.

② 콘크리트 전주 주변에서 굴착작업을 금지한다.

③ 한국전력 맨홀 주변에서 굴착 작업 시 동선을 절단하였을 때에는 절단된 상태 그대로 두고 한국전력에 연락을 취하여야 한다.

> 🎓 기적의 Tip
>
> **전력케이블에 사용되는 관로(파이프)의 종류**
> • 흄관, 강관, 파형 PE관
> • 특별 고압선의 경우에는 대부분 비피복선으로 케이블 형식을 많이 사용하며 연선이나 경동 연선을 사용하고 있다.

2) 인체감전의 경우 위험을 결정하는 요소

① 인체에 흐르는 전류의 세기(크기)

② 인체에 전류가 흐르는 시간

③ 전류의 인체 통과 경로

> 🎓 기적의 Tip
>
> 건설기계 작업 중 고압선에 근접 접촉으로 인한 사고 :
> 감전, 화재, 화상

3) 콘크리트 전주 위에 있는 주상변압기

① 주상 변압기★ 연결선의 고압측은 위쪽이다.

② 주상 변압기 연결선의 저압측은 아래쪽이다.

★ 변압기
전압을 고압에서 저압으로 변경한다.

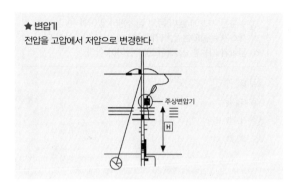

02 고압선 주변의 안전수칙

1) 안전 이격거리

① 전압이 높을수록 이격거리는 비례하여 커진다.

② 애자★ 수가 많을수록 비례하여 커진다.

③ 일반적으로 전선이 굵을수록 비례하여 커진다.

★ 애자
송전선 등에서 전기를 절연하기 위해 이용되는 기구

> **더 알기 Tip**
>
> **애자 수에 따른 전압**
> 2~3개 : 22.9kW, 4~5개 : 66kW, 9~11개 : 154kW

2) 작업 시의 안전수칙

① 전력선 밑은 굴착 작업 전에 작업 안전원을 배치하고 안전원의 지시에 따른다.

② 굴착장비를 이용한 도로 굴착 작업 중 "고압선 위험" 표지 시트가 발견되면 표지 시트 직하에 전력케이블이 묻혀 있으므로 주의한다.

3) 154,000V라는 표시찰이 부착된 철탑 근처 작업 시의 주의사항

① 철탑 기초에 충분히 이격하여 굴착한다.
② 철탑 기초 주변의 흙이 무너지지 않도록 주의한다.
③ 전선에서 최소한 3m 이내로 접근되지 않도록 주의한다.
④ 바람에 따른 전선의 흔들림을 고려하여 접근 금지 안전로프를 설치한다.

4) 전선로 주변에서 작업 시의 주의사항

① 굴착 작업을 할 때에는 붐이 전선에 근접되지 않도록 주의하여야 한다.
② 전선은 바람에 흔들리므로 이를 고려하여 안전 이격거리를 충분히 두고 작업한다.
③ 전선의 흔들림은 철탑, 전주의 거리가 멀어질수록 커진다.
④ 붐 및 버킷(디퍼)은 최대로 펼쳤을 때 전력선과 최소 10m 이상 이격시켜 작업한다.
⑤ 전력선 인근 작업 시 작업안전원을 배치하고 안전원의 지시에 따라 작업한다.

5) 고압전선로 활선작업의 안전대책

① 작업자에게 절연 보호구 및 개인 활선 작업용 기구를 사용하도록 한다.
② 안전원을 배치하고 절연용 방호 용구 및 방호망을 설치한다.

6) 저압활선 및 활선 근접 작업 시의 안전조치사항

① 절연용 보호구를 착용한다.
② 근접된 충전선로에 절연용 방호구를 설치한다.
③ 전열용 방호구의 설치 및 해체 시 활선 작업용 기구를 사용한다.

이론을 확인하는 개념 체크

01 주상 변압기에서 고압선은 아래쪽 선이다. (O, X)

02 전압이 높을수록 안전 이격거리가 커진다. (O, X)

03 전선은 바람에 흔들릴 수 있으므로 이격거리를 충분히 두어야 한다. (O, X)

04 특별고압활선에서 작업할 경우 한국전력공사 시설물관리자에게 연락을 취해야 한다. (O, X)

01 X 02 O 03 O 04 O

01 감전사고 예방을 위한 주의사항의 내용으로 틀린 것은?

① 젖은 손으로는 전기기기를 만지지 않는다.
② 코드를 뺄 때는 반드시 플러그의 몸체를 잡고 뺀다.
③ 전력선에 물체를 접촉하지 않는다.
④ 220V는 단상이고 저압이므로 생명의 위험은 없다.

저압이라도 감전의 위험은 항상 있으므로 주의를 하여야 한다.

02 굴착기가 고압전선에 근접 접촉함으로 인한 사고 유형이 아닌 것은?

① 화재
② 화상
③ 휴전
④ 감전

휴전이란 송전을 일시 중단하는 것으로 전기가 통하지 않는 상태이다.

03 다음 그림에서 A는 배전선로에서 전압을 변환하는 기기이다. A의 명칭으로 옳은 것은?

① 현수애자
② 컷아웃스위치(COS)
③ 아킹혼(Arcing Horn)
④ 주상변압기(P. Tr)

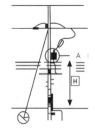

그림의 A는 주상변압기를 나타내며 주상변압기는 고전압을 저전압으로 바꾸어 송전하는 역할을 한다. 시가지에서는 4.5m, 시가지 외에서는 4m 높이에 설치해야 한다.

04 도로에서 굴착 작업 중 케이블 표지 시트가 발견되었을 때 조치 방법으로 가장 적합한 것은?

① 케이블 표지 시트를 걷어내고 계속 작업한다.
② 케이블 표지 시트는 전력 케이블과는 무관하다.
③ 해당 시설물 관리자에게 연락 후 그 지시를 따른다.
④ 별도의 연락 없이 조심해서 작업한다.

도로 굴착 작업 중 케이블 표지 시트가 발견 되었을 때에는 직하에 매설물이 있다는 것으로 해당 시설 관리자에게 연락을 취하여 그 지시를 따라 작업을 하여야 한다.

05 가공 전선로에서 건설기계 운전·작업 시 안전대책으로 가장 거리가 먼 것은?

① 안전한 작업 계획을 수립한다.
② 장비 사용을 위한 신호수를 정한다.
③ 가공 전선로에 대한 감전 방지 수단을 강구한다.
④ 가급적 물건은 가공 전선로 하단에 보관한다.

가급적 안전거리를 유지하고 안전한 곳에 물건을 보관한다.

06 차도 아래에 매설되는 전력케이블(직접매설식)은 지면에서 최소 몇m 이상의 깊이로 매설되어야 하는가?

① 2.5m
② 0.9m
③ 1.2m
④ 0.3m

차도 아래에 매설하는 직접매설식 전력케이블은 최소 1.2m 이상 깊이에 매설하여야 한다.

07 고압전선로 주변에서 굴착작업 시 이격거리를 결정하기 위해 전압의 크기를 확인하는 방법으로 틀린 것은?

① 애자의 수
② 지지물의 높이
③ 전선의 굵기
④ 전압과 관계없다.

전압의 크기에 따라서 안전한 이격거리를 준수해야 한다.

08 건설장비로 22.9kV 배전선로에 근접하여 작업할 때 가장 적절한 것은?

① 전력선에 장비가 접촉되는 사고 발생 시 시설물 관리자에게 연락한다.
② 콘크리트 전주의 전력선은 모두 저압선이므로 접촉해도 안전하다.
③ 작업 중 전력선과 접촉 시 단선만 되지 않으면 안전하다.
④ 작업 중에 전력선이 단선되면 동선으로 접속한다.

전력선 인근에서 작업할 때에는 반드시 한국전력공사 시설물관리자에게 연락을 취한 후 그 지시를 받는다.

09 특별 고압 가공 송전 선로에 대한 설명으로 틀린 것은?

① 애자의 수가 많을수록 전압이 높다
② 겨울철에 비하여 여름철에 전선이 더 많이 처진다.
③ 154,000V 가공전선은 피복전선이다.
④ 철탑과 철탑과의 거리가 멀수록 전선의 흔들림이 크다.

특별 고압선의 경우에는 대부분 비피복선으로 케이블 형식을 많이 사용하며 연선이나 경동 연선을 사용하고 있다.

10 인체 감전 시 위험을 결정하는 요소와 가장 거리가 먼 것은?

① 인체에 흐르는 전류 크기
② 인체에 전류가 흐른 시간
③ 전류의 인체 통과 경로
④ 감전 시의 기온

인체 감전 시 위험을 결정하는 요소에는 인체에 흐르는 전류의 크기, 경로, 흐른 시간이며 감전 시의 기온은 해당되지 않는다.

11 건설기계를 이용한 파일 작업 중 지하에 매설된 전력케이블 외피가 손상되었을 경우 가장 적절한 조치 방법은?

① 케이블 내에 있는 동선에 손상이 없으면 전력 공급에 지장이 없다.
② 케이블 외피를 마른헝겊으로 감아 놓았다.
③ 인근 한국전력공사에 통보하고 손상부위를 절연테이프로 감은 후 흙으로 덮었다.
④ 인근 한국전력사업소에 연락하여 한전에서 조치하도록 하였다.

전력케이블에 접촉만 되어도 인근 한국전력공사에 즉시 연락하여 조치하도록 하여야 한다.

PART 05

법규

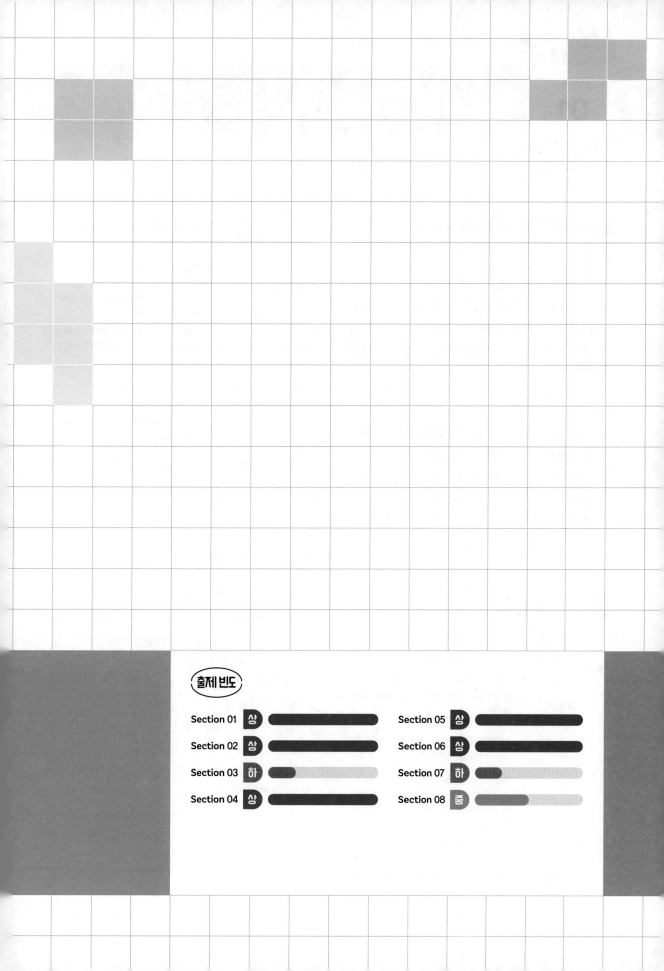

출제 빈도

Section 01	상	Section 05	상
Section 02	상	Section 06	상
Section 03	하	Section 07	하
Section 04	상	Section 08	중

건설기계 등록 및 검사

출제
빈도 상 중 하

01 건설기계관리법의 목적 및 정의

1) 목적

건설기계의 등록 · 검사 · 형식승인 및 건설기계 사업과 건설기계조종사면허 등에 관한 사항을 정하여 건설기계를 효율적으로 관리하고 건설기계의 안전도 확보를 통해 건설공사의 기계화 촉진을 목적으로 한다.

2) 정의

① 건설기계 : 건설공사에 사용할 수 있는 기계로서 대통령령이 정하는 것(27종)
② 건설기계사업 : 건설기계대여업 · 건설기계정비업 · 건설기계매매업 · 건설기계 해체재활용업
③ 건설기계 형식 : 건설기계의 구조 · 규격 및 성능 등에 관하여 일정하게 정한 것

02 건설기계의 범위

기종번호	건설기계명	건설기계의 범위(제2조 관련)
1	불도저	토사의 절토, 운반 작업용으로 무한궤도 또는 타이어식인 것
2	굴착기	무한궤도 또는 타이어식으로 굴착장치를 가진 자체중량 1톤 이상인 것
3	로더	무한궤도 또는 타이어식으로 적재장치를 가진 자체중량 2톤 이상인 것. 다만, 차체굴절식 조향장치가 있는 자체중량 4톤 미만인 것은 제외한다.
4	지게차	타이어식으로 들어올림장치와 조종석을 가진 것. 다만, 전동식으로 솔리드타이어를 부착한 것 중 도로가 아닌 장소에서만 운행하는 것은 제외한다.
5	스크레이퍼	흙 · 모래의 굴착 및 운반장치를 가진 자주식인 것
6	덤프트럭	적재용량 12톤 이상인 것. 다만, 적재용량 12톤 이상 20톤 미만의 것으로 화물운송에 사용하기 위하여 자동차관리법에 의한 자동차로 등록된 것을 제외한다.
7	기중기	무한궤도 또는 타이어식으로 강재의 지주 및 선회장치를 가진 것. 다만, 궤도(레일)식인 것을 제외한다.
8	모터그레이더	정지장치를 가진 자주식인 것
9	롤러	• 조종석과 전압장치를 가진 자주식인 것 • 피견인 진동식인 것
10	노상안정기	노상안정장치를 가진 자주식인 것

* 이상 10종 포함 총 27종

03 건설기계의 등록

1) 건설기계의 신규 등록

건설기계의 소유자는 건설기계를 취득한 날로부터 2월(전시. 사변 등 국가비상 사태 시는 5일) 이내에 건설기계의 출처를 증명하는 서류(건설기계 제작증), 매수증서(관청으로부터 매수한 건설기계), 수입면장 또는 수입사실을 증명하는 서류(수입한 건설기계)와 건설기계 소유자임을 증명하는 서류, 건설기계 제원표 등을 구비하여 특별시장, 광역시장 또는 도지사에게 건설기계등록신청을 하여야 한다.

2) 미등록건설기계의 사용금지

건설기계 등록을 한 후가 아니면 이를 사용하거나 운행하지 못한다. 다만, 등록하기 전에 관련 법령이 정하는 사유로 일시적으로 운행하는 경우에는 임시번호표를 부착하고 운행한다.

3) 건설기계의 임시운행 사유

① 등록신청을 하기 위하여 건설기계를 등록지로 운행하는 경우
② 신규등록검사 및 확인검사를 받기 위하여 건설기계를 검사장소로 운행하는 경우
③ 수출을 위해 건설기계를 선적지로 운행하거나 점검·정비 목적으로 운행하는 경우
④ 신개발 건설기계를 시험·연구 목적으로 운행하는 경우
⑤ 판매 및 전시를 위하여 건설기계를 일시적으로 운행하는 경우

4) 건설기계의 임시운행 기간

임시운행 기간은 15일 이내로 한다. 다만 신개발 건설기계를 시험·연구의 목적으로 운행하는 경우는 3년 이내로 한다.

5) 건설기계 등록사항 변경신고

건설기계 소유자 또는 점유자는 등록사항 중 시·도간의 변경사항이 있는 때에는 30일(주소지 또는 사용 본거지가 변경된 경우를 제외) 이내에 "시·도지사"에게 신고하고 상속인 경우는 6개월 이내에 신고한다. (단, 전시·사변 등 이에 준하는 국가비상사태 하에서는 5일 이내)

> **기적의 Tip**
>
> 건설기계에서 등록을 행한 후에 그 등록에 관하여 착오 또는 누락이 있음을 발견한 때는 등록을 갱신 및 정정한다.

6) 건설기계 등록의 말소

① 거짓이나 그 밖의 부정한 방법으로 등록을 한 경우
② 건설기계 천재지변 또는 이에 준하는 사고 등으로 멸실 된 경우

③ 건설기계의 차대가 등록 시의 차대와 다른 경우
④ 건설기계 안전기준에 적합하지 아니하게 된 경우
⑤ 최고(催告)를 받고 지정된 기한까지 정기검사를 받지 아니한 경우

> **기적의 Tip**
>
> • 시·도지사가 건설기계 등록을 말소한 때에는 그 등록 원부를 말소한 날로부터 10년간 보존하여야 한다.
> • 건설기계 등록번호표의 반납은 10일 이내 시·도지사에게 반납하며 기간이 초과되었을 때에는 과태료가 부과된다.

04 건설기계 등록번호판 [건설기계등록번호표의 규격·재질 및 표시방법(제13조제3항 관련) 2022.5.25 개정, 2022.11.26 시행]

일반적인 건설기계 번호판의 재질은 알루미늄판이며 규격은 mm로 한다. 번호표 문자 및 외각선은 1.5mm 돌출한다.

> **기적의 Tip**
>
> 건설기계 번호판은 기종번호+일련번호로 구성된다. 012가4568에서 0은 건설기계를 나타내는 번호이고 12는 기종번호, 가4568은 일련번호이다.

1) 주요 건설기계의 장비별 기종번호

번호	장비명	번호	장비명
01	불도저	02	굴착기
03	로더	04	지게차
05	스크레이퍼	06	덤프트럭
07	기중기	08	모터그레이더
09	롤러	10	노상안정기

2) 일련번호 [건설기계등록번호표의 규격·재질 및 표시방법(제13조제3항 관련) 2022. 5. 25 개정]

① 관용 : 흰색 바탕에 검은색 문자 0001~0999
② 자가용 : 흰색 바탕에 검은색 문자 1000~5999
③ 영업용 : 주황색 바탕에 검은색 문자 6000~9999

05 건설기계의 검사

1) 검사의 종류

① 신규등록검사 : 건설기계를 신규로 등록할 때 실시하는 검사
② 정기검사 : 건설공사용 건설기계로서 국토교통부령으로 정한 검사 유효기간이 끝난 후에 계속하여 운행하려는 경우 실시하는 검사
③ 구조변경검사 : 건설기계의 주요구조(원동기, 동력 전달 장치, 제동장치, 주행장치, 유압장치, 조종장치, 조향장치, 작업장치)의 형식변경 또는 길이, 너비, 높이 등을 개조한 경우
④ 수시검사 : 성능이 불량하거나 사고가 빈발하는 건설기계의 안전성 등을 점검하기 위하여 수시로 실시하는 검사와 신청에 의하여 실시하는 검사

2) 정기검사의 신청

정기검사를 받으려는 자는 검사 유효기간의 만료일 전후 각각 30일 이내의 기간에 정기검사신청서를 시·도지사 또는 검사대행자를 지정하는 경우에는 검사대행자에게 이를 제출한다.

> **🎓 기적의 Tip**
>
> **검사소에서 검사를 받아야 하는 건설기계(입고검사)**
> 도로교통법에 따라 운전면허를 받아 조정해야 하는 건설기계로서 덤프트럭, 콘크리트 믹서트럭, 콘크리트 펌프(트럭적재식), 아스팔트 살포기, 트럭지게차이다.

3) 정기검사의 연기신청

천재지변, 건설기계의 도난, 사고 발생, 압류, 1개월 이상에 걸친 정비 그 밖의 부득이한 사유로 검사신청 기간 내에 검사를 신청할 수 없는 경우 만료일 전까지 연기 사유를 증명할 수 있는 서류를 첨부하여 시·도지사에게 제출한다.

> **더 알기 Tip**
>
> **건설기계가 위치한 장소에서 검사를 받을 수 있는 건설기계(출장 검사)**
> • 도서지역에 있는 경우
> • 자체중량이 40t을 초과하거나 축 중이 10t을 초과하는 경우
> • 너비가 2.5m를 초과하는 경우
> • 최고속도가 시간당 35km 미만인 경우

4) 정기검사 대상 건설기계 및 검사 유효기간 [건설기계관리법 시행규칙 (제22조제1항 관련)]

기종	구분	검사 유효기간	
		20년 이하	20년 초과
1. 굴착기	타이어식	1년	
2. 로더	타이어식	2년	1년
3. 지게차	1톤 이상	2년	1년
4. 덤프트럭	–	1년	6개월
5. 기중기	타이어식, 트럭적재식	1년	
6. 모터그레이더	–	2년	1년
7. 콘크리트 믹서트럭	–	1년	6개월
8. 콘크리트 펌프	트럭적재식	1년	6개월
9. 아스팔트 살포기	–	1년	
10. 천공기		1년	
11. 항타 및 항발기	–	1년	
12. 타워크레인	–	6개월	
13. 특수건설기계			
가. 도로보수트럭	타이어식	1년	6개월
나. 노면파쇄기	타이어식	2년	1년
다. 노면측정장비	타이어식	2년	1년
라. 수목이식기	타이어식	2년	1년
마. 터널용 고소작업차	–	1년	
바. 트럭 지게차	타이어식	1년	6개월
사. 그 밖의 특수건설기계	–	3년	1년
14. 기타 건설기계	–	3년	1년

06 특별대상 건설기계

1) 특별표지판 부착대상 건설기계

① 길이가 16.7m를 초과하는 건설기계
② 너비가 2.5m를 초과하는 건설기계
③ 높이가 4.0m를 초과하는 건설기계
④ 최소 회전 반경이 12미터를 초과하는 건설기계
⑤ 총 중량이 40톤을 초과하는 건설기계 또는 축하중 10톤을 초과하는 건설기계

2) 특별도색

대형 건설기계에는 적합한 특별도색을 하여야 한다. 다만, 최고 주행 속도가 시간당 35킬로미터 미만인 건설기계의 경우에는 해당하지 않는다.

이론을 확인하는 개념 체크

01 건설기계사업에는 건설기계대여업, 건설기계정비업, 건설기계매매업, 건설기계 해체재활용업이 있다. (O, X)

02 건설기계의 소유자는 건설기계의 취득한 날로부터 2개월 이내에 건설기계등록신청을 해야 한다. (O, X)

03 판매 및 전시를 위한 목적으로 건설기계의 등록 없이 임시번호표를 부착하고 운행할 수 있다. (O, X)

04 건설기계 등록표의 반납은 1달 이내에 이루어져야 한다. (O, X)

05 '002 나 1700'의 등록번호판의 색상은 주황색 바탕에 검은색 문자이다. (O, X)

06 타이어식 굴착기의 정기검사 검사 유효기간은 1년이다. (O, X)

07 총 중량이 10톤을 초과하는 건설기계는 특별표지판 부착대상이다. (O, X)

08 대형 건설기계에는 조종실 내부의 조종사가 보기 쉬운 적합한 곳에 경고표지판을 부착하여야 한다. (O, X)

01 O 02 O 03 O 04 X 05 X 06 O 07 X 08 O

건설기계 등록 및 검사 : SECTION 01 173

01 건설기계 소유자가 건설기계의 도난, 사고 발생 등 부득이한 사유로 검사 신청기간 내에 신청할 수 없는 경우에 연기 신청은 언제까지 하여야 하는가?

① 검사 유효기간 만료일까지
② 검사 유효기간 만료일 10일 전까지
③ 검사 신청기간 만료일까지
④ 검사 신청기간 만료일 10일 전까지

검사 연기신청은 검사신청 만료일까지 신청을 하여야 한다.

02 시 · 도지사가 건설기계등록을 말소할 때 건설기계 등록원부 보존년수는?

① 건설기계의 등록을 말소한 날로부터 1년간
② 건설기계의 등록을 말소한 날로부터 3년간
③ 건설기계의 등록을 말소한 날로부터 5년간
④ 건설기계의 등록을 말소한 날로부터 10년간

시 · 도지사가 건설기계 등록을 말소한 때에는 그 등록 원부를 말소한 날로부터 10년간 보존하여야 한다.

03 신개발 건설기계의 시험, 연구목적 운행을 제외한 건설기계의 임시 운행 기간은 며칠 이내인가?

① 5일
② 10일
③ 15일
④ 20일

건설기계의 임시운행 기간은 15일 이내이다.

04 영업용 건설기계등록번호표의 색칠로 맞는 것은?

① 흰색 바탕에 검은색 문자
② 녹색 바탕에 흰색 문자
③ 청색 바탕에 흰색 문자
④ 주황색 바탕에 검은색 문자

자가용은 흰색 바탕에 검은색 문자, 영업용은 주황색 바탕에 검은색 문자, 관용은 흰색 바탕에 검은색 문자로 표시된다.

05 건설기계 소유자가 관련법에 의하여 등록번호표를 반납하고자 하는 때에는 누구에게 하여야 하는가?

① 국토교통부장관
② 구청장
③ 시 · 도지사
④ 동장

등록번호표의 반납은 그 사유가 발생한 날로부터 10일 이내에 시 · 도지사에게 반납하여야 한다.

06 건설기계에서 등록의 갱신 및 정정은 어떤 경우에 이루어지는가?

① 등록을 행한 후에 그 등록에 관하여 착오 또는 누락이 있음을 발견한 때
② 등록을 행한 후에 소유권이 이전 되었을 때
③ 등록을 행한 후에 등록지가 이전 되었을 때
④ 등록을 행한 후에 소재지가 변동 되었을 때

등록의 갱신 또는 정정은 등록을 행한 후에 그 등록에 관하여 착오 또는 누락이 있을 때 한다.

07 건설기계관리법령에서 건설기계의 주요 구조 변경 및 개조의 범위에 해당하지 않는 것은?

① 기종의 변경
② 원동기 형식변경
③ 유압장치의 형식변경
④ 동력 전달 장치의 형식변경

건설기계관리법령에서 건설기계의 주요 구조 변경 및 개조에서 기종의 변경과 적재함 용량의 변경은 할 수 없다.

08 시·도지사로부터 등록번호표 제작통지 등에 관한 통지서를 받은 건설기계 소유자는 받은 날로부터 며칠 이내에 등록번호표 제작자에게 제작 신청을 하여야 하는가?

① 3일　　　　② 10일
③ 20일　　　　④ 30일

시·도지사로부터 등록번호표 제작통지 등에 관한 통지서를 받은 건설기계 소유자는 받은 날로부터 3일 이내에 등록번호표 제작자에게 제작 신청을 하여야 한다.

09 건설기계 관리법상 건설기계의 정기검사 유효기간이 잘못된 것은?

① 덤프트럭 : 1년
② 타이어식 굴착기 : 1년
③ 아스팔트 살포기 : 1년
④ 지게차 1톤 이상 : 3년

지게차의 정기 검사 유효기간은 2년 1회이다.

10 굴착기의 기종별 기호 표시로 옳은 것은?

① 01 – 로더
② 02 – 굴착기
③ 03 – 지게차
④ 04 – 불도저

01: 불도저, 02: 굴착기, 03: 로더, 04 : 지게차

11 건설기계 조종사가 시장, 군수 또는 구청장에게 변경신고를 하여야 하는 경우는?

① 근무처의 변경
② 서울특별시 구역 안에서의 주소 변경
③ 부산광역시 구역 안에서의 주소 변경
④ 성명의 변경

건설기계 사용자의 변경, 성명의 변경 및 관할 주소지의 변경 등은 건설기계 조종사가 시장, 군수. 구청장에게 변경 신고를 하여야 한다.

12 건설기계 관리법의 입법 목적에 해당되지 않는 것은?

① 건설기계의 효율적인 관리
② 건설기계의 안전도 확보
③ 건설기계의 규제 및 통제
④ 건설공사의 기계화를 촉진

건설기계 관리법의 목적
• 건설기계의 효율적 관리
• 건설기계의 안전도를 확보
• 건설공사 기계화 촉진

13 건설기계 관리법상 건설기계의 범위로 옳은 것은?

① 덤프트럭 : 적재용량이 10톤 이상인 것
② 기중기 : 무한궤도식으로 레일식인 것
③ 불도저 : 무한궤도식 또는 타이어식인 것
④ 공기 압축기 : 공기토출량이 매분당 10m³ 이상의 이동식인 것

덤프트럭은 적재용량이 12톤 이상, 기중기는 무한궤도 또는 타이어식으로 강재의 지주 및 선회장치를 가진 것, 공기 압축기는 공기토출량이 매분당 2.83m³ 이상의 이동식인 것이다.

건설기계 조종사면허

01 건설기계 면허의 종류

1) 건설기계 조종에 필요한 자격

건설기계	필요 자격
불도저	불도저운전기능사
5톤 미만의 불도저	18시간 교육
굴착기	굴착기운전기능사
3톤 미만의 굴착기	12시간 교육
로더	로더운전기능사
3톤 미만의 로더	12시간 교육
5톤 미만의 로더	18시간 교육
지게차	지게차운전기능사
3톤 미만의 지게차(1종 보통이상의 자동차 운전면허소지자)	12시간 교육
기중기	기중기운전기능사
롤러, 모터그레이더, 스크레이퍼, 아스팔트 피니셔, 콘크리트 피니셔, 콘크리트 살포기, 골재 살포기	롤러운전기능사
이동식 콘크리트 펌프	18시간 교육
쇄석기, 아스팔트 믹싱플랜트 및 콘크리트 뱃칭플랜트	20시간 교육
공기 압축기	20시간 교육
천공기(타이어식, 무한궤도식 및 굴진식을 포함. 트럭적재식은 제외), 항타 및 항발기	천공기운전기능사
5톤 미만의 천공기(트럭적재식은 제외)	18시간 교육
준설선 및 자갈채취기	20시간 교육
타워크레인	타워크레인운전기능사
3톤 미만의 타워크레인	20시간 교육

2) "도로교통법"에 의한 운전면허를 받아 조종할 수 있는 건설기계

기종 번호	장비명	기종 번호	장비명	기종 번호	장비명
06	덤프트럭	10	노상 안정기	14	콘크리트 믹서트럭
15	콘크리트 펌프	18	아스팔트 살포기	26	트럭 지게차

그 밖에 특수건설기계 중 국토교통부령으로 지정하는 건설기계

3) 국토교통부령이 정하는 교육이수형 소형건설기계

적용 건설기계	이수시간	총 이수시간
3톤 미만의 굴착기, 3톤 미만의 로더, 3톤 미만의 지게차(1종 이상 면허 소지)	이론 6시간, 실습 6시간	12시간
5톤 미만의 로더, 5톤 미만의 불도저, 5톤 미만의 천공기(트럭 적재식 제외), 콘크리트 펌프(이동식)	이론 6시간, 실습 12시간	18시간
공기 압축기, 쇄석기, 준설선, 3톤미만 타워크레인	이론 8시간, 실습 12시간	20시간

4) 국가기능사 자격증(한국산업인력공단) 대상 건설기계

자격증의 종류	자격의 범위
1. 불도저	불도저
2. 굴착기	굴착기, 무한궤도식천공기(굴착기의 몸체에 천공장치를 부착한 것)
3. 로더	로더
4. 지게차	지게차
5. 기중기	기중기
6. 롤러	롤러, 모터그레이더, 스크레이퍼, 아스팔트 피니셔, 콘크리트 피니셔, 콘크리트 살포기 및 골재 살포기
7. 천공기	천공기(타이어식, 무한궤도식 및 굴진식을 포함, 트럭 적재식은 제외), 항타 및 항발기, 시추기
8. 타워크레인	타워크레인

02 건설기계 조종사면허의 조종자격

1) 건설기계 조종사면허 반납 사유

해당하는 사유가 발생한 날부터 10일 이내에 주소지를 관할하는 시청·군수 또는 구청장에게 그 면허증을 반납하여야 한다.

① 면허가 취소되거나 효력이 정지된 때
② 면허증의 재교부를 받은 후 잃어버린 면허증을 발견한 때

2) 건설기계 면허의 취소 사유

① 거짓, 그 밖의 부정한 방법으로 건설기계 조종사면허를 받은 경우
② 건설기계 조종사면허의 효력정지 기간 중 건설기계를 조종한 경우
③ 고의로 인명피해(사망·중상·경상) 또는 과실로 중대 재해가 발생한 경우
④ 과실로 3명 이상을 사망, 7명 이상에게 중상, 19명 이상에게 경상을 입힌 경우
⑤ 국가기술자격법에 해당 분야의 기술자격이 취소 또는 정지된 경우
⑥ 건설기계 조종사면허증을 다른 사람에게 빌려준 경우
⑦ 술에 취한 상태에서 건설기계를 조종하다가 사람을 죽게 하거나 다치게 한 경우
⑧ 술에 만취한 상태(혈중알코올농도 0.08% 이상)에서 건설기계를 조종한 경우
⑨ 마약·대마·향정신성의약품 또는 환각물질을 투여한 상태에서 조종한 경우
⑩ 2회 이상 술에 취한 상태에서 건설기계를 조종하여 면허 효력 정지를 받은 사실이 있는 사람이 다시 술에 취한 상태에서 건설기계를 조종한 경우
⑪ 정기적성검사를 받지 않거나 적성검사에 불합격한 경우

> 🎓 기적의 Tip
> 중상은 3주 이상, 경상은 3주 미만의 치료를 요하는 진단

3) 건설기계 면허의 효력 정지

① 면허 효력 정지 180일 : 건설기계 조종 중에 고의 또는 과실로 가스공급시설을 손괴하거나 가스공급시설의 기능에 장애를 입혀 가스의 공급을 방해한 때
② 면허 효력 정지 60일 : 술에 취한 상태인 혈중알코올농도 0.03% 이상, 0.08% 미만에서 건설기계를 조종한 때
③ 인명피해를 입힌 때 정지 기간 : 1명 기준으로 사망 시 45일, 중상 15일, 경상 5일이며 총 정지 기간은 90일 초과할 수 없음
④ 재산 피해를 입힌 때 정지 기간 : 피해 금액 50만 원마다 1일

4) 일반 기준

① 사고발생의 원인이 불가항력이거나 피해자의 명백한 과실인 경우 행정처분을 하지 않는다.
② 쌍방과실인 경우 인명피해의 수 및 재산피해의 금액을 2분의 1로 경감한다.
③ 건설기계와 차의 사고의 경우 건설기계 조종사가 그 사고원인 중 중한 위반행위를 한 경우에 한정하여 적용한다.
④ 사고로 인한 피해 중 처분받을 조종사 본인의 피해는 산정하지 않는다.
⑤ 면허 효력정지 처분의 일수를 계산하는 경우 소수점 이하는 산입하지 않는다.

03 건설기계 조종사면허증

1) 건설기계 조종사면허 발급기준

① 건설기계를 조종하고자 하는 자는 시장·군수 또는 구청장에게 건설기계 조종사면허를 받아야 한다.
② 건설기계 조종사면허를 받고자 하는 자는 "국가기술자격법"에 따른 해당 분야의 기술자격을 취득하고 적성검사에 합격하여야 한다.

③ 국토교통부령이 정하는 소형건설기계의 경우로서 시·도지사가 지정한 교육기관에서 소형건설기계의 조종에 관한 교육과정의 이수로 "국가기술자격법"에 따른 기술자격의 취득을 대신할 수 있다.

④ 건설기계 조종사면허증의 발급, 적성검사의 기준, 그 밖에 건설기계 조종사면허에 필요한 사항은 국토교통부령으로 정한다.

2) 적성검사 기준

① 두 눈을 동시에 뜨고 잰 시력(교정시력을 포함한다.)이 0.7 이상이고 두 눈의 시력이 각각 0.3 이상일 것

② 55데시벨(보청기를 사용하는 사람은 40데시벨)의 소리를 들을 수 있고, 언어 분별력이 80퍼센트 이상일 것

③ 시각은 150도 이상일 것

3) 건설기계 조종사면허의 결격 사유

① 18세 미만인 사람

② 정신질환자 또는 뇌전증 환자로서 국토교통부령으로 정하는 사람

③ 앞을 보지 못하거나 듣지 못하는 사람, 그 밖에 국토교통부령으로 정하는 장애인

④ 마약·대마·향정신성의약품 또는 알코올 중독자로서 국토교통부령으로 정하는 사람

⑤ 건설기계 조종사면허가 취소된 날부터 1년이 지나지 아니하였거나 건설기계 조종사면허의 효력정지 처분 기간 중에 있는 사람

04 건설기계 조종사 적성검사

1) 정기적성검사

최종면허를 받은 날을 기준으로 매 10년마다(65세 이상인 경우는 5년마다) 정기적성검사 신청서에 서류를 첨부하여 주소지 관할 시장·군수 또는 구청장에게 제출하여야 한다.

2) 수시적성검사

안전한 조종에 장애가 되는 후천적 신체장애 또는 신체장애 등이 있다고 시장·군수 또는 구청장이 인정할만한 이유가 있는 경우 통지받은 날로 3개월 이내에 수시적성검사를 받아야 한다.

3) 수시적성검사의 연기

미리 수시적성검사를 받거나 수시적성검사 연기 신청서에 연기 사유를 증명할 수 있는 서류를 첨부하여 시장·군수 또는 구청장에게 제출해야 한다.

05 건설기계 조종사 안전교육

1) 건설기계 조종사의 안전교육

① 건설기계 조종사는 건설기계로 인한 인적 · 물적 피해를 예방하기 위하여 국토교통부장관이 실시하는 안전 및 전문성 향상을 위한 교육

② 국토교통부장관은 안전교육 등을 위하여 필요한 경우에는 전문교육기관을 지정하여 안전교육 등을 실시하게 할 수 있다.

2) 교육대상별 조종사 안전교육 등의 내용

① 일반건설기계 조종사 안전교육(4시간) – 교육주기 3년

불도저, 5톤 미만 불도저, 굴착기, 3톤 미만 굴착기, 로더, 5톤 미만 로더, 롤러 면허소지자

② 하역운반 등 기타 건설기계 조종사 안전교육 (4시간) – 교육주기 3년

일반 건설기계 조종사를 제외한 기타 건설기계 조종사면허 소지자

이론을 확인하는 개념 체크

01 3톤 미만의 굴착기는 12시간의 교육을 이수하면 운행할 수 있다. (O, X)

02 건설기계 조종사면허가 취소되거나 효력이 정지되면 10일 이내 지방 경찰청장에게 면허증을 반납해야 한다. (O, X)

03 혈중알코올 농도 0.05%에서 건설기계를 조종한 경우는 건설기계 조종사면허의 취소 사유에 해당한다. (O, X)

04 정기적성검사를 받지 않은 경우는 건설기계 조종사면허의 취소 사유에 해당한다. (O, X)

05 건설기계로 300만 원의 재산 피해를 입혔을 때 건설기계 조종사면허의 효력 정지 기간은 30일이다. (O, X)

06 건설기계 조종사면허 발급, 적성검사 기준 등의 사항은 산업안전보건법령으로 정한다. (O, X)

07 알코올 중독은 건설기계 조종사면허의 결격 사유에 해당한다. (O, X)

08 65세 미만일 때, 최종면허를 받은 날을 기준으로 매 10년마다 정기적성검사를 받아야 한다. (O, X)

01 O　02 X　03 X　04 O　05 X　06 X　07 O　08 O

01 건설기계 조종사 면허의 취소 · 정지 처분 기준 중 "경상"의 인명 피해를 구분하는 판단 기준으로 가장 옳은 것은?

① 1주 미만의 치료를 요하는 진단이 있을 때
② 2주 이하의 치료를 요하는 진단이 있을 때
③ 3주 미만의 치료를 요하는 진단이 있을 때
④ 4주 이하의 치료를 요하는 진단이 있을 때

경상은 3주 미만의 치료를 요하는 진단이 있을 때를 말한다.

02 건설기계 조종사면허에 관한 사항으로 틀린 것은?

① 자동차 운전면허로 운전할 수 있는 건설기계도 있다.
② 면허를 받고자 하는 자는 국 · 공립병원, 시 · 도지사가 지정하는 의료기관의 적성검사에 합격하여야 한다.
③ 특수 건설기계 조종은 국토교통부장관이 지정하는 면허를 소지하여야 한다.
④ 특수 건설기계 조종은 특수조종면허를 받아야 한다.

특수 건설기계 조종은 국토교통부장관이 지정하는 면허를 소지하여야 한다.

03 건설기계관리법상 굴착기운전 건설기계 조종사면허로 조정할 수 없는 건설기계는?

① 타이어 굴착기
② 무한궤도 굴착기
③ 3톤 미만 굴착기
④ 셔블계 기중기

셔블계는 버킷으로 토사를 담을 수 있는 작업장치로 굴착기에도 장착하여 사용할 수 있으나 기중기는 굴착기 면허로 조정할 수 없다.

04 건설기계관리법상 건설기계 조종사면허의 취소 사유가 아닌 것은?

① 검사신청에 관한 사항
② 조종사면허 부정 취득에 관한 사항
③ 조종 중 일정 수준 이상의 인명 피해 발생에 관한 사항
④ 음주 및 약물 투여 후 조종에 관한 사항

건설기계관리법상 건설기계 조종사면허의 취소 사유로 검사신청에 관한 사항은 포함되지 않는다.

05 건설기계의 조종 중에 고의 또는 과실로 가스 공급시설을 손괴할 경우 조종사 면허의 처분기준은?

① 면허 효력 정지 45일
② 면허 효력 정지 60일
③ 면허 효력 정지 90일
④ 면허 효력 정지 180일

건설기계 조종 중에 고의 또는 과실로 가스 공급시설을 손괴한 경우에 50만 원마다 1일씩 총 180일의 면허 효력 정지 처분을 받는다.

06 건설기계관리법상 건설기계 운전자의 과실로 경상 6명의 인명 피해를 입혔을 때 처분 기준은?

① 면허 효력 정지 10일
② 면허 효력 정지 20일
③ 면허 효력 정지 30일
④ 면허 효력 정지 60일

운전자 과실로 인명피해를 입힌 경우의 처분은 경상, 1인에 5일의 면허 효력 정지 처분을 받으므로 경상 6명의 경우에는 면허 효력 정지 30일의 처분을 받게 된다.

07 과실로 사망 1명의 인명피해를 입힌 건설기계를 조종한자의 처분기준은?

① 면허 효력 정지 45일
② 면허 효력 정지 30일
③ 면허 효력 정지 15일
④ 면허 효력 정지 5일

과실로 인한 인명피해 사고 운전자의 처분기준은 사망의 경우 면허 효력 정지 45일, 중상의 경우 15일, 경상의 경우 5일 이다.

08 고의 또는 과실로 가스 공급시설을 손괴하거나 기능에 장애를 입혀 가스의 공급을 방해한 때의 건설기계조종사 면허 효력정지 기간은?

① 240일
② 180일
③ 90일
④ 45일

고의 또는 과실로 가스 공급시설을 손괴하거나 기능에 장애를 입혀 가스의 공급을 방해한 때의 건설기계조종사 면허 효력정지 기간은 6개월(180일) 이내이다.

건설기계 사업

01 건설기계 사업

건설기계 사업을 하고자 하는 자는 대통령령이 정하는 바에 따라 종류별로 국토교통부령으로 정하는 기준을 갖추고 시장·군수 또는 구청장에게 등록을 하여야 한다.

1) 건설기계대여업

① 일반건설기계대여업

둘 이상의 법인 또는 개인이 공동으로 일반건설기계대여업을 영위하고자 하는 경우 그 대표자 및 각 구성원은 각각 건설기계를 소유한 자이어야 한다. 건설기계대여업의 등록을 하려는 자는 다음과 같은 서류를 첨부하여 제출하여야 한다.

- 건설기계 소유 사실을 증명하는 서류
- 사무실의 소유권 또는 사용권이 있음을 증명하는 서류
- 시장·군수·구청장이 발급한 주기장 시설 보유확인서
- 계약서 사본(공동으로 건설기계 대여업을 하려는 경우)

② 건설기계대여업의 등록기준(제59조 관련)

구분	일반	개별
1. 건설기계대수	5대 이상(둘 이상의 개인 또는 법인이 공동운영하는 경우를 포함한다.)	4대 이하
2. 사무실	사무실에 대한 소유권 또는 사용권이 있음을 증명하는 서류	
3. 사무 설비	수입금의 관리, 건설기계의 건설현장 배치관리 등 대여업의 수행에 필요한 사무설비 및 통신수단을 갖출 것	없음
4. 주기장	다음에 해당하는 면적의 주기장에 대한 소유권 또는 사용권을 확보할 것 $24m^2 \times$(타워크레인 외의 건설기계대수)$^{0.815}$ + $80m^2 \times$(타워크레인대수)$^{0.815}$	

2) 건설기계정비업

건설기계정비업 등록신청서에 정비장의 소유권 또는 사용권이 있음을 증명하는 서류, 건설기계 정비기술자의 명단과 정비시설의 보유를 증명하는 서류를 첨부하여 제출하여야 한다.

> 🎓 **기적의 Tip**
>
> **건설기계정비업의 등록 구분**
> - 종합건설기계정비업
> - 부분건설기계정비업
> - 전문건설기계정비업

3) 건설기계매매업

건설기계매매업의 등록을 하려는 자는 건설기계 정비업 등록신청서에 사무실의 소유권 또는 사용권이 있음을 증명하는 서류와 주기장시설보유 확인서, 5천만 원 이상의 하자보증금 예치증서 또는 보증보험증서서류를 첨부하여 제출하여야 한다.

4) 건설기계 해체재활용업

등록신청서에 소유권 또는 사용권이 있음을 증명하는 서류와 시설을 증명할 수 있는 서류를 첨부하여 제출하여야 한다.

02 고용주 및 건설기계관리 책임자 준수사항

1) 건설기계 조종금지

① 술에 취하거나 마약 등 약물을 투여한 상태
② 과로 또는 질병, 그 밖의 사유로 정상적으로 조종하지 못할 우려가 있는 상태

2) 고용주 유의사항

① 고용주는 건설기계 조종사면허가 없는 자가 건설기계를 조종하는 것을 알고도 말리지 아니하거나 조종하도록 지시해서는 아니 된다.

② 술에 취한 상태의 기준, 금지 약물의 종류 및 측정방법 등에 대하여는 「도로교통법」에서 정하는 바에 따른다.

이론을 확인하는 개념 체크

01 건설기계사업을 하고자 하는 자는 도지사에게 등록을 하여야 한다. (O, X)

02 건설기계매매업을 하고자 하는 자는 하자보증금으로 5천만 원 이상을 예치해야 한다. (O, X)

03 건설기계정비업을 하고자 하는 자는 정비장 소유권 또는 사용권이 있음을 증명하는 서류와 건설기계 정비기술자의 명단과 정비시설의 보유를 증명하는 서류를 제출해야 한다.(O, X)

04 과로 또는 질병은 건설기계의 조종금지 사유가 될 수 있다. (O, X)

05 건설기계 조종에 관하여 술에 취한 상태의 기준은 도로교통법과 동일한 기준을 적용한다. (O, X)

01 X 02 O 03 O 04 O 05 O

01 건설기계 사업의 종류가 아닌 것은?

① 건설기계대여업
② 건설기계정비업
③ 건설기계매매업
④ 건설기계교육업

건설기계 조종사안전교육은 건설기계관리법에서 시행하고 있으나 현행법으로 건설기계교육업은 사업의 종류에 포함되지 않는다.

02 건설기계매매업의 등록을 하려는 자의 구비서류로 맞는 것은?

① 건설기계매매업 등록필증
② 건설기계 보험증서
③ 건설기계 등록증
④ 5천만 원 이상의 하자보증금예치증서 또는 보증보험증서

건설기계매매업 등록신청 시 구비서류는 사무실의 소유권 또는 사용권이 있음을 증명하는 서류, 주기장 소재지를 관할하는 시장, 군수, 구청장이 발급한 주기장 시설 보유 확인서, 5천만 원 이상의 하자보증금예치증서 또는 보증보험증서이다.

03 다음 중 건설기계 대여업에 대한 설명이 틀린 것은?

① 일반건설기계 대여업은 5대 이상의 건설기계로 운영하는 사업이다.
② 개별건설기계 대여업은 4대 이하의 건설기계로 운영하는 사업이다.
③ 건설기계대여업의 등록을 하려고 하는 자는 국토교통부령으로 정하는 기준을 갖추고 관할 시·도지사에게 등록하여야 한다.
④ 건설기계대여업은 건설기계를 건설기계조종사와 함께 대여하는 것도 가능하다.

건설기계 사업을 하고자 하는 자는 대통령령이 정하는 바에 따라 종류별로 국토교통부령으로 정하는 기준을 갖추고 시장·군수 또는 구청장에게 등록을 하여야 한다.

SECTION 04 · 벌칙 및 과태료

출제빈도 상 중 하

01 벌칙사항

1) 2년 이하의 징역 또는 2천만 원 이하의 벌금

① 등록되지 아니한 건설기계를 사용하거나 운행한 자
② 등록이 말소된 건설기계를 사용하거나 운행한 자
③ 시·도지사의 지정을 받지 아니하고 등록번호표를 제작하거나 등록번호를 새긴 자 및 시정명령을 이행하지 아니한 자
④ 건설기계의 주요 구조나 원동기, 동력 전달 장치, 제동장치 등을 변경, 개조한 자
⑤ 무단해체된 건설기계를 사용·운행하거나 타인에게 유상·무상으로 양도한 자
⑥ 시정명령을 이행하지 아니한 자
⑦ 등록하지 않고 건설기계 사업을 하거나 거짓으로 등록한 자
⑧ 등록이 취소되거나 정지된 건설기계사업자로서 계속하여 건설기계사업을 한 자

2) 1년 이하의 징역 또는 1천만 원 이하의 벌금

① 거짓이나 그 밖의 부정한 방법으로 등록을 한 자
② 등록번호를 지워 없애거나 그 식별을 곤란하게 한 자
③ 구조변경검사 또는 수시검사를 받지 아니한 자
④ 정비 명령을 이행하지 아니한 자
⑤ 형식승인, 형식변경승인 또는 확인검사를 받지 않고 제작 등을 한 자
⑥ 사후관리에 관한 명령을 이행하지 아니한 자

⑦ 내구연한을 초과한 건설기계 또는 장치 및 부품을 운행하거나 사용한 자
⑧ 위 내용을 알고도 말리지 아니하거나 운행 또는 사용을 지시한 고용주
⑨ 부품인증을 받지 아니한 건설기계 장치 및 부품을 사용한 자
⑩ 위 내용을 알고도 말리지 아니하거나 사용을 지시한 고용주
⑪ 매매용 건설기계를 운행하거나 사용한 자
⑫ 건설기계 조종사면허를 받지 아니하고 건설기계를 조종한 자
⑬ 건설기계 조종사면허를 거짓이나 그 밖의 부정한 방법으로 받은 자
⑭ 소형건설기계의 조종 교육과정의 이수에 관한 증빙서류를 거짓으로 발급한 자
⑮ 건설기계 조종사면허가 취소·효력정지 처분을 받은 후에도 건설기계를 조종한 자
⑯ 건설기계를 도로나 타인의 토지에 버려둔 자
⑰ 폐기인수 사실을 증명하는 서류의 발급을 거부하거나 거짓으로 발급한 자
⑱ 폐기요청을 받은 건설기계 또는 등록번호표를 폐기하지 아니한 자

02 과태료

1) 300만 원 이하의 과태료

① 건설기계임대차 등에 관한 계약서를 작성하지 아니한 자
② 정기적성검사 또는 수시적성검사를 받지 아니한 자

③ 소속 공무원의 검사 · 질문을 거부 · 방해 · 기피한 자
④ 시설 또는 업무에 관한 보고를 하지 아니하거나 거짓으로 보고한 자
⑤ 정당한 사유 없이 조사기관에 소속된 직원의 출입을 거부하거나 방해한 자

2) 100만 원 이하의 과태료
① 수출의 이행 여부를 신고하지 아니하거나 폐기 또는 등록을 하지 아니한 자
② 등록번호표를 부착 · 봉인하지 아니하거나 등록번호를 새기지 아니한 자
③ 등록번호표를 부착 및 봉인하지 아니한 건설기계를 운행한 자
④ 등록번호표를 가리거나 훼손하여 알아보기 곤란하게 한 자 또는 운행한 자
⑤ 등록번호의 새김 명령을 위반한 자
⑥ 건설기계안전기준에 적합하지 아니한 건설기계를 도로에서 운행하거나 운행하게 한 자

3) 50만 원 이하의 과태료
① 임시번호표를 부착하지 아니하고 운행한 자
② 등록사항의 신고를 하지 아니하거나 거짓으로 신고한 자
③ 등록의 말소, 변경신고를 하지 아니하거나 거짓으로 변경신고 한 자
④ 등록번호표를 반납하지 아니한 자 또는 정기검사를 받지 아니한 자
⑤ 정비시설을 갖추지 않고 건설기계를 정비하거나 형식승인신고를 하지 아니한 자
⑥ 건설기계사업자의 신고의무를 이행하지 아니하거나 거짓으로 신고한 자
⑦ 건설기계매매업자의 이행 의무 신고를 하지 아니하거나 거짓으로 신고한 자
⑧ 건설기계의 해체재활용업자의 신고의무를 하지 아니하거나 거짓으로 신고한 자
⑨ 건설기계 소유자 또는 점유자의 이행 의무 위반하여 건설기계를 세워 둔 자

4) 양벌규정
법인의 대표자나 법인 또는 개인의 대리인, 사용인, 그 밖의 종업원이 그 법인 또는 개인의 업무에 관하여 어느 하나에 해당하는 위반행위를 하면 그 행위자를 벌하는 외에 그 법인 또는 개인에게도 해당 조문의 벌금형을 과한다. 다만, 법인 또는 개인이 그 위반행위를 방지하기 위하여 해당 업무에 관하여 상당한 주의와 감독을 하지 아니한 경우에는 그러하지 아니하다.

> **기적의 Tip**
> 범칙금은 납부 통고서를 받고 10일 이내에 경찰청장이 지정하는 곳에 납부하여야 한다.

03 기타 과태료 부과

1) 조종사 안전교육
건설기계 조종사 안전교육 등을 받지 않고 건설기계를 조종할 경우 1차 50만 원, 2차 70만 원, 3차 100만 원으로 최고 100만 원 미만의 과태료를 부과한다.

2) 건설기계 정기검사를 받지 않은 경우
① 1차 위반 시 2만 원을 부과하고, 초과하는 경우 3일 초과 시마다 1만 원을 가산한다.
② 2차 위반 시 3만 원을 부과하고, 초과하는 경우 3일 초과 시마다 2만 원을 가산한다.
③ 3차 위반 시 5만 원을 부과하고, 초과하는 경우 3일 초과 시마다 3만 원을 가산한다.

3) 건설기계 조종사 정기 적성검사 또는 수시 적성검사를 받지 않은 경우
① 1차 위반 시 2만 원을 부과하고 초과하는 경우 3일 초과 시마다 1만 원을 가산한다.
② 2차 위반 시 3만 원을 부과하고 초과하는 경우 3일 초과 시마다 2만 원을 가산한다.
③ 3차 위반 시 5만 원을 부과하고 초과하는 경우 3일 초과 시마다 3만 원을 가산한다.

01 폐기 요청을 받은 건설기계를 폐기하지 아니하거나 등록번호를 폐기하지 아니한 자에 대한 벌칙은?

① 2년 이하의 징역 또는 2천만 원 이하의 벌금
② 1년 이하의 징역 또는 1천만 원 이하의 벌금
③ 2백만 원 이하의 벌금
④ 1백만 원 이하의 벌금

폐기 요청을 받은 건설기계를 폐기하지 아니하거나 등록번호를 폐기하지 아니한 자에 대한 벌칙은 1년 이하의 징역 또는 1천만 원 이하의 벌금형을 받는다.

02 등록되지 아니하거나 등록 말소된 건설기계를 사용한 자에 대한 벌칙은?

① 100만 원 이하의 벌금
② 300만 원 이하의 벌금
③ 1년 이하의 징역 또는 1천만 원 이하의 벌금
④ 2년 이하의 징역 또는 2천만 원 이하의 벌금

등록되지 아니하거나 등록 말소된 건설기계를 사용한 자는 2년 이하의 징역 또는 2천만 원 이하의 벌금에 처한다.

03 건설기계를 도로에 계속 버려두거나 정당한 사유 없이 타인의 토지에 버려둔 자에 대한 벌칙은?

① 강제처리 외 벌칙은 없음
② 1년 이하의 징역 또는 1천만 원 이하의 벌금
③ 과태료 30만원
④ 주기장 폐쇄조치

건설기계를 도로에 계속 버려두거나 정당한 사유 없이 타인의 토지에 버려둔 자는 1년 이하의 징역 또는 1천만 원 이하의 벌금형을 받게 된다.

04 건설기계관리법상 등록을 하지 아니하고 건설기계 사업을 하거나 거짓으로 등록한 자에 대한 벌칙은?

① 2년 이하 징역 또는 2천만 원 이하의 벌금
② 1년 이하 징역 또는 1천만 원 이하의 벌금
③ 2년 이하 징역 또는 1천만 원 이하의 벌금
④ 1년 이하 징역 또는 2천만 원 이하의 벌금

건설기계를 등록하지 아니하거나 거짓으로 등록한 자는 2년 이하의 징역 또는 2천만 원 이하의 벌금형이 적용된다.

05 건설기계관련법령상 국토교통부령으로 정하는 바에 따라 등록번호표를 부착 및 봉인하지 않은 건설기계를 운행한 경우의 과태료는? (단, 임시번호표를 부착한 경우는 제외한다.)

① 5만 원
② 10만 원
③ 50만 원
④ 100만 원

등록번호표를 부착 및 봉인하지 않은 건설기계를 운행하였을 경우의 과태료는 100만 원 이하이다.

도로통행 방법에 관한 사항

01 도로교통법의 목적

도로에서 일어나는 교통상의 모든 위험과 장애물을 제거하여 안전하고 원활한 교통을 확보한다.

1) 도로 관련 용어

용어	의미
보행자 전용도로	보행자만 다닐 수 있도록 안전표지나 인공 구조물로 표시한 도로
자동차 전용도로	자동차만 다닐 수 있도록 설치된 도로
고속도로	자동차의 고속 운행에만 사용하기 위하여 지정된 도로
차도	연석선(차도와 보도를 구분하는 돌 등으로 이어진 선), 안전표지 또는 그와 비슷한 인공 구조물을 이용하여 경계를 표시하여 모든 차가 통행할 수 있도록 설치된 도로의 부분
중앙선	차마의 통행 방향을 명확하게 구분하기 위하여 도로에 황색 실선이 나 황색 점선 등의 안전표지로 표시한 선 또는 중앙분리대나 울타리 등을 설치한 시설물
차로	차마가 한 줄로 도로의 정하여진 부분을 통행하도록 차선으로 구분한 차도의 부분
차선	차로와 차로를 구분하기 위하여 그 경계지점을 안전표지로 표시한 선
보도	연석선, 안전표지나 그와 비슷한 인공 구조물로 경계를 표시하여 보행자(유모차와 행정안전부령으로 정하는 보행보조용 의자차를 포함)가 통행할 수 있도록 한 도로의 부분
길 가장 자리 구역	보도와 차도가 구분되지 아니한 도로에서 보행자의 안전을 확보하기 위하여 안전표지 등으로 경계를 표시한 도로의 가장자리 부분

2) 안전시설 관련 용어

용어	의미
횡단보도	보행자가 도로를 횡단할 수 있도록 안전표지로 표시한 도로의 부분
교차로	'十'자로, 'T'자로나 그 밖에 둘 이상의 도로(보도와 차도가 구분되어 있는 도로에서는 차도를 말한다)가 교차하는 부분
안전지대	도로를 횡단하는 보행자나 통행하는 차마의 안전을 위하여 안전표지나 이와 비슷한 인공구조물로 표시한 도로의 부분
신호기	도로교통에서 문자·기호 또는 등화를 사용하여 진행·정지·방향 전환·주의 등의 신호를 표시하기 위하여 사람이나 전기의 힘으로 조작하는 장치
안전표지	교통안전에 필요한 주의·규제·지시 등을 표시하는 표지판이나 도로의 바닥에 표시하는 기호·문자 또는 선 등

3) 차량 관련 용어

용어	의미
차마	사람 또는 가축의 힘이나 그 밖의 동력으로 도로에서 운전되는 것
자동차	철길이나 가설된 선을 이용하지 아니하고 원동기를 사용하여 운전되는 차, 자동차와 원동기장치자전거
원동기 장치 자전거	자동차관리법에 따른 이륜자동차 가운데 배기량 125CC 이하의 이륜자동차 또는 배기량 50CC 미만의 원동기를 단 차
긴급 자동차	소방차, 구급차, 혈액공급차량, 그 밖에 대통령령으로 정하는 자동차로서 그 본래의 긴급한 용도로 사용되고 있는 자동차

4) 운행관련 용어

용어	의미
주차	차를 계속 정지 상태에 두거나 차를 운전할 수 없는 상태에 두는 것
정차	운전자가 5분을 초과하지 아니하고 차를 정지시키는 것
운전	도로에서 차마를 그 본래의 사용방법에 따라 사용하는 것
서행	운전자가 차를 즉시 정지시킬 수 있는 정도의 느린 속도로 진행하는 것
앞지르기	앞서가는 다른 차의 옆을 지나서 그 차의 앞으로 나가는 것
일시정지	차의 운전자가 그 차의 바퀴를 일시적으로 완전히 정지시키는 것

02 신호등

1) 차량 신호등의 의미

신호의 종류	의미
녹색	• 직진 또는 우회전 가능 • 비보호좌회전표지가 있으면 좌회전 가능
황색	• 정지선, 횡단보도, 교차로 직전에 정지 • 이미 교차로 진입 시 신속히 진행 • 보행자 횡단에 방해되지 않게 우회전 가능
적색	• 정지선, 횡단보도, 교차로 직전에 정지 • 정지 후 다른 차마의 통행에 방해되지 않게 우회전 가능 • 단, 우회전 삼색등이 적색 등화면 우회전 불가
황색 점멸	교통에 주의하며 진행
적색 점멸	정지선, 횡단보도, 교차로 직전에 정지 후 교통에 주의하며 진행
녹색 하향 화살표	화살표로 지정한 차로로 진행
적색 ×	× 표시 차로로 진행할 수 없음
적색 × 점멸	× 표시 차로로 진행할 수 없으며 진입한 경우 신속히 밖으로 진로를 변경

2) 차량 신호등의 배열순서

종류	가로형	세로형
4색 등화	적색 황색 녹색 녹색 / 적색 황색 녹색 / 녹색	적색 / 황색 / 녹색 / 녹색
3색 등화	적색 황색 녹색	적색 / 황색 / 녹색
2색 등화 (가변차로)	✖ ↓	–

3) 4색 차량 신호등의 작동순서

현행 도로교통법 시행규칙 상 4색 차량신호등은 녹색 → 황색 → 적색 및 녹색 화살표 → 적색 및 황색 → 적색 순서로 작동한다.

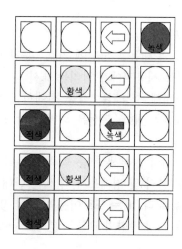

03 교통안전표지

주의·규제·지시 등을 표시하는 표지와 보조표지·주의·규제·지시의 내용을 도로바닥에 표시하는 문자·기호·선 등의 노면표지가 있다.

1) 주의표지

도로상태가 좋지 않거나 위험하다고 판단된 경우에 필요한 안전조치를 할 수 있도록 도로사용자에게 알리는 표지

2) 규제표지

도로교통의 안전을 위하여 각종 제한·금지 등의 규제를 도로사용자에게 알리는 표지

3) 지시표지

도로의 통행방법·통행구분 등 도로교통의 안전을 위하여 필요한 지시를 하는경우에 도로사용자가 이를 따르도록 알리는 표지

4) 보조표지

주의표지 · 규제표지 또는 지시표지의 주기능을
보충하여 도로사용자에게 알리는 표지

5) 노면표시

① 도로교통의 안전을 위하여 각종 주의 · 규제 ·
  지시 등의 내용을 노면에 기호 · 문자 또는 선
  으로 도로사용자에게 알리는 표시
② 노면표시에 사용되는 각종 선에서 점선은 허
  용, 실선은 제한, 복선은 의미의 강조를 나타
  냄
③ 노면표시의 기본색상 중 백색은 동일 방향의
  교통류 분리 및 경계표시, 황색은 반대 방향의
  교통류 분리 또는 도로이용의 제한 및 지시,
  청색은 지정 방향의 교통류 분리표시에 사용

합격을 다지는 예상문제

01 도로교통법상 3색 등화로 표시되는 신호등의 신호 순서로 맞는 것은?

① 녹색(적색 및 녹색 화살표)등화, 황색등화, 적색등화의 순이다.
② 적색(적색 및 녹색 화살표)등화, 황색등화, 녹색등화의 순이다.
③ 녹색(적색 및 녹색 화살표)등화, 적색등화, 황색등화의 순이다.
④ 적색점멸등화, 황색등화, 녹색(적색 및 녹색화살표)등화의 순서이다.

3색 등화의 작동 순서는 녹색(적색 및 녹색 화살표)등화, 황색등화, 적색등화의 순서이다.

02 보행자가 도로를 횡단할 수 있도록 안전 표시한 도로의 부분은?

① 교차로
② 횡단보도
③ 안전지대
④ 규제표시

보행자가 도로를 횡단할 수 있도록 안전 표시한 도로의 부분을 횡단보도라 한다.

도로명 표기 및 표지판

① 도로명 표기

1) 도로명주소의 표기방법

「행정구역명」+「도로명」+「건물번호」+「,」+
「상세주소」+「참고사항」

2) 도로명주소 부여절차 및 도로구간의 이동

① 도로구간설정 : 서쪽 → 동쪽, 남쪽 → 북쪽 방
   향으로 설정
② 건물번호 부여 : 하나의 기초구간에 두 개 이상
   의 건물이 있을 경우 두 번째부터 기초번호에
   가지번호(-) 부여

3) 도로명 부여 대상 도로별 구분

① 대로 : 40m 이상 또는 왕복 8차로 이상
② 로 : 12m 이상 40m 미만 또는 왕복 2~7차선
③ 길 : 2차선 미만(대로와 로 외의 도로)

4) 기초번호

도로 구간의 시작 지점부터 끝 지점까지 일정한
간격으로 부여된 번호
① 기초번호방식 도로명
길의 시작지점이 분기되는 도로구간의 도로명으
로 기초번호에 분기되는 순서에 "번길"이라는 단
어를 차례로 부여
② 일련번호방식 도로명
길에 분기되는 지점의 일련번호(일정한 간격 없
이 체계적인 순서에 따라 부여)에 "길'이라는 단
어를 부여

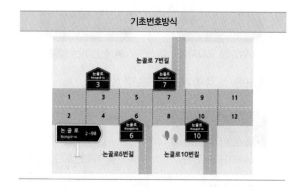

기초번호방식

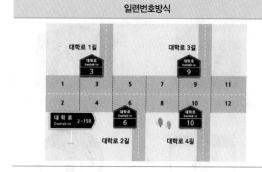

일련번호방식

5) 기초번호 부여기준

① 왼쪽은 홀수번호 오른쪽은 짝수번호 부여가
   원칙
② 도로의 시작지점에서 끝지점까지 "좌우대칭"
   을 유지
③ "대로", "로"는 기초간격 20m 원칙, 다만 "길"
   은 필요시 10m 설정가능
④ 종속구간은 20m 간격이 원칙이나 10m마다
   기초번호에 가지번호 부여가능

6) 도로명판의 종류 및 이미지

① 왼쪽 또는 오른쪽 한방향용 도로명판

▲ 도로의 시작지점   ▲ 도로의 끝지점

② 양방향용 도로명판 또는 앞쪽 방향용 도로명판

▲ 양방향 교차지점   ▲ 진행하는 방향

③ 예고용 도로명판 및 기초번호판

▲ 예고용 도로명판   ▲ 기초번호판

④ 건물번호판

▲ 일반용 건물번호판   ▲ 일반용 건물번호판

▲ 문화재 · 관광지용   ▲ 관공서용 건물번호판
　건물번호판

---

02 도로표지판

1) 방향 표지판

방향을 나타내는 표지로 도로명 표지, 도로명예고 표지, 차로지정 표지 등으로 분류한다.

▲ 도로명 표지

▲ 도로명예고 표지

▲ 차로지정 표지

2) 이정 표지판

지정 위치까지의 거리를 나타내는 표지이다.

▲ 1지명 이정 표지

▲ 2지명 이정 표지

▲ 3지명 이정 표지

3) 경계 표지판

특별시, 광역시, 특별자치시, 도 또는 시 · 군 · 읍 · 면 사이의 행정구역의 경계를 나타내는 표지이다.

▲ 시계표지

4) 노선 표지판

주행 노선 또는 분기 노선을 나타내는 표지판으로 노선 유도, 노선 방향, 노선 확인표지판 등으로 분류한다.

노선 유도표지	곧 만나게 되는 도로의 노선 정보를 안내하기 위해 도로명 표지 및 도로명 예고 표지 상 단에 설치하는 표지이다.	
노선 방향표지	현재 주행 중인 도로의 노선 정보를 안내하기 위해 도로 명 표지 및 도로명 예고 표지 상단에 설치하는 표지이다.	
노선 확인표지	현재 주행 중인 도로의 노선 정보를 안내하기 위해 단독 으로 설치하는 표지이다.	

5) 안내 표지판

① **공공시설 표지** : 공공시설을 안내하는 표지이다.

② **관광지 표지** : 관광지를 안내하는 표지이다.

③ **주차장 표지** : 주차장을 안내하는 표지이다.

④ **시설물 표지** : 하천 표지, 교량 표지, 터널 표지, 도로관리기관 표지이다.

⑤ **자동차 전용도로 표지** : 자동차 전용도로의 시점 및 종점을 안내하는 표지이다.

이론을 확인하는 개념 체크

01 도로명주소 부여 시 도로구간은 동→서, 북→남으로 설정한다. (O, X)

02 도로명주소에서 대로는 왕복 6차로 이상의 도로이다. (O, X)

03 도로 시작지점에서 보았을 때, 왼쪽은 도로명 기초번호가 홀수이다. (O, X)

04 이 번호판은 관공서용 건물번호판이다. (O, X)

05 이정 표지판은 지정 위치까지의 거리를 나타낸다. (O, X)

06 이 표지판은 차로를 나타내는 표지이다. (O, X)

07 노선 표지판에는 노선 유도, 노선 방향, 노선 확인표지가 있다. (O, X)

01 X 02 X 03 O 04 O 05 O 06 X 07 O

01 다음 중 오른쪽 한방향용 도로명판에 대한 설명으로 알맞은 것은?

① 강남대로는 도로 이름을 나타낸다.
② "1→" 이 위치는 도로가 끝나는 지점이다.
③ 강남대로의 길이는 699m이다.
④ 왼쪽과 오른쪽 양 방향용 도로명판이다.

오른쪽 한방향용 도로명판으로 강남대로의 넓은 길 시작점을 의미하며 "1→"에 따라 현 위치는 도로의 시작점, 699는 6,990m=699×10m를 의미한다.

02 다음 중 앞쪽 방향용 도로명판에 대한 설명으로 틀린 것은?

① 앞쪽 방향용 도로명판으로 사임당로 중간 지점을 의미한다.
② 현 위치는 도로상의 92번을 의미한다.
③ "92→250"은 남은 거리 158m를 의미한다.
④ 도로가 끝나는 지점은 250번이다.

앞쪽 방향용 도로명판으로 사임당로 중간 지점을 의미하며, 현 위치는 도로상의 92번, "92→250"은 남은 거리 1,580m = (250−92)×10m를 의미한다.

03 다음 중 관공서용 건물 번호판으로 알맞은 것은?

①   ②
③   ④

②와 ④는 일반용 건물 번호판, ③은 문화재 및 관광용 건물 번호판이다.

04 차량이 진행 중일 때, 그림의 「2방향 도로명 예고 표지」에 대한 설명으로 틀린 것은?

① 차량을 좌회전하는 경우 '통일로'의 건물번호가 커진다.
② 차량을 좌회전하는 경우 '통일로'로 진입할 수 있다.
③ 차량을 좌회전하는 경우 '통일로'의 건물번호가 작아진다.
④ 차량을 우회전하는 경우 '통일로'로 진입할 수 있다.

서울역을 기점으로 남쪽에서 북쪽으로 건물번호가 커지므로 차량을 좌회전하는 경우 건물번호가 커진다.

05 다음의 도로 표지판이 의미하는 것으로 알맞은 것은?

① 도로명 등을 나타내는 도로명 표지이다.
② 도로명 등을 예고해주는 도로명 예고 표지이다.
③ 교통의 흐름을 명확히 분류하기 위하여 진행 방향의 차로를 안내하는 차로 지정하는 표지이다.
④ 목적지까지의 거리를 나타내는 이정 표지이다.

도로교통의 흐름을 명확히 분류하기 위하여 진행방향의 차로를 안내하는 표지이다.

06 다음 그림의 교통표지에 대한 설명으로 맞는 것은?

① 30톤 중량 제한 도로
② 전방 경사 30도 안내 표지
③ 최고시속 30킬로미터 속도 제한표시
④ 최저시속 30킬로미터 속도 제한표시

그림의 교통표지는 최저속도 제한표시이다.

07 그림과 같은 교통안전표지의 뜻은?

① 좌 합류 도로가 있음을 알리는 것
② 철길 건널목이 있음을 알리는 것
③ 회전형 교차로가 있음을 알리는 것
④ 좌로 굽은 도로가 있음을 알리는 것

그림의 안전표지는 회전형 교차로가 있음을 알리는 표지이다.

08 다음 그림의 교통안전표지에 대한 설명으로 맞는 것은?

① 서행표지이다.
② 일방통행표지이다.
③ 일단정지표지이다.
④ 진입금지표지이다.

그림의 표지는 진입금지표지이다.

09 안전·보건 표지의 종류와 형태에서 그림의 표지로 맞는 것은?

① 차량통행금지
② 사용금지
③ 탑승금지
④ 물체이동금지

그림의 표지는 차량통행금지 표지이다.

01 도로통행 방법

1) 건설기계 차마의 통행구분

① 차마는 보도와 차도가 구분된 도로에서 차도 우측을 통행하여야 한다.

② 보도와 차도가 구분되지 않은 도로에서 도로의 중앙 우측을 통행하여야 한다.

2) 도로의 중앙이나 도로의 좌측 부분을 통행할 수 있는 경우

① 도로가 일방통행으로 된 때

② 도로가 파손되거나 공사 등의 장해로 우측 부분을 통행할 수 없는 때

③ 도로 우측 부분의 폭이 통행에 충분하지 못할 때

④ 도로 우측 부분의 폭이 6m가 되지 않는 도로에서 앞지르기를 할 때

⑤ 가파른 비탈길의 구부러진 곳에서 지방경찰청장이 필요하다고 인정하여 지정한 방법에 따를 때

> **기적의 Tip**
>
> **차마 간의 통행 우선순위**
> 긴급자동차, 긴급자동차 이외의 자동차, 원동기장치 자전거, 자동차 및 원동기장치 자전거 외의 자동차 순서로 통행

02 차로에 따른 통행기준

1) 차로의 설치 기준

① 차로를 설치할 때에는 중앙선을 표시한다.

② 차로의 순위는 도로의 중앙으로부터 1차로로 한다.

③ 차로의 너비는 3m 이상으로 한다.

④ 횡단보도, 교차로, 철길 건널목에는 차로를 설치할 수 없다.

2) 진로변경 제한선 표시

자동차의 진로변경을 제한할 필요가 있을 때 백색 실선으로 설치하고 교차로, 횡단보도의 직전 또는 지하차도, 터널 등에 주로 설치한다.

3) 정차 · 주차를 금지하는 길 가장자리 구역선

주차만을 금지하는 곳에서는 황색 점선으로 표시하고 정차 · 주차를 동시에 금지하는 곳에서는 황색 실선으로 표시하여 설치한다.

4) 중앙선

① 중앙선의 황색 실선은 자동차가 넘어갈 수 없음을 표시한다.

② 중앙선의 황색 점선은 자동차가 선을 넘어갈 수 있음을 표시한다.

③ 중앙선의 황색 실선과 황색 점선의 복선은 자동차가 실선 쪽에서는 넘을 수 없으나 점선 쪽에서는 넘어갈 수 있다.

④ 중앙선은 노면 폭이 6m 이상인 도로에 설치한다.

⑤ 편도 1차로 도로에서는 황색 실선 또는 점선의 단선으로 표시하거나 황색 실선과 점선을 복선으로 하여 설치한다.

⑥ 중앙분리대가 없는 편도 2차로 이상인 도로의 중앙선은 황색 실선 복선으로 설치한다.

5) 통행시 진로 양보 의무

① 통행구분이 없는 도로에서 앞 순위의 차가 뒤를 따라올 경우에는 진로를 양보하여야 한다.
② 통행의 순위가 같거나 뒷 순위인 차가 뒤에서 따라올 경우에도 그 차보다 계속 느린 속도로 통행하고자 할 경우에는 진로를 양보하여야 한다.

> 🎓 **기적의 Tip**
>
> **진로 변경 시 운전자가 지켜야 할 사항**
> • 후사경 등으로 주위의 교통 상황을 확인한다.
> • 신호를 주어 뒤차에게 알린다.
> • 진로를 변경할 때는 뒤차에 주의하여야 한다.

03 차로에 따른 통행방법

1) 앞지르기

① 앞지르기 : 차가 앞서가는 다른 차의 옆을 지나서 그 차의 앞으로 나가는 것
② 앞지르기 당할 때의 방해 금지 : 모든 차는 앞지르기를 하려는 차가 앞지르기 신호를 하는 때, 속도를 높여 경쟁을 하거나 앞지르기 하려는 차의 앞을 가로막는 등 방해하여서는 아니 됨

2) 건널목

① 일단정지와 안전확인 : 모든 차는 철길 건널목 통과 시, 그 건널목 앞에서 일단정지를 하여 안전함을 확인한 후 통과
② 일단정지의 예외 : 건널목 통과 시, 신호기의 진행신호 또는 철도 공무원의 진행신호에 따르는 때에는 정지없이 통과

04 긴급 자동차

1) 대통령령으로 정한 긴급 자동차

① 소방 자동차, 구급 자동차, 경찰용 자동차 중 범죄수사 차, 교통단속 자동차
② 군용 자동차 중 군 질서유지 및 부대이동을 유도하는 자동차
③ 교도기관용 자동차 중 도주자의 체포 또는 호송, 경비용 자동차

2) 긴급 자동차의 운행

긴급 자동차는 자동차 안전 기준에서 정하는 긴급 자동차의 구조를 갖추어야 한다.

3) 교차로 및 그 부근에서 긴급 자동차에 대한 피양 방법

도로의 우측 가장자리에 일시정지하고 일방향으로 된 도로에서는 우측 또는 좌측 가장자리로 피하여 정지한다.

01 도로교통법상 차로에 대한 설명으로 틀린 것은?

① 차로는 횡단보도나 교차로에는 설치할 수 없다.

② 차로의 너비는 원칙적으로 3미터 이상으로 설치하여야 한다. 다만 좌회전 전용차로의 설치 등 부득이한 경우 275cm 이상으로 할 수 있다.

③ 일반적인 차로(일방통행 도로 제외)의 순위는 도로의 중앙 쪽에 있는 차로부터 1차로로 한다.

④ 차로의 너비보다 넓은 건설기계는 별도의 신청절차 필요없이 경찰청에 전화로 통보하고 운행할 수 있다.

차로의 너비보다 넓은 건설기계는 특별표지판을 부착하고 운행 시 출발지를 관할하는 경찰청장의 허가를 받아야 한다.

02 도로교통법상 편도 4차로 자동차 전용도로에서 굴착기의 주행 차선은?

① 1차로   ② 2차로

③ 3차로   ④ 4차로

건설기계의 주행 차선은 차선의 맨 마지막 차로이다. 만일 맨 마지막 차로가 버스전용차로인 경우는 버스전용차로를 제외한 차로에서 맨 마지막 차로이다.

03 편도 1차로인 도로에서 중앙선이 황색 실선인 경우의 앞지르기 방법 중 맞는 것은?

① 절대로 안 된다.

② 아무데서나 할 수 있다.

③ 앞 차가 있을 때만 할 수 있다.

④ 반대 차로에 차량 통행이 없을 때 할 수 있다.

중앙선이 황색 실선일 때에는 절대 앞지르기를 할 수 없다.

04 주행 중 진로를 변경하고자 할 때 운전자가 지켜야 할 사항으로 틀린 것은?

① 후사경 등으로 주위의 교통상황을 확인한다.

② 신호를 주어 뒤차에 알린다.

③ 진로를 변경할 때 뒤차에 주의할 필요는 없다.

④ 뒤에서 따라오는 차보다 느린 속도로 가려는 경우에는 도로의 우측 가장자리로 피하여 진로를 양보하여야 한다.

진로를 변경할 때에는 뒤에서 따라오는 차에 주의하여야 한다.

05 다음 중 통행의 우선순위로 맞는 것은?

① 긴급 자동차 → 일반 자동차 → 원동기 장치 자전거

② 긴급 자동차 → 원동기 장치 자전거 → 승용 자동차

③ 건설기계 → 원동기 장치 자전거 → 승합 자동차

④ 승합 자동차 → 원동기 장치 자전거 → 긴급 자동차

통행 우선순위는 긴급 자동차 → 일반 자동차 → 원동기 장치 자전거 순이다.

06 다음 중 도로교통법에 위반되는 행위는?

① 철길 건널목 바로 전에 일시 정지하였다.

② 야간의 차가 서로 맞보고 진행항 때 전조등의 광도를 감하였다.

③ 다리 위에서 앞지르기하였다.

④ 주간에 방향을 전환할 때 방향지시등을 켰다.

다리 위는 앞지르기 금지 장소 이다.

SECTION 08 도로주행 시 안전운전

출제
빈도 상 중 하

01 서행 및 일시정지

1) 서행하여야 할 곳
① 교통정리가 행하여지지 아니하고 좌·우를 확인할 수 없는 교차로
② 도로의 구부러진 곳이나 비탈길의 고개마루 부근, 가파른 비탈길의 내리막
③ 교통의 안전과 원활한 소통을 확보하기 위하여 필요하다고 인정하여 지정한 곳

> **기적의 Tip**
>
> **최고 속도의 100분의 20을 줄인 속도로 운행** : 노면이 젖어있거나 눈이 20mm 미만 쌓인 경우
>
> **최고 속도의 100분의 50을 줄인 속도로 운행** : 폭우·폭설·안개 등으로 가시거리가 100m 이내인 경우, 노면이 얼어 붙은 경우, 눈이 20mm 이상 쌓인 경우

2) 일시정지하여야 하는 곳
① 교통정리가 행하여지지 아니하고 교통이 빈번한 교차로
② 철길 건널목
③ 교통의 안전과 원활한 소통을 확보하기 위하여 필요하다고 인정한 곳
④ 도로 이외의 곳에 출입하기 위하여 보도를 횡단하고자 할 때

02 주차 및 정차

1) 정차·주차의 방법
① 자동차가 도로에서 정차할 때에는 차도의 우측 가장자리에 정차하여야 한다.

② 차도와 보도의 구분이 없는 도로에서 자동차가 정차할 때에는 우측 가장자리로부터 50cm 이상의 거리를 두고 정차하여야 한다.

2) 정차·주차 금지장소
① 교차로, 횡단보도, 보도와 차도가 구분된 도로의 보도 또는 건널목(단, 보도와 차도에 걸쳐서 설치된 노상 주차장의 주차는 제외)
② 5m 이내의 곳 : 교차로 가장자리 또는 도로 모퉁이, 소방용 기계기구가 설치된 곳
③ 10m 이내의 곳 : 철길 건널목, 안전지대, 버스 정류장, 횡단보도
④ 지방 경찰청장이 도로에서의 위험을 방지하고 교통의 안전과 원활한 소통을 확보하기 위하여 필요하다고 인정하여 지정한 곳

03 신호

1) 차의 신호
① 좌·우회전, 유턴, 횡단, 진로변경의 경우 : 일반 도로에서는 30m 이상의 지점, 고속도로에서는 100m 이상의 지점
② 정지, 서행, 후진을 하는 경우 : 그 행위를 하고자 하는 지점
③ 뒤차를 앞지르기 시키고자 할 경우 : 그 행위를 하고자 하는 지점

> **기적의 Tip**
>
> 교차로 등에서 진로 변경 도중 황색 등화로 변경될 시에는 신속히 진로 변경을 완료하여야 한다.

2) 신호의 방법

① 유턴, 횡단, 진로를 변경하는 경우에는 방향지시등을 조작한다.
② 정지하고자 할 경우 브레이크 페달을 밟으면 제동등이 켜진다.
③ 후진하고자 할 경우 변속 레버를 후진에 넣으면 후진등이 점등된다.
④ 서행할 때 브레이크 페달을 밟았다 놓았다 하며 제동등을 점멸한다.

04 도로주행 시 운전금지 사항

1) 무면허 운전금지

굴착기 운전은 건설기계 조종사면허증을 가지고 할 수 있으며, 도로주행 시 무면허 운전을 하지 않는다.

2) 주취 중 운전금지

① 술에 취한 상태(혈중알코올농도 0.03% 이상)에서 건설기계 등을 운전하여서는 아니 된다.
② 경찰공무원은 교통의 안전과 위험방지를 위하여 운전자가 술에 취하였는지를 호흡조사로 측정할 수 있다.
③ 측정결과에 불복하는 운전자에 대하여는 그 운전자의 동의를 받아 혈액채취 등의 방법으로 다시 측정할 수 있다.

3) 과로한 때 등의 운전금지

과로, 질병, 약물의 영향과 그 밖의 사유로 인하여 정상적인 운전을 하지 못할 염려가 있는 상태에서 운전하여서는 아니 된다.

4) 모든 운전자 준수사항

① 안전운전 의무

운전자는 작동장치를 정확히 조작하여야 하며 도로의 교통상황과 그 차의 구조 및 성능에 따라 다른 사람에게 위해를 주는 속도나 방법으로 운전하여서는 아니 된다.

② 면허증 휴대 및 제시 의무

경찰공무원으로부터 운전면허증의 제시요구를 받은 때에는 이를 제시하여야 한다.

③ 좌석 안전띠의 착용

건설기계를 운전할 때에는 좌석 안전띠를 매도록 하여야 한다.

④ 공동 위험행위의 금지

운전자는 도로에서 2명 이상이 공동으로 2대 이상의 자동차 등을 정당한 사유 없이 앞뒤로 또는 좌우로 줄지어 통행하면서 주변에 위험을 발생하게 해선 안 된다.

05 보행자 보호 및 양보 운전

1) 운전자 안전수칙

① 물이 고인 곳을 운행하는 때에는 다른 사람에게 피해를 주는 일이 없도록 한다.
② 보호를 요하는 사람이 걷고 있는 때는 일시 정지하거나 서행하여야 한다.
③ 도로에서 자동차 등을 세워둔 채로 다른 차마의 통행을 방해하여서는 안 된다.
④ 운전자가 운전석을 떠날 때 시동을 끄고 정지 상태를 안전하게 유지하고 다른 사람이 함부로 운전하지 못하도록 필요한 조치를 하여야 한다.
⑤ 운전자는 안전을 확인하지 아니하고 차의 문을 열거나 내려서는 안 된다.
⑥ 운전자는 다른 사람에게 피해를 주는 소음을 발생해서는 안 된다.

2) 교통정리가 없는 교차로에서 통행 우선순위

① 교차로 내에 먼저 진입한 차
② 보다 넓은 도로에서 진입한 차
③ 우선순위가 같은 차의 경우 우측 도로의 차가 우선 통행
④ 직진 또는 우회전하려는 차(좌회전하려는 차보다 우선 통행)
⑤ 좌회전하려는 차

06 운전면허 취소 · 정지 처분 기준

1) 벌점 등 초과로 인한 운전면허의 취소 · 정지

① 벌점 · 누산점수 초과로 인한 면허 취소 : 1회의 위반 · 사고로 인한 벌점 또는 연간 누산점수가 다음 표의 벌점 또는 누산점수에 도달한 때에는 그 운전면허를 취소한다.

🎓 **기적의 Tip**

기간별 초과 기준

기간	벌점 또는 누산점수
1년간	121점 이상
2년간	201점 이상
3년간	271점 이상

② 벌점 · 처분벌점 초과로 인한 면허 정지 : 운전면허 정지처분은 1회의 위반 · 사고로 인한 벌점 또는 처분벌점이 40점 이상이 된 때부터 결정하여 집행하되, 원칙적으로 1점을 1일로 계산하여 집행한다.

2) 취소 처분 개별 기준

① 교통사고를 일으키고 구호조치를 하지 아니한 때
② 술에 만취한 상태인 혈중 알콜 농도 0.08% 이상에서 운전한 때
③ 술에 취한 상태의 측정에 불응한 사람이 다시 술에 취한 상태인 혈중 알콜농도 0.03% 이상 ~ 0.08% 미만에서 운전할 때
④ 술에 취한 상태에서 경찰공무원의 측정 요구에 불응할 때
⑤ 다른 사람에게 운전면허증을 빌려주거나 빌려서 사용한 경우
⑥ 약물을 사용한 상태에서 자동차 등을 운전한 때
⑦ 운전면허 행정처분 기간 중에 운전할 때
⑧ 정기적성검사 불합격 또는 정기적성검사 기간 1년 경과
⑨ 수시적성검사 불합격 또는 수시적성검사 기간 경과
⑩ 등록 또는 임시운행 허가를 받지 아니한 자동차를 운전한 때
⑪ 허위 또는 부정한 수단으로 운전면허를 받은 경우

🎓 **기적의 Tip**

교통사고로 사람을 사상한 때에는 즉시 정차하여 사상자를 구호하는 등 필요한 조치를 취하여야 한다.

이론을 확인하는 개념 체크

01 노면이 얼어 붙은 경우 최고속도의 100분의 20을 줄인 속도로 운행한다. (O, X)

02 도로 모퉁이로부터 10m 이내의 곳은 주정차 금지 장소이다. (O, X)

03 교통정리가 없는 교차로에서 직진하려는 차는 좌회전하려는 차보다 통행 우선순위가 높다. (O, X)

04 벌점이 121점을 초과하면 1년간 운전면허가 취소된다. (O, X)

01 X 02 X 03 O 04 O

01 다음 중 도로교통법을 위반한 경우는?

① 밤에 교통이 빈번한 도로에서 전조등을 계속 하향했다.
② 낮에 어두운 터널 속을 통과할 때 전조등을 켰다.
③ 소방용 방화 물통으로부터 10m 지점에 주차 하였다.
④ 노면이 얼어붙은 곳에서 최고 속도의 20/100 을 줄인 속도로 운행하였다.

노면이 얼어붙은 곳에서는 최고 속도의 50/100으로 줄인 속도로 주행하여야 한다.

02 도로교통법에서 안전운행을 위해 최고 속도의 100분의 50으로 감속 운행하여야 할 경우가 아 닌 것은?

① 노면이 얼어붙은 때
② 폭우 · 폭설 · 안개 등으로 가시거리가 100m 이내인 때
③ 비가 내려 노면이 젖어있을 때
④ 눈이 20mm 이상 쌓인 때

비가 내려 노면이 젖어있을 때에는 규정 속도의 100분의 20으로 감속 운행하 여야 한다.

03 도로교통법상 정차 및 주차 금지 장소에 해당되는 것은?

① 건널목 가장자리로부터 15m 지점
② 정류장 표지판으로부터 12m 지점
③ 도로의 모퉁이로부터 3m 지점
④ 교차로 가장 자리로부터 10m 지점

정차 · 주차 금지장소
1. 교차로, 횡단보도, 보도와 차도가 구분된 도로의 보도 또는 건널목
2. 5미터 이내의 곳 : 교차로 가장자리, 도로 모퉁이
3. 10미터 이내의 곳 : 안전지대, 버스정류장, 건널목 가장자리
4. 지방 경찰청장이 도로에서의 위험을 방지하고 교통의 안전과 원활한 소통을 확보하기 위하여 필요하다고 인정하여 지정한 곳

04 도로교통법상 주차 금지의 장소로 틀린 것은?

① 터널 안 및 다리 위
② 화재경보기로부터 5미터 이내인 곳
③ 소방용 기계 · 기구가 설치된 5미터 이내인 곳
④ 소방용 방화물통이 있는 5미터 이내인 곳

주차를 금지하는 곳
• 3미터 이내의 곳 : 화재경보기
• 5미터 이내의 곳 : 교차로 가장자리, 도로 모퉁이
• 10미터 이내의 곳 : 안전지대, 버스 정류장, 건널목 가장자리
• 기타 : 터널 안 및 다리 위

05 범칙금 납부 통고서를 받은 사람은 며칠 이내에 경찰청장이 지정하는 곳에 납부하여야 하는가? (단, 천재지변이나 그 밖의 부득이한 사유가 있는 경우는 제외)

① 5일
② 10일
③ 15일
④ 30일

범칙금은 납부 통고서를 받고 10일 이내에 경찰청장이 지정하는 곳에 납부하여 야 한다.

06 도로교통법상 도로에서 교통사고로 인하여 사람 을 사상한 때 운전자의 조치로 가장 적합한 것은?

① 경찰관을 찾아 신고한 다음 사상자를 구호한 다.
② 경찰서에 출두하여 신고한 다음 사상자를 구 호한다.
③ 중대한 업무를 수행하는 경우에는 후조치를 할 수 있다.
④ 즉시 정차하여 사상자를 구호하는 등 필요한 조치를 한다.

교통사고로 사람을 사상한 때에는 즉시 정차하여 사상자를 구호하는 등 필요한 조치를 취하여야 한다.

07 좌회전을 하기 위하여 교차로 내에 진입되어 있을 때 황색 등화로 바뀌면 어떻게 하여야 하는가?

① 정지하여 정지선으로 후진한다.
② 그 자리에 정지하여야 한다.
③ 신속히 좌회전하여 교차로 밖으로 진행한다.
④ 좌회전을 중단하고 횡단보도 앞 정지선까지 후진하여야 한다.

이미 교차로에 진입이 된 상태일 때에는 신속히 좌회전을 하여 교차로 밖으로 진행하여야 한다.

08 횡단보도로부터 몇 m 이내에 정차 및 주차를 해서는 안 되는가?

① 3m
② 5m
③ 8m
④ 10m

횡단보도로부터 10m 이내에는 주차 및 정차가 금지되어 있다.

PART 06

장비구조

01 열기관(Heat engine)의 정의

연료를 연소하여 발생된 열에너지를 기계적 에너
지로 변화시키는 기계장치로 피스톤의 직선운동
으로 크랭크축을 회전시킨다.

> 🎓 **기적의 Tip**
>
> 디젤 엔진은 동력이 발생하는 부분으로 머리 부분에 해당하는 실린더
> 헤드에 캠축·밸브 및 밸브 기구 등이 있으며 몸통 부분에 해당하는
> 실린더 블록에 실린더·피스톤·커넥팅 로드·크랭크축이 있고, 오일
> 팬·플라이휠·엔진 베어링 등으로 구성되어 있다.

1) 내연기관의 분류

① 전기 점화 엔진 : 가솔린 엔진, LPG 엔진
압축된 혼합 가스에 점화 플러그에서 고압의 전
기불꽃을 방전시켜 연소하는 기관이다.
② 압축 착화 엔진 : 디젤 엔진
공기만을 고온고압으로 압축한 후 고압의 연료
(경유)를 미세한 안개 모양으로 분사시켜 자기 착
화시키는 기관이다.

2) 냉각방식에 의한 분류

① 공랭식 엔진 : 공기로 엔진을 냉각시키는 것으
   로 자연 통풍식과 강제 통풍식이 있다.
② 수랭식 엔진 : 실린더 주변에 물을 순환시켜 냉
   각시키는 것으로 자연 순환식과 강제 순환식
   이 있으며 건설기계에는 강제 순환식을 사용
   한다.

3) 4행정 디젤 엔진 작동 원리

크랭크축이 2회전할 때 흡입·압축·동력(폭발)
·배기 행정★으로 1사이클을 완성한다.

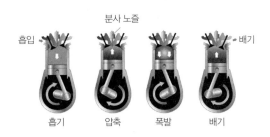

▲ 행정(흡입-압축-폭발-배기) 사이클 엔진

★ 행정
상사점에서 하사점까지 피스톤이 움직인 거리

02 실린더 헤드(Cylinder head)의 구조와 기능(엔진의 머리 부분)

디젤 엔진의 머리 부분에 해당하며, 밸브 및 밸브
기구로 구성되어 있다. 실린더 블록 위에 헤드 개
스킷(패킹)을 사이에 두고 볼트로 설치되어 있으
며, 예열플러그 및 분사 노즐의 설치구멍과 밸브
기구의 설치부가 마련이 되어 블록 부분의 피스
톤·실린더와 함께 연소실을 형성한다.

▲ 캠축 기어와 캠의 구조

1) 캠축

캠축은 크랭크축에서 동력을 받아 구동하고 흡·배기 밸브의 개폐와 오일 펌프 등을 구동하며 구동 방식으로는 타이밍 기어식, 체인식, 벨트 구동식 등이 있다. 특히 체인식에서 댐버가 체인의 진동을 방지하고 텐셔너★는 체인의 장력을 조정한다.

> **★ 텐셔너(Tensioner)**
> 체인 또는 벨트의 장력을 조절하고 헐거워지는 것을 막는 장치

2) 밸브 기구

밸브 기구는 엔진의 동력으로 밸브를 작동시키기 위한 모든 부품으로 L, I, F, OHC 밸브 기구가 있으며 I 헤드형 밸브 기구가 현재 많이 사용된다. 캠축이 1개인 것은 SOHC, 캠축이 2개 설치된 것은 DOHC라 한다.

3) 밸브

밸브에는 흡기 밸브와 배기 밸브가 있으며 연소실에 설치된 흡·배기 구멍을 각각 개폐하여 혼합 가스 또는 공기를 흡입하고 연소가스를 내보내는 일을 한다.

> **기적의 Tip**
> 건설기계에서는 버섯 모양의 포핏 밸브를 주로 사용한다.

4) 타이밍 기어

캠축 기어와 크랭크축 기어 사이에 타이밍 벨트, 체인 등을 연결하기 위한 기어이다.

5) 밸브 간극

온도가 상승하여 밸브 기구가 팽창하면 밸브면과 밸브 시트가 밀착되지 않는 것을 방지하기 위한 밸브 스탬엔드와 로커암 사이의 인위적 간극을 말한다. 엔진 작동 시 발생하는 열로 팽창해도 작동할 수 있도록 하며 배기 밸브 쪽에 틈새를 더 둔다.

> **기적의 Tip**
> 현재 유압식 태핏의 사용으로 밸브 간극을 조정하지 않는다.

① 밸브 간극이 클 때 : 블로바이 현상으로 압축압력이 저하되어 출력 및 시동성능이 떨어지고, 오일이 연소실로 유입되면 소비가 증가되어 피스톤 슬랩 현상이 발생한다.

② 밸브 간극이 작을 때 : 열팽창으로 피스톤과 실린더 사이가 고착되어 마멸이 증대된다.

> **기적의 Tip**
> • 가이드 링의 역할 : 마찰 마모 감소와 밸브 운동을 바르게 한다.
> • 피스톤 간극 : 열팽창을 고려해서 간극을 둔다.

6) 실린더 헤드 개스킷(Head gasket)

엔진 본체와 실린더 헤드 사이에 삽입되어 기밀을 유지시키는 역할을 한다. 특히 혼합 가스, 엔진 오일, 냉각수 등과 접촉하고 있으며 압력 변화와 다양한 부하로 인해 새는 것을 방지하고 구리판이나 강철판으로 석면을 감싼 것을 사용한다.

> **기적의 Tip**
> **실린더 헤드 볼트의 탈·부착 방법**
> • 풀 때는 변형을 방지하기 위하여 바깥쪽에서 중앙을 향하여 대각선 방향으로 푼다.
> • 조일 때는 토크 렌치를 사용하여 규정대로 2~3회 나누어 중앙에서 바깥쪽을 향하여 볼트나 너트를 조인다.

03 실린더 블록 (엔진의 몸통 부분)

엔진의 골격 부분으로 실린더를 보호한다. 내부에는 실린더·피스톤·커넥팅 로드·크랭크축 등이 설치되어 있으며 실린더 주위에는 물 통로와 오일 통로가 있다. 외부에는 엔진 작동을 돕는 부수적인 장치가 부착될 수 있도록 자리가 마련이 되어있다.

1) 연소실

디젤 엔진의 연소실은 공기만을 고압으로 흡입, 압축하여 500~550℃ 정도로 온도를 높인 다음 연료를 안개 모양으로 힘있게 분사시키면 자연적으로 연료에 불이 붙어 연소하는 공간으로 흡입 밸브와 밸기 밸브를 통해서 혼합 가스가 들어가고 폭발 가스가 배출되는 구조로 되어있다.

▲ 피스톤

🎓 기적의 Tip

연소실의 구비조건
- 혼합 가스의 와류가 잘되고 연소 시간이 짧으며 열효율이 높을 것
- 가열되기 쉬운 돌출부를 두지 말고 평균 유효 압력이 높고 기동이 잘 될 것
- 연소실 표면적은 최소가 되도록 하며 디젤 노크가 적고, 연소 상태가 좋을 것

🎓 기적의 Tip

피스톤의 구비조건
- 가볍고 강도가 있어야하며 고온 · 고압에도 견딜 것
- 실린더와 피스톤 사이에서 가스 누출로 블로바이(Blow-by)가 없을 것
- 열전도율이 좋고 냉각이 빠를 것

피스톤 슬랩(Piston slap)
피스톤 간극이 클 때 실린더 벽에 충격을 주어 금속음을 발생하는 현상

블로바이(Blow-by)
압축될 때 연소 가스가 피스톤과 실린더의 틈새 또는 밸브 등을 통해 이상 유출하는 현상

블로다운(Blow-down)
밸브가 닫히기 시작할 때 배기 밸브를 통해서 새어나오는 현상

2) 실린더(Cylinder)

속이 빈 원통형의 피스톤이 왕복운동을 하는 공간으로 기밀을 유지하기 위해 실린더 블럭과 일체식으로 되어있다. 삽입식인 라이너를 설치한 것이 있다. 특히 삽입식 라이너는 실린더를 보호하기 위하여 실린더 사이에 끼우는 형식으로 습식과 건식이 있으며, 습식 라이너는 냉각수가 직접 접촉되어 냉각 효과가 뛰어나나 냉각수가 실린더 안으로 침투할 염려가 있다.

더 알기 Tip

실린더 마멸의 원인
- 실린더와 피스톤 링과의 접촉에 의한 마멸
- 피스톤 링의 호흡 작용과 링과 마찰에 의한 마멸
- 흡입 공기 또는 혼합기의 먼지 등의 이물질
- 농후한 혼합기 및 연소 생성물에 의한 마멸
- 윤활 불량 및 하중 변동에 의한 마멸

3) 피스톤(Piston)

피스톤은 폭발 행정에서 받은 폭발력으로 상하 작동하며 피스톤에 연결된 커넥팅로드를 통하여 크랭크축에 회전력을 발생시킨다.

4) 피스톤 링(Piston ring)

① 압축 링 : 실린더 내의 기밀 유지(밀봉 작용), 열전도 작용(냉각 작용)
② 오일 링 : 실린더 벽에 뿌려진 과잉의 오일을 긁어내 오일이 연소실로 침입하는 것을 방지 (오일제어 작용)

5) 피스톤 핀

피스톤 핀은 피스톤 보스부에 끼워져 피스톤과 커넥팅 로드를 연결해 주는 핀이다.

6) 커넥팅 로드(Connecting rod)

피스톤과 크랭크축을 연결하는 막대로 피스톤에서 받은 동력을 크랭크축에 전달한다.

7) 크랭크축(Crankshaft)

엔진 본체 크랭크 케이스 내에 설치되어 있다. 각 실린더의 동력 행정에서 얻은 피스톤의 상하 왕복운동을 크랭크축의 회전운동으로 바꾸어 주는 장치로 엔진의 출력을 외부에 전달한다.

8) 엔진 베어링

기관 주요부의 부품을 지지하고 섭동 회전시켜
마찰을 감소시킨다.

9) 플라이휠(Flywheel)

동력 행정 중의 회전력을 일시적으로 저장하였다
가 방출한다. 크랭크축의 회전 속도를 원활히 하
기 위하여 크랭크축 뒤 끝에 볼트로 설치되며, 크
랭크축의 맥동적인 회전을 플라이휠의 관성력을
이용하여 원활한 회전으로 바꾸어 준다.

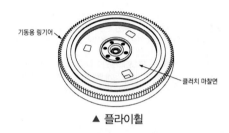

기동용 링기어
클러치 마찰면

▲ 플라이휠

> **기적의 Tip**
>
> **엔진의 동력 전달 과정**
> 피스톤 → 커넥팅 로드 → 크랭크축 → 플라이휠 → 클러치 순으로 동
> 력이 전달된다.

이론을 확인하는 개념 체크

01 열기관이란 역학적, 기계적 에너지를 열에너지로 변환시키는 장치이다. (O, X)

02 내연기관의 냉각방식에는 공랭식과 수랭식이 있다. (O, X)

03 가솔린 기관은 압축착화엔진을 사용한다. (O, X)

04 4행정 디젤 기관에서 압축된 실린더 내로 연료를 분사하는 행정은 폭발이다. (O, X)

05 밸브 간극이 너무 작으면 밸브가 완전히 열리지 않는다. (O, X)

06 실린더 헤드 개스킷이 손상되면 연소실 압력이 증가한다. (O, X)

07 연소실로 엔진오일이 유입된다면 피스톤 링의 손상을 의심할 수 있다. (O, X)

08 크랭크축은 회전을 상하운동으로 바꾸어 준다. (O, X)

01 X 02 O 03 X 04 O 05 X 06 X 07 O 08 X

합격을 다지는 예상문제

01 실린더 헤드 개스킷이 손상되었을 때 일어나는 현상으로 가장 적절한 것은?

① 엔진 오일의 압력이 높아진다.
② 피스톤 링의 작동이 느려진다.
③ 압축압력과 폭발압력이 낮아진다.
④ 피스톤이 가벼워진다.

....

실린더 헤드 개스킷이 손상되면 압축가스가 누출되어 압축압력과 폭발압력이 저하된다.

02 4행정으로 1사이클을 완성하는 기관에서 각 행정의 순서는?

① 압축-흡입-폭발-배기
② 흡입-압축-폭발-배기
③ 흡입-압축-배기-폭발
④ 흡입-폭발-압축-배기

....

4행정 1사이클의 행정 순서는 흡입→압축→폭발(동력)→배기 순으로 완성된다.

03 왕복형 엔진에서 상사점과 하사점까지의 거리는?

① 사이클   ② 과급
③ 행정   ④ 소기

....

행정: 피스톤이 움직인 거리, 즉, 상사점에서 하사점까지의 거리
소기: 연소된 가스의 배출을 새로운 공기가 도와주는 것

04 실린더에 마모가 생겼을 때 나타나는 현상이 아닌 것은?

① 압축 효율 저하
② 크랭크 실내의 윤활유 오염 및 소모
③ 출력저하
④ 조속기의 작동 불량

....

실린더가 마멸이 되면 압축압력과 출력이 저하되고 오일과 연료의 소모량이 증가되며 오일이 연소실로 침입하여 이상 연소되거나 정상 운전이 안 된다.

05 공기만을 실린더 내로 흡입하여 고압축비로 압축한 다음 압축열에 의해 연료를 분사하는 작동 원리의 디젤 엔진은?

① 압축 착화 엔진
② 전기 점화 엔진
③ 외연기관
③ 제트기관

....

- **전기 점화 엔진(가솔린)** : 압축된 혼합 가스에 점화 플러그에서 고압의 전기 불꽃을 방전시켜 점화 연소시키는 형식의 엔진으로 가솔린, LPG 엔진의 점화방식이다.
- **압축 착화 엔진(디젤)** : 공기만을 실린더 내로 흡입하고 고온고압으로 압축한 후 고압의 연료(경유)를 미세한 안개 모양으로 분사시켜 자기 착화 시키는 형식의 엔진으로 디젤 엔진의 점화방식이다.

06 실린더와 피스톤 사이에 유막을 형성하여 압축 및 연소가스가 누설되지 않도록 기밀을 유지하는 작용은?

① 밀봉작용
② 감마작용
③ 냉각작용
④ 방청작용

....

오답 피하기
② **감마작용**: 마찰감소 및 마멸방지 작용
③ **냉각작용**: 마찰열을 흡수하는 작용
④ **방청작용**: 녹이 생기는 것을 방지하는 작용

07 디젤 엔진의 4행정 중 흡입 행정에 관한 설명으로 맞지 않는 것은?

① 흡입 밸브를 통하여 혼합기를 흡입한다.
② 실린더 내에 부압이 발생한다.
③ 흡입 밸브는 상사점 전에 열린다.
④ 흡입계통에는 벤투리, 초크 밸브가 있다.

....

벤투리, 초크 밸브는 가솔린 엔진의 기화기 구조에 해당된다.

윤활장치의 구조와 기능

출제
빈도 상 중 하

01 윤활장치

엔진 내의 마찰 부분에 오일을 공급하여 마찰 손실과 부품의 마모 최소화로 기계효율을 높여주는 역할을 한다. 금속 사이에 유막을 형성시켜 고체 마찰에서 유체 마찰로 바꾸어 주는 작용을 윤활유의 작용이라고 한다.

1) 윤활유의 작용

① 마찰 및 마멸방지(감마 작용)
엔진의 각 부품 작동부에 유막을 형성하여 마찰을 감소시켜 마모를 최소화한다.

② 밀봉 작용
피스톤과 실린더 사이에 유막을 형성하여 압축가스가 새지 않도록 유지한다.

③ 냉각 작용
엔진 각 작동 부위의 마찰로 발생하는 열을 흡수하여 방열시키는 작용을 한다.

④ 세척 작용
오일이 엔진 내부를 순환할 때 불순물을 흡수하여 윤활부를 깨끗하게 한다.

⑤ 충격 완화 및 소음방지(응력분산 작용)
각 작동부에서 발생하는 충격을 흡수하여 마찰음 등의 소음을 감소시킨다.

⑥ 방청 작용
엔진 내 각 부품 등 금속 부분의 산화 및 부식 등을 방지한다.

2) 윤활유 여과 방식

오일 팬 내의 오일 스트레이너에서 비교적 큰 이물질을 제거한 후 오일펌프에서 오일 필터를 거쳐 여과하고 여과된 오일은 오일 통로를 통하여 각 윤활부로 보내진다. 그 후 윤활을 마친 오일은 오일 팬으로 되돌아와 다음 윤활을 준비한다.

> 🎓 **기적의 Tip**
>
> 여과 방식의 종류 : 전류식, 분류식, 션트식이 있으나 주로 전류식이 많이 사용된다.

3) 윤활유의 구비조건

① 청정력과 점도 지수가 크고 점도가 적당하여야 한다.
② 카본생성이 적고, 열과 산에 대하여 안정성이 있어야 한다.
③ 응고점이 낮아야 하며, 기포 발생에 대한 저항력이 있어야 한다.
④ 비중이 적당하고, 인화점 및 발화점이 높아야 한다.
⑤ 강인한 유막을 형성할 수 있어야 한다.

> 🎓 **기적의 Tip**
>
> • 점도 : 오일의 끈적끈적한 정도를 나타내는 것으로 유체의 이동 저항이다.
> • 점도가 높을 때 : 끈적끈적하여 유동성이 저하되며, 유압이 높아진다.
> • 점도가 낮을 때 : 오일이 묽어 유동성이 좋으며, 유압이 낮아진다.
> • 점도 지수 : 온도 변화에 따른 점도 변화 정도 표시(점도 상태를 유지하는 능력)
> • 점도 지수가 높을 때 : 온도 변화에 따른 점도의 변화가 작다.
> • 점도 지수가 낮을 때 : 온도 변화에 따른 점도의 변화가 크다.
> • 유성 : 유막을 형성하는 성질

4) 윤활유의 종류

① 점도에 의한 분류
미국 자동차기술협회에서 윤활유의 점도에 따라 구분한 것으로 SAE 분류번호가 클수록 점도가 높다.

구분	겨울	봄 가을	여름	열대지방
SAE번호	10 ~ 19	20 ~ 39	40 ~ 49	50 이상

② 사용조건에 따른 분류
미국석유협회(API)에서 사용조건에 따라 제정한 엔진 오일 분류이다.

구분	디젤 기관	가솔린 기관
좋은 조건의 운전	DG	ML
중간 조건의 운전	DM	MM
가혹한 조건의 운전	DS	MS

> **기적의 Tip**
>
> 현재 사용온도 범위 : 5W-20, 10W-20, 10W-30, 20W-40 등으로 표시한 것을 사용한다. 이것은 저온에서 기관이 쉽게 기동 될 수 있도록 점도가 낮을 뿐만 아니라 고온에서도 윤활유의 기능을 할 수 있도록 조성된 것임을 뜻하는데 이것을 다급 기관 오일(multi-grade oil, 범용 오일)이라 한다.

02 윤활장치의 구조와 기능

1) 오일 팬
오일을 저장하는 탱크이며 섬프(움푹 파인 부분)와 배플(칸막이 판)이 설치되어있다.

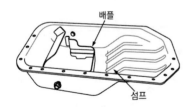

▲ 오일 팬

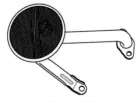

▲ 오일 스트레이너

2) 오일 스트레이너
가느다란 철망구조로 되어있으며 비교적 큰 불순물을 제거하고 오일 팬의 오일을 펌프로 유도한다.

3) 오일 여과기(Filter)
오일 속에 포함된 미세한 불순물을 분리하여 제거하는 여과기로 압력여과기, 진공여과기, 원심여과기, 중력여과기 등이 있다.

4) 유압 조절 밸브
오일펌프에서 공급되는 오일을 일정한 압력으로 조정하는 밸브이다.

5) 오일펌프
오일 팬의 오일을 흡입 가압하여 크랭크축에 의해 구동하여 오일을 압송한다.

> **기적의 Tip**
>
> 종류로는 기어식, 베인식, 로터리식, 플런저식이 있으며 일반적으로 기어식을 많이 사용한다.

6) 오일 레벨 게이지(유량계 또는 유면표시기)
오일 레벨 게이지는 오일 팬 내의 오일량을 점검할 때 사용하는 금속제의 막대로 "F"(Full)와 "L"(Low) 표시가 있으며 오일량을 점검할 때에는 노면이 일정하고 엔진이 정지된 상태에서 점검하여 "F" 표시 가까이 있으면 정상이다.

7) 오일 쿨러
오일 온도를 40~80℃ 정도로 유지하기 위한 장치로 실린더 블록 측면이나 방열기 아래 탱크 밑에 설치되어 있다.

8) 오일 압력 계기, 오일 압력 경고등
운전석에서 볼 수 있도록 되어 있으며 계기형식과 경고등형식으로 되어있다.

합격을 다지는 **예상문제**

01 오일 압력이 높은 것과 관계없는 것은?

① 릴리프 스프링(조정 스프링)이 강할 때
② 추운 겨울철에 가동할 때
③ 오일의 점도가 높을 때
④ 오일의 점도가 낮을 때

오일의 점도가 낮으면 유압 또한 낮아진다.

02 윤활유의 점도가 너무 높은 것을 사용했을 때의 설명으로 맞는 것은?

① 좁은 공간에 잘 침투하므로 충분한 주유가 된다.
② 엔진 시동을 할 때 필요 이상의 동력이 소모된다.
③ 점차 묽어지기 때문에 경제적이다.
④ 겨울철에 사용하기 좋다.

오일의 점도가 높은 것을 사용하면 엔진을 기동할 때 기동 저항이 생겨 필요 이상의 동력이 손실된다.

03 디젤 엔진의 윤활장치에서 오일 여과기의 역할은?

① 오일의 역순환 방지 작용
② 오일에 필요한 방청 작용
③ 오일에 포함된 불순물 제거 작용
④ 오일 계통에 압력 증대 작용

오일 여과기는 오일 속에 포함된 불순물을 분리 제거한다.

04 엔진에 사용되는 윤활유의 소비가 증대될 수 있는 두 가지 원인은?

① 연소와 누설
② 비산과 압력
③ 희석과 혼합
④ 비산과 희석

밀폐된 공간에 있는 오일이 실린더 내 연소실로 유입되어 연소되거나 누설되어 오일의 소비가 증대된다.

05 엔진에서 엔진 오일이 연소실로 올라오는 주된 이유는?

① 피스톤 링 마모
② 피스톤 핀 마모
③ 커넥팅 로드 마모
④ 크랭크축 마모

피스톤 링의 마모 또는 간극의 과대할 때 엔진 오일이 연소실로 올라오는 주된 원인이 된다.

06 엔진의 윤활장치 목적에 해당되지 않는 것은?

① 냉각작용
② 방청작용
③ 윤활작용
④ 연소작용

윤활유의 6대 작용으로 감마작용, 밀봉작용, 냉각작용, 세척작용, 방청작용, 응력분산작용이 있다.

07 엔진 오일 압력이 상승하는 원인은?

① 오일펌프가 마모되었을 때
② 오일 점도가 높을 때
③ 윤활유가 너무 적을 때
④ 유압 조절 밸브 스프링이 약할 때

유압이 높아지는 원인
• 오일 회로(오일 필터)가 막히거나 유압 조절 밸브가 고착될 때
• 오일 점도가 과대하거나 유압 조절 밸브 스프링 장력이 과다할 때
• 마찰부의 베어링 간극이 적거나 회로가 막혔을 때

08 디젤 엔진에서 오일을 가압하여 윤활부에 공급하는 역할을 하는 것은?

① 냉각수 펌프   ② 진공 펌프
③ 공기 압축 펌프   ④ 오일펌프

오답 피하기
① 냉각수 펌프 : 엔진에서 냉각수를 순환시킨다.
② 진공 펌프 : 일반 차량의 브레이크 장치 등에 부압을 발생한다.
③ 공기 압축 펌프 : 컴프레서. 공기 압축기를 말한다.

09 엔진의 오일 레벨 게이지에 대한 설명으로 틀린 것은?

① 윤활유 레벨을 점검할 때 사용한다.
② 윤활유 육안검사 시에도 활용된다.
③ 기관의 오일 팬에 있는 오일을 점검하는 것이다.
④ 반드시 기관 작동 중에 점검해야 한다.

오일 레벨 게이지는 유면계로서 오일 팬의 오일량을 점검할 때 사용하며 운전 전 엔진이 정지된 상태의 평탄한 장소에서 오일량과 점도, 오일의 색, 오염정도 등을 점검하는 것이다.

10 오일량은 정상이나 오일 압력계의 압력이 규정치보다 높을 경우 조치사항으로 맞는 것은?

① 오일을 보충한다.
② 오일을 배출한다.
③ 유압 조절밸브를 조인다.
④ 유압 조절 밸브를 풀어준다.

오일량은 정상이나 오일 압력계의 압력이 규정값보다 높을 때에는 유압 조절밸브를 풀어 유압을 낮추어 규정의 압력으로 맞추어 사용한다.

11 윤활유의 점도가 기준보다 높은 것을 사용했을 때의 현상으로 맞는 것은?

① 좁은 공간에 잘 스며들어 충분한 윤활이 된다.
② 동절기에 사용하면 기관 시동이 용이하다.
③ 점차 묽어지므로 경제적이다.
④ 윤활유 압력이 다소 높아진다.

점도는 윤활유의 이동저항을 말하는 것으로 점도가 높을수록 유체의 이동 저항이 증가되어 엔진 기동 시 기동 저항이 증가하고 유압은 상승하게 된다

연료장치의 구조와 기능

01 디젤 엔진의 연소실

디젤 엔진은 실린더 내에 공기만을 흡입하여 압축
(15~22 : 1)시킨 다음 분사 펌프를 사용하여 고압의
연료(경유)를 분사시켜 압축열(500~550℃)로 자연
연소하는 자기 착화 엔진(압축 착화 기관)이다.

🎓 기적의 Tip

연소실
공기와 연료가 잘 혼합하여 연소하는 공간이며 압축 행정시 와류를 일
어나게 하여 혼합을 돕는다. 출력 증대를 위해 과급기를 설치하고 시동
보조장치로 예열장치와 감압장치가 있다.

1) 디젤 엔진의 장점

① 제동 열효율이 높고, 연료 소비율이 적다.
② 엔진 회전의 전 부분에 걸쳐 회전력과 신뢰성
이 크고 유해성분이 적다.
③ 연료의 인화점이 높고, 화재의 위험성이 적다.

2) 디젤 엔진의 단점

① 마력당 중량이 무겁고, 제작비가 비싸다.
② 기동 전동기의 출력이 높아 진동과 소음이 크다.
③ 평균 유효 압력이 낮고, 엔진의 회전 속도가
낮다.

🎓 기적의 Tip

디젤 엔진의 노킹 방지방법
• 연료의 착화 온도를 낮게 한다.
• 착화성이 좋은 연료(착화점이 낮은 것)을 사용한다.
• 엔진의 회전 속도를 빠르게 한다.
• 흡기 온도, 실린더 벽의 온도, 압력 등을 높게 한다.
• 착화 지연 기간 중에 연료의 분사량을 적게 한다.
• 연료 분사 시기를 정확히 유지한다.

3) 디젤 엔진과 가솔린 엔진의 비교

비교 사항	디젤 엔진 (압축 착화 기관)	가솔린 엔진 (점화 장치 기관)
연료	경유	가솔린
연소	자기 착화	전기 점화
압축비	15~22:1	7~11:1
압축압력	30~35kgf/cm²	8~11kgf/cm²

4) 연소실의 종류

① **직접분사식**
단실식으로 실린더 헤드와 피스톤 헤드로 만들어
진 연소실 내에 직접 연료를 분사한다.

② **예연소실식**
피스톤과 헤드 사이에 주 연소실이 있고 이외에
따로 예비 연소실을 갖춘 것으로 주 연소실에서
부터 밀려나와 피스톤에 압력을 가한다.

③ **와류실식**
노즐 가까이서 많은 공기 와류를 얻을 수 있는 구
조이며 압축 공기가 와류실에서 강한 선회운동을
할 때 연료가 분사되어 연소가 일어난다.

④ **공기실식**
노즐이 공기실에 있지 않고 주 연소실에 직접 연
료를 분사하므로 주 연소실의 1차 폭발력에 이어
2차적인 압력을 피스톤에 가할 수 있다.

02 디젤 연료의 조건

착화성이 좋은 연료를 사용하며 안개 모양(무화)
으로 힘있게(관통력) 연료를 골고루 분포시켜 공
급하여야 한다.

1) 디젤 연료의 구비조건

① 발열량이 크고 적당한 점도가 있어야 하며 착화성이 높을 것
② 유해성분이 적고 불순물이 섞이지 않을 것
③ 인화점이 높고 발화(착화)점이 낮아야 할 것
④ 연소 후 카본생성이 적고 내폭성이 클 것
⑤ 온도 변화에 따른 점도의 변화가 적고 내한성이 클 것

2) 착화성

① 연소실 내 분사된 연료가 착화될 때까지의 시간에 대한 것이다.
② 세탄가, 디젤 지수, 임계 압축비 등으로 표시한다.
③ 착화 지연 기간이 짧아 불이 잘 붙는 물질로 디젤 연료의 세탄가는 45~70 정도이다.

> **기적의 Tip**
>
> **디젤엔진연료장치공급순서**
> 연료 탱크 → 연료여과기 → 연료 공급 펌프(저압) → 연료 여과기(필터) → 제어장치 → 분사 펌프(고압) → 연료파이프 → 분사 노즐 → 연소실

03 연료장치의 구조와 기능

1) 연료 탱크

연료를 저장하며 주행 중에 흔들림을 방지하기 위한 방지판(격판)이 있고, 연료량을 운전석에서 확인하기 위해서 연료센서가 부착되어 있다.

2) 연료 여과기(연료 필터)

연료 속에 포함된 먼지나 수분을 제거하고 분리하기 위해 4개 이상의 여과기가 설치되어 있으며 연료 주입구, 연료 탱크 내, 엔진실 연료여과기, 공급 펌프, 노즐 홀더 등에 설치되어 200 ~ 250시간마다 교환하거나 청소하여야 한다.

> **기적의 Tip**
>
> **응축수**
> 응축수란 연료 탱크에서 발생된 증발가스의 온도가 낮아져 증발되지 않은 증기가 물이 되는 것으로 겨울철에 많이 발생하며 디젤 엔진 연료 계통에 응축수가 생기면 시동이 어려워지는 문제가 생긴다.

3) 연료 공급 펌프(Fuel feed pump)

일반적으로 분사 펌프에 직접 설치되어 있다. 연료를 연료탱크로부터 펌핑하여 여과기를 거쳐 분사 펌프 저압부까지 공급하는 기능으로 일부는 윤활 및 냉각에 사용되며 오버플로 밸브를 거쳐서 윤활 및 냉각된 연료는 다시 연료탱크로 복귀하게 된다.

> **기적의 Tip**
>
> 연료의 공급 펌프가 고장나면 연료가 공급되지 않아 시동이 꺼지는 문제를 발생시킨다.

4) 프라이밍 펌프(수동펌프)

엔진이 정지되어 있을 때 수동으로 작동시켜 분사 펌프 저압부까지 연료를 공급하며, 연료장치 내 공기빼기 작업을 할 때 사용한다.
① 수동으로 프라이밍 펌프를 작동시키며 연료를 펌핑하여 공급 펌프→연료 여과기→ 분사 펌프의 순서로 공기빼기 작업을 한다.
② 프라이밍 펌프를 누른 상태에서 에어 배출 플러그를 열고 닫는다.

5) 분사 펌프(Injection pump, 부란자)

공급 펌프에서 공급된 저압의 연료를 고압으로 바꾸어 분사 노즐을 통하여 연소실에 힘있게 안개 모양으로 공급한다.

6) 제어장치

연료를 조속기(Governor)에 의해 분사량을 조절하고 역류를 방지하는 딜리버리 밸브(Delivery valve)와 분사 시기 조정기(Timing device) 등으로 구성된다.

7) 분사 노즐(Nozzle)

원통 모양의 작은 구멍으로 펌프로부터 압송된 연료를 실린더 내에 분출구를 통해서 연소실로 분사시킨다. 종류로는 개방형 노즐과 밀폐형 노즐이 있으며 밀폐형 노즐에는 구멍형, 핀틀형, 스로틀형 분사 노즐이 있다.

04 시동 보조 장치의 구조와 기능

1) 감압장치(Decompression device)

흡기 또는 배기 밸브를 강제로 열어 실린더 내의 압축압력을 감소시켜 시동을 정지하거나 시동이 쉽도록 보조하는 장치이며 디젤기관에만 있다.

2) 예열장치(Preheating system)

디젤 엔진의 연소실 내 공기를 미리 가열하여 시동을 쉽게 해주는 장치로 예열플러그식과 흡기가열식이 있으며 디젤 기관에만 있다.

① 예열플러그식(Glow plug)

예열플러그식은 연소실에 흡입된 공기를 직접 가열하는 방식이며, 예열장치로는 예열플러그, 예열플러그 파일럿, 예열플러그 릴레이가 있다.

② 흡기가열식

흡입되는 공기를 예열하여 실린더에 공급하는 방식으로 구성품으로는 흡기히터와 히트레인지가 있으며 직접분사실식에 사용된다.

05 전자제어 디젤 엔진(CRDI) 연료장치의 구조와 기능

운전 상태에 알맞은 연료를 전자제어유닛(ECU, Electronic Control Unit)으로 제어한다. 초고압의 연료를 정교한 타이밍에 연소실로 분사하는 방식이다.

> **기적의 Tip**
>
> **커먼 레일 디젤기관의 연료 공급과정**
>
> 연료 탱크 → 연료 여과기 → 저압 연료 펌프 → 연료 여과기 → 고압 연료 펌프 → 커먼 레일 → 인젝터

1) 전자제어(Common rail) 시스템의 특징

커먼 레일 시스템의 주된 목적은 배기가스 저감과 연비 향상이다.

① 연소와 분사 과정의 설계가 자유롭고 밀집된 설계 및 경량화가 가능하다.
② 운전 조건에 따라서 연료 압력과 분사 시기를 조정할 수 있다.
③ 낮은 회전 속도에서도 고압 분사가 가능하여 완전 연소를 할 수 있다.
④ 배기소음과 배기가스를 저감할 수 있다.
⑤ 엔진 회전수에 관계 없이 독립적으로 제어한다.
⑥ 엔진 성능 및 운전 성능을 향상시킬 수 있으며 모듈화 장치가 가능하다.
⑦ 기존 엔진에 적용이 용이하며 중량 및 구동 토크가 저감된다.
⑧ 불순물 등에 의한 노즐 시트에서 누유 발생 가능성이 높다.

2) 연료 여과기

연료 속에 포함된 수분, 먼지 등의 불순물을 여과하며 동절기에 냉각된 엔진을 시동할 때 연료를 가열해 주는 연료 가열장치가 설치되어있다.

3) 저압 연료펌프(공급 펌프)

연료펌프 릴레이로부터 전원을 공급받아 탱크의 연료를 흡입 가압하여 고압 연료펌프로 연료를 공급한다.

4) 고압 연료펌프(분사 펌프)

① 저압의 연료를 고압(약 1350bar)으로 압축하여 커먼 레일에 공급한다.
② 구동 방식은 기존의 분사 펌프 구동 방식과 같다.
③ 압력 제어 밸브가 고압 펌프에 부착되어 연료 압력이 과도하게 상승하는 것을 방지한다.

5) 커먼 레일

① 고압 공급 펌프로부터 공급되는 연료를 저장하고 인젝터로 매회 분사되는 양만큼의 연료를 공급한다.
② 역류 방지를 위한 체크 밸브 및 고압 센서가 부착되어 있다.
③ 연료 압력은 항상 압력 센서에 의해 엔진에서 요구하는 조건에 따라 조절한다.
④ 레일 내의 압력은 전자식 압력 조절 밸브에 의해 조정된다.
⑤ 커먼 레일에 설치된 압력 제한 밸브는 커먼 레일 내의 연료 압력이 규정값 이상으로 상승하면 연료 탱크로 복귀시켜 커먼 레일 내의 연료 압력을 일정하게 유지한다.

6) 인젝터(Injector, 연료 분사 노즐)

① 커먼 레일로부터 공급된 연료를 ECU의 신호에 따라 노즐을 통해 연료를 분사한다.
② 각 기통에 개별적으로 솔레노이드가 장착된 인젝터가 노즐과 함께 장착된다.
③ 분사 개시는 ECU의 펄스 신호로 솔레노이드에 전달되어 시작된다.
④ 유체이동으로 연료 분사량을 결정한다.

> **기적의 Tip**
>
> **커먼 레일 시스템의 연소 과정**
>
> • 파일럿 분사 : 착화 분사를 말하는 것으로 주 분사가 이루어지기 전에 연료를 분사하여 연소가 원활하게 되도록 한다.
> • 주 분사 : 파일럿 분사 실행 여부를 고려하여 연료 분사량을 조절한다.
> • 사후 분사 : 유해 배출가스 발생을 감소시키기 위하여 사용한다.

06 전자제어 디젤 엔진(CRDI) 연료장치의 입출력요소

연료 분사 펌프 본체와 흡기온도, 냉각수 온도, 흡기 다기관 압력, 연료의 온도, 연료 분사량, 분사 시기 등 상태의 전기적 신호를 검출하는 센서가 있다.

1) 전자제어 유닛(ECU)의 입력요소

입력 요소	사용
공기 유량 센서 (Air Flow Sensor)	실린더로 유입되는 공기량을 검출 후 ECU로 입력하여 보정 신호로 사용된다.
흡기 온도 센서 (Air Temperature Sensor)	흡입되는 공기 온도를 검출하여 ECU로 입력하며 흡입되는 공기 온도에 따라 연료 분사량, 분사 시기, 시동 시 연료 분사량 등의 보정 신호로 사용한다
연료 온도 센서 (Fuel Temperature Sensor)	부 특성 서미스터(thermistor) 센서로 냉각 수온 센서와 같으며 연료 온도가 높아지면 ECU는 연료 분사량을 감량하여 엔진 보호한다.
냉각수 온도 센서 (Water Temperature Sensor)	제1센서는 냉각수 온도에 따라 연료량 증감의 보정 신호로 냉각 시에 원활한 시동성을 높이는 역할과 예열장치의 작동 신호를 준다. 제2센서는 열간 시 냉각 팬의 제어 신호로 사용된다.
크랭크 포지션 센서 (Crank Position Sensor)	실린더 블록이나 변속기 하우징에 장착되며 T.D.C센서와 밀접한 관계가 있으며 1번 실린더 위치를 알기 위한 센서로 사용된다.
가속 페달 포지션 센서 (Accelerator Position Sensor)	운전자의 의지를 ECU로 전달하며 제1센서는 연료 분사량과 연료 분사시기를 결정하며 제2센서는 제1센서의 작동 상태를 감지하는 기능을 가져 급출발 등의 오작동을 방지하는 역할을 한다.
연료 압력 센서 (Fuel Pressure Sensor)	연료 공급 라인에 설치된 반도체 피에조 소자로 연료의 압력을 검출하여 ECU로 입력하면 ECU는 연료 분사량 및 분사 시기를 보정한다.
캠축 포지션 센서 (Camshaft Position Sensor)	홀 센서 방식으로 캠축에 설치되어 캠축 1회전(크랭크축 2회전)당 1개의 펄스 신호를 발생시켜 ECU로 입력시킨다.

2) 전자제어 유닛의 출력 요소

출력 요소	사용
인젝터	고압의 연료펌프로부터 공급된 연료는 커먼 레일을 통하여 인젝터에 공급되며 ECU의 제어 신호로 연소실에 연료를 직접 분사한다.
연료 압력제어 밸브	커먼 레일 내의 연료 압력을 조정하는 밸브로 냉각수 온도, 축전지 전압 및 흡입 공기 온도에 따라 보정한다.
배기가스 재순환 장치 (Exhaust Gas Recirculation)	배기가스 일부를 흡기 다기관으로 유입시키는 장치로 작동 중 기관의 연소온도를 낮추어 기관에서 배출되는 가스 중 질소산화물(NOx) 배출을 억제하는 밸브이다.
보조 히터 장치	한랭 시 기관의 시동을 쉽게하기 위하여 온도를 높여주는 장치이다.
자가진단 기능	기관의 ECU는 비정상적인 신호가 보내질 때 고장 코드를 기억한 후 신호를 자기진단 출력 단자와 계기판의 경보장치 등에 보낸다.

01 연료 탱크의 연료를 분사 펌프 저압부까지 공급하는 것은?

① 연료 공급 펌프
② 연료 분사 펌프
③ 인젝션 펌프
④ 로터리 펌프

연료 탱크의 연료를 흡입, 가압하여 고압 펌프인 연료 공급 펌프로 연료를 분사 펌프 저압부까지 공급한다.

02 다음 중 엔진의 시동이 꺼지는 원인에 해당되는 것은?

① 연료 펌프의 고장
② 발전기 고장
③ 물 펌프의 고장
④ 기동 모터 고장

연료의 공급 펌프가 고장이 발생하면 연료가 공급되지 않아 시동이 꺼진다.

03 디젤 엔진 연료 계통에 응축수가 생기면 시동이 어렵게 되는데 이 응축수는 주로 어느 계절에 가장 많이 생기는가?

① 봄
② 여름
③ 가을
④ 겨울

응축수란 연료탱크에서 발생된 증발가스의 온도가 낮아져 증발되지 못하고 물이 생성되는 것으로 겨울철에 많이 발생된다.

04 다음 중 연소실과 연소의 구비조건이 아닌 것은?

① 분사된 연료를 가능한 한 긴 시간동안 완전 연소 시킬 것
② 평균 유효압력이 높을 것
③ 고속 회전에서의 연소 상태가 좋을 것
④ 노크 발생이 적을 것

연소실에 분사된 연료는 가능한 빨리 완전연소 시켜야 한다.

05 디젤 엔진에서 시동이 잘 안 되는 원인으로 가장 적합한 것은?

① 냉각수의 온도가 높은 것을 사용할 때
② 보조 탱크의 냉각수량이 부족할 때
③ 낮은 점도의 기관오일을 사용할 때
④ 연료계통에 공기가 들어있을 때

디젤 엔진 연료 계통에 공기가 유입되면 연료의 흐름이 나빠져 시동 곤란 요인이 된다.

06 커먼 레일 디젤 엔진의 센서에 대한 설명이 아닌 것은?

① 연료 온도 센서는 연료 온도에 따른 연료량 보정 신호로 사용된다.
② 수온 센서는 기관의 온도에 따른 연료량을 증감하는 보정 신호로 사용된다.
③ 수온 센서는 기관의 온도에 따른 냉각 팬 제어 신호로 사용된다.
④ 크랭크 포지션 센서는 밸브 개폐시기를 감지한다.

크랭크 포지션 센서의 신호는 엔진 회전수 감지 및 분사순서와 분사 시기를 결정하는데 사용된다.

07 디젤 엔진에서 타이머의 역할로 가장 적합한 것은?

① 분사량 조절
② 자동 변속단 조절
③ 연료 분사 시기 조절
④ 기관 속도 조절

타이머는 분사 시기 조절 장치로 엔진 부하 및 엔진의 회전 속도에 따라 연료 분사 시기를 자동 조절하는 장치이다.

08 연료계통의 고장으로 기관이 부조를 하다가 시동이 꺼졌다. 그 원인이 될 수 없는 것은?

① 연료 파이프 연결 불량
② 탱크 내의 오물이 연료장치에 유입
③ 연료 필터의 막힘
④ 프라이밍 펌프 불량

프라이밍 펌프는 수동용 펌프로서 기관 정지 시 연료의 공급과 회로 내의 공기 빼기 작업 시에 사용한다.

SECTION 04 · 흡·배기장치의 구조와 기능

출제
빈도 상 중 하

01 흡·배기장치

충분한 출력으로 작동될 수 있도록 연소실에 혼합 가스나 공기를 흡입하거나 연소된 후 연소 가스를 충분하게 배출하는 장치이다.

> **기적의 Tip**
>
> **블로바이 가스**
> 실린더와 피스톤사이의 틈새로 방출되는 가스
> **블로다운 가스(배기가스)**
> 배기장치를 통해서 대기중으로 방출되는 가스
> **디젤기관의 가스 발생**
> • 질소산화물과 흑연 : 탄소의 작은 입자로 배출되는 검은 연기
> • 일산화탄소 및 탄화수소 : 작동 온도가 낮고 분사된 연료의 기화 불충분으로 착화, 연소하지 못한 경우에 발생한다.

02 흡기장치의 구조와 기능

1) 흡기장치(Intake system)

실린더에 혼합 가스를 흡입하는 장치로, 흡입하는 공기 속에 들어있는 먼지 등을 제거하는 공기 청정기와 각 실린더에 혼합기를 분배하는 흡입 다기관으로 구성되어 있다.

2) 공기 청정기(공기 여과기, Air Cleaner)

외부 공기 중에 불순물을 여과하고 소음을 방지하며 역화 시 불꽃을 저지하여 흡기 다기관을 통해 연소실로 보낸다.
① 건식 공기 청정기 : 여과지나 엘리먼트를 사용
② 습식 공기 청정기 : 금속 여과망으로 된 엘리먼트를 사용

③ 유조식 공기 청정기 : 몸통 아래쪽에 엔진 오일이 들어있고 상단에 발포우레탄 등이 여과제로 된 엘리먼트가 있어 먼지가 많은 작업장에서 효과적
④ 원심분리식 청정기 : 유입되는 공기의 원심력관성을 이용하여 먼지를 제거
⑤ 복합식 청정기 : 건식과 습식에 사이클론식 예비 청정기를 합쳐놓은 형식

> **기적의 Tip**
>
> **공기 청정기의 청소**
> 압축 공기를 이용하여 안에서 밖으로 불어낸다.
> **공기 청정기 막힘 시 문제**
> • 실린더의 마멸에 연향을 준다.
> • 배기가스가 흑색이 된다.
> • 엔진 출력이 감소한다.
> • 엔진 연소가 나빠진다.

3) 흡기 다기관

각 실린더의 흡기 포트와 연결되어 있으며 실린더에 흡입되는 공기를 균일하게 분배한다.

03 배기장치의 구조와 기능

1) 배기장치(Exhaust system)

연소실에서 연소된 가스는 배기 밸브를 통해서 배기 다기관을 거쳐 외부로 배출된다.

2) 배기 다기관

실린더의 배기 포트와 배기관 사이에 설치되며 각 연소실에서 배출되는 가스를 한곳으로 모아 배기관을 통해 배출한다.

3) 배기관

배기 다기관에 연결되어 배기가스를 외부로 배출하기 위한 관로이다.

4) 소음기(머플러)

배기관 사이에 설치하며 배기가스가 방출될 때 격렬한 폭음이 발생되는 것을 방지한다.

> **기적의 Tip**
>
> **배기가스의 색**
> • 엔진오일의 혼입으로 인한 흰색 배기가스
>   – 피스톤, 링, 가이드 고무 마모 등의 마모
>   – 헤드, 헤드 개스킷 불량
> • 연료의 불완전연소로 인한 흑색 배기가스
>   – 인젝터 펌프, 연료 분사 노즐 등의 불량
>   – 공기 청정기 내 이물질 과다

04 과급기(터보차저, Turbo-charger)

배기관으로 배출되는 가스를 이용하여 터빈을 구동하고 압축기로 압축하여 일부의 공기를 흡기관으로 보다 많은 공기를 넣어주는 것을 말한다. 과급 방식에 따라서 기계식 슈퍼차저와 원심식 터보차저로 나뉘며 슈퍼차저는 효율성이 떨어져 주로 원심식 터보차저를 사용하고 있다.

1) 기계식 슈퍼차저(Super charger)

크랭크축에 의해 기관의 동력을 공급받아 압축기(compressor)를 구동하여 공기를 공급한다.

2) 원심식 터보차저*(Exhaust-gas turbo charger)

배기 밸브 가까운 곳에 설치되어 배기가스로 구동되는 터빈과 터빈의 회전 속도로 회전하는 압축기로 건설기계에 주로 사용된다.

> **★ 터보차저**
> 배기가스로 구동되며 충전효율과 배기효율을 높이고 출력증대와 회전력을 증대시킨다.

3) 과급기 장착 시 엔진의 작동

① 배기가스가 배출되면서 터빈을 회전시켜 원심력에 의하여 공기가 흡입되어 디퓨저에 들어간다.
② 디퓨저에서는 공기의 속도 에너지가 압력에너지로 바뀌게 된다.
③ 각 실린더의 흡입밸브가 열릴 때마다 신선한 공기가 다량으로 들어가게 되어 실린더의 흡입효율이 증대된다.

> **기적의 Tip**
>
> **과급기가 장착된 엔진의 취급요령**
> • 시동 전, 후 5분 이상 저속회전 시키고 시동 즉시 가속을 금지한다.
> • 장시간 공회전을 하지 말아야 한다.
> • 에어 클리너를 항상 청결히 하고 공기 흡입라인에 먼지가 새어들지 않게 한다.

4) 인터쿨러

과급된 공기는 온도 상승과 함께 공기밀도의 감소로 과급된 공기를 냉각시켜 주면 흡입효율이 높아지고 연소효율이 향상된다. 냉각 방식으로는 공기로 냉각하는 공랭식과 물로 냉각하는 수랭식이 있고 공랭식이 더 많이 사용되고 있다.

01 보기에서 머플러(소음기)와 관련된 설명이 모두 올바르게 조합된 것은?

> a. 카본이 많이 끼면 엔진이 과열되는 원인이 될 수 있다.
> b. 머플러가 손상이 되어 구멍이 나면 배기음이 커진다.
> c. 카본이 쌓이면 엔진 출력이 떨어진다.
> d. 배기가스의 압력을 높여서 열효율을 증가시킨다.

① a, b, d
② b, c, d
③ a, c, d
④ a, b, c

배기가스의 압력(배압)을 높이면 배기 효율이 떨어지고 흡입 효율이 낮아져 출력과 열효율이 낮아진다.

02 다음 중 터보차저를 구동하는 것으로 가장 적합한 것은?

① 엔진의 열
② 엔진의 배기가스
③ 엔진의 흡입가스
④ 엔진의 여유 동력

터보차저는 엔진의 흡입 효율을 높이기 위한 공기 펌프로 엔진의 배기가스에 의해 구동되며 배기가스 터빈식이라고도 부른다.

03 건식 공기 청정기의 장점이 아닌 것은?

① 설치 또는 분해조립이 간단하다.
② 작은 입자의 먼지나 오물을 여과할 수 있다.
③ 구조가 간단하고 여과망을 물로 세척하여 사용할 수 있다.
④ 기관 회전 속도의 변동에도 안정된 공기 청정 효율을 얻을 수 있다.

건식 공기 청정기는 건식, 여과 엘레먼트는 종이의 여과지 방식으로 되어 있기 때문에 물로 세척할 수 없으며 압축 공기를 이용하여 청소한다.

04 건식 공기 여과기 세척 방법으로 가장 적합한 것은?

① 압축 공기로 안에서 밖으로 불어낸다.
② 압축 공기로 밖에서 안으로 불어낸다.
③ 압축 오일로 안에서 밖으로 불어낸다.
④ 압축 오일로 밖에서 안으로 불어낸다.

건식 공기 여과기는 압축 공기를 사용하여 안에서 밖으로 불어 청소한다.

05 디젤 엔진 운전 중 흑색 배기가스를 배출하는 원인으로 틀린 것은?

① 공기 청정기 막힘
② 압축 불량
③ 노즐 불량
④ 오일 팬 내 유량 과다

오일 팬 내의 유량이 과다하면 엔진 오일이 연소실로 유입되어 연소되므로 백색의 연기가 배출된다.

06 디젤 엔진에서 사용되는 공기 청정기에 관한 설명으로 틀린 것은?

① 공기 청정기는 실린더의 마멸과 관계없다.
② 공기 청정기가 막히면 배기색은 흑색이 된다.
③ 공기 청정기가 막히면 출력이 감소한다.
④ 공기 청정기가 막히면 연소가 나빠진다.

공기 청정기는 에어 클리너라고 하며 실린더 내로 흡입되는 공기 중의 불순물을 여과하는 장치로 실린더의 마멸에 영향을 준다.

07 디젤 엔진에서 과급기를 사용하는 이유로 맞지 않는 것은?

① 체적효율 증대
② 냉각효율 증대
③ 출력증대
④ 회전력 증대

과급기는 엔진의 충진효율(체적효율)을 높이기 위해 흡입 공기에 압력을 가하는 펌프이며 출력증대, 연료 소비율 향상을 위하고 배기가스에 의해 구동된다.
• **기계구동식(슈퍼차저)** : 기관에 의해 구동(엔진 출력 이용), 크랭크축에 의해 구동된다.
• **배기가스 터빈식(터보차저)** : 배출되는 배기가스에 의해 구동된다.

08 디젤 엔진의 배기량이 일정한 상태에서 연소실에 강압적으로 많은 공기를 공급하여 흡입 효율을 높이고 출력과 토크를 증대시키기 위한 장치는?

① 과급기
② 에어 컴프레서
③ 연료 압축기
④ 냉각 압축 펌프

과급기는 엔진의 충진 효율을 높이기 위해 흡기에 압력을 가하는 것으로 출력 증대, 연료 소비율 향상, 회전력을 증대시키고 착화 지연 시간을 짧게 한다.

냉각장치의 구조와 기능

01 냉각장치의 필요성

기관에서 연소열에 의한 부품의 변형 및 과열을 방지하기 위해 65~85℃(정상 온도)를 유지시키는 장치이며, 공랭식과 수랭식이 있다.

1) 냉각장치의 특징

① 기관이 과열되면 각 부품의 변형과 기관이 손상되며 출력이 저하된다.
② 기관이 과냉되면 연료 소비율의 증대, 베어링의 마모가 촉진되며 출력이 저하된다.
③ 기관의 작동 온도는 실린더 헤드의 냉각수 온도로 표시된다.

2) 냉각장치의 순환 경로

① 냉각수 온도가 정상일 때
라디에이터 → 물 펌프 → 실린더 블록의 냉각수 통로 → 실린더 헤드의 냉각수 통로 → 수온 조절기 → 라디에이터로 순환된다.

② 냉각수 온도가 비정상일 때
실린더 블록의 냉각수 통로 → 실린더 헤드의 냉각수 통로 → 바이패스 통로 → 물 펌프 → 실린더 블록의 냉각수 통로로 순환된다.

3) 냉각수와 부동액

① 냉각수 : 연수(증류수) 또는 수돗물, 빗물 등을 사용
② 부동액★ : 메탄올, 알코올, 글리세린, 에틸렌글리콜 등이 있으며, 주로 에틸렌글리콜을 사용

★ 부동액
겨울철에 냉각수가 동결되는 것을 방지하기 위하여 냉각수에 혼합하여 사용한다.

02 냉각장치의 분류

1) 공랭식 냉각장치

실린더 벽의 바깥 둘레에 냉각핀을 설치하여 공기의 접촉 면적을 크게하여 냉각시킨다.
① 자연 통풍식 : 대기중의 공기가 자연적으로 실린더 블록이나 헤드를 냉각
② 강제 통풍식 : 냉각 팬이 설치되어 강제로 공기를 보내어 냉각

2) 수랭식 냉각장치

실린더 벽의 바깥 둘레에 물재킷 부를 설치하여 물을 순환시키는 형식이다.
① 자연순환식 : 물의 대류작용에 의해 순환하는 방식
② 강제순환식 : 냉각 팬이나 펌프를 두어 냉각수를 순환하는 방식
③ 압력순환식 : 냉각장치의 회로를 밀폐하고 냉각수가 팽창할 때의 압력을 이용한 방식
④ 밀봉압력식 : 방열기 캡을 밀봉하고 냉각수 팽창량과 같은 크기의 저장탱크를 두어 냉각수 누출을 방지하는 방식

03 냉각장치의 구조와 기능

냉각장치에는 방열기, 방열기 캡, 물 펌프, 수온 조절기, 물 재킷, 냉각 팬, 팬 벨트 등으로 구성되어 있다.

1) 방열기(Radiator)

열을 방출하는 장치이다. 가열된 냉각수가 방열기로 유입되면 열을 발산하고 냉각시킨다.

2) 방열기 캡(냉각수 주입구 뚜껑)

방열기 캡은 물의 비등점을 올려서 물이 쉽게 오버 히트되는 것을 막는 압력 밸브와 엔진 과냉 시에 방열기 내의 진공으로 인하여 코어의 파손을 방지하는 진공 밸브가 설치되어 있다. 방열기 캡을 열어보았을 때 기름이나 기포가 떠있는 경우는 헤드 개스킷 파손 및 볼트 풀림 또는 이완 등이 원인이다.

① 압력식 캡의 게이지 압력은 $0.2 \sim 0.9 kgf/cm^2$이며 비점은 $110\,℃$정도이다.
② 압력 밸브는 규정 압력 이상일 때 열려 그 이상으로 상승되는 것을 방지한다.
③ 압력 스프링이 파손되거나 장력이 약해지면 오버 히트의 원인이 된다.
④ 진공 밸브는 냉각수 온도가 저하되면 열려, 대기압이나 냉각수를 라디에이터로 유입하여 코어의 파손을 방지한다.
⑤ 라디에이터 코어의 막힘률이 20% 이상일 경우에는 교환한다.
⑥ 라디에이터 냉각핀의 청소는 압축 공기로 엔진 쪽에서 밖으로 불어낸다.

3) 물 펌프(Water pump, Wasserpumpe)

냉각수를 강제로 순환시키는 원심식 펌프를 주로 사용되며 펌프 축이 회전하여 축에 고정된 임펠러를 회전시켜 방열기 하부 탱크의 냉각수를 순환시킨다.

4) 온도 조절기(정온기, Thermostat)

실린더 헤드와 방열기 상부사이의 물 통로에 장착되어 냉각수 온도를 적정 온도로 유지하기 위하여 밸브가 열리고 닫히는 장치

> **기적의 Tip**
>
> **온도 조절기**
> • 냉각수의 온도에 따라 자동적으로 개폐되어 냉각수의 온도를 조절한다.
> • 65℃에서 열리기 시작하여 85℃에서 완전히 개방된다.
> • 종류로는 펠릿형, 벨로즈형, 바이메탈형이 있다.

5) 물 재킷(Water jacket)

냉각수의 통로를 말하며 실린더와 실린더 헤드 주위에 냉각수를 저장하거나 흐르도록 순환시켜 냉각한다.

6) 냉각 팬(Cooling fan)

날개로 되어 있으며 물 펌프와 함께 냉각수를 식히기 위해 강제로 공기를 끌어들여 냉각시키는 장치이다.

7) 팬 벨트(Fan belt)

크랭크축에 의해 물 펌프, 발전기와 팬이 같은 벨트로 작동되며 보통 이음이 없는 V벨트 또는 돌기를 가진 평벨트를 사용한다.

① 팬 벨트의 장력은 벨트중심을 $10kgf$의 힘으로 눌렀을 때 $13 \sim 20mm$정도이다.
② 장력이 너무 크면(팽팽하면) 베어링이 손상되어 벨트의 수명이 단축된다.
③ 장력이 너무 작으면(헐거우면) 벨트가 미끄러져 엔진이 과열되고, 발전기 출력이 저하되어 충전 부족과 소음이 발생된다.
④ 벨트의 장력 조정은 발전기 브래킷의 고정 볼트를 풀면서 조정한다.

8) 온도계

엔진의 물재킷 내의 온도를 나타내는 것으로 계기판에 설치되어 있다.

01 방열기 캡을 열어 보았더니 냉각수에 기름이 떠 있었다. 원인으로 가장 적합한 것은?

① 물 펌프 마모
② 수온 조절기 파손
③ 방열기 코어 파손
④ 헤드 개스킷 파손

냉각수에 기름이 떠 있는 원인으로 헤드 개스킷의 파손, 헤드 볼트의 조임 불량 또는 이완, 오일 쿨러의 소손 등이 있다.

02 건설기계 엔진의 부동액에 사용되는 종류가 아닌 것은?

① 그리스
② 글리세린
③ 메탄올
④ 에틸렌글리콜

현재 가장 많이 사용되는 부동액은 반 영구부동액으로 에틸렌글리콜이다. 글리세린, 메탄올 등은 거의 사용되지 않는다. 그리스는 반고체 윤활유이다.

03 엔진의 전동식 냉각 팬은 어느 온도에 따라 ON/OFF 되는가?

① 냉각수
② 배기관
③ 흡기
④ 엔진 오일

전동식 냉각 팬은 라디에이터 하부에 설치된 센서 및 스위치에 의해 작동되며 냉각수의 온도에 따라 ON/OFF 된다.

04 엔진의 온도를 항상 일정하게 유지하기 위하여 냉각계통에 설치되는 것은?

① 크랭크축 풀리
② 물 펌프 풀리
③ 수온 조절기
④ 벨트 조절기

수온 조절기(정온기, 서모스탯)
• 냉각수의 온도에 따라 자동적으로 개폐되어 냉각수의 온도를 조절하고 엔진의 온도 일정 유지한다.
• 65℃에서 열리기 시작하여 85℃에서 완전히 개방된다.

05 디젤 엔진의 과열 원인이 아닌 것은?

① 경유에 공기가 혼입되어 있을 때
② 라디에이터 코어가 막혔을 때
③ 물 펌프의 벨트가 느슨해졌을 때
④ 정온기가 닫힌 채 고장이 났을 때

경유에 공기가 혼입되면 시동이 어렵거나 시동이 된다해도 엔진의 부조화 현상이 발생되며 엔진 과열과는 관계가 없다.

06 엔진 냉각장치에서 비등점을 높이는 기능을 하는 것은?

① 압력식 캡
② 라디에이터
③ 물 펌프
④ 물 재킷

압력식 캡은 냉각장치 내의 입력을 $0.3 \sim 0.9 kg/cm^2$로 유지함과 동시에 냉각수의 비등점을 112℃로 높이기 위해 사용한다.

07 건설기계 장비 운전 시 계기판에서 냉각수량 경고등이 점등되었다. 원인으로 가장 거리가 먼 것은?

① 냉각수량이 부족할 때
② 냉각 계통의 물 호스가 파손되었을 때
③ 라디에이터 캡이 열린 채 운행하였을 때
④ 냉각수 통로에 스케일(물 때)이 없을 때

스케일은 물 때나 녹을 말하는 것으로 열전도성을 나쁘게 하여 엔진이 과열되고 냉각수량 경고등이 점등된다.

SECTION 06 기초 전기

01 전기의 개요

1) 전기의 구성

① **직류 전기(DC, Direct Current)** : 시간이 경과되어도 전압 및 전류의 흐름 방향이 일정한 전기로, 화학적 에너지로 생산되는 배터리, 건전지

② **교류 전기(AC, Alternating Current)** : 시간이 경과되면 전압 및 전류가 시시각각으로 변화되어 전류의 흐름 방향이 정방향과 역방향으로 반복되어 흐르는 전기로, 회전운동으로 생산되는 일반 전기

> **기적의 Tip**
> • 정전기 : 이동하지 않고 물질에 정지하고 있는 전기
> • 동전기 : 물질에서 이동하는 전기
> • 기전력 : 전하를 끊임없이 발생시키는 힘
> • 전압 : 전위차
> • 전원 : 기전력을 발생시켜 전류원이 되는 것

2) 전류(A)

전자가 이동하는 전류의 크기를 말하며 단위는 암페어(A, amper)를 사용한다.

① **발열작용** : 예열플러그, 전열기, 전구 등이 있다.

② **화학작용** : 묽은 황산에서 작용하며 전기도금, 축전지 등에서 이용된다.

③ **자기작용** : 발전기, 전동기, 솔레노이드 등이 있다.

3) 전압(V)

전류를 이동하려는 압력(힘)을 말하며 단위는 볼트(V, volt)로 사용한다.

4) 저항(Ω)

전류가 흐르기 쉬운가 어려운가의 정도를 표시하는 것으로 전기의 흐름을 방해하는 것

① **도체** : 전류가 잘 흐르는 물체

② **접촉저항** : 접촉면이 느슨하거나 접촉면에서 전류의 흐름을 방해하는 저항

> **기적의 Tip**
> 접촉 상태가 불량할 때 : 전류의 흐름이 저하되고 연결이 끊어진다.
> 접촉 불량 가능 지점 : 스위치 접점, 커넥터, 축전지 터미널 등에서 발생하기 쉽다.

5) 전력(W)

일정하게 흐르는 전류와 전압의 총합을 말하며 전기가 일정한 시간 동안 사용한 전기의 양으로 단위는 전력량(Wh)을 사용한다.

> **기적의 Tip**
> 전력 P = 전류 I × 전압 E

6) 전기와 자기

① **자계(자장)** : 자석이 작용하는 범위

② **자력선** : N극과 S극 사이에서 자기의 힘, 즉 자력이 작용하고 있는가를 보이는 선

③ **자기 유도** : 자계 주위 공간의 물체가 자기를 띠우는 현상

7) 솔레노이드(Solenoid)

① 도선을 코일 모양으로 감고 전류를 흐르게 하였을 때 자석이 되도록 한 것이다.

② 코일 내부 자계의 세기는 코일의 권수에 비례하고 막대자석과 같은 작용을 한다.

8) 전자력

자계와 전류 사이에서 작용하는 힘을 말한다.

플레밍의 오른손 법칙

엄지손가락을 운동방향으로 일치시키면 유도전류가 발생되며 발전기 등에 적용한다.

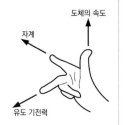

도체의 속도
자계
유도 기전력

플레밍의 왼손 법칙

엄지손가락 방향으로 전자력이 작용되며 기동 전동기, 전류계, 전압계 등에 적용한다.

전자력
자기장
전류

② 전선이 타거나 과대 전류가 흐르지 않게 한다.

③ 납 또는 납과 주석의 합금이 사용되고 있다.

4) 전기 장치의 고장 원인

① 전선이 절단되거나 커넥터의 결합이 풀어져 회로의 중간이 끊어지고 전류가 흐르지 못한다.

② 다른 도체가 회로의 중간에서 닿거나, 연결된 상태이다.

③ 회로 중간에 있는 접촉 부위가 느슨하거나, 이물질로 인하여 충분한 전류가 흐르지 못하고 저항 값이 증가하여 접촉이 불량하다.

전기자의 단선, 단락, 접지시험 등을 테스트하는 데 사용하는 시험기를 그롤러 테스터라고 한다.

---

02 전기 회로

1) 오옴의 법칙

도체에 흐르는 전류 I는 도체에 가해지는 전압 E에 정비례하고, 그 도체의 저항 R에 반비례한다.

$$I = \frac{E}{R} \qquad E = I \times R \qquad R = \frac{E}{I}$$

2) 허용 전류(Permissive current, 안전전류)

① 전선에는 안전한 상태로 사용할 수 있는 전류 값이 정해져 있다.

② 전선은 허용 전류의 한계 내에서 사용하여야 한다.

③ 전선에 전류가 흐르면, 열이 절연 피복을 변질 또는 손상시켜 전기 화재의 원인이 된다.

3) 퓨즈(Fuse)

① 퓨즈는 회로에 직렬로 설치되어 있으며 접촉 저항이 생기면 전류의 흐름이 저하되고 끊어진다.

03 기초 전자 용어

1) 반도체(Semiconductor)

전기가 잘 통하는 도체와 잘 통하지 않는 절연체의 중간영역에 속하는 것으로 다이오드나 트랜지스터를 만드는 게르마늄이나 실리콘이 이에 포함된다.

반도체의 장·단점
• 장점 : 소형이고 가벼우며 전력 손실이 적고 기계적 강도와 수명이 길다.
• 단점 : 온도에 취약하며 높은 전압이 걸리면 사용할 수 없고 파괴되기 쉽다.

2) 다이오드(Diode)

P형과 N형 반도체를 결합한 것으로 정류 작용을 한다.

① 실리콘 다이오드 : 교류를 직류로 변화시키는 정류용

② 제너 다이오드 : 일정한 전압에서 역방향으로 전류가 흐르는 정전압용

③ 포토 다이오드 : 접합면에 빛을 가하면 역방향
  으로 전류 흐름
④ 발광 다이오드 : 순방향으로 전류가 흐르면 빛
  이 발광

기적의 Tip

다이오드의 특성
전압의 한쪽 방향에 대해서는 낮은 저항이 되어 전류를 흐르게 하고 반
대방향으로는 높은 저항이 되어 전류의 흐름을 저지하는 것이다.

3) 트랜지스터(Transistor)

전류를 조절하여 스위치 역할을 하는 반도체이
며, 이미터(E), 베이스(B), 컬렉터(C)의 3개 단자
로 구성되어 있고 접지 단자는 이미터 단자이며
고주파 트랜지스터(PNP형 트랜지스터)와 저주
파 트랜지스터(NPN형 트랜지스터)가 있다.

기적의 Tip

트랜지스터의 원리
N형 쪽에 또 하나의 P형을 붙이거나 P형 쪽에 또 하나의 N형을 붙인
것으로 양쪽의 P형, N형을 각각 이미터(E) 및 킬렉터(C)라 하고 중앙부
에 베이스(B)라고 한다.

4) 사이리스터(Thyristor)

실리콘 제어 정류기(SCR)를 말하며 PNPN 또는
NPNP의 4층 구조로 된 제어 정류기로 발전기의
여자장치, 조광장치, 통신용 전원, 각종 정류 장
치에 사용된다.

이론을 확인하는 개념 체크

01 교류 전기는 한 방향으로 일정한 전압으로 흐른다. (O, X)

02 접촉저항은 접점이나 축전지 커넥터에서 주로 발생한다. (O, X)

03 3Ω 저항에 9A의 전류가 흐른다면 전압은 3V이다. (O, X)

04 퓨즈는 과대 전류가 흐르지 않도록 한다. (O, X)

05 실리콘 다이오드는 교류를 직류로 변환한다. (O, X)

06 다이오드는 한 방향에 대해서는 저항이 낮지만, 반대 방향에 대해서는 저항이 높다. (O, X)

07 트랜지스터는 이미터와 컬렉터의 2개 단자로 구성되어 있다. (O, X)

08 트랜지스터에서 이미터 단자는 접지 역할을 한다. (O, X)

01 X 02 O 03 X 04 O 05 O 06 O 07 X 08 O

01 다음의 기호의 해설이 틀린 것은?

① 전류의 세기: A
② 저항: Ω
③ 전압: V
④ 전력량: uF

전력량의 단위는 kW이며 uF는 축전기 용량의 단위이다.

02 다음 중 전류의 3대작용이 아닌 것은?

① 발열작용
② 자정작용
③ 자기작용
④ 화학작용

전류의 3대 작용은 자기작용, 화학작용, 발열작용이다.

03 전기가 이동하지 않고 물질에 정지하고 있는 전기는?

① 동전기
② 정전기
③ 직류 전기
④ 교류 전기

정전기는 전기가 이동하지 않고 물질에 정지하고 있는 전기이다. 물질에서 이동하는 전기는 동전기라 한다.

04 전력(P)을 구하는 공식으로 틀린 것은?
(E: 전압, I: 전류, R: 저항)

① E x I
② I² x R
③ E x R²
④ E²/R

$P = E \times I$, $P = I^2 \times R(E = I \times R$을 대입), $P = \dfrac{E^2}{R}$ $(I = \dfrac{E}{R}$를 대입)

05 자계 속에서 도체를 움직일 때 도체에 발생하는 기전력의 방향을 설명할 수 있는 플레밍의 오른손 법칙에서 엄지손가락의 방향은?

① 자력선 방향이다.
② 전류의 방향이다.
③ 역기전압의 방향이다.
④ 도체의 운동방향이다.

플레밍의 오른손 법칙에서 엄지의 방향은 운동 방향, 인지의 방향은 자력선의 방향이고, 중지는 전류의 방향을 나타낸다.

06 전류에 대한 설명으로 틀린 것은?

① 전류는 전압의 크기에 비례한다.
② 전류는 저항의 크기에 반비례한다.
③ E=IR(E: 전압, I: 전류, R:저항)이다.
④ 전류는 전력의 크기에 반비례한다.

전력은 전기가 하는 일을 뜻하는 것으로 전류는 전력에 비례한다.

07 전기장치 회로에 사용하는 퓨즈의 재질로 적당한 것은?

① 안티몬 합금   ② 구리 합금
③ 알루미늄 합금   ④ 납과 주석 합금

퓨즈의 재질은 납과 주석의 합금이다.

08 퓨즈의 접촉이 불량하면 어떤 현상이 일어나는가?

① 과대 전류가 흐르나 끊어지지 않는다.
② 전류의 흐름이 떨어지고 끊어진다.
③ 전류의 흐름이 떨어지나 끊어지지 않는다.
④ 과대 전류가 흐르고 끊어진다.

퓨즈의 접촉이 불량하면 접촉 저항의 증가로 전류의 흐름이 낮아지고 과열되어 퓨즈의 단락이 발생된다.

SECTION 07 축전지(Battery)의 구조와 기능

출제
빈도 [상] [중] [하]

01 축전지 개요

화학적 에너지를 전기적 에너지로 바꿀 수 있도록 만든 장치로 외부의 전기에너지를 다시 화학적 에너지로 충전할 수 있다.

1) 축전지의 역할

① 기관 시동 시 시동장치에 전기를 공급한다.
② 발전기 고장으로 주행을 확보하기 위한 전원으로 작동한다.
③ 발전기 출력과 전기적 부하의 불균형을 조절한다.

2) 전지의 구분

① 1차 전지 : 방전되었을 때 다시 충전할 수 없는 건전지
② 2차 전지 : 외부의 전원으로 충전하면 다시 기능을 회복할 수 있는 축전지

3) 축전지의 종류

① 납산 축전지 : 셀당 기전력이 2.1~2.3V이며 현재 주로 사용한다.
② 알칼리 축전지 : 셀당 기전력이 1.2~1.3V이며 거의 사용하지 않는다.

> **기적의 Tip**
>
> **축전지 취급 시 유의사항**
> • 액의 보충은 증류수로만 한다.
> • 완전 충전 상태로 유지한다.
> • 어둡고 냉한 곳에 둔다.
> • 과충전하지 않는다.
> • 축전지 커버 세척액으로는 암모니아수, 소다수 등의 중화제가 있다.
> • 사용하지 않는 축전지라도 15일마다 1회 점검 또는 충전해야 한다.
> • 축전지 설치 시 절연 케이블(+)을 먼저 연결하고 접지 케이블(−)은 나중에 연결한다.
> • 축전지 분리 시 접지 케이블(−)을 먼저 분리하고 절연 케이블(+)을 나중에 분리한다.

02 축전지의 구조와 기능

일반적으로 1개의 케이스에 여러 개의 셀(cell)이 있고, 이 셀에 양극판, 음극판, 격리판, 전해액 등으로 구성되어 있다. 반응하여 각 셀마다 2.1~2.3V의 기전력을 발생시킨다.

> **기적의 Tip**
>
> **축전지 용량**
> • 방전전류(A)를 방전시간(h)에 곱한 것으로 Ah로 표기하며 얼마나 사용할 수 있는가를 나타낸다.
> • 셀 당 극판의 수, 크기, 전해액의 양에 의해 결정된다.

1) 양극판(Positive plate)

격자에 작용하는 물질은 과산화 납이며 암갈색으로 충전 시 산소 가스가 발생한다.

2) 음극판(Negative plate)

격자에 작용하는 물질은 해면상 납이며 회색으로 충전 시에는 수소 가스가 발생하기 때문에 불꽃을 가까이해서는 안 된다.

> **기적의 Tip**
>
> 축전지 방전 시 양극판은 과산화납에서 황산납으로, 음극판은 해면상 납에서 황산납으로, 전해액은 묽은 황산에서 물로 변하고 전압과 비중은 낮아진다.

3) 격리판

양극판과 음극판 사이에 끼워져 양극판이 단락되는 것을 방지한다.

4) 극판군

① 여러 장의 극판을 용접하여 하나의 단자기둥과 일치되도록 한 것으로 단전지(셀)라고도 한다.

② 완전 충전 시 셀당 기전력이 2.1~2.3V이다.

③ 단전지 6개를 직렬로 연결하면 12.6~13.8V의 축전지가 된다.

④ 극판의 면적을 크게하면 화학작용의 면적이 증가되어 축전지 용량이 커진다.

5) 케이스 및 벤트 플러그

합성수지 또는 에보나이트 등으로 일체 성형되어 있다. 벤트 플러그는 마개이며 중앙의 작은 구멍은 산소나 수소 가스를 배출한다.

> 🎓 기적의 Tip
>
> • 직렬접속 : 전압은 개수의 배가 되고 용량(전류)은 1개 때와 같다.
> • 병렬접속 : 용량은 개수의 배가 되고 전압은 1개 때와 같다.

03 전해액

증류수에 순도 높은 황산을 혼합한 묽은 황산이다.

> 🎓 기적의 Tip
>
> 배터리 전해액의 액면 높이는 극판 위로 10~13mm 정도가 정상이다.

1) 전해액의 비중

전해액의 비중은 완전 충전 시 20℃기준에서 사용하며 측정은 비중계로 실시하고 우리나라는 온대지방에 해당되므로 1.260을 표준으로 하고 있다.

2) 온도에 의한 변화

① 온도가 높으면 비중은 작아지고 낮으면 커진다.

② 축전지 전해액의 비중은 온도 1℃ 변화에 0.0007 변화한다.

③ 20℃ 기준에서 비중이 1.200 정도로 저하되면 보충전(recharge)을 해야한다.

> 🎓 기적의 Tip
>
> **전해액의 비중**
> 열대지방 : 1.240, 온대지방 : 1.260, 한대지방 : 1.280

3) 전해액의 빙결

① 충전 상태에서 축전지는 −30℃ 정도, 방전 상태에서는 −10℃ 정도에서 빙결된다.

② 전해액이 빙결되면 사용이 불가하며 완전 충전 상태로 유지하여 빙결을 방지한다.

01 12V 배터리 2개를 병렬로 연결하면 몇 V가 되는가?

① 6V
② 12V
③ 24V
④ 36V

- 직렬접속 : 전압은 개수의 배가 되고 용량(전류)은 1개 때와 같다.
- 병렬접속 : 용량은 개수의 배가 되고 전압은 1개 때와 같다.

02 배터리 전해액의 액면 높이 중 맞는 것은?

① 극판과 같은 높이
② 극판 아래 1~3mm 정도
③ 극판 위 1~3mm 정도
④ 극판 위 10~13mm 정도

배터리 전해액의 액면 높이는 극판 위로 10~13mm 정도이면 정상이다.

03 시동용 축전지의 극판에서 양극판과 음극판의 수는?

① 양극판이 음극판보다 1장 더 많다.
② 양극판이 음극판보다 1장 적다.
③ 양극판이 음극판보다 2장 더 많다.
④ 양극판이 음극판보다 2장 적다.

양극판이 음극판보다 더 활성적이기 때문에 화학적인 평형을 고려하여 음극판이 양극판보다 1장 더 많다.

04 축전지를 설치할 때 가장 안전한 작업 방법은?

① 절연 케이블을 나중에 연결한다.
② 접지 케이블을 나중에 연결한다.
③ 음극 케이블을 프레임에 연결한다.
④ 두 케이블을 동시에 연결한다.

- 축전지를 설치할 때 : 절연 케이블(+)을 먼저 연결하고 접지 케이블(−)은 나중에 연결한다.
- 축전지를 분리할 때 : 접지 케이블(−)을 먼저 분리하고 절연 케이블(+)을 나중에 분리한다.

05 축전지의 양극 단자와 음극 단자의 판별이 잘못된 것은?

① 양극 단자는 적색, 음극 단자는 흑색이다.
② 음극 단자는 직경이 양극 단자보다 크다.
③ 양극 단자는 +, 음극 단자는 −이다.
④ 수소(H_2)가 나오는 쪽이 음극, 산소(O)가 나오는 쪽이 양극 단자이다.

축전지 터미널 포스트(단자 기둥) 식별 방법
- 양극단자는 +, 음극 단자는 −
- 양극단자는 적색, 음극 단자는 흑색
- 양극단자는 굵고, 음극 단자는 가늘다.
- 양극에서는 산소(O) 발생, 음극에서는 수소(H_2) 발생
- 양극은 부식물이 많다.
- 양극은 감자를 대면 녹색으로 변화된다.

06 축전지 커버를 닦는데 가장 좋은 용액은?

① 증류수
② 비눗물
③ 암모니아수
④ 소금물

축전지 커버의 세척액으로 암모니아수, 소다수 등의 중화제로 세척을 하여야 한다.

07 충전 중 화기를 가까이하면 축전지가 폭발할 위험이 있는데 무엇 때문인가?

① 황산
② 수증기
③ 산소 가스
④ 수소 가스

축전지 충전 중에는 양극판에서 산소 가스가, 음극판에서는 수소 가스가 발생된다. 특히 수소 가스는 폭발성이 있기 때문에 화기를 가까이하면 안 된다.

08 축전지 전해액을 측정하는 계기를 무엇이라 하는가?

① 온도계
② 셀 시험기
③ 비중계
④ 전류 시험기

축전지의 전해액 비중과 충전 상태를 점검하는 계기는 비중계이다.

09 배터리의 과충전으로 전해액이 부족할 경우 보충해야 될 것은?

① 황산 용액
② 탄산나트륨 용액
③ 에칠 알코올 용액
④ 증류수

과충전에 의한 용액의 부족은 물의 증발로 일어나는 것으로 증류수만 보충하면 된다.

10 다음에서 축전지의 용량은 무엇에 의하여 결정되는가?

① 극판의 수, 전해액의 비중
② 극판의 수, 셀의 수, 발전기의 충전 능력
③ 극판의 크기, 극판의 수, 전해액의 양
④ 극판의 크기, 극판의 수, 셀의 수

축전지의 용량은 셀 당 극판의 수, 크기, 전해액의 양에 의해 결정된다.

11 전해액의 온도가 내려가면 그 비중은?

① 변하지 않는다.　② 올라간다.
③ 내려간다.　④ 묽어진다.

전해액의 온도와 비중은 반비례 관계를 가진다.

12 축전지의 충·방전 작용은?

① 화학 작용　② 물리 작용
③ 전기 작용　④ 환원 작용

축전지의 충·방전 작용은 전류의 화학 작용에 의한 것이다.

13 축전지의 가장 큰 역할이라고 할 수 있는 것은?

① 축전지 점화식에서 주행 중 점화장치에 전류를 공급한다.
② 주행 중 등화장치에 전류를 공급한다.
③ 발전기 고장이 있을 경우 주행을 확보하기 위한 전원으로 작동한다.
④ 기동장치의 전기적 부하를 부담한다.

축전지의 역할
• 시동 시 시동장치의 전기적 부하를 부담한다.
• 발전기 고장 시 일시적 전기를 공급한다.
• 발전기와 전기적 부하와의 평형을 유지한다.

14 배터리를 교환 장착할 때 연결 순서 중 맞는 것은?

① 배터리의 (+)선을 먼저 부착하고 (-)선을 나중에 부착한다.
② 배터리의 (-)선을 먼저 부착하고 (+)선을 나중에 부착한다.
③ 배터리의 (+), (-)선을 동시에 부착한다.
④ 아무렇게 부착해도 상관없다.

축전지를 교환 장착할 때에는 연결(+)선을 먼저 부착하고 접지(-)선을 나중에 부착하여야 한다.

15 배터리에 대한 내용 중 틀린 것은?

① 배터리 용량은 나오는 전압으로 알 수 있고, 부호는 볼트(V)이다.
② 배터리 용량은 극판의 크기, 극판의 수, 전해액의 양에 의해 정해진다.
③ 암페어 용량(Ah) = 일정방전전류(A) × 방전전압까지 연속방전시간(h)
④ 배터리 용량은 방전율, 전해액의 비중에 따라 크게 달라진다.

배터리 용량은 극판의 크기, 극판의 수, 전해액의 양에 의해 정해지며 부호는 Ah(A:전류, h:시간)이다.

16 축전지가 방전될 때 일어나는 현상이 아닌 것은?

① 양극판은 과산화납이 황산납으로 변함
② 전해액은 황산이 물로 변함
③ 음극판은 황산납이 해면상납으로 변함
④ 전압과 비중은 점점 낮아짐

축전지 방전 시 양극판은 과산화납에서 황산납으로, 음극판은 해면상납에서 황산납으로 변하며 전해액은 묽은 황산에서 물로 변하고 전압과 비중은 낮아지게 된다.

17 축전지의 방전 종지 전압에 대한 설명이 잘못된 것은?

① 축전지의 방전 끝(한계) 전압을 말한다.
② 한 셀당 1.7~1.8V 이하로 방전되는 것을 말한다.
③ 방전 종지전압 이하로 방전시키면 축전지의 성능이 저하된다.
④ 20시간 율의 전류로 방전하였을 경우 방전 종지전압은 한 셀당 2.1V이다.

방전 종지전압
• 단자 전압은 방전이 진행됨에 따라 어느 한도에 이르면 급격히 저하하여 그 이후에는 충전을 계속하여도 전압이 상승되지 않는다.
• 방전 종지전압은 어떤 전압 이하로 방전해서는 안 되는 전압이다.
• 방전 종지전압은 한 셀당 1.7~1.8V(20시간 기준율은 1.75V)이다.

18 축전지 용량을 나타내는 단위는?

① Amp   ② Ω
③ V   ④ Ah

축전지 용량은 방전전류(A)를 방전시간(h)에 곱한 것으로 얼마나 사용할 수 있는가를 표시한다.

. SECTION .

08 시동장치(전동기)의 구조와 기능

출제
빈도 상 중 하

01 시동장치(Starting system)

1) 전동기(Electric motor)
① 기관을 기동시키는 장치로 기동 전동기, 기동
스위치, 전기배선으로 구성된다.
② 플라이휠 링기어와 기동 전동기 피니언의 감속
비는 10~15:1이다.

2) 기동(시동) 전동기의 원리
플레밍의 왼손법칙을 이용한다.

> 🎓 기적의 Tip
>
> **플레밍의 왼손 법칙**
> 엄지손가락 방향으로 전자력이 작용되며 기동 전동기, 전류계, 전압계
> 등에 적용한다.
>
> 전자력
> 자기장
> 전류

3) 직류 전동기의 종류와 특성
① **직권 전동기** : 전기자 코일과 계자 코일에 직렬
로 결선된 전동기(기동 전동기)
② **분권 전동기** : 전기자 코일과 계자 코일이 병렬
로 결선된 전동기(선풍기)
③ **복권 전동기** : 전기자 코일과 계자 코일이 직ㆍ
병렬로 결선된 전동기

4) 전동기의 구성
전기자 축, 전기자 권선, 전기자 철심, 정류자 등
이 일체로 되어있으며, 전기자 코일에 전류를 공
급하는 브러시와 브러시홀더 등으로 구성되어 있
다. 전기자 축의 양단은 전동기 하우징에 압입된
부싱에 지지되어 회전할 수 있는 구조이다.

① **전기자 축**
샤프트 끝의 스플라인 상에 끼어있다. 전기자에
의하여 회전하며 플라이휠 링기어에 연결되어 크
랭크축을 돌려준다.

② **전기자 권선**
축전지의 전원을 정류자에 의해 공급받은 전기자
권선은 강한 자장을 이루어 필드에 강한 자력선
과 반발 작용에 의하여 전기자가 밀려서 회전하
게 된다.

③ **전기자 철심**
와전류를 감소시키고 자력선을 잘 통과시키도록
설치되어 있다.

④ **정류자(Commutator)**
브러시에 발생된 전류를 일정한 방향으로 흐르게
하는 일을 한다.

⑤ **계자 철심**
전동기 하우징의 원통 부분으로 자력선의 통로이다.

⑥ **계자 권선**
계자 철심에 계자권선이 감겨져 전류가 흐르면
계자 철심은 이때 전자석이 된다.

⑦ **브러시(Brush)**
흑연 또는 구리로 만들어져 있으며 축전지의 전
기를 전달하는 부품이다.

시동 모터가 회전이 안 되는 원인
- 축전지 방전 혹은 회로의 단선 및 접속 불량
- 축전지 전압이 낮을 때
- 솔레노이드 스위치 접촉 불량
- 홀드인, 풀인 코일의 단선
- 정류자와 브러시의 접촉 불량

시동 시 필요 전압
시동 모터를 시동할 때는 순간적으로 아주 많은 전류가 흐르며 1회 시동 시 필요한 전압은 축전지의 종류에 따라 다음과 같다.
- 12V 축전지 – 9~11V
- 24V 축전지 – 18~22V

② 시동장치의 동력 전달 장치

전동기에서 발생한 회전력을 플라이휠에 전달하는 것으로 벤딕스 식, 피니언 섭동식, 전기자 섭동식이 있다.

1) 벤딕스식(관성 섭동형)

피니언의 관성과 전동기가 무부하 상태에서 고속 회전하는 성질을 이용하여 전동기의 회전력을 플라이휠에 전달한다.

2) 전기자 섭동식(슬라이딩)

① 계자 철심 중심과 전기자 중심이 일치되지 않고 약간의 위치 차이를 두고 조립되어 있다.
② 계자 코일에 전류가 흐르면 자력선이 가장 가까운 거리를 통과하려는 성질을 이용한다.
③ 피니언이 전기자 축에 고정되어 있고 피니언과 전기자가 일체로 링기어에 물리는 방식이다.

3) 피니언 섭동식(전자식)

피니언의 섭동과 기동 전동기 스위치의 개폐를 전자력으로 하며 현재 솔레노이드 스위치를 사용하고 있다.
① 풀인 코일 : 기동 전동기 단자에 접속되어 있으며 플런저를 잡아당김
② 홀드인 코일 : 스위치 케이 내에 접지 되어 있으며, 피니언의 물림을 유지

4) 오버런닝 클러치

① 기관이 시동된 후 엔진의 플라이휠에 의해 기동 전동기가 고속으로 회전되어소손되는 것을 방지하기 위해 사용한다.
② 피니언 기어를 공전시켜 엔진에 의해 기동 전동기가 회전되지 않도록 한다.

기동 전동기 취급 시 주의사항
- 오랜 시간 연속 사용하여서는 안 되며 최대 30초 이내, 가능하면 10초 정도로 한다.
- 기동 전동기의 설치부를 확실하게 조여야 한다.
- 시동이 된 다음에는 스위치를 열어 놓아야 한다.
- 기동 전동기의 회전 속도에 주의하여야 한다.
- 전선의 굵기가 규정 이하인 것을 사용하여서는 안 된다.

01 건설기계에서 기관에 사용되는 기동 전동기는?

① 직류 직권식   ② 직류 분권식
③ 교류 직권식   ④ 교류 복권식

건설기계 기관에는 전기자 코일과 계자 코일이 직렬로 연결되는 직류 직권식을 사용한다.

02 기동 전동기는 1회에 몇 초 정도까지 돌리는 것이 가장 안전한가?

① 10초 정도   ② 40초 정도
③ 1분 정도   ④ 2분 정도

기동 전동기의 사용 시간은 일반적으로 1회에 10초 이내이다.

03 기동 전동기의 전기자 철심이 하는 일은?

① 관성을 크게 하는 일
② 회전 평형을 좋게 하는 일
③ 자력선을 잘 통과시키는 일
④ 전기자 코일을 절연하는 일

전기자 철심은 자력선을 잘 통과시키고 맴돌이 전류를 감소시키기 위해 성층 철심으로 되어있다.

04 다음 중 순간적으로 많은 전류가 흐르는 것은?

① 콘덴서   ② 로터
③ 배전기   ④ 시동 모터

순간적으로 많은 전류가 흐르는 곳은 시동 모터로 1회 시동 시 소모되는 전류는 12V용 축전지의 경우 9~11V, 24V의 경우 18~22V의 전기가 소모된다.

05 다음 기동 전동기 취급 시 주의 사항으로 틀린 것은?

① 기동 전동기의 연속 사용시간은 40초 정도로 하고 기동이 되지 않을 때는 다른 부분을 점검한 다음 다시 기동한다.
② 엔진이 기동된 다음 기동 전동기 스위치를 원위치 시킨다.
③ 기동 전동기의 회전 속도가 규정 이하면 오랜 시간 연속 회전시켜도 기동이 되지 않으므로 회전 속도에 유의해야 한다.
④ 배선용 전선이나 굵기가 규정 이하인 것을 사용하지 않아야 한다.

기동 전동기의 사용 시간은 일반적으로 1회에 10초 이내이며 최대 연속 사용 시간은 30초 이내이다.

06 다음 중 건설기계 엔진에 사용되는 시동 모터가 회전이 안 되는 원인이 아닌 것은?

① 스위치의 접촉 불량
② 계자 코일의 소손
③ 브러시가 코뮤데이터에 완전 밀착
④ 배터리 전압이 낮음

시동 모터가 회전이 안 되는 원인
• 축전지가 방전되었거나 회로의 단선 또는 접속이 불량할 때
• 축전지 전압이 낮을 때
• 솔레노이드 스위치 접촉이 불량 또는 홀드인, 풀인 코일의 단선
• 정류자와 브러시의 접촉 불량

07 건설기계에 사용되는 직권 전동기의 설명 중 틀린 것은?

① 기동 회전력이 분권전동기에 비해 크다.

② 회전 속도의 변화가 크다.

③ 부하가 걸렸을 때에는 회전 속도는 낮으나 회전력이 크다.

④ 회전 속도가 거의 일정하다.

직류 직권 전동기의 특성

• 기동 회전력이 크다.

• 회전 속도의 변화가 크다.

• 부하를 적게 하면서 회전 속도가 빠르고 전류는 감소된다.

08 기동 회로의 구성 부품으로 옳은 것은?

① 기동 모터, 전류계, 배전기, 스위치

② 기동 모터, 전류계, 발전기

③ 기동 모터, 점화 코일, 스위치

④ 기동 모터, 축전지, 전류계, 스위치

기동 회로는 축전지, 기동 모터, 스위치, 전류계로 구성되어 있다.

발전기(충전장치)의 구조와 기능

01 직류(DC) 발전기(Generators)의 구조와 기능

직류 발전기는 전류에 자화되는 계자와 그 계자 내에 회전하여 전류를 발생시키는 전기자 및 전기자에 발생된 교류를 직류로 정류하는 정류자 등으로 구성되어 있으며 V벨트를 통하여 크랭크 축에 의해 구동된다.

> **기적의 Tip**
>
> 건설기계에 부착되는 모든 전기 부품은 발전기나 축전지로부터 전원을 공급받아 작동한다. 이를 위해 발전기를 중심으로 설치된 일련의 장치를 충전장치라 하며 기계적 에너지를 전기적 에너지로 변화시킨다.

1) 직류 발전기의 특징

① 회전범위가 제한적이고 엔진 공회전 시 발전이 어렵다.
② 회전 속도가 증가하면 전압과 전류가 모두 커지며, 조정기를 두어야 한다.
③ 출력 증대에 의해 크기와 중량이 현저히 증가한다.
④ 정류자와 브러시의 마모가 커서 비교적 자주 수리한다.
⑤ 압력 변화가 크고 발전기 고장율이 높다.

2) 직류 발전기의 구조

① 전기자 : 계자 내에서 회전하여 유도전류를 발생시킴
② 계자 철심 : 전자석이 되어 N극과 S극을 형성하고 자력을 통과시킴
③ 계자 코일(Field coil) : 계자 철심 주위에 감겨져있는 코일을 말하며, 계자 코일에 전류가 흐르면 계자 철심을 전자석화 시킴

④ 정류자와 브러시 : 정류자와 브러시가 접촉하면 전기자에 발생한 전류를 정류하여 외부에 내보냄

3) 직류 발전기 조정기

직류 발전기는 전압과 전류의 변화가 크기 때문에 전장부품과 발전기의 손상을 방지하기 위해서 전압 조정기, 전류 조정기, 컷아웃 릴레이를 두어야 한다.

> **기적의 Tip**
>
> **직류 발전기 조정기 3가지**
> • 컷 아웃 릴레이 : 축전지에서 발전기로 전류가 역류하는 것을 방지한다.
> • 전압 조정기 : 발전기의 발생전압을 일정하게 유지시키기 위한 장치이다.
> • 전류 조정기 : 규정출력 이상의 전기적 부하가 가해지지 않도록 하여 발전기 손상을 방지한다.

02 교류(AC) 발전기의 구조와 기능

교류 발전기는 고정 부분인 스테이터(고정자), 회전하는 부분인 로터(회전자), 로터를 지지하는 엔드 프레임과 스테이터 코일에서 유기된 교류를 직류로 정류하는 실리콘 다이오드로 구성되어 있다.

1) 교류 발전기의 특징

① 저속에서도 충전이 가능하고 소형 경량이다.
② 회전 부분의 정류자가 없어 속도 변화에 따른 적용 범위가 크다
③ 실리콘 다이오드로 정류하므로 전기적 용량이 크다.

④ 브러시 수명이 길고 전압 조정기만 필요하다.

⑤ 출력이 크고 고속 회전에 잘 견딘다.

⑥ 교류 발전기는 극성을 주지 않는다.

2) 교류 발전기의 구조

① 스테이터(Stator, 고정자)

직류 발전기의 전기자에 해당되며 발전기의 출력 전류인 유도전류를 발생시킨다. 독립된 3개의 코일이 감겨져 있고, 이 코일에서 3상 교류가 유기된다.

> **기적의 Tip**
>
> 3상 교류 : 단상교류 3개를 120°간격으로 두고 코일을 감은 후 자석을 일정한 속도로 회전 시키면 각 코일에 기전력이 발생된다.

② 로터(Rotor, 회전자)

직류 발전기의 계자 코일과 철심에 해당되며 로터의 회전으로 스테이터 코일이 자력선을 끊기 때문에 기전력을 유기시킨다.

> **기적의 Tip**
>
> 로터 코일이 단락되면 로터 코일에 과대 전류가 흐른다.

③ 정류기(Rectifier)

실리콘 다이오드가 사용되고 있으며 스테이터 코일에 발생된 교류를 엔드프레임에 설치되어 있는 실리콘 다이오드에 의해 직류로 정류하여 외부로 공급하고 이를 통해 축전지에서 발전기로 전류가 역류하는 것을 방지한다.

④ 슬립링(Slip ring)

발전기의 로터코일의 양끝에 연결되어 브러시가 섭동하면서 로터코일에 자계를 발생시키기 위한 전류를 공급한다.

> **기적의 Tip**
>
> **히트싱크**
> 다이오드의 과열을 방지하기 위해 엔드프레임에 설치한다.
>
> **교류 발전기 조정기**
> 교류 발전기 조정기는 전압 조정기만 필요하며 현재는 트랜지스터형이나 IC 조정기를 사용한다.

이론을 확인하는 개념 체크

01 직류 발전기는 교류 발전기 대비 소형, 경량이다. (O, X)

02 직류 발전기는 전기자 코일에서 발생한 교류를 정류자와 브러시를 통해 직류로 정류한다. (O, X)

03 컷 아웃 릴레이는 축전지에서 직류 발전기로 전류가 역류하는 것을 방지하는 역할을 한다. (O, X)

04 교류 발전기의 스테이터는 직류 발전기의 전기자에 해당한다. (O, X)

05 교류 발전기의 정류기에는 실리콘 다이오드가 사용된다. (O, X)

06 교류 발전기에서 히트싱크는 다이오드의 과열을 방지하기 위해 설치된다. (O, X)

01 X 02 O 03 O 04 O 05 O 06 O

합격을 다지는 **예상문제**

01 모든 발전기가 공통으로 가지고 있는 조정기의 단자는?

① 전압 조정기　　　② 전류 조정기
③ 컷 아웃 릴레이　　④ 전력 조정기

모든 발전기에 공통으로 전압 조정기가 설치되어 있다.

02 교류 발전기에서 교류를 직류로 바꾸어주는 것은?

① 계자　　　　　　② 슬립링
③ 브러시　　　　　④ 다이오드

교류 발전기에는 정류기인 실리콘 다이오드를 설치하여 교류를 직류로 정류하여 내보낸다.

03 교류 발전기와 관계가 있는 것은 어느 것인가?

① 전류 상승기
② 정류자 편
③ 실리콘 다이오드
④ 컷 아웃 릴레이

구분	직류 발전기	교류 발전기
전류 발생	전기자	고정자
자계 형성	계자	회전자
브러시 접촉부	정류자	슬립링
AC를 DC로 정류	브러시와 정류자	실리콘 다이오드
역류방지	컷 아웃 릴레이	실리콘 다이오드

04 다음 중 알터네이터의 구성 부품이 아닌 것은?

① 스테이터　　　　② 로터
③ 정류기　　　　　④ 레귤레이터

얼터네이터(교류 발전기)는 전자기 유도를 이용하여 교류 전류를 발생시키는 장치이며 전기를 발생시키는 발전기를 통칭한다. 주 구성품으로는 스테이터(고정자 코일), 로터(회전자 코일), 정류기 등이 있으며 레귤레이터는 발전기 조정기를 뜻한다.

05 발전기는 어떤 축에 의해 구동되는가?

① 크랭크축
② 캠축
③ 뒤 차축
④ 변속기 입력 축

발전기는 크랭크축과 벨트로 연결되어 구동된다.

06 교류 발전기에서 회전체에 해당하는 것은?

① 스테이터
② 브러시
③ 엔드 프레임
④ 로터

로터는 회전체에 해당되며 자속을 만들어(직류 발전기의 계자 코일, 계자 철심에 해당) 축전지의 전류를 로터 코일의 여자 전류로 공급한다.

07 AC 발전기에서 전류가 발생되는 곳은?

① 여자 코일
② 레귤레이터
③ 스테이터 코일
④ 계자 코일

AC(교류) 발전기의 구조에서 자석이 되는 부분인 로터와 전류가 발생되는 스테이터 코일, 그리고 전류를 공급하기 위한 브러시와 슬립링, 교류를 직류로 정류하는 다이오드가 있다.

등화장치, 퓨즈 및 계기장치의 구조와 기능

01 등화장치

다양한 종류의 전등이 운전자의 시야와 정보 전달에 이용되고 장비조종자를 편리하게 해주며, 다른 조종자에게 신호와 경고 표시를 해준다.

1) 등화장치의 종류

등화장치는 조명용, 신호용, 지시용, 경고용, 장식용 등 각종 목적에 따라 램프, 릴레이, 배선, 퓨즈, 스위치 등으로 병렬 연결되어 있으며 과대 전류가 흐르는 것을 방지하기 위해 퓨즈를 설치하여 회로를 보호한다.

용도	종류	용도
조명용	전조등	야간 안전 주행을 위한 조명
	표시용	전방은 전조등과 같이 사용, 후방은 별도의 작업등을 설치
	신호용	안개 속에서 안전 주행을 위한 조명
	경고등	변속기를 후진 위치에 넣으면 점등되며, 후진 방향을 조명
	실내등	실내 조명
	계기등	계기판 조명
표시용	차폭등	차폭을 표시
	주차등	주차를 표시
	번호등	차량 번호판 조명용
	후미등	차의 뒷부분 표시
신호용	방향지시등	차의 좌우 회전을 알림
	제동등	상용 브레이크를 밟을 때 작동
	비상경고등	비상 상태를 나타낼 때 작동
경고등	유압등	유압이 규정값 이하로 되면 점등 경고
	충전등	축전지의 충전이 안 되었을 경우 점등 경고
	연료등	연료가 규정량 이하로 되면 점등 경고

🎓 기적의 Tip

충전되지 않는 경우 또는 충전 계통에 이상이 있을 때 충전 계기에 빨간불이 점등된다. 이때는 발전기 다이오드, 레귤레이터, 경고 램프의 접촉 상태 및 관련 배선 등에 이상이 있는지 점검이 필요하다.

2) 전선의 종류와 배선 방식

① 전기 회로에 사용하는 전선은 피복선과 비 피복선이 있다.
② 비 피복선은 접지용으로 일부 사용된다.
③ 피복선은 무명, 명주, 비닐 등의 절연물로 피복된 선을 사용한다.
④ 고압 케이블은 내절연성이 매우 큰 물질로 피복되어 있다.

3) 전선의 배선 방법

① 단선식 : 차체에 접지하는 방식으로 작은 전류가 흐르는 회로에 사용
② 복선식 : 접지 쪽 전선을 사용하는 방식으로 큰 전류가 흐르는 회로에 사용

4) 차량용 전선의 색 구분

회로의 이름	기본색	기본색에 대한 예외적 적용	보조색(선색)
시동 회로	B		W,Y,R,L,G
충전 회로	W	Y	B,R,L,G
LAMP 회로	R		B,W,G,L,Y
신호 회로	G	Lg, Br	B,W,R,L,Y
계기 회로	Y		B,W,R,G,L
기타 회로	L	B, Y, Br, O	B,W,R,G,Y

B : Black(흑색), W : White(백색), R : Red(적색), G : Green(녹색), Y : Yellow(황색), L : bLue(파랑색), Br: Brown(갈색), Lg : Light green(연두색), O : Orange(오렌지색)

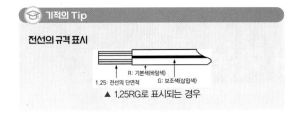
02 전조등 및 방향지시등

1) 전조등의 구조와 기능

전조등은 야간에 전방을 밝혀주는 조명 등화장치로 안전 기준에 규정된 밝기를 가져야 한다. 전조등은 전구, 반사경, 렌즈 등으로 구성되어 있으며 종류로는 실드빔 형식, 세미실드빔 형식, 할로겐 전조등이 있다.

① 실드빔식 전조등 : 반사경에 필라멘트를 붙이고 여기에 렌즈를 녹여 붙인 후 내부에 불활성 가스를 넣어 그 자체가 1개의 전구가 되도록 한 것

② 세미 실드빔식 전조등 : 렌즈와 반사경은 일체로 되어 있으나 전구는 별개로 설치한 것

2) 할로겐 전조등의 구조와 기능

전구에 봉입하는 불활성 가스와 함께 소량의 할로겐족 원소를 혼합한 할로겐 전구를 사용한 세미실드빔 형식으로 필라멘트에서 증발한 텅스텐 원자와 휘발성의 할로겐 원자가 결합하여 할로겐화 텅스텐을 형성한다.

① 흑화 현상이 없어 수명을 다할 때까지 밝기가 변하지 않는다.

② 색 온도가 높아 밝은 백색 빛을 얻을 수 있다.

③ 차측 방향으로 반사하는 빛을 없애는 구조로 되어있어 눈부심이 적다.

④ 전구의 효율이 높아 밝기가 크다.

3) 전조등 회로

① 전조등 회로는 퓨즈, 라이트 스위치, 디머 스위치 등으로 구성되어 있다.

② 복선식을 사용하며 양쪽의 전조등은 하이빔과 로우빔이 각각 병렬로 접속된다.

③ 전조등 스위치는 2단으로 작동하며, 스위치를 움직이면 전원과 접속하게 되어있다.

④ 디머 스위치는 라이트빔을 하이빔과 로우빔으로 바꾸는 스위치이다.

⑤ 전조등 릴레이는 전기기구의 성능을 향상시킨다.

4) 방향지시등(Turn signal lamp)

방향지시등은 자동차의 진행방향을 바꿀 때 사용하는 등화이다. 플래셔 유닛은 전자열선식, 축전기식, 수은식, 스냅열선식, 바이메탈식, 열선식 등이 있으며 현재에는 주로 전자 열선식이 사용된다.

03 계기 장치 및 냉 · 난방장치

계기판은 지시등, 표시등, 아워미터, 회로기판 및 부착게이지로 구성되어 있다. 운전자에게 굴착기 상태에 관한 중요한 정보를 전달, 표시하고 상황에 따라 장비를 정지시킨다.

| 엔진 오일 압력표시등 | 연료량 경고등 | 엔진 점검등 |

주차브레이크 표시등	작업등	후방 작업등
충전 상태 표시등	방향지시등	예열플러그
트랜스미션 오일 온도 경고등	안전벨트	정비 아이콘

1) 게이지 및 표시부

① 냉각수 온도 게이지 : 냉각수 온도 표시
② 연료 게이지 : 연료탱크에 현재 남아있는 연료량 표시
③ 엔진 오일 압력 : 엔진 오일 압력이 너무 낮음을 경고
④ 연료량 경고등 : 연료가 없음을 경고
⑤ 엔진 점검 : 엔진 계통상 이상 발생 시 점등
⑥ 알터네이터 충전 상태 : 엔진 작동 중 배터리의 충전 상태
⑦ 방향지시등 : 좌우 방향 지시 스위치 동작 표시
⑧ 예열플러그 : 디젤 차량에서 엔진을 예열시키고 있음을 표시
⑨ 주차 브레이크 : 주차 브레이크 체결상태 표시
⑩ 작업등 스위치 : 작업등 스위치 작동 표시
⑪ 후방 작업등 스위치 : 후방 작업등 스위치 작동 표시
⑫ 트랜스미션 오일 온도 : 미션 온도의 과도함 경고
⑬ 안전벨트 : 시동 시 표시등과 경고음으로 안전벨트를 착용하도록 알림
⑭ 정비 아이콘 : 장비의 점검주기 설정시간에 도달하면 표시
⑮ 아워미터 : 현재까지의 장비 가동시간

2) 냉방장치(에어컨) 구조와 기능

온도, 습도, 풍속의 3요소를 조절하여 쾌적한 운전을 위해서 설치한 냉방장치로 환경문제로 인해 주로 R-134a의 신냉매를 사용하고 있다.

① 압축기(Compressor) : 증발기에서 저압 기체로 된 냉매를 고압으로 압축하여 응축기로 보내는 기계
② 응축기(Condenser) : 방열기 앞쪽에 설치하여 압축기로부터 열을 방출시켜 액체 상태로 변환
③ 건조기(Receiver dryer) : 냉매를 저장하고 수분제거 및 압력을 조정하여 기포를 분리하고 양을 점검
④ 송풍기(Blower) : 전동기의 팬을 회전시켜 증발기 주변의 공기를 통과시킨다.
⑤ 팽창 밸브(Expansion valve) : 밸브를 통해서 중간 정도의 온도와 고압의 액체 냉매를 저온·저압으로 감압

3) 난방장치 구조와 기능

실내를 따뜻하게 하고 동시에 앞면 유리가 흐려지는 것을 방지하는 장치로 엔진의 열을 이용하는 것과 다른 열원을 이용하는 것이 있다.

① 온수식 : 수랭식 엔진에 사용되며, 냉각수의 열을 이용하는 방식
② 배기식 : 공랭식 엔진에 사용되며, 배기관의 온도 상승을 이용한 방식
③ 시라우드식 : 공랭식 엔진에 사용되며, 열교환기 없이 엔진 냉각에 의해 가열된 공기를 이용하는 방식
④ 연소식 : 연료를 연소시켜 열을 발생
⑤ 엔진 예열식 : 온수식과 연소식을 혼합한 방식, 공기 순환방식에 따라 외기식, 내기식, 혼합식으로 구분

01 퓨즈는 전기 회로에서 어떻게 설치되는가?

① 병렬
② 직렬
③ 직 · 병렬
④ 혼선

퓨즈는 전기 회로를 보호하기 위한 장치로 회로에 직렬로 접속되어 과대 전류가 흐르는 경우 퓨즈의 온도가 68℃ 이상 상승하면 자동적으로 단락된다.

02 헤드라이트에서 세미 실드빔식은?

① 렌즈, 반사경 및 전구를 분리하여 교환이 가능한 것
② 렌즈, 반사경 및 전구가 일체인 것
③ 렌즈와 반사경은 일체이고 전구는 교환이 가능한 것
④ 렌즈와 반사경을 분리하여 제작한 것

헤드라이트빔 형식
• **실드빔** : 렌즈, 반사경 및 전구가 일체인 것
• **세미 실드빔** : 렌즈와 반사경은 일체이고 전구는 교환이 가능한 것

03 전조등의 형식 중 내부에 불활성 가스가 들어 있으며 광도의 변화가 적은 것은?

① 로우빔식
② 하이빔식
③ 실드빔식
④ 세미 실드빔식

실드빔형식 전조등은 반사경에 필라멘트를 붙이고 여기에 렌즈를 녹여 붙인 후 내부에 불활성 가스를 넣어 그 자체가 1개의 전구가 되도록 한 것이다. 대기조건에 따라 반사경이 흐려지지 않으며 광도의 변화가 적으나, 필라멘트가 끊어지면 렌즈나 반사경에 이상이 없어도 전조등 전체를 교환하여야 한다.

04 조종 중 조종석의 충전계기에 빨간불이 들어오는 경우로 옳은 것은?

① 정상적으로 충전이 되고 있음을 나타낸다.
② 충전이 잘 되지 않고 있음을 나타낸다.
③ 충전 계통에 이상이 없음을 나타낸다.
④ 충전 계통에 이상이 있는지 알 수 없다.

충전되지 않는 경우나 충전 계통에 이상이 있을 때 충전 계기에 빨간불이 들어온다.

05 충전 계통의 고장 진단 결과이다. 다음 중 충전 경고등에 대하여 바르게 설명한 것은?

① 충전 경고등은 극히 저속 공회전 시 소등되어야 정상이다.
② 기관 회전수가 증가되어도 소등되지 않으면 충전 계통에 고장이 있다.
③ 충전 계통에 이상이 없어도 수온이 지나치게 높으면 소등되지 않는다.
④ 고속에서 충전 경고등이 켜지지 않는 것은 충전이 되지 않고 있는 것이다.

계기판에서 충전 경고등은 축전지의 충 · 방전 상태를 나타내는 것으로 충전이 되면 소등되고 충전이 되지 않으면 점등이 된다.

06 충전 지시 경고 램프에 점등이 될 때 점검해야 할 사항이 아닌 것은?

① 발전기 다이오드 이상 유무 점검
② 레귤레이터의 이상 유무 점검
③ 경고 램프의 접촉 상태 및 관련 배선 점검
④ 기동 전동기 점검

충전 지시 경고 램프에 점등이 되면 충전계통을 점검하라고 지시하는 것으로 기동 전동기와는 무관하다.

01 유압

밀폐된 용기의 액체 일부에 압력을 가하여 동력을 전달하는 것을 말한다.

1) 유압의 필요성

건설기계 주행장치, 작업장치, 조향장치, 토크변환기 등은 모두 유압을 이용한다.
① 적은 동력으로 큰 동력을 얻을 수 있으며 동력의 분배 및 집중이 용이하다.
② 속도 조절, 무단 변속이 가능하며 부하에 따라 자동적으로 속도가 변한다.

2) 유압의 특징

밀폐된 용기에 액체를 채워 힘을 가하면 내부의 압력이 똑같은 압력으로 작용한다는 파스칼의 원리를 이용하였다.

> **기적의 Tip**
>
> **유압의 원리**
> • 공기는 압축되나 액체는 압축되지 않는다.
> • 액체는 운동과 힘을 전달할 수 있다.
> • 액체는 작용력을 감소 또는 증대시킬 수 있다.

3) 압력

단위면적당 수직으로 작용하는 힘의 크기를 말하며 유압유의 유량, 점도, 관로의 직경 등이 압력에 영향을 준다.

> **기적의 Tip**
>
> 압력의 단위 : kg/cm^2, bar, PSI, mmHg, atm, Pa(kPa, MPa), mAq, mbar

4) 유량

유압기기 내에서 액체가 단위시간당 이동한 양이다.

> **기적의 Tip**
>
> 유량의 단위 : GPM, LPM, CCM, CFM, Liters

02 유압유(작동유)

1) 유압유의 구비조건

① 점도의 변화가 적고 점도 지수와 착화점이 높아야 한다.
② 산화 안정성이 있고 비압축성이어야 한다.
③ 점성과 유동성이 있어야 되며 물리적 또는 화학적인 변화가 없어야 한다.
④ 윤활성과 방청성이 있어야 한다.

2) 유압유 선택 시 고려 사항

① 화학적으로 안정성이 높아 열전도율이 좋아야 한다.
② 휘발성이 적고 독성이 없어야 한다.

> **기적의 Tip**
>
> 유압유의 입력이 과다하면 붐의 작동이 빨라진다.

03 온도와 점도★와의 관계

1) 점도 지수★

온도에 대한 점도 변화의 비율을 점도 지수라고 한다. 점도 지수가 큰 오일은 온도 변화가 적고 이동저항이 증가돼 동력손실이 발생한다. 점도 지수가 낮은 오일은 겨울철 시동저항이 생기고 마찰손실이 커서 공동현상이 생길 수 있다.

> ★ 점도
> 이동저항을 말하는 것으로 끈적끈적한 정도를 표시한다.
>
> ★ 점도 지수
> 온도에 따른 점도 변화를 수치로 표시한 것으로 점도 지수가 높을수록 점도 변화가 적다.

2) 작동유의 적절한 온도

① 난기 운전 시 오일의 온도 : 20~27℃
② 최고 허용 오일의 온도 : 80℃
③ 최저 허용 오일의 온도 : 40℃
④ 정상적인 오일의 온도 : 40~60℃
⑤ 열화되는 오일의 온도 : 80~100℃

04 유압유 관리

1) 작동유 노화 촉진의 원인

① 유온이 80℃ 이상으로 높을 때
② 다른 오일과 혼합하여 사용하는 경우
③ 유압유에 수분이 혼입되었을 때

2) 현장에서 오일의 열화를 찾아내는 방법

① 유압유 색깔의 변화나 수분 및 침전물의 유무를 확인한다.
② 유압유를 흔들었을 때 거품이 발생되는지 확인한다.
③ 유압유에서 자극적인 악취가 나는지 확인한다.
④ 유압유의 외관(색채, 냄새, 점도)으로 판정한다.

3) 유압유가 과열되는 원인

① 펌프의 효율이 불량하거나 유압유가 노화되었다.
② 오일 냉각기의 성능이 불량하거나 탱크 내에 유압유가 부족하다.
③ 유압유의 점도가 불량하고 안전밸브의 작동 압력이 너무 낮다.
④ 과부하로 연속 작업을 하거나 오일에 캐비테이션이 발생하였다.

> 🎓 기적의 Tip
>
> **유압유 취급**
> • 지정된 품질의 오일을 선택하여 사용한다.
> • 작동유의 누출을 방지하고 수분, 먼지 등의 불순물이 유입되지 않도록 한다.
> • 오일이 열화되었으면 교환하여 사용한다.

05 유압장치의 관계운동

유압기기는 유압유를 공급 및 저장하는 유압 탱크, 압력유를 보내는 유압 펌프, 압력과 유량 및 방향을 제어하는 제어 밸브, 유압 에너지를 기계적 에너지로 변환시키는 액추에이터 등으로 구성되어 있다.

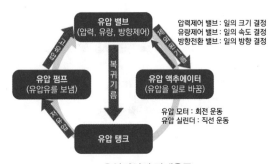

▲ 유압장치의 관계운동

1) 유압장치의 장점

① 작은 힘으로 큰 힘을 낼 수 있다.
② 에너지 저장, 힘의 전달, 연속제어가 가능하다.
③ 무단변속, 과부하방지 및 원격제어가 가능하다.
④ 윤활유의 성질을 가지고 있으며 정확한 제어가 가능하다.

2) 유압장치의 단점

① 온도의 영향으로 점도가 쉽게 변해 정밀한 속
    도 유지가 어렵고 효율이 변화할 수 있다.
② 구조가 복잡하고 누유될 가능성이 크며, 환경
    오염의 원인이 된다.
③ 고압 사용으로 에너지 손실이 크고 접속부에
    서 누출될 가능성이 크다.

이론을 확인하는 개념 체크

01 유압유는 점도 변화가 큰 것이 이상적이다. (O, X)

02 유압유는 화학적으로 안정적이어야 한다. (O, X)

03 유압유는 높은 휘발성을 가져야 한다. (O, X)

04 점도 지수는 온도에 대한 점도 변화 비율을 나타낸다. (O, X)

05 점도가 낮은 유압유를 사용하면 동력 손실이 커질 수 있다. (O, X)

06 정상적인 유압유의 온도는 20~40℃이다. (O, X)

07 유압유의 온도가 80℃ 이상이면 열화가 촉진된다. (O, X)

08 유압유가 노화되었다면 과열이 발생할 수 있다. (O, X)

09 유압유의 색깔이나 침전물 상태로도 열화 상태를 확인할 수 있다. (O, X)

10 유압장치는 정밀한 속도 유지에 유리하다. (O, X)

01 X 02 O 03 X 04 O 05 X 06 X 07 O 08 O 09 O 10 X

01 파스칼의 원리와 관련된 설명이 아닌 것은?

① 정지 액체에 접하고 있는 면에 가해진 압력은 그 면에 수직으로 작용한다.
② 정지 액체의 한 점에 있어서의 압력의 크기는 전 방향에 대하여 동일하다.
③ 점성이 없는 비압축성 유체에서 압력에너지, 위치에너지, 운동에너지의 합은 같다.
④ 밀폐용기 내의 한 부분에 가해진 압력은 액체 내의 전부분에 같은 압력으로 전달된다.

밀폐된 용기에 액체를 채워 힘을 가하면 내부의 압력이 똑같은 압력으로 작용한다는 파스칼의 원리를 이용하였다.

02 단위면적당 수직으로 작용하는 힘의 크기를 말하는 유압유 압력의 단위가 아닌 것은?

① kg/cm^2
② bar
③ PSI
④ GPM

유압유 압력의 단위는 kg/cm^2, bar, PSI, mmHg, atm, Pa(kPa, MPa), mAq, mbar가 있으며 유량의 단위는 GPM, LPM, CCM, CFM, Liters 등이 있다.

03 유압장치 관련 용어에서 GPM이 나타내는 것은?

① 복동 실린더의 치수
② 계통 내에서 형성되는 압력의 크기
③ 흐름에 대한 저항의 세기
④ 계통 내에서 이동되는 유체(오일)의 양

유량의 단위로 사용되는 것으로 LPM과 GPM이 있다. 계통 내에서 흐르는 유체의 양을 말한다.

04 유압 오일에서 온도에 따른 점도 변화정도를 표시하는 것은?

① 점도 분포
② 관성력
③ 점도 지수
④ 윤활성

점도 지수는 온도 변화에 따른 점도 변화 정도를 표시하는 것으로 클수록 점도 변화가 적다.

05 유압유의 열화를 촉진시키는 가장 직접적인 요인은?

① 유압유의 온도 상승
② 배관에 사용되는 금속의 강도 약화
③ 공기 중의 습도 저하
④ 유압 펌프의 고속 회전

유압유의 열화는 과부하 연속 운전 등에 의한 유압유의 온도 상승에 직접적인 영향을 많이 받는다.

06 유압유가 갖추어야 할 성질로 틀린 것은?

① 점도가 적당할 것
② 인화점이 낮을 것
③ 강인한 유막을 형성할 것
④ 점성과 온도와의 관계가 양호할 것

인화점이 높아야 증발 및 화재를 예방할 수 있다.

07 유압 작동유의 점도가 너무 높을 때 발생되는 현상은?

① 동력 손실 증가
② 내부 누설 증가
③ 펌프 효율 증가
④ 내부 마찰 감소

점도란 유체의 이동저항을 말하는 것으로 점도가 높으면 이동저항이 증가돼 동력손실이 발생된다.

08 어떤 오일이 온도에 따라 점도변화가 크다면 점도지수는?

① 점도 지수가 높다.
② 점도 지수가 낮다.
③ 모든 오일의 점도 지수는 같다.
④ 점도 지수와 온도 변화는 무관하다.

점도 지수란 온도의 변화에 따라 오일의 점도가 변화하는 정도를 수치로 표시한 것으로 점도지수가 낮을수록 온도에 의한 점도 변화가 크다.

09 작동유에 대한 설명으로 틀린 것은?

① 점도 지수가 낮아야 한다.
② 점도는 압력 손실에 영향을 미친다.
③ 마찰 부분의 윤활작용과 냉각작용을 한다.
④ 공기가 혼입되면 유압기기의 성능은 저하된다.

점도 지수는 온도에 따른 점도의 변화 정도를 타내는 것으로 점도지수가 높아야 온도에 따른 점도변화가 적다.

10 다음 중 압력의 단위가 아닌 것은?

① bar
② atm
③ pa
④ J

압력의 단위에는 bar, atm, pa, kgf/cm^2, psi 등이 있다.

유압 펌프, 유압 모터 및 유압 실린더

01 유압 펌프의 종류

기어 펌프, 베인 펌프, 플런저 펌프, 로터리 펌프, 스크류 펌프 등이 있으며, 유량은 펌프 1회전당 토출 또는 분당 토출하는 유량을 표시한다.

1) 기어 펌프

기어의 회전에 의해 작동하는 외접기어, 내접기어 펌프가 있으며 일반적으로 외접기어 펌프가 사용되고 있다.

① 구조가 간단하여 소형 경량이며 가격이 저렴하다.
② 흡입력이 크기 때문에 가압식 유압 탱크를 사용하지 않는다.
③ 가혹한 조건에서 사용이 가능하며 펌프효율이 80~85% 정도이다.

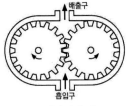

▲ 외접기어 펌프

2) 베인 펌프

맥동과 소음이 적고 구조가 간단하며 깃, 날개에 의해 펌프 작용을 한다.

① 구조가 간단하고 성능이 좋으며 가격이 저렴하다.
② 펌프 출력에 비해 소형·경량이며 비교적 고장이 적고 수리가 용이하다.
③ 수명이 길고 장시간 안정된 성능을 발휘할 수 있으나 점도에 영향을 받는다.

3) 플런저 펌프(피스톤 펌프)

플런저의 왕복운동에 의해 펌프 작용을 하며 오일의 기밀을 유지하기 위한 부분의 면적이 크기 때문에 고압 대출력에 용이하다. 수명이 길고 가변 용량이 가능하다.

① 레이디얼 펌프 : 성형 펌프라고도 하며 플런저가 회전축에 대하여 직각 방사형으로 배열되어 있다.
② 액시얼 펌프 : 사축식과 사판식이 있으며 플런저가 회전축 방향으로 배열되어 있다.

> 🎓 **기적의 Tip**
>
> **유압 펌프 소음 원인**
> • 오일의 양이 적을 때
> • 오일 속에 공기가 들어 있을 때
> • 오일의 점도가 너무 높을 때
>
> 굴착기에 사용하는 유압 펌프는 플런저식으로, 흡입력이 약하여 펌프의 효율을 증가시키기 위해 공기 압축기를 설치하여 탱크를 가압한다.

4) 유압 펌프의 성능비교

종류	기어 펌프	베인 펌프	플런저 펌프
구조	간단함	간단함	가변용량 가능
최고압력 (kgf/cm²)	170~210	140~170	250~350
소음	중간	적음	큼

02 유압 실린더 구조와 기능

유압 펌프에서 보내진 유압을 직선운동으로 변환하여 기계적인 일을 한다.

1) 단동 실린더

피스톤의 한쪽에만 유압이 작용하며 리턴은 자체 무게 또는 외력에 의해서 작동한다.

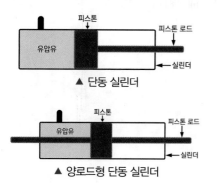

▲ 단동 실린더

▲ 양로드형 단동 실린더

2) 복동 실린더

피스톤의 양쪽에 유압이 작용하며 붐 실린더, 암 실린더, 버킷 실린더 등에 사용된다.

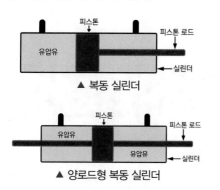

▲ 복동 실린더

▲ 양로드형 복동 실린더

03 유압 모터의 구조와 기능

유압 펌프에서 공급되는 유압유를 통해 회전운동으로 변환시키는 역할을 하며 시동, 정지, 역전, 변속, 가속 등을 쉽게 제어할 수 있다. 관성력이 작아 소음이 적고, 출력당 소형 경량으로 작동이 신속하고 정확하여 고속 회전에 적합하다.

> **기적의 Tip**
>
> 유압 모터는 작동유(유압 오일)의 점도 변화에 따른 사용 제약을 받는다.

> **기적의 Tip**
>
> 유압 모터의 용량 표시는 모터 입구로 들어오는 오일의 압력으로 표시한다. 즉 모터 입구 압력(kgf/cm^2)당의 토크로 나타낸다.

1) 유압 모터의 종류

① 기어형 모터

구조가 간단하고 값이 싸다. 소형 경량이며 수리가 쉬워 효율성이 좋으나 작동 중 부하에 의한 고장이 발생하기 쉽다.

② 베인형 모터

편심 로터와 날개로 구성된 정용량형 모터로 가이드링에 날개가 밀착되어 작동된다. 역회전이 가능하고 무단 변속기로 내구력이 높다.

③ 플런저 모터

피스톤형으로 구조가 복잡하고 가격이 비싸며 고압 대출력에 적합하다. 플런저가 회전축에 대하여 직각 방사형으로 배열된 레이디얼형과 회전축 방향으로 배열된 액시얼형이 있다.

2) 레이디얼 플런저 모터

플런저가 회전축에 대하여 직각 방사형으로 배열되어 있는 모터로 굴착기의 스윙모터로 사용된다.

① 로터리 밸브

스윙 모터 축 위쪽에 설치되어 축과 함께 작동유 통로를 개폐하는 일을 한다.

② 플런저

플런저는 주로 5개로 되어있다. 제어 밸브에서 보내진 작동유를 받아 커넥팅 로드를 밀어주며, 반대로 커넥팅 로드의 힘을 받아 배럴 내의 작동유를 밀어서 로터리 밸브로 보내주는 일을 한다.

③ 캠축

캠축은 베어링에 의해 지지되며 커넥팅 로드의 힘을 받아 스윙 모터 감속 기어를 회전시킨다.

④ 하우징

하우징은 상부회전체 프레임에 볼트로 결합된다. 스윙 모터의 구성 부품이 내장되어 있다.

3) 레이디얼 플런저 모터의 작동

① 왼쪽으로 스윙할 때

플런저를 밀면 플런저는 커넥팅 로드를 밀어주고 커넥팅 로드는 캠축을 회전시켜 상부 회전체를 왼쪽으로 스윙시킨다.

② 오른쪽으로 스윙할 때

플런저가 스윙 작동을 할 때, 작동을 준비하고 작동유를 배출한다.

이론을 확인하는 개념 체크

01 기어 펌프는 구조가 간단하고 가격이 저렴하다. (O, X)

02 베인 펌프는 비교적 수명이 짧다. (O, X)

03 오일의 점도가 너무 낮으면 유압 펌프에서 소음이 발생할 수 있다. (O, X)

04 단동 실린더는 피스톤의 양쪽에서 유압이 작용한다. (O, X)

05 복동 실린더는 암 실린더, 버킷 실린더에 주로 쓰인다. (O, X)

06 유압 모터는 유압 오일의 점도에 의해 출력이 변화할 수 있다. (O, X)

07 레이디얼 플런저 모터는 굴착기에서 주로 스윙 모터로 사용된다. (O, X)

08 레이디얼 플런저 모터는 플런저가 회전축에 대해 직각 방사형으로 배열되어 있다. (O, X)

09 유압 모터의 용량은 마력(HP)로 나타낸다. (O, X)

01 O 02 X 03 X 04 X 05 O 06 O 07 O 08 O 09 X

01 유압 모터의 회전력이 변화하는 것에 영향을 미치는 것은?

① 유압유 압력
② 유량
③ 유압유 점도
④ 유압유 온도

유압에 의해 작동되는 기기의 힘은 유압유의 압력에 의해 영향을 받는다.

02 유압장치의 구성 요소 중 유압 액추에이터에 속하는 것은?

① 유압 펌프
② 엔진 또는 전기 모터
③ 오일 탱크
④ 유압 실린더

액추에이터는 액체 에너지를 기계적 에너지로 바꾸어 주는 장치로 직선운동을 하는 유압 실린더와 회전운동을 하는 유압 모터가 있다.

03 유압 모터의 장점이 아닌 것은?

① 효율이 기계식에 비해 높다.
② 무단계로 회전 속도를 조절할 수 있다.
③ 회전체의 관성이 작아 응답성이 빠르다.
④ 동일 출력 전동기에 비해 소형이 가능하다.

유압식 모터가 기계식에 비해 효율이 낮으나 그 차이는 크지 않고 비슷하다.

04 유압 모터의 용량을 나타내는 것은?

① 입구 압력(kgf/cm^2)당 토크
② 유압 작동부 압력(kgf/cm^2)당 토크
③ 주입된 동력(HP)
④ 체적(cm^2)

유압 모터의 용량 표시는 모터입구로 들어오는 오일의 압력으로 표시한다. 즉 모터 입구 압력(kgf/cm^2)당의 토크로 표시한다.

05 유압 모터의 종류에 해당하지 않는 것은?

① 기어 모터
② 베인 모터
③ 플런저 모터
④ 직권형 모터

유압 모터에는 기어식, 베인식, 플런저식, 로터리식이 있으며 직권형 모터는 전기를 이용하는 전기 모터이다.

06 유압 모터의 특징을 설명한 것으로 틀린 것은?

① 관성력이 크다.
② 구조가 간단하다.
③ 무단 변속이 가능하다.
④ 자동 원격조작이 가능하다.

유압 모터의 특징으로는 무단 변속이 가능하고 자동 원격조작이 가능하며 제어가 쉽다는 것이며, 제어가 쉬운 것은 관성력이 작기 때문이다.

07 유압장치에 사용되는 펌프가 아닌 것은?

① 기어 펌프
② 원심 펌프
③ 베인 펌프
④ 플런저 펌프

유압 펌프의 종류에는 기어, 베인, 로터리, 플런저 펌프가 있다.

08 유압 펌프에서 소음이 발생할 수 있는 원인으로 거리가 가장 먼 것은?

① 오일의 양이 적을 때
② 유압 펌프의 회전 속도가 느릴 때
③ 오일 속에 공기가 들어 있을 때
④ 오일의 점도가 너무 높을 때

오일펌프의 회전 속도가 느릴 때에는 소음이 발생되지 않는다.

09 유압 모터의 특징으로 거리가 가장 먼 것은?

① 무단 변속이 가능하다.
② 속도나 방향의 제어가 용이하다.
③ 작동유의 점도 변화에 의하여 유압 모터의 사용에 제약이 있다.
④ 작동유가 인화될 염려가 없다.

작동유는 유압 오일을 말하는 것으로 인화점이 높아도 불꽃을 가까이하면 인화된다.

10 플런저가 구동축의 직각방향으로 설치되어 있는 유압 모터는?

① 캠형 플런저 모터
② 액시얼형 플런저 모터
③ 블래더형 플런저 모터
④ 레이디얼형 플런저 모터

플런저가 구동축의 직각방향으로 설치되어 있는 유압 모터는 레이디얼형이며 정용량형 모터이다.

11 그림과 같은 2개의 기어와 케이싱으로 구성되어 오일을 토출하는 펌프는?

① 내접기어 펌프
② 외접기어 펌프
③ 스크루 기어 펌프
④ 트로코이드 기어 펌프

그림의 기어 펌프는 외접기어 펌프를 나타낸 것이다.

12 베인 펌프에 대한 설명으로 틀린 것은?

① 날개로 펌핑동작을 한다.
② 토크가 안정되어 소음이 작다.
③ 싱글형과 더블형이 있다.
④ 베인 펌프는 1단 고정으로 설계된다.

베인 펌프는 싱글형과 더블형이 있다. 맥동과 소음이 적고 구조가 간단하여 깃날개에 의해 펌프 작용을 한다.

13 유압 실린더 중 피스톤의 양쪽에 유압유를 교대로 공급하여 양방향의 운동을 유압으로 작동시키는 형식은?

① 단동식
② 복동식
③ 다동식
④ 편동식

유압 실린더의 양쪽으로 유압유를 교대로 공급하여 양방향으로 운동을 유압으로 전달할 수 있는 실린더는 복동식 유압 실린더이다.

14 굴착기 엔진에는 소형 공기 압축기가 설치되어 있다. 이 공기 압축기가 반드시 필요한 곳은?

① 경적
② 컨트롤 밸브
③ 유압 탱크
④ 하부 주행장치

굴착기에 사용하는 유압 펌프는 플런저식으로 흡입력이 약하여 펌프의 효율을 증가시키기 위해 공기 압축기를 설치하여 탱크를 가압하게 된다.

. SECTION . 13 제어 밸브(Control valve)

출제
빈도   상 중 하

01 유압 제어

작업장치의 유압 실린더와 유압 모터가 하는 일의 목적에 따라 기계적 작동을 위해 작동유의 흐름을 밸브로 조절한다. 작업 레버 및 주행 레버에 연결되어 작동하는 스풀형으로 되어있다.

1) 유압 발생부

유압 발생부는 유압 펌프나 전동기에 의해서 유압이 발생되는 부분으로 유압 탱크, 여과기, 유압 펌프, 압력계, 오일펌프 구동용 전동기 등으로 구성되어 있다.

2) 유압 제어장치

유압제어부는 작동유를 필요한 압력, 유량, 방향을 제어하는 부분으로 3대 제어 밸브로 구성되어 있으며 제어 밸브에는 릴리프 밸브를 부착하여 유압회로에 규정 이상의 압력이 발생하면 과잉 압력의 작동유를 탱크로 복귀시키는 안전 밸브를 두고 있다.

① 수동식 제어 밸브 : 구형장비에서 사용하던 방식, 밸브와 제어 밸브 사이를 로드로 연결하여 기계적 힘에 의해 작동
② 전자식 제어 밸브 : 수중 작업용이나 원격 조정용 등의 특수 목적으로 사용
③ 공압식 제어 밸브 : 레버를 조작하면 공기 제어 밸브가 열려 공기가 호스를 통하여 흐르면서 공기 실린더가 제어 밸브를 작동
④ 유압식 제어 밸브 : 작업 레버와 연결된 어저스트 밸브가 작동하여 제어 밸브를 작동

> 🎓 기적의 Tip
>
> 3대 제어 밸브 : 압력 제어 밸브, 유량 제어 밸브, 방향 제어 밸브

3) 유압 구동장치(작동기)

유체 압력에너지를 기계적에너지로 변환시키는 부분으로 액추에이터(Actuator)에 의해 왕복운동 또는 회전운동을 하는 부분이다.

① 유압 모터 : 유체의 압력 에너지에 의해서 회전운동
② 유압 실린더 : 유체의 압력 에너지에 의해서 직선운동

02 유압 제어 밸브의 3요소

1) 압력 제어 밸브(일의 크기 결정)

유압 펌프와 제어 밸브 사이에 설치되며 최고 유압을 제어하고 유압회로 내의 요구압력을 일정하게 유지하여 과부하방지 및 유압기기를 보호하는 역할을 한다.

밸브	사용
리듀싱 (감압) 밸브	압력이 높아지면 밸브를 닫아 설정된 압력 이하로 만들 때 사용
릴리프 (안전) 밸브	유압 펌프와 함께 방향제어 밸브 사이에 설치되어 유압장치 내의 압력을 일정하게 유지하여 기기를 안전하게 보호
언로더 (무부하) 밸브	설정 압력에 도달될 때 탱크로 유량을 회송시켜 펌프를 무부하 상태로 하여 동력을 절감하거나 유온 상승을 제어
시퀀스 순차) 밸브	2개 이상의 분기 회로를 가질 때 유압 실린더 또는 유압 모터에 순차적으로 유량을 보내어 작동 순서 결정
카운터 밸런스 (완충) 밸브	체크 밸브가 내장되어 자체 중량에 의한 자유 낙하를 방지하고 백압을 유지하며 충격을 흡수

2) 유량 제어 밸브(일의 속도 결정)

오일 통로의 단면적을 변화시켜 유량을 제어함으로써 액추에이터의 운동속도와 회전수를 변화시키는 역할을 한다.

밸브	사용
교축 밸브	통로의 단면적을 바꿔 유량을 조절하며, 점도가 달라져도 유량이 변하지 않도록 제어
오리피스 밸브	단면적을 감소한 통로이며 소량의 유량 측정에 사용
분류 밸브	2개 이상의 분기 회로에서 동일 유량을 분배
니들 밸브	바늘 모양의 파이프로 미세 유량을 제어

3) 방향 제어 밸브(일의 방향 결정)

역류를 방지하고 작동유의 흐름 방향을 제어하는 역할을 한다.

밸브	사용
스풀 밸브	축 방향으로 이동하여 유압유의 흐름 방향을 바꾸기 위해 사용
체크 밸브	유압 회로의 역류를 방지하고 잔압을 유지
셔틀 밸브	1개의 출구에서 최고 압력의 입구를 선택
디셀러레이션 밸브	액추에이터의 작동 속도를 감속하여 서서히 정지시키기 위해 사용

이론을 확인하는 개념 체크

01 리듀싱 밸브는 회로 내 압력이 설정값에 도달하면 모든 유량을 탱크로 배출한다. (O, X)

02 릴리프 밸브의 설정 압력이 너무 높으면 유압 호스 등이 파손될 수 있다. (O, X)

03 2개 이상의 분기 회로를 가질 때 언로드 밸브를 통해 작동 순서를 정할 수 있다. (O, X)

04 압력 제어 밸브는 유압 탱크와 펌프 사이에 설치된다. (O, X)

05 압력 제어 밸브를 통해 액추에이터의 운동속도를 조절할 수 있다. (O, X)

06 교축 밸브는 오일이 지나는 통로의 단면적을 줄여 유량을 조절하는 밸브이다. (O, X)

07 오리피스 밸브는 방향 제어 밸브에 해당한다. (O, X)

08 체크 밸브는 유압회로 내 오일의 역류를 방지하고 잔류압력을 유지한다. (O, X)

09 내경이 작은 파이프로 미세유량을 조절하는 밸브를 니들 밸브라고 한다. (O, X)

01 X 02 O 03 X 04 X 05 X 06 O 07 X 08 O 09 O

01 유압장치에서 유압의 제어 방법이 아닌 것은?

① 압력 제어　　　　② 방향 제어
③ 속도 제어　　　　④ 유량 제어

유압장치에서 유압의 제어 방법에는 압력 제어, 유량 제어, 방향 제어가 있다.

02 유압장치에서 압력 제어 밸브가 아닌 것은?

① 릴리프 밸브　　　② 체크 밸브
③ 감압 밸브　　　　④ 시퀀스 밸브

압력 제어 밸브에는 릴리프, 감압, 시퀀스, 언로드, 카운터밸런스 밸브 등이 있으며, 체크 밸브는 방향 제어 밸브에 속한다.

03 유압원에서의 주 회로로부터 유압 실린더 등이 2개 이상의 분기 회로를 가질 때 각 유압 실린더를 일정한 순서로 순차 작동시키는 밸브는?

① 시퀀스 밸브　　　② 감압 밸브
③ 릴리프 밸브　　　④ 체크 밸브

오답 피하기
② 리듀싱 밸브 : 주 회로의 압력보다 낮은 압력을 사용하고자 할 때 사용하는 감압 밸브
③ 릴리프 밸브 : 최고 압력을 제어하고 회로 내 유체의 압력을 일정하게 유지하는 안전 밸브
④ 체크 밸브 : 방향 제어 밸브로 역류를 방지하고 한쪽 방향으로만 유체를 흐르게 하는 방향 제어 밸브

04 방향 제어 밸브에서 내부 누유에 영향을 미치는 요소가 아닌 것은?

① 관로의 유량　　　② 밸브 간극의 크기
③ 밸브 양단의 압력차　④ 유압유 점도

방향 제어 밸브에서 내부 누유에 영향을 미치는 요소가 아닌 것은 관로에서의 유량이다.

05 유압회로 내의 설정압력에 도달하면 펌프에서 토출된 오일의 일부 또는 전량을 직접 탱크로 돌려보내 회로의 압력을 설정값으로 유지하는 밸브는?

① 시퀀스 밸브　　　② 릴리프 밸브
③ 언로드 밸브　　　④ 체크 밸브

오답 피하기
① 시퀀스 밸브 : 2개 이상의 분기 회로에서 유압회로의 압력에 의하여 작동 순서를 제어하는 역할을 한다.
③ 언로드 밸브 : 유압회로 내의 압력이 규정 압력에 도달하면 펌프에서 송출되는 모든 유량을 탱크로 리턴시켜 유압 펌프를 무부하 운전이 되도록 하는 역할을 한다.
④ 체크 밸브 : 작동유의 흐름을 한쪽 방향으로만 흐르게 하고 역류를 방지한다.

06 유압회로에서 오일을 한쪽 방향으로만 흐르도록 하는 밸브는?

① 릴리프 밸브　　　② 파일럿 밸브
③ 체크 밸브　　　　④ 오리피스 밸브

체크 밸브는 방향 제어 밸브로 오일의 흐름을 한쪽 방향으로만 흐르도록 하고 역류를 방지하며 회로 내 잔압을 유지하는 역할을 한다.

07 자체 중량에 의한 자유낙하 등을 방지하기 위하여 회로에 배압을 유지하는 밸브는?

① 감압 밸브　　　　② 체크 밸브
③ 릴리프 밸브　　　④ 카운터 밸런스 밸브

오답 피하기
① 감압 밸브 : 주 회로의 압력보다 낮은 압력을 사용하고자 할 때 사용
② 체크 밸브 : 방향 제어 밸브로 오일의 흐름을 한쪽 방향으로만 흐르게 하고 역류를 방지하며 잔압을 유지
③ 릴리프 밸브 : 최고 압력을 제어하고 회로 내 일정한 압력을 유지

08 회로 내의 유체 흐름 방향을 제어하는데 사용되는 밸브는?

① 교축 밸브　　　② 셔틀 밸브
③ 감압 밸브　　　④ 순차 밸브

1개의 출구와 2개 이상의 입구를 지니고 있으며 출구가 최고압력 쪽 입구를 선택하는 기능을 가진다.

09 유압장치에 사용되는 제어 밸브의 역할과 종류의 연결사항으로 틀린 것은?

① 일의 크기 제어 : 압력 제어 밸브
② 일의 속도 제어 : 유량 조절 밸브
③ 일의 방향제어 : 방향 전환 밸브
④ 일의 시간 제어 : 속도 제어 밸브

일의 크기를 제어하는 압력 제어 밸브, 일의 속도를 제어하는 유량 조절 밸브, 일의 방향을 제어하는 방향제어 밸브가 있다.

유압회로 및 유압기호

01 유압회로

언로드 회로와 속도 회로를 사용하고 있으며 속도 회로는 기본적으로 오픈 회로, 클로즈 회로, 탠덤 회로, 직렬 회로, 병렬 회로 등으로 구성한다.

1) 언로드 회로
작업 중 유압유가 필요하지 않을 때 유압유를 탱크에 귀환시키는 회로이다.

2) 속도제어 회로
① 오픈(개방) 회로
작동유가 탱크에서 유압 펌프, 제어 밸브를 지나 액추에이터를 작동시킨 후 다시 제어 밸브를 거쳐 탱크로 되돌아오는 회로이다.

② 클로즈(밀폐) 회로
작동유가 탱크에서 유압 펌프, 제어 밸브를 지나 액추에이터를 작동시킨 후 다시 제어 밸브를 거쳐 유압 펌프로 되돌아오는 회로로 작동유가 탱크로는 돌아오지 않는다.

③ 탠덤 회로
하나하나의 작동기를 확실하게 작동시킬 수 있는 회로이며, 변환 밸브를 동시에 조작하였을 때 변환 밸브의 작동기는 작동되지 않는다.

3) 유압회로도의 종류
① 그림 회로도 : 구성 기기의 외관을 그림으로 나타낸 유압회로도
② 단면 회로도 : 기기의 내부와 작동을 단면으로 나타낸 유압회로도

③ 조합 회로도 : 그림 회로도와 단면 회로도를 조합하여 나타낸 유압회로도
④ 기호 회로도 : 구성 기기를 유압의 기호로 나타낸 유압회로도

02 3대 제어 회로

정해진 유압 기호의 목적에 따라 압력 제어, 속도 제어, 방향 제어 등을 조합하여 사용한다.

1) 압력 제어 회로
유압회로에서 최대 압력을 넘지 않도록 조작하는 회로
① 릴리프 회로 : 과부하를 방지하기 위한 안전회로
② 리듀싱 회로 : 회로 내의 일부의 압력을 감압하기 위한 회로
③ 시퀀스 회로 : 작동기를 순차적으로 작동시키기 위한 회로
④ 카운터 밸런스 회로 : 자유 낙하로 충격을 방지하고 릴리프 밸브를 규제

2) 속도(유량) 제어 회로
흡입하는 유량을 제어하여 유압 실린더, 유압 모터의 직선 또는 회전 속도를 조작하는 회로로 속도는 액추에이터의 크기, 유량, 부하 등에 의하여 결정된다.
① 미터인 회로 : 작동기의 입구 쪽에 설치되어 유입되는 유압유를 실린더로 공급하여 작동속도를 조절하는 회로
② 미터아웃 회로 : 작동기의 출구 쪽 관로에 유량 조절 밸브를 설치하여 실린더에서 유출되는 유압유를 조절해 작동속도를 조절하는 회로

③ 블리드 오프 회로 : 바이페스를 펌프와 실린더 사이에 설치하여 작동기로 공급되는 것 이외의 유압유를 탱크로 복귀시키는 회로
④ 감속 회로 : 충격이 되는 동작을 완화하여 정지시키는 회로
⑤ 차동 회로 : 유압 실린더 양쪽으로 동시에 유압유를 공급하고 받는 힘의 차이로 작동하는 회로
⑥ 동기 회로 : 유압 실린더나 유압 모터를 동시에 같은 속도로 작동시킬 때 사용하는 회로

3) 방향 제어 회로

실린더 플런저를 임의의 위치에 고정시켜 자유운동을 방지하기 위한 로킹 회로이며 자동운전, 안전장치, 압력스위치나 리밋스위치 등을 사용하여 방향조절 밸브 등을 조작하는 회로이다.

03 유압 파이프

1) 흡입 라인(회로)

유압 펌프로 작동유를 유입시키는 회로는 캐비테이션 현상을 방지하기 위해 적당한 크기와 모양의 흡입 배관을 선택하여야 하며, 유압 탱크를 가압식으로 사용하면 캐비테이션을 방지할 수 있다.

2) 리턴 라인(회로)

기기의 작동이 완료된 유압유가 탱크로 복귀되는 회로이다. 탱크의 유면보다 위에 설치되면 에어레이션★이 발생되므로 유면 아래에 설치되어 있으며, 복귀되는 유량이 많을 때는 리턴 회로에 디퓨저★를 설치하여야 한다.

> ★ 에어레이션
> 공기 혼입으로 기포가 발생하는 현상이다.
> ★ 디퓨저
> 액체의 유속을 원활히 하기 위해 사용되는 확대 관을 말한다.

04 유압 기호

1) 기본기호

명칭	기호	명칭	기호
펌프, 유압원		밸브	
냉각기 또는 필터		유체흐름방향	
회전방향		탱크	

2) 펌프 및 모터기호

명칭	기호	명칭	기호
공기, 유압 변환기		요동형 모터	
정용량형 유압 펌프		가변용량형 유압 펌프	
정용량형 유압 모터		가변용량형 유압 모터	

3) 유압 실린더

명칭	기호	명칭	기호
복동 실린더 더블 또는 양로드형		단동 실린더 (스프링 X)	
복동 실린더, 싱글 또는 단로드형		차동 실린더	
플렉시블 관로		출구	

4) 제어 밸브

명칭	기호	명칭	기호
압력 제어 밸브 기본표시 (상시 닫힘, 상시 열림)		릴리프 밸브, 안전 밸브	
언로우드 압력 제어 밸브		감압 밸브 릴리프 없음, 언로드 붙임	

유량 제어 밸브		가변 트러틀 밸브 고정형	
방향 제어 밸브, 스프링 옵셋 파일럿 식		2포트 2위치 변환 밸브 파일럿식	

5) 제어방식

명칭	기호	명칭	기호
인력방식 레버식		스프링방식	
인력방식 페달식		전동기 회전형 전동기	
인력방식 버튼식		전자방식 싱글 코일형	
셔틀밸브		체크밸브	

6) 기타 부속기기

명칭	기호	명칭	기호
체크 밸브 또는 콕		압력 스위치	
어큐뮬레이터		공기탱크	
압력원		필터 (배수기 없음)	
냉각기		압력계	
온도계		유량계 (순간 지시식)	
흐름의 방향, 유체 출입구		드래인 배출기	
탱크에 연결되는 관로		주 관로 파일럿 관로	

01 그림과 같은 유압기호에 해당하는 밸브는?

① 체크 밸브
② 카운터 밸런스 밸브
③ 릴리프 밸브
④ 리듀싱 밸브

그림의 유압 기호는 릴리프 밸브이다.

02 액추에이터의 입구 쪽 관로에 유량 제어 밸브를 직렬로 설치하여 작동유의 유량을 제어함으로써 액추에이터의 속도를 제어하는 회로는?

① 시스템 회로
② 블리드 오프 회로
③ 미터인 회로
④ 미터아웃 회로

유량 제어 밸브가 액추에이터 입구에 설치된 형식은 미터인 회로이고 액추에이터의 출구에 설치된 형식은 미터 아웃이라고 한다. 블리드 오프 회로는 회로를 병렬로 구성하여 사용하는 형식이다.

03 유압장치에서 속도 제어 회로에 속하지 않는 것은?

① 미터인 회로
② 미터아웃 회로
③ 블리드 오프 회로
④ 블리드 온 회로

속도 제어 회로에는 작동기의 입구에 유량 제어 밸브가 설치된 미터인 회로와 작동기의 출구에 설치된 미터아웃 회로 그리고 병렬로 연결된 블리드 오프 회로가 있다.

04 유압회로에서 소음이 나는 원인으로 가장 거리가 먼 것은?

① 회로 내 공기 혼입
② 유량 증가
③ 채터링 현상
④ 캐비테이션 현상

유량이 증가하는 이유로 소음이 발생하지는 않으며, 대신 작동체의 속도가 빨라지고 압력이 높아진다.

05 그림의 유압기호는 무엇을 표시하는가?

① 오일 쿨러
② 유압 탱크
③ 유압 펌프
④ 유압 밸브

그림의 기호는 유압 펌프이다.

06 유압회로 내의 밸브를 갑자기 닫았을 때 오일의 속도 에너지가 압력 에너지로 변하면서 일시적으로 큰 압력 증가가 생기는 현상을 무엇이라 하는가?

① 캐비테이션(Cavitation) 현상
② 서지(Surge) 현상
③ 채터링(Chattering) 현상
④ 에어레이션(Aeration) 현상

오답 피하기
① 캐비테이션(Cavitation) 현상 : 유체에서 발생되는 맥동 및 소음 진동 현상
③ 채터링(Chattering) 현상 : 밸브에서 소음이나 진동이 나는 현상
④ 에어레이션(Aeration) 현상 : 회로 내에 공기가 유입되는 현상

07 유압장치에서 가변 용량형 유압 펌프의 기호는?

보기 ③은 가변 용량형 유압 펌프를 나타낸다.

08 다음 유압기호가 나타내는 것은?

① 릴리프 밸브
② 감압 밸브
③ 순차 밸브
④ 무부하 밸브

그림의 유압기호는 무부하(언로더) 밸브의 기호이다.

09 그림의 유압 기호는 무엇을 표시하는가?

① 유압 실린더
② 어큐뮬레이터
③ 오일 탱크
④ 유압 실린더 로드

그림의 기호는 축압기인 어큐뮬레이터이다.

10 체크 밸브를 나타낸 것은?

체크 밸브를 나타내는 것은 ①이다.

11 복동 실린더 양로드형을 나타내는 유압기호는?

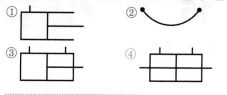

① 단동 편로드형, ② 플렉시블 관로 ③ 복동 단로드형

12 유압기호 표시 중 단동 실린더는?

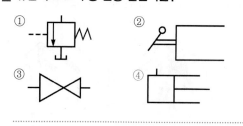

① 언로더 밸브, ② 인력방식 레버식, ③ 첵 또는 콕

13 다음 유압 도면기호의 명칭은?

① 스트레이너   ② 유압 모터
③ 유압 펌프   ④ 압력계

도면의 기호는 유압 펌프이다.

14 가변용량형 유압 펌프의 기호 표시는?

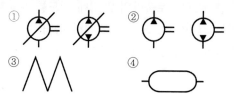

②는 정용량형 유압 펌프, ③은 제어방식의 스프링식, ④는 공기탱크를 나타낸다.

기타 부속장치

SECTION
15

출제
빈도 상 중 하

01 유압 탱크

탱크는 작동유 주입구, 아래 쪽에는 배출구(드레인 플러그)를 그리고 작동유의 보유량을 밖에서 점검할 수 있도록 유면계를 두고 있다.

▲ 유압 탱크의 구조

1) 구조

유압 탱크는 스트레이너, 드레인 플러그, 배풀, 주입구 캡, 유면계 및 유면게이지 등으로 구성된다.

① 탱크의 펌프 라인과 복귀 라인 사이에 격리판을 설치한다.
② 펌프 라인과 복귀 라인은 최대한 멀리 떨어진 위치에 설치한다.
③ 유압 탱크 내 펌프 라인쪽에 오일 여과기(스트레이너)를 설치한다.

2) 크기

유압 펌프의 토출량의 2~3배 정도를 토출할 수 있는 크기이며, 모든 기기에서 복귀되는 유량을 저장할 수 있는 공간이어야 한다.

3) 유압 탱크의 기능

① 계통 내에 필요한 유량을 저장하고 온도를 유지한다.
② 격리판을 설치하여 기포 발생을 방지한다.
③ 적정 온도를 유지하고 흡입 스트레이너가 설치되어 불순물 혼입을 방지한다.

> 🎓 **기적의 Tip**
>
> **유압 탱크의 구비조건**
> • 유면을 항상 흡입 라인 위까지 유지하여야 한다.
> • 정상적인 작동에서 발생한 열을 발산할 수 있어야 한다.
> • 공기 및 이물질을 오일로부터 분리할 수 있는 구조여야 한다.
> • 배유구와 유면계가 설치되어 있어야 한다.
> • 흡입관과 복귀관(리턴 파이프) 사이에 격리판이 설치되어야 한다.
> • 흡입 오일을 여과시키기 위한 스트레이너가 설치되어야 한다.

02 유성 기어

3개 조의 기어가 유성 기어 캐리어에 의해 지지되며, 선 기어로부터 동력을 받아 감속 링 기어로 전달한다. 그러나 이 링 기어는 차축 하우징에 고정되어 있기 때문에 회전을 할 수 없고, 유성 기어가 링 기어를 통해 회전하며 캐리어를 회전시키고 이 캐리어가 피니언을 회전시킨다.

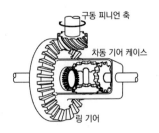

▲ 유성 기어장치의 구조

03 기타 부속장치

1) 어큐뮬레이터(Accumulator, 축압기) ★

유체 에너지를 축적시키기 위한 용기로 내부에 공기나 질소 가스가 봉입되어 있다.

① 유체 에너지를 일시적으로 저장하거나 축적시켜 충격 압력을 흡수한다.

② 온도 변화에 따른 오일의 체적 변화로 인한 압력을 보상한다.

③ 펌프의 맥동적인 압력을 보상하고 맥동을 감쇄시킨다.

> **★ 어큐뮬레이터**
> 압력보상, 체적변화 보상, 에너지 축적, 맥동 감쇄, 충격 압력 흡수, 유압회로 보호, 일정 압력 유지

> **더 알기 Tip**
> **축압기의 종류**
> • 피스톤형 축압기 : 기체와 액체가 격리되어 있으며 구조가 간단하고 내구성이 있다.
> • 다이어프램형 축압기 : 다이어프램으로 기체와 기름의 접촉을 방지한다.
> • 블래더형 축압기 : 응답성이 양호하고 관성력이 적으며 주로 질소를 사용한다.

2) 오일 냉각기 ★

① 작동유의 온도를 40~60℃ 정도로 유지시키는 역할을 한다.

② 작동유의 온도 상승에 의한 슬러지 형성을 방지한다.

③ 작동유의 온도 상승에 의한 열화를 방지한다.

④ 작동유의 온도 상승에 의한 유막의 파괴를 방지한다.

> **★ 오일 냉각기**
> 라디에이터 모양으로 만들어져 있으며 오일의 온도가 너무 뜨거우면 오일 냉각기로 흘러 작동유의 온도를 40~60℃ 정도로 유지하는 역할을 한다.

3) 오일 실(Oil Seal, 더스트 실)

고정 부분에 사용하는 개스킷(gasket)과 운동 부분에 사용하는 패킹(packing)을 말하며 오일 회로에서 오일이 외부로 누출되는 것을 방지하는 역할을 한다.

> **기적의 Tip**
> 오일 실(더스트 실)은 피스톤로드 가장 바깥쪽에 설치된 실로 오일의 누출을 방지하며 외부에서 오염 물질 등의 유입을 방지하는 역할을 한다.

4) 오일 필터(Filter)

오일을 여과하여 이물질을 제거하기 위해서 설치하며 여과 입도가 너무 조밀하면 공동현상(Cavitation)이 발생할 수 있다.

① 스트레이너

비교적 큰 불순물을 제거하기 위해서 철망으로 된 통을 사용하며 펌프 흡입 관로에 설치한다.

② 필터

미세한 불순물을 제거하기 위해서 유압 펌프의 토출 관로나 유압유 리턴 관로에 설치하여 사용한다.

> **기적의 Tip**
> **관로용 여과기의 종류**
> 압력 여과기, 리턴 여과기, 라인 여과기

5) 유압 호스

유압유를 전달하기 위해서 만든 관으로 가장 큰 압력에 견딜 수 있는 와이어 블레이드 호스를 주로 사용하고 있다.

① 설정 유압을 너무 높게 조정하면 고압 호스가 파열되기 쉽다.

② 온도 변화에 따라 굳어지거나 약해져 균열 또는 높은 압력에 파열되기 쉽다.

유압 호스의 장착 요령

- 직선으로 장착할 때에는 약간 느슨하게 장착한다.
- 스프링 코일 호스는 스프링이 찌그러져 호스를 압박하지 않도록
  한다.
- 호스와 호스는 서로 접촉하지 않도록 장착한다.
- 호스는 꼬이지 않도록 장착하여야 한다.

6) 플러싱(Flushing)★ 후 처리

기기를 분해하거나 조립할 때 용기 및 관로에 유체를 고압으로 흘려보내 슬러지 등을 청소하는 것으로 작업완료 후 오일을 완전하게 제거하고 필터류를 교환한다. 그리고 유압유를 빨리 보충하고 작동하여 전체 유압라인에 유압유가 공급되도록 한다.

★ **플러싱(Flushing)**
분해 수리 조립을 한 직후 새로운 윤활유를 급유하기 전에 용기 또는 배관 내의 이물질을 세정하는 것이다.

이론을 확인하는 개념 체크

01 스트레이너란 유압 탱크의 펌프 라인과 복귀 라인 사이의 격리판을 의미한다. (O, X)

02 유압 탱크 내 격리판의 역할은 불순물의 혼입 방지이다. (O, X)

03 어큐뮬레이터는 회전에너지를 저장하는 용기이다. (O, X)

04 가스식 어큐뮬레이터는 질소 가스를 이용해 에너지를 저장한다. (O, X)

05 오일 실은 오일의 누출과 오염 물질의 유입을 방지한다. (O, X)

06 공동현상을 방지하기 위해서는 오일 필터에서 여과를 조밀하게 해야 한다. (O, X)

07 유압 호스는 꼬이지 않도록 한다. (O, X)

08 새로운 윤활유를 급유하기 전 배관 내 이물질을 세정하는 것을 플러싱이라 한다. (O, X)

01 X 02 X 03 X 04 O 05 O 06 X 07 O 08 O

합격을 다지는 예상문제

01 축압기의 종류에 해당하지 않는 것은?

① 스프링 하중식
② 피스톤식
③ 다이어프램식
④ 블래더식

축압기에 스프링 하중식은 없다.

02 유압기기 속에 혼입되어 있는 불순물을 제거하기 위해 사용되는 것은?

① 스트레이너
② 패킹
③ 배수기
④ 릴리프 밸브

유압기기 속에 혼입되어 있는 불순물을 제거하기 위한 것은 필터(여과기)와 스트레이너가 있다.

03 유압장치에서 금속가루 또는 불순물을 제거하기 위해 사용되는 부품으로 짝지어진 것은?

① 여과기와 어큐뮬레이터
② 스크레이퍼와 필터
③ 필터와 스트레이너
④ 어큐뮬레이터와 스트레이너

유압유의 불순물을 여과하는 것은 필터(여과기)와 스트레이너이다.

04 다음 보기 중 유압 오일 탱크의 기능으로 모두 맞는 것은?

> ㄱ. 유압회로에 필요한 유량 확보
> ㄴ. 격판에 의한 기포 분리 및 제거
> ㄷ. 유압회로에 필요한 압력 설정
> ㄹ. 스트레이너 설치로 회로 내 불순물 혼입 방지

① ㄱ, ㄴ, ㄷ
② ㄱ, ㄴ, ㄹ
③ ㄴ, ㄷ, ㄹ
④ ㄱ, ㄷ, ㄹ

유압회로에 필요한 압력 설정은 유압조절 밸브의 기능이다.

05 굴착기의 유압 탱크에 격리판을 설치하는 이유는?

① 오일의 온도를 냉각시키기 위해
② 기포를 외부로 유출시키기 위해
③ 오일에 포함한 이물질을 제거하기 위해
④ 기포가 흡입관으로 혼입되는 것을 막기 위해

오일의 유동성을 제한하고 입구와 출구를 분리시켜 오일에 발생되는 기포의 소멸과 기포가 흡입관으로 혼입되는 것을 차단하기 위해 격리판을 설치한다.

06 유압회로 내의 이물질, 열화된 오일 및 슬러지 등을 회로 밖으로 배출시켜 회로를 깨끗하게 하는 것은?

① 푸싱
② 리듀싱
③ 언로딩
④ 플러싱

유압회로 내의 이물질, 열화된 오일 및 슬러지 등을 회로 밖으로 배출시켜 회로를 깨끗하게 하는 것을 플러싱이라 한다.

PART 07

기출 유형 문제

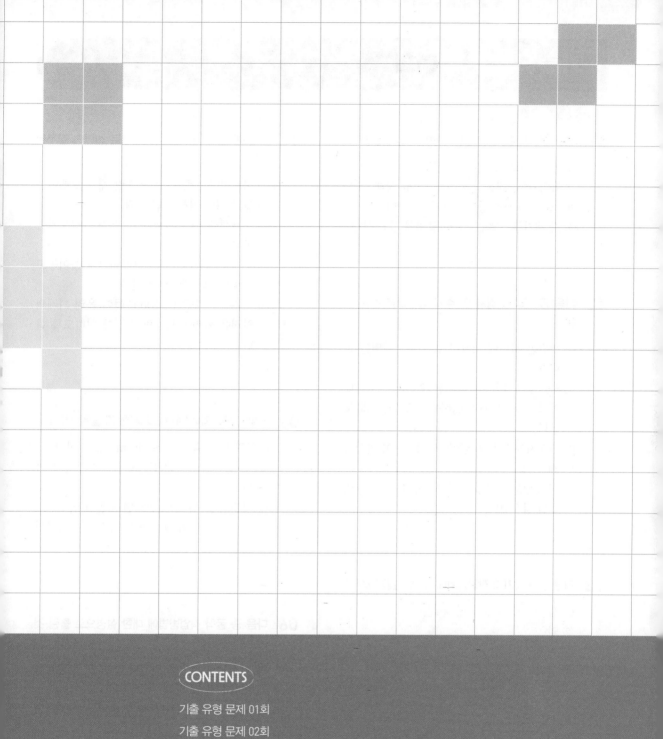

CONTENTS

01 건설기계의 일상점검 정비사항이 아닌 것은?

① 볼트, 너트 등의 이완 및 탈락 상태
② 유압장치, 엔진, 롤러 등의 누유 상태
③ 브레이크 라이닝의 교환 주기 상태
④ 각 계기류, 스위치, 등화장치의 작동 상태

02 다음 중 굴착기 정차 및 주차 방법으로 틀린 것은?

① 평탄한 지면에 정차시키고 침수 지역은 피한다.
② 붐, 암 및 버킷을 최대한 오므리고 실린더가 노출되게 하며 레버를 중립 위치에 놓는다.
③ 경사지에서 트랙 밑에 쐐기를 고여 안전하게 한다.
④ 연료를 만충하고, 각 부를 청소하며, 그리스를 급유한다.

03 다음 중 굴착기의 작업장치에 속하지 않는 것은?

① 붐
② 암
③ 버킷
④ 롤러

04 다음 중 굴착기의 안전 수칙으로 설명이 잘못된 것은?

① 버킷이나 하중을 달아 올린 채로 브레이크를 걸어 두어서는 안 된다.
② 운전석을 떠날 때에는 기관을 정지시켜야 한다.
③ 주차 시 반드시 선회 브레이크를 풀어놓고 장비로부터 내려와야 한다.
④ 무거운 하중은 5~10cm 들어 올려 기계의 안전을 확인한 다음에 작업에 임하도록 한다.

05 하부 주행장치에 대한 조치사항 중 틀린 것은?

① 트랙의 장력은 38~50mm로 조정한다.
② 트랙의 장력 조정은 그리스 주입식이 있다.
③ 마멸 및 균열 등이 있으면 교환한다.
④ 프레임에 휨이 생기면 프레스로 수정하여 사용한다.

06 다음 중 굴착 작업방법에 대한 설명으로 틀린 것은?

① 버킷으로 옆으로 밀거나 스윙 시의 충격을 이용하지 말 것
② 하강하는 버킷이나 붐의 중력을 이용하여 굴착할 것
③ 굴착부를 주의 깊게 관찰하며 작업할 것
④ 과부하를 받으면 버킷을 지면에 내리고 레버를 중립으로 리턴시킬 것

07 다음 중 굴착기의 전체 무게를 지지해 주는 부품은 어느 것인가?

① 캐리어 롤러
② 트랙 롤러
③ 프런트 아이들러
④ 스프로킷

08 다음 중 효과적인 굴착 작업이 아닌 것은?

① 붐과 암의 각도를 80°~110°정도로 선정한다.
② 버킷 투스의 끝을 암의 작동보다 안으로 내밀어야 한다.
③ 버킷은 의도한 위치대로 하고, 붐과 암을 계속 변화시키면서 굴착한다.
④ 굴착 후 암을 오므리면서 붐을 상승 위치로 변화시켜 하강 위치로 스윙한다.

09 센터 조인트에 대한 설명 중 틀린 것은?

① 상부 회전체의 오일을 주행 모터에 공급한다.
② 실이 파손되면 주행이 어렵다.
③ 배럴은 상부 회전체와 같이 회전한다.
④ 스핀들은 상부 회전체에 고정한다.

10 스프로킷 허브 주위에서 오일이 누유되는 원인은 무엇인가?

① 트랙 프레임의 균열
② 트랙 장력이 팽팽할 때
③ 내·외측 듀콘 실(Duocone seal)의 파손
④ 작업장이 험할 때

11 굴착기의 수중 작업 시, 작업장치(특히 버킷 부위)에 그리스 주입을 언제 하는 것이 가장 좋은가?

① 작업 전에 한 번만 하면 된다.
② 작업 중에 한 번만 하면 된다.
③ 매시간 주입해야 한다.
④ 작업 후에 한 번만 하면 된다.

12 아래 보기는 선회 동작 시 작동유의 흐름을 표시한 것이다. 빈칸으로 맞는 것은?

[보기]

펌프 → 컨트롤 밸브 → 브레이크 밸브 → 선회 모터 → 브레이크 밸브 → ( ) → 작동유 탱크 → 펌프

① 컨트롤 밸브
② 선회 모터
③ 브레이크 밸브
④ 유압 펌프

13 타이어 구조 중 내부에는 고탄소강의 강선을 묶음으로 넣고 고무로 피복한 링 상태의 보강부위로 타이어를 림에 견고하게 고정시키는 역할을 하는 부분은?

① 카커스(Carcass)부
② 비드(Bead)부
③ 숄더(Shoulder)부
④ 트레드(Tread)부

14 다음은 타이어형식 굴착기의 정지에 관한 사항이다. 맞는 것은

① 가속 페달을 힘껏 누른다.
② 클러치를 밟고 변속 레버(변속기어)를 중립 위치에 놓는다.
③ 버킷을 땅에 내려놓아 차를 멈춘다.
④ 엔진을 먼저 끄고 브레이크를 밟아 차를 세운다.

15 굴착기의 작업 속도가 느릴 때 원인이 되는 것은?

① 배터리가 조기 방전되었을 때
② 발전기 레귤레이터가 작동을 안 할 때
③ 작동유가 너무 많을 때
④ 유압 펌프의 효율이 낮을 때

16 디스크식 클러치판에 있는 비틀림 코일 스프링의 역할로 맞는 것은?

① 압력 판의 마멸을 방지한다.
② 클러치 작용 시 충격을 흡수한다.
③ 클러치판의 밀착을 좋게 한다.
④ 클러치판의 마멸을 방지한다.

17 다음 중 굴착기의 굴착력이 가장 클 경우는?

① 암과 붐이 일직선상에 있을 때
② 암과 붐이 45도 선상을 이루고 있을 때
③ 버킷을 최소 작업 반경 위치로 놓을 때
④ 암과 붐이 직각 위치에 있을 때

18 타이어식 굴착기의 브레이크 파이프 내에 베이퍼 록이 생기는 원인으로 관계없는 것은?

① 드럼의 과열
② 내리막길에서 과도한 브레이크 사용
③ 잔압 저하
④ 라이닝과 드럼과의 간극 과다

19 무한궤도식에서 리코일 스프링을 분해할 경우로 다음 중 가장 적당한 것은?

① 롤러 파손 시
② 트랙 파손 시
③ 스프로킷 파손 시
④ 스프링이나 샤프트 절손 시

20 유성 기어장치의 주요 부품으로 알맞은 것은?

① 유성 기어, 베벨 기어, 선 기어
② 선 기어, 클러치 기어, 헬리컬 기어
③ 유성 기어, 베벨 기어, 클러치 기어
④ 선 기어, 유성 기어, 링 기어, 유성 캐리어

21 보안경을 사용하는 이유로 틀린 것은?

① 유해 약물의 침입을 막기 위하여
② 떨어지는 중량물을 피하기 위하여
③ 비산되는 칩에 의한 부상을 막기 위하여
④ 유해 광선으로부터 눈을 보호하기 위하여

22 안전·보건표지의 종류와 형태에서 그림의 안전표지판이 나타내는 것은?

① 병원 표지   ② 비상구 표지
③ 녹십자 표지   ④ 안전지대 표지

23 목재, 종이, 석탄 등 일반 가연물의 화재는 어떤 화재로 분류하는가?

① A급 화재   ② B급 화재
③ C급 화재   ④ D급 화재

24 사고 결과로 인하여 인간이 입은 인명 피해와 재산상의 손실을 무엇이라 하는가?

① 재해
② 안전
③ 사고
④ 부상

25 방호장치의 일반 원칙으로 옳지 않은 것은?

① 작업 방해의 제거
② 작업점의 방호
③ 외관상의 안전화
④ 기계 특성에 따른 부적합성

26 다음 중 기계 작업 시 적절한 안전거리를 가장 크게 유지해야 하는 것은?

① 프레스
② 선반
③ 절단기
④ 전동 띠톱 기계

27 도로에 가스배관을 매설할 때 지켜야할 사항으로 잘못된 것은?

① 자동차 등의 하중에 대한 영향이 적은 곳에 매설한다.
② 배관의 외면으로부터 도로 밑의 다른 매설물과 0.1m 이상의 거리를 유지한다.
③ 포장되어 있는 차도에 매설하는 경우 배관의 외면과 노반의 최하부와의 거리는 0.5m 이상으로 한다.
④ 배관의 외면에서 도로 경계까지는 1m 이상의 수평거리를 유지한다.

28 154kV라는 표지시트가 부착된 철탑 근처에서 작업 시 주의사항으로 틀린 것은?

① 전선에 최소한 1m 이내로 접근되지 않도록 한다.
② 철탑 기초 주변 흙이 무너지지 않도록 한다.
③ 작업 안전원을 배치하여 안전원의 지시에 따라 작업한다.
④ 접근 금지 로프를 설치한 후 작업한다.

29 지상에 설치되어 있는 도시가스배관 외면에 반드시 표시해야 하는 사항이 아닌 것은?

① 사용가스명
② 가스 흐름 방향
③ 소유자명
④ 최고 사용 압력

30 전기 선로 주변에서 굴착기 등으로 작업 중 활선에 접촉하여 사고가 발생하였을 경우 조치 요령으로 가장 거리가 먼 것은?

① 발생 개소, 정돈, 진척 상태를 정확히 파악하여 조치한다.
② 이상 상태 확대 및 재해 방지를 위한 조치 강구 등의 응급조치를 한다.
③ 사고 당사자가 모든 상황을 처리한 후 상사인 안전 담당자 및 작업 관계자에게 통보한다.
④ 재해가 더 이상 확대되지 않도록 응급 상황에 대처한다.

31 건설기계 사업에 해당되지 않는 것은?

① 건설기계대여업
② 건설기계매매업
③ 건설기계재생업
④ 건설기계정비업

32 건설기계 등록사항 변경이 있을 때 그 소유자는 누구에게 신고하여야 하는가?

① 관할 검사소장
② 고용노동부장관
③ 안전행정부장관
④ 시·도지사

33 정기검사에 불합격한 건설기계의 정비명령 기간으로 적합한 것은?

① 1개월 이내
② 3개월 이내
③ 6개월 이내
④ 9개월 이내

34 건설기계 검사의 종류가 아닌 것은?

① 신규등록검사   ② 감항검사
③ 정기검사   ④ 수시검사

35 과실로 사망 1명의 인명피해를 입힌 건설기계를 조종한 자의 처분기준은?

① 면허 효력 정지 45일
② 면허 효력 정지 30일
③ 면허 효력 정지 15일
④ 면허 효력 정지 5일

36 등록되지 아니하거나 등록 말소된 건설기계를 사용한 자에 대한 벌칙은?

① 100만 원 이하의 벌금
② 300만 원 이하의 벌금
③ 1년 이하의 징역 또는 1천만 원 이하의 벌금
④ 2년 이하의 징역 또는 2천만 원 이하의 벌금

37 도로교통법상 도로에 해당되지 않는 것은?

① 해상 도로법에 의한 항로
② 차마의 통행을 위한 도로
③ 유료 도로법에 의한 유료 도로
④ 도로법에 의한 도로

38 다음 중 도로교통법상 가장 우선하는 신호는?

① 경찰공무원의 신호
② 신호기의 신호
③ 운전자의 수신호
④ 안전표지의 지시

39 차량이 서쪽에서부터 동쪽 방향으로 진행 중일 때, 그림의 「3방향 도로명 표지(지하차도 교차로)」에 대한 설명으로 틀린 것은?

① 차량을 우회전하는 경우 고가도로로 '왕십리길'의 '한양대학교' 방향으로 진입할 수 있다.
② 차량을 우회전하는 경우 고가도로로 '왕십리길'의 '시청' 방향으로 진입할 수 있다.
③ 차량을 직진하는 경우 고가도로 아래로 진입하여 '성수대교' 방향으로 갈 수 있다.
④ 차량을 우회전하는 경우 고가도로 '왕십리길'의 '시청' 방향으로만 진입할 수 있다.

40 도로교통법상 건설기계를 운전하여 도로를 주행할 때 서행에 대한 정의로 옳은 것은?

① 매시 60km 미만의 속도로 주행하는 것을 말한다.
② 운전자가 차를 즉시 정지시킬 수 있는 느린 속도로 진행하는 것을 말한다.
③ 정지거리 2m 이내에서 정지할 수 있는 경우를 말한다.
④ 매시 20km 이내로 주행하는 것을 말한다.

41 엔진의 실린더 블록(Cylinder Block)과 헤드(Head) 사이에 끼워져 기밀을 유지하는 것은?

① 오일 링(Oil Ring)
② 헤드 개스킷(Head Gasket)
③ 피스톤 링(Piston Ring)
④ 물 재킷(Water Jacket)

42 디젤 엔진에서 오일을 가압하여 윤활부에 공급하는 역할을 하는 것은?

① 냉각수 펌프
② 진공 펌프
③ 공기 압축 펌프
④ 오일 펌프

43 기관에서 캠축을 구동시키는 체인 장력을 자동 조정하는 장치는?

① 댐퍼(Damper)
② 텐셔너(Tensioner)
③ 서포트(Support)
④ 부시(Bush)

44 착화 지연 기간이 길어져 실린더 내에 연소 및 압력 상승이 급격하게 일어나는 현상은?

① 디젤 노크
② 조기 점화
③ 가솔린 노크
④ 정상 연소

45 건설기계 장비 운전 시 계기판에서 냉각수량 경고등이 점등되었다. 그 원인으로 가장 거리가 먼 것은?

① 냉각수량이 부족할 때
② 냉각 계통의 물 호스가 파손되었을 때
③ 라디에이터 캡이 열린 채 운행하였을 때
④ 냉각수 통로에 스케일(물 때)이 없을 때

46 다음 중 커먼 레일 연료 분사장치의 고압 연료 펌프에 부착된 것은?

① 압력 제어 밸브
② 커먼 레일 압력 센서
③ 압력 제한 밸브
④ 유량 제한기

47 납산 축전지 터미널에 녹이 발생했을 때의 조치 방법으로 가장 적합한 것은?

① 물걸레로 닦아내고 더 조인다.
② 녹을 닦은 후 고정시키고 소량의 그리스를 상부에 도포한다.
③ (+)와 (−) 터미널을 서로 교환한다.
④ 녹슬지 않게 엔진 오일을 도포하고 확실히 조인다.

48 12V용 납산 축전지의 방전 종지 전압은?

① 12V
② 10.5V
③ 7.5V
④ 1.75V

49 방향지시등 스위치를 작동할 때 한쪽은 정상이고 다른 한쪽은 점멸이 정상과 다르게(빠르게 또는 느리게) 작용한다. 고장 원인이 아닌 것은?

① 전구 1개가 단선 되었을 때
② 전구를 교체하면서 규정 용량의 전구를 사용하지 않았을 때
③ 플래셔 유닛이 고장났을 때
④ 한쪽 전구 소켓에 녹이 발생하여 전압 강하가 있을 때

50 충전장치에서 축전지 전압이 낮을 때의 원인으로 틀린 것은?

① 조정 전압이 낮을 때
② 다이오드가 단락되었을 때
③ 축전지 케이블 접속이 불량할 때
④ 충전 회로에 부하가 적을 때

51 유압장치의 장점이 아닌 것은?

① 작은 동력원으로 큰 힘을 낼 수 있다.
② 과부하 방지가 용이하다.
③ 운동 방향을 쉽게 변경할 수 있다.
④ 고장 원인의 발견이 쉽고 구조가 간단하다.

52 유압오일에서 온도에 따른 점도 변화 정도를 표시하는 것은?

① 점도 분포
② 관성력
③ 점도 지수
④ 윤활성

53 피스톤식 유압 펌프에서 회전 경사판의 기능으로 가장 적합한 것은?

① 펌프 압력의 조정
② 펌프 출구의 개·폐
③ 펌프 용량을 조정
④ 펌프 회전 속도를 조정

54 유압 작동유의 구비 조건이 아닌 것은?

① 휘발성이 좋을 것
② 윤활성이 좋을 것
③ 비압축성일 것
④ 유동성이 좋을 것

55 유압회로의 최고 압력을 제한하는 밸브로서 회로의 압력을 일정하게 유지시키는 밸브는?

① 첵 밸브
② 감압 밸브
③ 릴리프 밸브
④ 카운터밸런스 밸브

56 일반적으로 건설기계의 유압 펌프는 무엇에 의해 구동되는가?

① 엔진의 플라이휠에 의해 구동된다.
② 엔진 캠축에 의해 구동된다.
③ 전동기에 의해 구동된다.
④ 에어 컴프레서에 의해 구동된다.

57 유압 모터의 종류에 해당하지 않는 것은?

① 기어 모터
② 베인 모터
③ 플런저 모터
④ 직권형 모터

58 가스형 축압기(어큐뮬레이터)에 가장 널리 사용되는 가스는?

① 질소
② 수소
③ 아르곤
④ 산소

59 유압 실린더의 숨 돌리기 현상이 생겼을 때 발생할 수 있는 상황이 아닌 것은?

① 작동 지연 현상이 생긴다.
② 서지 압력이 발생한다.
③ 오일 공급이 과대해진다.
④ 피스톤 작동이 불안정해진다.

60 유압장치에서 회전축 둘레의 누유를 방지하기 위하여 사용되는 밀봉장치(Seal)는?

① 오링(O-ring)
② 개스킷(Gasket)
③ 더스트 실(Dust Seal)
④ 기계적 실(Mechanical Seal)

01 굴착기가 전·후 주행이 되지 않을 때 점검 개소 중 틀린 것은?

① 유니버설 조인트의 스플라인 부분을 점검한다.
② 유성 기어를 점검한다.
③ 액슬 샤프트의 절단 여부를 점검한다.
④ 붐 하이드록 실린더의 유압을 점검한다.

02 무한궤도식 굴착기의 조향 작용은 무엇으로 행하는가?

① 유압 모터
② 유압 펌프
③ 조향 클러치
④ 브레이크 페달

03 다음 중 굴착기에 대한 설명 중 틀린 것은?

① 히터 시그널은 플러그 가열 상태를 표시한다.
② 오일 압력 경고등은 시동 후 자동적으로 꺼져야 정상이다.
③ 암페어미터의 지침은 방전되면 ⊕쪽을 가리킨다.
④ 연료 탱크에 연료가 비어 있으면 연료 게이지가 E를 가리킨다.

04 타이어식 굴착기에서 전·후 주행이 되지 않을 때 점검하여야 할 곳으로 틀린 것은?

① 타이로드 엔드를 점검한다.
② 변속장치를 점검한다.
③ 유니버설 조인트를 점검한다.
④ 주차 브레이크 잠김 여부를 점검한다.

05 무한궤도식의 스프로킷 허브 주위에서 오일이 누유되는 원인은?

① 트랙 프레임의 균열
② 트랙 장력이 팽팽할 때
③ 내·외측 듀콘 실(Duo-Cone Seal)의 파손
④ 작업장이 험할 때

06 굴착기의 유압계통 조작 레버(기계식 레버)가 중립으로 되돌아오지 않는 원인이 아닌 것은?

① 컨트롤 밸브 스프링의 불량
② 컨트롤 밸브 스풀의 고착
③ 펌프에 내제된 공기
④ 조작 레버 링크의 불량

07 타이어식 건설기계의 휠 얼라인먼트에서 토 인의 필요성이 아닌 것은?

① 조향 바퀴의 방향성을 준다.
② 타이어의 이상마멸을 방지한다.
③ 조향 바퀴를 평행하게 회전시킨다.
④ 바퀴가 옆 방향으로 미끄러지는 것을 방지한다.

08 굴삭기 주행장치 중 트랙에 오는 충격을 정화시켜 주는 장치는?

① 슈
② 상부롤러
③ 리코일 스프링
④ 하부롤러

09 굴착기의 굴착 작업은 주로 어느 것을 사용하여야 하는가?

① 버킷 실린더
② 암 실린더
③ 붐 실린더
④ 주행 모터

10 굴착기를 주차시키고자 할 때의 방법으로 옳지 않은 것은?

① 단단하고 평탄한 지면에 장비를 정차시킨다.
② 어태치먼트(Attachment)는 장비 중심선과 일치시킨다.
③ 유압 계통의 압력을 완전히 제거한다.
④ 실린더의 로드(Rod)를 노출시켜 놓는다.

11 굴착기의 스윙 모터로서 가장 많이 사용되고 있는 형식은?

① 기어 모터
② 레디얼 피스톤 모터
③ 베인 모터
④ 트로코이드 펌프

12 굴착 작업 시 굴착기의 진행 방향으로 알맞은 것은?

① 전진
② 후진
③ 선회
④ 우 방향

13 벼랑 암석 굴착 작업으로 다음 중 안전한 작업 방법은?

① 스프로킷을 앞쪽으로 두고 작업한다.
② 중력을 이용한 굴착을 한다.
③ 신호자는 조정자의 뒤에서 신호한다.
④ 트랙 앞쪽에 트랙 보호장치를 한다.

14 다음 중 셔블계 굴착기와 관계가 먼 것은?

① 백호
② 유압 리퍼
③ 드래그 라인
④ 크램셸

15 넓은 홈의 굴착 작업 시 알맞은 굴착순서는?

① 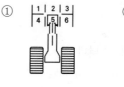   ③

②   ④

16 변속기와 종 감속 기어 사이의 구동 각도에 변화를 줄 수 있는 동력 전달 기구로 옳은 것은?

① 슬립이음
② 자재이음
③ 스테빌라이저
④ 크로스 멤버

17 0.7m³ 굴착기의 트랙 장력 조정 중 치수가 틀린 것은?

① 보통 흙 : 29~30mm
② 습지 : 30~37mm
③ 모래, 눈 : 30mm 전후
④ 자갈, 거친 땅 : 89mm 이상

18 굴착기 작업 시 속도의 조절은 무엇으로 하는가?

① 스로틀 레버
② 컨트롤 레버
③ 환향 클러치 레버
④ 마스터 클러치

19 굴착기의 굴착력이 부족한 원인이 아닌 것은?

① 유압 펌프의 고장
② 컨트롤 밸브 고장
③ 유압이 규정보다 낮다.
④ 안전 밸브의 압력이 규정보다 높다.

20 경사지에서 굴착기를 좌회전 하고자 할 때 스티어링 조종 레버는 어느 쪽으로 당겨야 하는가?

① 우측 회전
② 좌측 회전
③ 좌, 우 회전
④ 뒤로 회전

21 사고의 직접적인 원인으로 가장 적합한 것은?

① 유전적인 요소
② 성격 결함
③ 사회적 환경 요인
④ 불안전한 행동 및 상태

22 해머 작업 시 안전하지 못한 상황은?

① 타격면의 모양이 찌그러진 해머를 사용하지 않는다.
② 처음은 크게 타격하고 서서히 작게 타격한다.
③ 공동 작업 시 주위를 살피며 공작물의 위치를 주시한다.
④ 장갑을 끼고 작업하지 않는다.

23 안전표지 종류 중 안내표지에 속하지 않는 것은?

① 녹십자 표지
② 응급구호 표지
③ 비상구
④ 출입금지

24 산업안전 보건법상 안전·보건 표지의 색채와 용도가 다르게 짝지어진 것은?

① 파란색-지시
② 녹색- 안내
③ 노란색-위험
④ 빨간색-금지, 경고

25 작업을 위한 공구관리의 요건으로 가장 거리가 먼 것은?

① 공구별로 장소를 지정하여 보관한다.
② 공구는 항상 최소 보유량 이하로 유지한다.
③ 공구 사용 점검 후 파손된 공구는 교환한다.
④ 사용한 공구는 항상 깨끗이 한 후 보관한다.

26 굴착기를 트레일러에 상차 시 잘못된 것은?

① 반드시 경사대를 사용하여 상차한다.
② 경사대는 충분한 강도가 있어야 한다.
③ 경사대가 없을 때는 버킷으로 차체를 들어 올려 상차한다.
④ 경사대에 오르기 전에 방향 위치를 정확히 한다.

27 폭 4m 이상 8m 미만인 도로에서 일반 도시가스 배관을 매설 시 노면과 도시가스 배관 상부와의 최소 이격거리는 몇 m 이상인가?

① 0.6m
② 1.0m
③ 1.2m
④ 1.5m

28 가스배관 주위에 매설물을 부설하고자 할 때는 가스배관과 최소 몇cm 이상 이격하여 설치하여야 하는가?

① 20cm
② 30cm
③ 40cm
④ 50cm

29 가공 송전선로 애자에 관한 설명으로 틀린 것은?

① 애자 수는 전압이 높을수록 많다.
② 애자는 고전압 선로의 안전시설에 필요하다.
③ 애자는 코일에 전류가 흐르면 자기장을 형성하는 역할을 한다.
④ 애자는 전선과 철탑과의 절연을 하기 위해 사용한다.

30 22.9kV 배전 선로에 근접하여 굴착기 등 건설기계로 작업 시 안전 관리상 맞는 것은?

① 안전관리자의 지시 없이 운전자가 알아서 작업한다.
② 전력선이 접촉되더라도 끊어지지 않으면 사고는 발생하지 않는다.
③ 전력선이 활선인지 확인 후 안전 조치된 상태에서 작업한다.
④ 해당 시설 관리자는 입회하지 않아도 무관하다.

31 건설기계 조종사면허 정지처분 기간 중 건설기계를 조종한 경우의 정지 처분 내용은?

① 취소
② 면허 효력 정지 60일
③ 면허 효력 정지 30일
④ 면허 효력 정지 20일

32 건설기계관리법령에서 건설기계의 주요 구조 변경 및 개조의 범위에 해당하지 않는 것은?

① 기종의 변경
② 원동기 형식 변경
③ 유압장치의 형식 변경
④ 동력 전달 장치의 형식 변경

33 건설기계 소유자 또는 점유자가 건설기계를 도로에 계속하여 버려두거나 정당한 사유 없이 타인의 토지에 버려둔 경우의 처벌은?

① 1년 이하의 징역 또는 500만 원 이하의 벌금
② 1년 이하의 징역 또는 400만 원 이하의 벌금
③ 1년 이하의 징역 또는 1천만 원 이하의 벌금
④ 1년 이하의 징역 또는 200만 원 이하의 벌금

34 건설기계 정비업 등록을 하지 아니한 자가 할 수 있는 정비 범위가 아닌 것은?

① 오일의 보충
② 타이어의 점검·정비 및 트랙의 장력 조정
③ 제동장치 수리
④ 창유리의 교환

35 건설기계 등록 말소 신청서의 첨부 서류가 아닌 것은?

① 건설기계 등록증
② 건설기계 검사증
③ 건설기계 운행증
④ 말소 사유를 확인할 수 있는 서류

36 건설기계 안전 기준에 관한 규칙상 건설기계 높이의 정의로 옳은 것은?

① 앞 차축의 중심에서 건설기계의 가장 윗부분까지의 최단거리
② 작업장치를 부착한 자체중량 상태의 건설기계의 가장 위쪽 끝이 만드는 수평면으로부터 지면까지의 수직 최단거리
③ 뒷바퀴의 윗부분에서 건설기계의 가장 윗부분까지의 수직 최단거리
④ 지면에서부터 적재할 수 있는 최단거리

37 가장 안전한 앞지르기 방법은?

① 좌·우측으로 앞지르기 하면 된다.
② 앞차의 속도와 관계없이 앞지르기를 한다.
③ 반드시 경음기를 울려야 한다.
④ 반대 방향의 교통, 전방의 교통 및 후방에 주의를 하고 앞차의 속도에 따라 안전하게 한다.

38 도로교통법령상 교통안전 표지의 종류를 올바르게 나열한 것은?

① 주의, 규제, 지시, 안내, 교통표지로 되어 있다.
② 주의, 규제, 지시, 보조, 노면표지로 되어 있다.
③ 주의, 규제, 지시, 안내, 보조표지로 되어 있다.
④ 주의, 규제, 안내, 보조 통행표지로 되어 있다.

39 편도 4차로 일반도로에서 4차로가 버스 전용차로일 때 건설기계는 어느 차로로 통행하여야 하는가?

① 2차로
② 3차로
③ 4차로
④ 한가한 차로

40 차량이 진행 중일 때, 그림의 「2방향 도로명 예고표지」에 대한 설명으로 틀린 것은?

① 차량을 좌회전하는 경우 '통일로'의 건물번호가 커진다.
② 차량을 좌회전하는 경우 '통일로'로 진입할 수 있다.
③ 차량을 좌회전하는 경우 '통일로'의 건물번호가 작아진다.
④ 차량을 우회전하는 경우 '통일로'로 진입할 수 있다.

41 기관에서 피스톤의 행정이란?

① 피스톤의 길이
② 실린더 벽의 상하 길이
③ 상사점과 하사점과의 총 면적
④ 상사점과 하사점과의 거리

42 엔진의 오일 레벨 게이지에 대한 설명으로 틀린 것은?

① 윤활유 레벨을 점검할 때 사용한다.
② 윤활유 육안검사 시에도 활용된다.
③ 기관의 오일 팬에 있는 오일을 점검하는 것이다.
④ 반드시 기관 작동 중에 점검해야 한다.

43 공기 만을 실린더 내로 흡입하여 고압축비로 압축한 다음 압축열에 의해 연료를 분사하는 작동 원리의 디젤 기관은?

① 압축 착화 기관
② 전기 점화기관
③ 외연기관
④ 제트기관

44 라디에이터 캡에 설치되어 있는 밸브는?

① 진공 밸브와 체크 밸브
② 압력 밸브와 진공 밸브
③ 체크 밸브와 압력 밸브
④ 부압 밸브와 체크 밸브

45 엔진 오일의 작용에 해당되지 않는 것은??

① 오일 제거 작용
② 냉각 작용
③ 응력 분산 작용
④ 세척 작용

46 엔진을 시동하여 공전 시에 점검할 사항이 아닌 것은?

① 기관의 팬 벨트 장력을 점검
② 오일 누출 여부를 점검
③ 냉각수의 누출 여부를 점검
④ 배기가스의 색깔을 점검

47 디젤 엔진의 전기장치에 없는 것은?

① 스파크 플러그
② 로우 플러그
③ 축전지
④ 솔레노이드 스위치

48 충전 중인 축전지에 화기를 가까이 하면 위험한 이유는 무엇인가?

① 전해액이 폭발성 액체이기 때문에
② 수소가스가 폭발성 가스이기 때문에
③ 산소가스가 폭발성 가스이기 때문에
④ 충전가스가 폭발될 위험이 있기 때문에

49 방향지시등의 한쪽이 빠르게 점멸할 때 운전자가 가장 먼저 점검하여야 할 곳은?

① 전구(램프)
② 플래셔 유닛
③ 콤비네이션 스위치
④ 배터리

50 조종 중 조종석의 충전계기에 빨간불이 들어오는 경우로 옳은 것은?

① 정상적으로 충전이 되고 있음을 나타낸다.
② 충전이 잘 되지 않고 있음을 나타낸다.
③ 충전 계통에 이상이 없음을 나타낸다.
④ 충전 계통에 이상이 있는지 알 수 없다.

51 유압유의 점도가 지나치게 높을 때 나타나는 현상이 아닌 것은?

① 오일 누설이 증가한다.
② 유동저항이 커져 압력손실이 증가한다.
③ 동력손실이 증가하여 기계효율이 감소한다.
④ 내부마찰이 증가하고 압력이 상승한다.

52 유압장치에서 속도 제어 회로에 속하지 않는 것은?

① 미터인 회로
② 미터아웃 회로
③ 블리드 오프 회로
④ 블리드 온 회로

53 유압 펌프의 용량을 나타내는 방법은?

① 주어진 압력과 오일 무게로 표시
② 주어진 속도와 토출압력으로 표시
③ 주어진 압력과 토출량으로 표시
④ 주어진 속도와 점도로 표시

54 유압회로 내의 밸브를 갑자기 닫았을 때 오일의 속도 에너지가 압력 에너지로 변하면서 일시적으로 큰 압력 증가가 생기는 현상을 무엇이라 하는가?

① 캐비테이션(Cavitation) 현상
② 채터링(Chattering) 현상
③ 서지(Surge) 현상
④ 에어레이션(Aeration) 현상

55 유압장치의 주된 고장 원인으로 가장 거리가 먼 것은?

① 과부하 및 과열로 인하여
② 공기, 물, 이물질의 혼입에 의하여
③ 기기의 기계적 고장으로 인하여
④ 덥거나 추운 날씨에 사용함으로 인하여

56 체크 밸브를 나타낸 것은?

①
②
③
④ ⌐

57 유압 모터의 회전 속도가 규정 속도보다 느릴 경우 그 원인이 아닌 것은?

① 오일의 내부 누설
② 유입유의 유입량 부족
③ 각 작동부의 마모 또는 파손
④ 유압 펌프의 오일 토출량 과다

58 다음 유압기호가 나타내는 것은?

① 릴리프 밸브(Relief Valve)
② 감압 밸브(Reducing Valve)
③ 순차 밸브(Sequence Valve)
④ 무부하 밸브(Unload Valve)

59 오일의 흐름 방향을 바꿔주는 밸브는?

① 유량 제어 밸브
② 압력 제어 밸브
③ 방향 제어 밸브
④ 방향 증대 밸브

60 유압유 탱크에 저장되어 있는 오일의 양을 점검할 때의 유압유 온도는?

① 과냉 온도일 때
② 온냉 온도일 때
③ 정상 작동 온도일 때
④ 열화 온도일 때

01 토크 컨버터가 유체 클러치와 구조상 다른 점은?

① 임펠러
② 터빈
③ 스테이터
④ 펌프

02 변속기에서 기어의 이중 물림을 방지하는 역할을 하는 것은?

① 인터록 볼
② 로크 핀
③ 셀렉터
④ 로킹 볼

03 드라이브 라인에 슬립이음을 사용하는 이유는?

① 회전력을 직각으로 전달하기 위해
② 출발을 원활하게 하기 위해
③ 추진축의 길이 변화를 주기 위해
④ 추진축의 각도 변화에 대응하기 위해

04 유압 브레이크에서 잔압을 유지시키는 것은?

① 부스터
② 실린더
③ 체크 밸브
④ 피스톤 스프링

05 조향 핸들의 유격이 커지는 원인과 관계없는 것은?

① 피트먼 암의 헐거움
② 타이어 공기압 과대
③ 조향기어, 링키지 조정 불량
④ 앞바퀴 베어링 과대 마모

06 제동장치의 기능을 설명한 것으로 틀린 것은?

① 속도를 감속 또는 정지시키기 위한 장치이다.
② 독립적으로 작동 시킬 수 있는 2계통의 제동장치가 있다.
③ 급제동 시 노면으로부터 발생되는 충격을 흡수하는 장치이다.
④ 경사로에서 정지된 상태로 유지할 수 있는 구조이다.

07 타이어 구조 중 내부에는 고탄소강의 강선을 묶음으로 넣고 고무로 피복한 링 상태의 보강부위로 타이어를 림에 견고하게 고정시키는 역할을 하는 부분은?

① 카커스(Carcass)부
② 비드(Bead)부
③ 숄더(Shoulder)부
④ 트레드(Tread)부

08 무한궤도식 굴착기의 트랙 유격이 너무 크면 어떤 현상이 일어나는가?

① 주행 속도가 빨라진다.
② 슈판의 마모가 급격해진다.
③ 주행이 아주 늦어진다.
④ 트랙이 벗겨지기 쉽다.

09 굴착기 작업 시 작업장치의 속도 조절은?

① 디셀러레이터
② 유량 조절 레버
③ 마스터 클러치
④ 변속 레버

10 굴착기의 작동유를 교환하는 기간은 일반적으로 어느 정도인가?

① 1개월
② 3개월
③ 1년
④ 3년

11 굴착기 붐의 자연 강하량이 많다. 원인이 아닌 것은?

① 유압 실린더의 내부 누출
② 컨트롤 밸브의 스풀에서 누출이 많다.
③ 유압 실린더 배관이 파손되었다.
④ 유압 작동 압력이 과도하게 낮다.

12 굴착기의 3대 주요 구성품으로 나열된 것은?

① 상부 회전체, 하부 추진체, 중간 선회체
② 작업장치, 하부 추진체, 중간 선회체
③ 작업장치, 상부 선회체, 하부 추진체
④ 상부 조정장치, 하부 회전장치, 중간 동력 장치

13 무한궤도식 굴착기는 몇 도 구배의 평탄하고 견고한 건조 지면을 등판할 수 있는 능력을 갖추어야 하는가?

① 15%   ② 25%
③ 30%   ④ 40%

14 굴착기의 트랙에서 스프로킷에 가까운 쪽의 롤러는 어떤 형식을 사용하는가?

① 싱글 플랜지형
② 플랫형
③ 더블 플랜지형
④ 오프셋형

15 굴착 작업 시 작업 능력이 떨어지는 가장 큰 이유는?

① 탱크의 오일 부족
② 릴리프 밸브의 조정 불량
③ 오일의 냉각
④ 채터링 현상

16 굴착기의 상부 회전체가 선회하지 않는 원인이 아닌 것은?

① 쿠션(브레이크) 밸브의 불량
② 스틸 볼의 손상 또는 파손
③ 유압 실린더의 내부 누출
④ 릴리프 밸브 설정압의 감소

17 경사 길에서 굴착기를 좌회전하고자 할 때 스티어링 조종 레버는 어느 쪽으로 당겨야 하는가?

① 우측 회전
② 좌측 회전
③ 좌, 우 회전
④ 뒤로 회전

18 센터 조인트에 대한 설명 중 틀린 것은?

① 상부 회전체의 오일을 주행 모터에 공급한다.
② 실이 파손되면 주행이 어렵다.
③ 배럴은 상부 회전체와 같이 회전한다.
④ 스핀들은 상부 회전체에 고정한다.

19 다음은 굴착기 작업 중 조종사가 지켜야 할 안전 수칙이다. 틀린 것은?

① 조종석을 떠날 때에는 엔진을 정지시켜야 한다.
② 후진 작업 시에는 장애물이 없는지 확인한다.
③ 조종사의 시선은 반드시 조종 패널만 주시해야 한다.
④ 붐 등이 고압선에 닿지 않도록 주의한다.

20 굴착기 규격은 일반적으로 무엇으로 표시 되는가?

① 붐의 길이
② 작업 가능 상태의 자중
③ 오일 탱크의 용량
④ 버킷의 용량

21 안전한 작업을 하기 위하여 작업 복장을 선정할 때의 유의 사항으로 가장 거리가 먼 것은?

① 화기 사용 장소에서는 방염성, 불연성의 것을 사용하도록 한다.
② 착용자의 취미, 기호 등에 중점을 두고 선정한다.
③ 작업복은 몸에 맞고 동작이 편하도록 제작한다.
④ 상의의 소매나 바지 자락 끝부분이 안전하고 작업하기 편리하게 잘 처리된 것을 선정한다.

22 안전·보건 표지의 종류와 형태에서 그림의 표지로 맞는 것은?

① 차량통행금지
② 사용금지
③ 탑승금지
④ 물체이동금지

23 작업장에서 지킬 안전사항 중 틀린 것은?

① 안전모는 반드시 착용한다.
② 고압전기, 유해가스 등에 적색 표지판을 부착한다.
③ 해머 작업을 할 때는 장갑을 착용한다.
④ 기계의 주유 시는 동력을 차단한다.

24 건설기계에 비치할 가장 적합한 종류의 소화기는?

① A급 화재소화기
② 포말B 소화기
③ ABC 소화기
④ 포말 소화기

25 굴착기의 작업 전 난기 운전이란?

① 엔진을 충분히 예열시킨 후 시동시키는 것이다.
② 작업 전 굴착기의 작동유를 충분히 가열시키는 것이다.
③ 과격하게 작동하는 것이다.
④ 작업 종료 후 엔진을 충분히 가열시킨 후 정지하는 것이다.

26 공구 사용 시 주의사항이 아닌 것은?

① 결함이 없는 공구를 사용한다.
② 작업에 적당한 공구를 선택한다.
③ 공구의 이상 유무는 사용 후 점검한다.
④ 공구를 올바르게 취급하고 사용한다.

27 작업자가 굴착 공사 전에 이행할 사항에 대한 설명으로 옳지 않은 것은?

① 도면에 표시된 가스배관과 기타 지장물 매설 유무를 조사하여야 한다.
② 조사된 자료로 시험굴착 위치 및 굴착개소 등을 정하여 가스배관 매설 위치를 확인하여야 한다.
③ 위치 표시용 페인트와 표지판 및 황색 깃발 등을 준비하여야 한다.
④ 굴착 용역회사의 안전 관리자가 지정하는 일정에 시험 굴착을 수립하여야 한다.

28 지중 전선로가 직접 매설식에 의하여 차도의 지표면 아래에 시설되었다면 다음 중 전력 케이블이 매설된 깊이로 가장 적합한 것은?

① 0.2~0.3m
② 0.3~0.5m
③ 0.5~0.8m
④ 1.2~1.5m

29 작업 중 고압선에 근접 및 접촉할 우려가 있을 때의 조치사항으로 가장 적합한 것은?

① 줄자를 이용하여 전력선과의 거리를 측정한다.
② 관할 시설물 관리자에게 연락을 취한 후 지시를 받는다.
③ 현장의 작업 반장에게 도움을 청한다.
④ 고압선에 접촉만 하지 않으면 되므로 주의를 기울이면서 작업을 계속한다.

30 지상에 설치되어 있는 도시가스배관 외면에 반드시 표시해야 하는 사항이 아닌 것은?

① 사용가스명
② 가스의 흐름 방향
③ 소유자명
④ 최고 사용압력

31 건설기계관리법상 건설기계 소유자에게 건설기계의 등록증을 교부할 수 없는 단체장은?

① 전주시장
② 강원도지사
③ 대전광역시장
④ 세종특별자치시장

32 건설기계의 등록번호를 부착 또는 봉인하지 아니하거나 등록번호를 새기지 아니한 자에게 부과하는 법규상의 과태료로 맞는 것은?

① 30만 원 이하의 과태료
② 50만 원 이하의 과태료
③ 100만 원 이하의 과태료
④ 20만 원 이하의 과태료

33 건설기계관리법상 건설기계 조종사 면허의 취소 사유가 아닌 것은?

① 건설기계 조종 중 고의로 3명에게 경상을 입힌 경우
② 건설기계 조종 중 고의로 중상의 인명 피해를 입힌 경우
③ 등록이 말소된 건설기계를 조종한 경우
④ 부정한 방법으로 건설기계조종사 면허를 받은 경우

34 건설기계 등록번호표의 색칠 기준으로 틀린 것은?

① 자가용 – 흰색 바탕에 검은색 문자
② 영업용 – 주황색 바탕에 검은색 문자
③ 관용 – 흰색 바탕에 검은색 문자
④ 수입용 – 적색 바탕에 흰색 문자

35 건설기계관리법상 건설기계 임대차 계약서에 포함되어야 하는 사항이 아닌 것은?

① 검사신청에 관한 사항
② 건설기계 운반 경비에 관한 사항
③ 건설기계 1일 가동시간에 관한 사항
④ 대여 건설기계 및 공사현장에 관한 사항

36 정기검사 유효기간이 2년인 건설기계는?

① 타이어식 기중기
② 모터그레이더
③ 타이어식 굴착기
④ 1톤 미만의 지게차

37 건설기계 운전 중량 산정 시 조종사 1명의 체중으로 맞는 것은?

① 50kg　　② 55kg
③ 60kg　　④ 65kg

38 도로교통법상 보도와 차도가 구분된 도로에 중앙선이 설치되어 있는 경우 차마의 통행 방법으로 옳은 것은?

① 중앙선 좌측　　② 중앙선 우측
③ 보도　　④ 보도의 좌측

39 도로교통법상 4차로 이상 고속도로에서 건설기계의 최저속도는?

① 30km/h
② 40km/h
③ 50km/h
④ 60km/h

40 다음 중 왼쪽 한 방향용 도로명판에 대한 설명으로 알맞은 것은?

① 왼쪽과 오른쪽 양방향용 도로명판이다.
② 현 위치는 도로의 시작점이다.
③ 대정로 23번 길은 65km이다.
④ 대정로 23번 길 끝점을 의미한다.

41 엔진에서 오일의 온도가 상승하는 원인이 아닌 것은?

① 과부하 상태에서 연속작업
② 오일 냉각기의 불량
③ 오일의 점도가 부적당할 때
④ 유량의 과대

42 디젤엔진의 노즐(Nozzle)의 연료 분사 3대 요건이 아닌 것은?

① 무화
② 관통력
③ 착화
④ 분포

43 엔진 오일량 점검에서 오일 게이지에 상한선(Full)과 하한선(Low) 표시가 되어 있을 때 가장 적합한 것은?

① Low 표시에 있어야 한다.
② Low와 Full 표지 사이에서 Low에 가까이 있으면 좋다.
③ Low와 Full 표지 사이에서 Full에 가까이 있으면 좋다.
④ Full 표시 이상이어야 한다.

44 디젤엔진에서 회전 속도에 따라 연료의 분사 시기를 조절하는 장치는?

① 과급기
② 기화기
③ 타이머
④ 조속기

45 엔진에서 연료를 압축하여 분사순서에 맞게 노즐로 압송시키는 장치는?

① 연료 분사 펌프
② 연료 공급 펌프
③ 프라이밍 펌프
④ 유압 펌프

46 엔진의 수온 조절기에 있는 바이패스(Bypass) 회로의 기능은?

① 냉각수 온도를 제어한다.
② 냉각 팬의 속도를 제어한다.
③ 냉각수의 압력을 제어한다.
④ 냉각수를 여과한다.

47 발전기의 발전 전압이 과다하게 높은 원인은?

① 메인 퓨즈의 단선
② 발전기 "L" 단자의 접촉 불량
③ 아이들 베어링 손상
④ 발전기 벨트 손상

48 납산 축전지를 충전할 때 화기를 가까이 하면 위험한 이유는?

① 수소가스가 폭발성 가스이기 때문에
② 산소가스가 폭발성 가스이기 때문에
③ 수소가스가 조연성 가스이기 때문에
④ 산소가스가 인화성 가스이기 때문에

49 건설기계에서 기동 전동기가 회전하지 않을 경우 점검할 사항이 아닌 것은?

① 축전지의 방전 여부
② 배터리 단자의 접촉 여부
③ 타이밍 벨트의 이완 여부
④ 배선의 단선 여부

50 축전지를 교환 및 장착할 때 연결 순서로 맞는 것은?

① (+)나 (−)선 중 편리한 것부터 연결하면 된다.
② 축전지의 (−)선을 먼저 부착하고 (+)선을 나중에 부착한다.
③ 축전지의 (+), (−)선을 동시에 부착한다.
④ 축전지의 (+)선을 먼저 부착하고 (−)선을 나중에 부착한다.

51 액추에이터(Actuator)의 작동 속도와 가장 관계가 깊은 것은?

① 압력
② 온도
③ 유량
④ 점도

52 공동(Cavitation)현상이 발생하였을 때의 영향 중 거리가 가장 먼 것은?

① 체적효율이 감소한다.
② 고압 부분의 기포가 과포화 상태가 된다.
③ 최고 압력이 발생하여 급격한 압력파가 일어난다.
④ 유압장치 내부에 국부적 고압이 발생하여 소음과 진동이 발생된다.

53 유압장치에서 작동 유압 에너지에 의해 연속적인 회전운동을 함으로써 기계적인 일을 하는 것은?

① 유압 모터
② 유압 실린더
③ 유압 제어밸브
④ 유압 탱크

54 유압 실린더 중 피스톤의 양쪽에 유압유를 교대로 공급하여 작동시키는 형식은?

① 단동식
② 복동식
③ 다동식
④ 편동식

55 오일 필터의 여과 입도가 너무 조밀할 때 가장 발생하기 쉬운 현상은?

① 오일 누출 현상
② 공동현상
③ 맥동현상
④ 블로바이 현상

56 유압 펌프의 작동유 유출여부 점검방법이 틀린 것은?

① 정상 작동 온도로 난기운전을 실시하여 점검하는 것이 좋다.
② 고정 볼트가 풀린 경우에는 추가 조임을 한다.
③ 작동유 유출 점검은 운전자가 관심을 가지고 점검하여야 한다.
④ 하우징에 균열이 발생되면 패킹을 교환한다.

57 다음 유압 도면기호의 명칭은?

① 스트레이너
② 유압 모터
③ 유압 펌프
④ 압력계

58 일반적으로 유압장치에서 릴리프 밸브가 설치되는 위치는?

① 펌프와 오일 탱크 사이
② 여과기와 오일 탱크 사이
③ 펌프와 제어 밸브 사이
④ 실린더와 여과기 사이

59 유압회로에서 메인 유압보다 낮은 압력으로 유압 작동기를 동작시키고자 할 때 사용하는 밸브는?

① 감압 밸브
② 릴리프 밸브
③ 시퀀스 밸브
④ 카운터 밸런스 밸브

60 건설기계 유압장치의 작동유 탱크의 구비조건으로 거리가 가장 먼 것은?

① 배유구(드레인 플러그)와 유면계를 두어야 한다.
② 흡입관과 복귀관 사이에 격판(차폐장치, 격리판)을 두어야 한다.
③ 유면을 흡입라인 아래까지 항상 유지할 수 있어야 한다.
④ 흡입 작동유 여과를 위한 스트레이너를 두어야 한다.

01 시동키를 뽑은 상태로 주차했음에도 배터리가 방전되는 전류를 뜻하는 것은?

① 충전 전류
② 암 전류
③ 시동 전류
④ 발전 전류

02 유니버설 조인트의 설치 목적으로 알맞은 것은?

① 축의 길이를 변화시키기 위해
② 회전 속도를 변화시키기 위해
③ 축간 거리를 변화시키기 위해
④ 일정한 각을 이루고 회전력을 전달하기 위해

03 굴착기 트랙의 장력을 너무 팽팽하게 조정했을 때 미치는 영향이다. 다음 중 관계없는 것은?

① 링크의 마모
② 프론트 아이들러의 마모
③ 트랙의 이탈
④ 스프로킷의 마모

04 유압식 조향장치에서 조향이 잘 안 될 때 그 원인이 아닌 것은?

① 킹 핀의 긁힘이 심하다.
② 유압 호스에서 오일이 샌다.
③ 펌프 구동용 벨트의 조정 불량 때문이다.
④ 핸들의 작동이 불량할 때가 있다.

05 브레이크 오일 파이프 내에 잔압을 두는 이유로 다음 중 가장 타당치 않은 것은?

① 공기의 침입 방지
② 작동 지연 방지
③ 오일 누설 방지
④ 베이퍼 록의 촉진

06 건설기계에 사용되는 저압 타이어 호칭 치수표시는?

① 타이어의 외경–타이어의 폭–플라이 수
② 타이어의 폭–타이어의 내경–플라이 수
③ 타이어의 폭–림의 지름
④ 타이어의 내경–타이어의 폭–플라이 수

07 굴착기 조종 레버의 명칭이 아닌 것은?

① 암 및 스윙 제어 레버
② 붐 및 버킷 제어 레버
③ 전·후진 주행 레버
④ 버킷 회전 제어 레버

08 굴착 깊이가 깊으며, 토사의 이동, 적재, 클램셀 작업 등에 적합하며, 좁은 장소에서 작업이 용이한 붐은?

① 원피스 붐
② 투피스 붐
③ 백호스틱 붐
④ 회전형 붐

09 굴착기의 상부 회전체는 몇 도까지 회전이 가능한가?

① 90도
② 180도
③ 270도
④ 360도

10 굴착기에서 작업 시 안정성을 주고 장비의 밸런스를 잡아 주기 위하여 설치하는 것은?

① 붐
② 스틱
③ 버킷
④ 카운터웨이트

11 무한궤도식 굴착기에서 트랙의 구성부품으로 맞는 것은?

① 슈, 조인트, 스프로킷, 핀, 슈볼트
② 스프로킷, 트랙롤러, 상부롤러, 아이들러
③ 슈, 스프로킷, 하부롤러, 상부롤러, 감속기
④ 슈, 슈볼트, 링크, 부싱, 핀

12 굴착기의 장치 가운데 옆 방향의 전도를 방지하는 것을 주목적으로 하는 것은?

① 붐 스톱 장치
② 파워 롤링 장치
③ 스윙 록 장치
④ 아우트리거 장치

13 굴착기 1순환(1사이클)을 바르게 표시한 것은?

① 굴착－덤프－선회－굴착 위치
② 굴착－선회－굴착 위치－덤프
③ 굴착－선회－덤프－굴착 위치
④ 굴착－선회－덤프－선회－굴착 위치

14 자동 변속기가 장착된 건설기계의 모든 변속단에서 출력이 떨어질 경우 점검해야 할 항목과 거리가 먼 것은?

① 토크 컨버터 고장
② 오일의 부족
③ 엔진 고장으로 인한 출력 부족
④ 추진축의 휨

15 굴착기에서 트랙을 팽팽하게 하기 위해 무엇을 주유시키는가?

① 엔진 오일
② 기어 오일
③ 그리스
④ 유압 오일

16 무한궤도식 굴착기의 주행(하부) 반경을 가장 작게 할 수 있는 적당한 방법은?

① 주행 모터를 한쪽만 구동시킨다.
② 구동하는 주행 모터 외에 다른 모터의 조향 브레이크를 강하게 작용시킨다.
③ 두 개의 주행 모터를 서로 반대 방향으로 동시에 구동시킨다.
④ 트랙의 폭을 좁은 것으로 교환한다.

17 굴착기를 트레일러에 싣고 운반할 때 하부 추진체와 상부 회전체를 고정시켜 주는 것은?

① 밸런스웨이트
② 스윙 록 장치
③ 센터 조인트
④ 주행 록 장치

18 타이어식 굴착기의 조향 방식은 어느 것인가?

① 전륜 조향식이며 기계식이다.
② 전륜 조향식이며 유압식이다.
③ 후륜 조향식이며 기계식이다.
④ 후륜 조향식이며 유압식이다.

19 굴착기에서 붐의 작동방법으로 옳은 것은?

① 우측 레버를 앞으로 밀면 붐이 내려간다.
② 좌측 레버를 앞으로 밀면 붐이 내려간다.
③ 우측 레버를 잡아당기면 붐이 내려간다.
④ 좌측 레버를 잡아당기면 붐이 내려간다.

20 굴착기 주요 레버류의 조작력은 몇 kg 이하여야 하는가?

① 20
② 30
③ 50
④ 90

21 산업재해 부상의 종류별 구분에서 경상해란?

① 부상으로 1일 이상 14일 이하의 노동 상실을 가져온 상해 정도
② 응급처치 이하의 상처로 작업에 종사하면서 치료를 받는 상해 정도
③ 부상으로 인하여 2주 이상의 노동 상실을 가져온 상해 정도
④ 업무상 목숨을 잃게 되는 경우

22 산업안전보건법상 안전 보건표지의 종류와 형태에서 그림의 표지로 맞는 것은?

① 안전복 착용
② 안전모 착용
③ 보안면 착용
④ 출입금지

23 다음 중 드라이버 사용 방법으로 틀린 것은?

① 날 끝 홈의 폭과 깊이가 같은 것을 사용한다.
② 전기 작업 시 자루는 모두 금속으로 되어 있는 것을 사용한다.
③ 날 끝이 수평이어야 하며 둥글거나 빠진 것은 사용하지 않는다.
④ 작은 공작물이라도 한손으로 잡지 않고 바이스 등으로 고정하고 사용한다.

24 다음 중 전기 화재에 대하여 가장 적합하지 않은 소화기는?

① 분말 소화기
② 포말 소화기
③ CO_2 소화기
④ 할론 소화기

25 가스 용접기가 발생기와 분리되어 있는 아세틸렌 용접장치의 안전기 설치 위치는?

① 발생기
② 가스 용기
③ 발생기와 가스 용기 사이
④ 용접 토치와 가스 용기 사이

26 전장품을 안전하게 보호하는 퓨즈의 사용법으로 틀린 것은?

① 퓨즈가 없으면 임시로 철사를 감아서 사용한다.
② 회로에 맞는 전류 용량의 퓨즈를 사용한다.
③ 오래되어 산화된 퓨즈는 미리 교환한다.
④ 과열되어 끊어진 퓨즈는 과열된 원인을 먼저 수리한다.

27 도로에서 굴착 작업 중 케이블 표지 시트가 발견되었을 때의 조치 방법으로 가장 적합한 것은?

① 케이블 표지 시트를 걷어내고 계속 작업한다.
② 케이블 표지 시트는 전력 케이블과는 무관하다.
③ 해당 시설물 관리자에게 연락 후 그 지시를 따른다.
④ 별도의 연락 없이 조심해서 작업한다.

28 지하 구조물이 있으며 도시가스가 공급되는 곳에서 굴착공사 중 지면으로부터 0.3m 깊이에서 나타날 수 있는 물체로 옳은 것은?

① 도시가스 입상관
② 도시가스배관을 보호하는 보호판
③ 가스 차단장치
④ 수취기

29 도시가스사업법상 도시가스 사업이 허가된 지역에서 지하차도 굴착공사를 하고자 하는 자가 시장·군수 또는 구청장에게 작성하여 제출하여야 할 서류의 명칭으로 맞는 것은?

① 공급 규정
② 기술 검토서
③ 안전관리 규정
④ 가스 안전 영향 평가서

30 굴착으로부터 전력 케이블을 보호하기 위하여 설치하는 표시시설이 아닌 것은?

① 표지시트
② 지중선로 표시기
③ 모래
④ 보호판

31 건설기계관리법상 건설기계의 등록 말소 사유에 해당되지 않는 것은?

① 건설기계를 수출하는 경우
② 건설기계를 변경할 목적으로 해체한 경우
③ 건설기계의 교육·연구 목적으로 사용한 경우
④ 건설기계의 차대가 등록 시의 차대와 다른 경우

32 폐기 요청을 받은 건설기계를 폐기하지 아니하거나 등록번호표를 폐기하지 아니한 자에 대한 벌칙은?

① 2년 이하의 징역 또는 2천만 원 이하의 벌금
② 1년 이하의 징역 또는 1천만 원 이하의 벌금
③ 2백만 원 이하의 벌금
④ 1백만 원 이하의 벌금

33 정기검사 유효기간을 1개월 경과한 후에 정기검사를 받은 경우 다음 정기검사 유효기간 산정 기산일은?

① 검사 받은 날의 다음 날부터
② 검사를 신청한 날부터
③ 종전 검사 유효기간 만료일의 다음 날부터
④ 종전 검사 신청기간 만료일의 다음 날부터

34 건설기계관리법상 건설기계 정기검사의 연기 사유에 해당하지 않는 것은?

① 건설기계를 도난당했을 때
② 건설기계의 사고가 발생하였을 때
③ 1개월 이상에 걸친 정비를 하고 있을 때
④ 건설기계를 건설 현장에 투입하여 작업하고 있을 때

35 건설기계관리법상 건설기계 등록번호표의 반납기간 만료일을 초과하였을 경우에 해당하는 것은?

① 면허가 취소된다.
② 형사 처벌을 받는다.
③ 과태료를 부과한다.
④ 보험료가 할증된다.

36 건설기계 조종사의 적성검사 기준으로 틀린 것은?

① 시각은 150도 이상일 것
② 두 눈을 동시에 뜨고 잰 시력(교정시력 포함)이 0.7 이상이고 두 눈의 시력이 각각 0.3 이상일 것
③ 55데시벨(보청기를 사용하는 사람은 40데시벨)의 소리를 들을 수 있을 것
④ 언어 분별력이 60퍼센트 이상일 것

37 도로교통법의 목적으로 바르게 나타낸 것은?

① 도로 운송 사업의 발전과 운전자들의 권익 보호
② 도로상의 교통사고로 인한 신속한 피해 회복과 편익 증진
③ 건설기계의 제작, 등록, 판매, 관리 등의 안전 확보
④ 도로에서 일어나는 교통상의 모든 위험과 장해를 방지하고 제거하여 안전하고 원활한 교통 확보

38 경찰청장이 최고 속도를 따로 지정, 고시하지 않은 편도 2차로 이상 고속도로에서 건설기계 법정 최고속도는 시속 몇 km인가?

① 100
② 110
③ 80
④ 60

39 도로교통법상 도로의 모퉁이로부터 몇 m 이내의 장소에 정차하여서는 안 되는가?

① 2m
② 3m
③ 5m
④ 10m

40 다음 교통안전표지에 대한 설명으로 맞는 것은?

① 우로 이중 굽은 도로
② 좌우로 이중 굽은 도로
③ 좌로 굽은 도로
④ 회전형 교차로

41 사용하던 라디에이터와 신품 라디에이터의 냉각수 주입량을 비교했을 때 신품으로 교환해야 할 시점은?

① 10% 이상의 차이가 발생하였을 때
② 20% 이상의 차이가 발생하였을 때
③ 30% 이상의 차이가 발생하였을 때
④ 40% 이상의 차이가 발생하였을 때

42 디젤엔진의 분사 노즐인 인젝터의 점검 항목이 아닌 것은?

① 저항
② 작동 온도
③ 분사량
④ 작동음

43 냉각장치의 팬 벨트에 대한 점검 과정이다. 가장 적합하지 않은 것은?

① 팬 벨트의 중앙부를 눌러 10~15mm 정도의 유격을 확인한다.
② 팬 벨트는 풀리의 밑 부분에 접촉되어야 한다.
③ 팬 벨트의 조정은 발전기를 움직이면서 조정한다.
④ 팬 벨트가 너무 헐거우면 기관 과열의 원인이 된다.

44 내연기관의 동력 전달 순서로 맞는 것은?

① 피스톤—커넥팅로드—플라이휠—크랭크축
② 피스톤—커넥팅로드—크랭크축—플라이휠
③ 피스톤—크랭크축—커넥팅로드—플라이휠
④ 피스톤—크랭크축—플라이휠—커넥팅로드

45 엔진 윤활장치의 유압이 낮아지는 이유가 아닌 것은?

① 오일 점도가 높을 때
② 베어링 윤활 간극이 클 때
③ 오일 팬의 오일이 부족할 때
④ 유압 조절 스프링 장력이 약할 때

46 디젤엔진의 연료장치에서 프라이밍 펌프의 사용 시기는?

① 출력을 증가 시키고자 할 때
② 연료계통의 공기를 배출할 때
③ 연료의 양을 가감할 때
④ 연료의 분사압력을 측정할 때

47 전기가 이동하지 않고 물질에 정지하고 있는 전기는?

① 동전기
② 정전기
③ 직류 전기
④ 교류 전기

48 배터리 액의 성분은 무엇으로 이루어져 있는가?

① 황산 + 소금물
② 황산 + 증류수
③ 황산 + 염산
④ 염산 + 증류수

49 좌·우측 전조등 회로의 연결 방법으로 옳은 것은?

① 직렬 연결
② 단식 연결
③ 병렬 연결
④ 직·병렬 연결

50 직류 발전기와 비교했을 때 교류 발전기의 특징으로 틀린 것은?

① 전압 조정기만 필요하다.
② 크기가 크고 무겁다.
③ 브러시 수명이 길다.
④ 저속 발전 성능이 좋다.

51 다음 중 보기에서 압력의 단위만 나열한 것은?

[보기]

ㄱ. psi	ㄴ. kgf/cm^2
ㄷ. bar	ㄹ. N · m

① ㄱ, ㄴ, ㄷ
② ㄱ, ㄴ, ㄹ
③ ㄴ, ㄷ, ㄹ
④ ㄱ, ㄷ, ㄹ

52 유압장치의 오일 탱크에서 펌프 흡입구의 설치에 대한 설명으로 틀린 것은?

① 펌프 흡입구는 반드시 탱크 가장 밑면에 설치한다.
② 펌프 흡입구에는 스트레이너(오일 여과기)를 설치한다.
③ 펌프 흡입구와 귀환구(복귀구) 사이에는 격리판(Baffle plate)을 설치한다.
④ 펌프 흡입구는 탱크로의 귀환구(복귀구)로부터 될 수 있는 한 멀리 떨어진 위치에 설치한다.

53 유압장치에서 유압의 제어 방법이 아닌 것은?

① 압력 제어
② 방향 제어
③ 속도 제어
④ 유량 제어

54 유압 모터의 특징 중 거리가 가장 먼 것은?

① 소형으로 강력한 힘을 낼 수 있다.
② 과부하에 대해 안전하다.
③ 정 · 역회전 변화가 불가능하다.
④ 무단변속이 용이하다.

55 그림의 유압 기호에서 "A" 부분이 나타내는 것은?

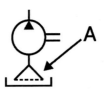

① 오일 냉각기
② 스트레이너
③ 가변용량 유압 펌프
④ 가변용량 유압 모터

56 유압장치에서 피스톤 로드에 있는 먼지 또는 오염 물질 등이 실린더 내로 혼입되는 것을 방지하는 것은?

① 필터(Filter)
② 더스트 실(Dust seal)
③ 밸브(Valve)
④ 실린더 커버(Cylinder cover)

57 유압 펌프의 토출량을 표시하는 단위로 옳은 것은?

① L/min
② kgf · m
③ kgf/cm^2
④ Kw 또는 ps

58 유압장치에 사용되는 밸브 부품의 세척유로 가장 적절한 것은?

① 엔진 오일
② 물
③ 경유
④ 합성세제

59 회로 내의 유체 흐름 방향을 제어하는데 사용되는 밸브는?

① 교축 밸브
② 셔틀 밸브
③ 감압 밸브
④ 순차 밸브

60 현장에서 유압유의 열화를 찾아내는 방법으로 가장 적합한 것은?

① 오일을 가열했을 때 냉각되는 시간 확인
② 오일을 냉각시켰을 때 침전물의 유무 확인
③ 자극적인 악취, 색깔의 변화 확인
④ 건조한 여과지를 오일에 넣어 젖는 시간 확인

01 굴착기 작업환경에서의 조치사항으로 틀린 것은?

① 경사지 작업 시 시동이 정지될 때 버킷을 내리고 모든 작업 레버를 중립으로 설정한다.
② 양중 작업은 지양하며 안전조치는 필요없다.
③ 덤프하기 위하여 스윙할 때 붐과 암의 각도는 80~110°를 유지한다.
④ 휠 타입의 굴착기는 반드시 아웃트리거 및 블레이드를 받치고 작업한다.

02 라디에이터 캡을 열었을 때 냉각수에 오일이 섞여 있는 경우의 원인은?

① 실린더 블록이 과열되었다.
② 오일 쿨러가 파손되었다.
③ 기관의 윤활유가 너무 많이 주입되었다.
④ 라디에이터가 불량하다.

03 건설기계 연료 주입구는 배기관의 끝으로부터 얼마 이상 떨어져 설치하여야 하는가?

① 5cm
② 10cm
③ 30cm
④ 50cm

04 엔진의 회전(시동)을 멈추지 않은 상태에서 굴착기를 정차시킬 경우 스로틀 레버의 위치로 가장 적당한 것은?

① 저속
② 중속
③ 고속
④ 어느 위치나 무관

05 타이어 굴착기의 아워미터(시간계)는 무엇을 나타내는가?

① 엔진 운전 시간(hr)
② 주행 거리(km/h)
③ 주행 속도(km/h)
④ 엔진 오일 교환시간(hr)

06 사용압력에 따른 타이어의 분류에 속하지 않는 것은?

① 고압 타이어
② 초고압 타이어
③ 저압 타이어
④ 초저압 타이어

07 변속기의 필요성과 관계가 없는 것은?

① 시동 시 장비를 무부하 상태로 한다.
② 기관의 회전력을 증대시킨다.
③ 장비의 후진 시 필요로 한다.
④ 환향을 빠르게 한다.

08 클러치 부품 중에서 세척유로 세척해서는 안 되는 것은?

① 댐퍼 스프링
② 릴리스 레버
③ 압력 판
④ 릴리스 베어링

09 타이어식 건설기계에서 주행 중 조향 핸들이 한쪽으로 쏠리는 원인이 아닌 것은?

① 타이어 공기압 불균일
② 브레이크 라이닝 간극 조정 불량
③ 베이퍼 록 현상 발생
④ 휠 얼라인먼트 조정 불량

10 굴착기 붐 제어 레버를 계속 상승 위치로 당기고 있으면 다음 어느 곳에 가장 많은 손상이 오는가?

① 오일펌프
② 엔진
③ 유압 모터
④ 릴리프 밸브 시트

11 굴착기의 센터 조인트에 관한 설명 중 틀린 것은?

① 상부 회전체의 회전 중심부에 설치되어 있다.
② 상부 회전체의 오일을 주행 모터에 전달한다.
③ 상부 회전체가 회전하더라도 호스 파이프 등이 꼬이지 않고 원활히 송유하는 일을 한다.
④ 조인트가 고장나도 직선 운행과는 관계가 없다.

12 무한궤도식 건설기계에서 트랙 장력이 약간 팽팽하게 되었을 때 작업이 효과적이지 못한 장소는?

① 모래 땅
② 바위가 깔린 땅
③ 진흙 땅
④ 수풀이 우거진 땅

13 트랙 슈의 종류가 아닌 것은?

① 고무 슈
② 4중 돌기 슈
③ 3중 돌기 슈
④ 반 이중 돌기 슈

14 상부 회전체의 검사에 따른 조치 사항이다. 틀린 것은?

① 고무 호스－수리하여 재사용
② 유압 펌프－규정 압력 하에서 토출량이 정상이면 사용
③ 급유 상태－동급유로 보충
④ 조작 레버－규정 유격으로 조정

15 굴착기의 상부 회전체가 스윙되지 않는 원인이 아닌 것은?

① 쿠션 밸브 손상
② 스윙 모터 파손
③ 센터 조인트의 파손
④ 오일 쿨러 핀의 막힘

16 무한궤도식 굴착기의 동력 전달계통과 관계가 없는 것은?

① 주행 모터
② 최종 감속 기어
③ 유압 펌프
④ 추진축

17 다음 중 굴착기의 버킷 용량은 무엇으로 표시하는가?

① Id
② m³
③ yd²
④ m

18 굴착기의 상부 회전체와 하부 추진체를 고정하기 위한 것은?

① 선회 록 장치
② 주행 모터
③ 스프로킷
④ 전부 유동륜

19 유압 실린더를 교환하였을 경우 조치해야 할 작업으로 가장 거리가 먼 것은?

① 오일 필터 교환
② 공기빼기 작업
③ 누유 점검
④ 작동 상태 점검

20 무한궤도식 굴착기의 주행 운전에서 적합하지 않은 것은?

① 굴착기 주행 시 버킷의 높이는 30~50cm가 좋다.
② 가능하면 평탄한 지면을 택하고 엔진은 중속이 적합하다.
③ 활지 또는 암반 통과 시 엔진 속도는 고속이어야 한다.
④ 굴착기 주행 시 전부 장치는 전방을 향해야 한다.

21 불안전한 행동으로 인하여 오는 산업재해가 아닌 것은?

① 불안전한 자세
② 안전구의 미착용
③ 방호장치의 결함
④ 안전장치의 기능 제거

22 안전모의 관리 및 착용 방법으로 틀린 것은?

① 큰 충격을 받은 것은 사용을 피한다.
② 사용 후 뜨거운 스팀으로 소독하여야 한다.
③ 정해진 방법으로 착용하고 사용하여야 한다.
④ 통풍을 목적으로 모체에 구멍을 뚫어서는 안 된다.

23 연소의 3요소가 아닌 것은?

① 가연성 물질
② 산소(공기)
③ 점화원
④ 이산화탄소

24 적색 원형을 바탕으로 만들어지는 안전 표시판은?

① 경고표시
② 안내표시
③ 지시표시
④ 금지표시

25 작업점 외에 직접 사람이 접촉하여 말려들거나 다칠 위험이 있는 장소를 덮어씌우는 방호 장치는?

① 격리형 방호장치
② 위치 제한형 방호장치
③ 포집형 방호장치
④ 접근 거부형 방호장치

26 수공구 사용 시 안전사고 발생 원인으로 틀린 것은?

① 힘에 맞지 않는 공구를 사용하였다.
② 수공구의 성능을 알고 선택하였다.
③ 사용 방법이 미숙하였다.
④ 사용공구의 점검 및 정비를 소홀히 하였다.

27 폭 4m 이상 8m 미만인 도로에서 일반 도시가스 배관을 매설 시 노면과 도시가스 배관 상부와의 최소 이격 거리는 몇 m 이상인가?

① 0.6m
② 1.0m
③ 1.2m
④ 1.5m

28 매설된 도시가스 배관 중 노란색의 폴리에틸렌관(PE관)에 대한 설명으로 틀린 것은?

① 배관 내 압력이 0.5~0.8mpa 정도이다.
② 배관 내 압력이 수주 250mm 정도로 저압이라서 가스 누출 시 쉽게 응급조치를 할 수 있다.
③ 플라스틱과 같은 재료이므로 쉽게 구부러지고 유연하여 시공이 쉽다.
④ 굴착공사 시 파괴되었다면 배관 내 압력이 저압이므로 압착기(스퀴즈) 등으로 눌러서 가스 누출을 쉽게 막을 수 있다.

29 도시가스 배관이 매설된 지점에서 가스 배관 주위를 굴착하고자 할 때에 반드시 인력으로 굴착해야 하는 범위는?

① 배관 좌, 우 1m 이내
② 배관 좌, 우 2m 이내
③ 배관 좌, 우 3m 이내
④ 배관 좌, 우 4m 이내

30 22.9 kV 지중 선로의 보호표시로 틀린 것은?

① 지중선로 표지기
② 지중선로 표시주
③ 케이블 표지시트
④ 지중선로 표시등

31 국내에서 제작된 건설기계를 등록할 때 필요한 서류에 해당하지 않는 것은?

① 건설기계 제작증
② 수입면장
③ 건설기계 제원표
④ 매수증서(관청으로부터 매수한 건설기계만)

32 건설기계관련법상 건설기계 등록 신청을 받을 수 있는 자는 누구인가?

① 안전행정부장관
② 읍, 면, 동장
③ 시 · 도지사
④ 시 · 군 · 구청장

33 건설기계의 구조변경 및 개조의 범위에 해당되지 않는 것은?

① 원동기의 형식 변경
② 주행장치의 형식 변경
③ 적재함의 용량 증가를 위한 형식 변경
④ 유압장치의 형식 변경

34 건설기계 조종사의 면허 취소 사유에 해당하는 것은?

① 과실로 인하여 1명을 사망하게 하였을 경우
② 면허의 효력정지 기간 중 건설기계를 조종한 경우
③ 과실로 인하여 10명에게 경상을 입힌 경우
④ 건설기계로 1천만 원 이상의 재산 피해를 냈을 경우

35 등록건설기계의 기종별 기호 표시 방법으로 옳은 것은?

① 01 : 지게차
② 02 : 굴착기
③ 03 : 덤프트럭
④ 04 : 불도저

36 등록되지 아니한 건설기계를 사용하거나 운행한 자의 벌칙은?

① 1년 이하의 징역 또는 1천만 원 이하의 벌금
② 2년 이하의 징역 또는 2천만 원 이하의 벌금
③ 20만 원 이하의 벌금
④ 10만 원 이하의 벌금

37 다음의 교통안전 표지는 무엇을 의미하는가?

① 차 중량 제한 표지
② 차 높이 제한 표지
③ 차 적재량 제한 표지
④ 차 폭 제한 표지

38 도로교통법상 건설기계를 운전하여 도로를 주행할 때 서행에 대한 정의로 옳은 것은?

① 매시 60km 미만의 속도로 주행하는 것을 말한다.
② 운전자가 차를 즉시 정지시킬 수 있는 느린 속도로 진행하는 것을 말한다.
③ 정지거리 10m 이내에서 정지할 수 있는 속도를 말한다.
④ 매시 20km 이내로 주행하는 것을 말한다.

39 도로교통법에서는 교차로, 터널 안, 다리 위 등을 앞지르기 금지 장소로 규정하고 있다. 그 외 앞지르기 금지 장소를 다음 [보기]에서 모두 고르면?

[보기]

A. 도로의 구부러진 곳
B. 비탈길의 고갯마루 부근
C. 가파른 비탈길의 내리막

① A
② A, B
③ B, C
④ A, B, C

40 술에 만취한 상태(혈중 알코올 농도 0.08% 이상)에서 건설기계를 조종한 자에 대한 면허 취소·정지 처분 내용은?

① 면허 취소
② 면허 효력정지 60일
③ 면허 효력정지 50일
④ 면허 효력정지 70일

41 디젤 엔진에서 예열플러그가 단선되는 원인으로 틀린 것은?

① 너무 짧은 예열 시간
② 규정 이상의 과대 전류 흐름
③ 기관의 과열상태에서 잦은 예열
④ 예열플러그 설치할 때 조임 불량

42 건설기계 장비로 현장에서 작업 중 계기는 정상인데 엔진부조가 발생한다면 우선 점검해 볼 계통은?

① 연료계통
② 충전계통
③ 윤활계통
④ 냉각계통

43 다음 중 윤활유의 기능으로 모두 옳은 것은?

① 마찰감소, 스러스트작용, 밀봉작용, 냉각작용
② 마멸방지, 수분흡수, 밀봉작용, 마찰증대
③ 마찰감소, 마멸방지, 밀봉작용, 냉각작용
④ 마찰증대, 냉각작용, 스러스트작용, 응력분산

44 압력식 라디에이터 캡에 대한 설명으로 옳은 것은?

① 냉각장치 내부 압력이 규정보다 낮을 때 공기 밸브가 열린다.
② 냉각장치 내부 압력이 규정보다 높을 때 진공 밸브가 열린다.
③ 냉각장치 내부 압력이 부압이 되면 진공 밸브가 열린다.
④ 냉각장치 내부 압력이 부압이 되면 공기 밸브가 열린다.

45 디젤엔진에서 연료장치의 공기빼기 순서로 옳은 것은?

① 공급 펌프 → 연료 여과기 → 분사 펌프
② 공급 펌프 → 분사 펌프 → 연료 여과기
③ 연료 여과기 → 공급 펌프 → 분사 펌프
④ 연료 여과기 → 분사 펌프 → 공급 펌프

46 건설기계 운전 작업 중 온도 게이지가 "H" 위치에 근접되어 있다. 운전자가 취해야 할 조치로 가장 알맞은 것은?

① 작업을 계속해도 무방하다.
② 잠시 작업을 중단하고 휴식을 취한 후 다시 작업한다.
③ 윤활유를 즉시 보충하고 계속 작업한다.
④ 작업을 중단하고 냉각수 계통을 점검한다.

47 충전장치의 역할로 틀린 것은?

① 램프류에 전력을 공급한다.
② 에어컨 장치에 전력을 공급한다.
③ 축전지에 전력을 공급한다.
④ 기동장치에 전력을 공급한다.

48 납산 축전지를 오랫동안 방전 상태로 방치하면 사용하지 못하는 원인은?

① 극판이 영구 황산납이 되기 때문이다.
② 극판에 산화납이 형성되기 때문이다.
③ 극판에 수소가 형성되기 때문이다.
④ 극판에 녹이 슬기 때문이다.

49 전조등의 구성품으로 틀린 것은?

① 전구
② 렌즈
③ 반사경
④ 플래셔 유닛

50 전기자 코일의 단락, 단선 시험에 사용하는 시험기는 다음 중 어느 것인가?

① 타코 메타
② 드웰 테스터
③ 그롤러 테스터
④ 멀티 테스터

51 유압장치에 사용하는 작동유의 정상 작동 온도 범위로 가장 적합한 것은?

① 10~30℃
② 40~80℃
③ 90~110℃
④ 120~150℃

52 유압 호스 중 가장 큰 압력에 견딜 수 있는 형식은?

① 고무 형식
② 나선 와이어 형식
③ 와이어리스 고무 블레이드 형식
④ 직물 블레이드 형식

53 유압 탱크의 기능이 아닌 것은?

① 계통 내의 필요한 유량을 확보
② 배플에 의한 기포발생 방지 및 소멸
③ 탱크 외벽의 방열에 의한 적정온도 유지
④ 계통 내의 필요한 유압의 설정

54 기어 펌프에 대한 설명으로 틀린 것은?

① 소형이며 구조가 간단하다.
② 플런저 펌프에 비해 흡입력이 나쁘다.
③ 플런저 펌프에 비해 효율이 낮다.
④ 초고압에는 사용이 곤란하다.

55 유압장치에서 진공에 가깝게 되어 기포가 생기며 기포가 파괴되어 국부적 고압이나 소음을 발생시키는 현상은?

① 벤트포트
② 오리피스
③ 캐비테이션
④ 노이즈

56 유압 도면기호에서 압력스위치를 나타내는 것은?

①

②

③

④ -◁▷w

57 유압장치에서 액추에이터의 종류에 속하지 않는 것은?

① 감압 밸브
② 유압 실린더
③ 유압 모터
④ 플런저 모터

58 유압 작동유의 압력을 제어하는 밸브가 아닌 것은?

① 릴리프 밸브
② 체크 밸브
③ 리듀싱 밸브
④ 시퀀스 밸브

59 액추에이터의 입구 쪽 관로에 유량 제어 밸브를 직렬로 설치하여 작동유의 유량을 제어함으로써 액추에이터의 속도를 제어하는 회로는?

① 시스템 회로(System circuit)
② 블리드 오프 회로(Bleed-off circuit)
③ 미터인 회로(Meter-in circuit)
④ 미터아웃 회로(Meter-out circuit)

60 유압 실린더의 작동속도가 정상보다 느릴 경우 예상되는 원인으로 가장 적합한 것은?

① 계통 내의 흐름 용량이 부족하다.
② 작동유의 점도가 약간 낮아짐을 알 수 있다.
③ 작동유의 점도지수가 높다.
④ 릴리프 밸브의 설정 압력이 너무 높다.

MEMO

정답 및 해설

01 ③	02 ②	03 ④	04 ③	05 ①
06 ②	07 ②	08 ③	09 ④	10 ③
11 ③	12 ①	13 ②	14 ②	15 ④
16 ②	17 ④	18 ④	19 ④	20 ④
21 ②	22 ③	23 ①	24 ①	25 ②
26 ④	27 ②	28 ①	29 ③	30 ③
31 ③	32 ④	33 ①	34 ②	35 ①
36 ④	37 ①	38 ①	39 ④	40 ②
41 ②	42 ④	43 ②	44 ①	45 ④
46 ③	47 ②	48 ②	49 ③	50 ④
51 ④	52 ③	53 ③	54 ①	55 ③
56 ①	57 ④	58 ①	59 ③	60 ④

01 ③

브레이크 라이닝의 교환주기 상태의 점검은 정비사 점검 사항으로 정기점검 대상이다.

02 ②

붐과 암, 버킷은 최대로 벌려 실린더가 노출되지 않게 하고 버킷을 지면에 내려놓는다.

03 ④

굴착기 전부장치인 작업장치에는 붐, 암, 버킷 등이 있으며 롤러는 하부 주행체의 구성 부품이다.

04 ③

굴착기로부터 다른 곳으로 자리를 옮길 때에는 반드시 선회 고정 볼트를 채결하고, 평탄한 곳에 장비를 주차시켜야 하며, 주차 브레이크를 채결한 다음 안전한 상태를 확인한 후 내려 와야 한다.

05 ①

트랙의 장력은 일반적으로 25~38mm 정도를 둔다.

06 ②

굴착 작업 시 하강하는 버킷이나 붐의 중력을 이용하여 굴착하면 안 된다.

07 ②

트랙(하부) 롤러 : 장비의 중량을 지면에 고르게 분포시킨다.

오답 피하기
① **캐리어(상부) 롤러** : 트랙의 처짐 및 이탈 방지
③ **프론트 아이들러** : 트랙을 유도하여 원활한 회전과 선회 가능
④ **스프로킷** : 트랙에 구동력 전달

08 ③

버킷은 의도한 위치대로 하고 암과 버킷을 오므리면서 붐을 천천히 상승시켜 굴착한다.

09 ④

센터 조인트는 상부 회전체의 오일을 하부 추진체에 공급하기 위한 회전이음으로 보디, 스핀들, O링, 백업 링 등으로 구성되며 배럴은 상부 회전체에 고정되고 스핀들은 하부 추진체에 고정된다. 또한 O링 및 백업 링은 스핀들과 배럴 사이에 설치되어 누유를 방지한다.

10 ③

스프로킷 허브 내·외측에 설치된 듀콘 실(duocone seal)의 파손 및 손상이거나 설치가 불량할 때 스프로킷 허브 주위에서 오일이 누유되는 원인이 된다.

11 ③

수중 굴착작업 시 작업장치에 그리스 주입은 매시간 또는 수시로 주입하여야 한다.

12 ①

선회 모터를 작동시킨 유압유는 브레이크 밸브를 거쳐 컨트롤 밸브에 의해 작동유 탱크로 되돌아온다.

13 ②

오답 피하기
① **카커스(Carcass)부** : 타이어의 뼈대가 되는 부분
③ **숄더(Shoulder)부** : 타이어의 옆 부분
④ **트레드(Tread)부** : 타이어가 노면과 접촉하는 부분

14 ②

굴착기 정차 요령은
• 가속 페달에서 발을 떼고
• 브레이크 페달을 밟은 다음
• 변속레버를 중립위치로 하고
• 브레이크 페달을 고정시키고
• 엔진을 끄고 정차시킨다.

15 ④

굴착기의 작업 속도가 느린 원인으로는 컨트롤 밸브가 불량하거나 유압 펌프의 토출 압력 및 토출량이 부족할 때 등이 있다.

16 ②

비틀림 코일 스프링(토션 스프링)은 댐퍼 스프링이라고도 부르며 클러치 접속 시 회전 방향의 충격을 흡수한다.

17 ④

굴착기의 붐과 암의 각도가 직각의 위치에 있을 때 뻗음 50도, 수직 상태에서 당김 15도 범위에서 굴착력이 가장 크게 작용한다.

18 ④

브레이크 계통의 베이퍼 록 원인
• 긴 내리막길에서 과도한 브레이크 사용
• 드럼과 라이닝의 끌림에 의한 과열
• 브레이크 슈 리턴 스프링의 훼손에 의한 라이닝의 끌림
• 브레이크 오일의 변질에 의한 비등점 저하
• 잔압 저하

19 ④

무한궤도식 굴착기에서 리코일 스프링의 스프링이나 샤프트가 절손되었을 때 분해한다.

20 ④

유성 기어장치는 선 기어, 유성 기어, 링 기어, 유성 기어 캐리어로 구성되어 있다.

21 ②

떨어지는 중량물에 의한 피해를 방지하기 위해서는 안전모를 착용해야 한다.

22 ③

그림의 안전 보건 표지는 녹십자 표지이다.

23 ①

화재의 종류	화재분류	적합한 소화기
A급 화재	일반 화재	포말 소화기
B급 화재	유류 화재	분말 소화기
C급 화재	전기 화재	CO_2 소화기
D급 화재	금속 화재	포말 소화기

24 ①

사고로 인한 재산상의 손실이나 인명의 피해를 재해라고 한다.

25 ④

방호장치의 일반 원칙으로 작업 방해 요인의 제거, 작업점의 방호, 외관상의 안전화, 기계 특성에 따른 적합성 여부이다.

26 ④

회전하는 전동 띠톱 기계는 안전거리를 크게 하여야 한다.

27 ②

도시가스배관의 외면으로부터 도로 밑의 다른 매설물은 0.3m 이상의 거리를 유지해야 한다.

28 ①

154kV의 고압선 주위에서 작업을 할 때에는 반드시 안전거리를 충분히 확보한 후 작업에 임한다. 최소 이격거리는 154kV 5미터, 345kV 8미터이상을 유지하며 부득이한 경우에는 3m 이상의 이격거리를 유지하여야 한다.

29 ③

지상에 설치되어 있는 도시가스배관 외면에는 반드시 사용가스명, 가스 흐름 방향, 최고 사용 압력, 회사명 등이 표시되어야 한다.

30 ③

사고 당사자는 장소, 개소, 상황 등을 정확히 파악하여 신속히 신고 및 보고를 하고 작업안전관리자, 작업관계자는 한국전력공사 관계자에게 신속한 신고를 하여 조치를 받아야 한다.

31 ③

건설기계 사업에는 건설기계대여업, 매매업, 정비업, 해체재활용업 등이 있다.

32 ④

건설기계 등록사항 변경이 있을 때 소유자는 시 · 도간의 변경사항(주소지 또는 사용 본거지가 변경된 경우를 제외한다.)이 있는 때에는 30일 이내에 시 · 도지사에게 신고하고 상속인 경우 6개월 이내에 신고한다. (전시 · 사변의 경우 5일 이내)

33 ①

정기검사에 불합격한 건설기계는 1개월의 기간을 정하여 정비명령을 내린다.

34 ②

건설기계 검사의 종류에는 신규등록검사, 정기검사, 구조변경검사, 수시검사 등이 있다.

35 ①

과실로 인한 인명피해 사고 운전자의 처분기준은 사망의 경우 면허 효력 정지 45일, 중상의 경우 15일, 경상의 경우 5일이다.

36 ④

등록되지 아니하거나 등록 말소된 건설기계를 사용한 자는 2년 이하의 징역 또는 2천만 원 이하의 벌금에 처한다.

37 ①

해상 도로법에 의한 항로는 도로에 해당되지 않는다.

38 ①

경찰공무원의 수신호는 도로교통법상 가장 우선하는 신호이다.

39 ④

우회전하는 경우 고가도로의 왕십리 길을 통해서 한양대학교 및 시청 방향으로 진입할 수 있다.

40 ②

서행이란 운전 중에 차를 즉시 정지시킬 수 있는 정도의 느린 속도로 진행하는 것을 말한다.

41 ②

엔진의 실린더 블록과 헤드 사이에 개스킷 설치를 통해 기밀을 유지하여 냉각수 및 오일의 누출을 방지한다.

42 ④

오일 펌프 : 오일 팬의 오일을 가압하여 윤활부에 공급한다.

> **오답 피하기**
> ① **냉각수 펌프** : 엔진에서 냉각수를 순환시킨다.
> ② **진공 펌프** : 일반 차량의 브레이크 장치 등에 부압을 발생한다.
> ③ **공기 압축 펌프** : 컴프레서, 공기 압축기를 말한다.

43 ②

텐셔너는 체인이나 벨트 등의 늘어짐을 자동으로 조절하여 주는 장치이며 진동을 흡수하고 완화하는 것을 댐퍼라 한다.

44 ①

디젤 노크 현상이란 착화 지연 기간 중 분사된 다량의 연료가 일시에 연소되어 실린더 내의 압력이 급격히 상승, 피스톤이 실린더 벽을 타격하는 현상을 말한다.

45 ④

스케일은 물 때나 녹을 말하는 것으로 열전도성을 나쁘게 하여 엔진이 과열되고 냉각수량 경고등이 점등된다.

46 ③

압력 제어 밸브는 고압 연료 분사 펌프에 부착되어 안전 밸브와 같은 역할을 하며 과도한 압력이 발생할 경우 비상통로를 개방해 압력을 제한한다.

47 ②

터미널부에 발생되는 하얀색의 녹은 성분이 황산 성분이므로 솔 등을 이용하여 청소하고 잘 닦이지 않을 경우에는 중화제인 소다수 등을 이용하여 세척해야 한다. 또한 녹을 닦은 후에는 확실히 고정시키고 소량의 그리스를 발라 녹의 발생을 억제한다.

48 ②

41개의 전지(셀)당 방전 종지 전압은 1.75V이며 12V용 축전지는 2.1V~2.3V의 셀 6개가 직렬로 연결되어 있는 구조이기 때문에 방전 종지 전압은 1.75×6=10.5V이다.

49 ③

플래셔 유닛은 방향지시등(깜박이)의 릴레이를 말하는 것으로 고장이 발생하면 모든 방향지시등이 똑같이 작동되거나 작동하지 않는다.

50 ④

축전지 전압이 낮은 원인은 조정 전압이 낮거나 다이오드의 단락 또는 축전지 케이블 등의 접촉이 불량할 때 이다.

51 ①

유압장치의 가장 큰 단점은 구조가 복잡하다는 것이다.

52 ③

점도 지수는 온도 변화에 따른 점도 변화 정도를 표시하는 것으로 클수록 점도 변화가 적다.

53 ③

피스톤(플런저) 펌프의 액시얼 펌프는 가변 용량형으로 회전 경사판을 조정하여 펌프의 토출 용량을 변화시킨다.

54 ④

유압 작동유는 착화성 및 인화성(휘발성)이 낮을수록 좋다.

55 ③

오답 피하기

① **첵(체크) 밸브** : 오일의 흐름 방향을 한쪽으로만 흐르게 하는 밸브
② **감압 밸브** : 회로 내의 압력을 낮추어 다른 회로에 사용하는 밸브
④ **카운터밸런스 밸브** : 중량물을 들어 올린 상태에서 중량물이 자체 중량에 의해 자유낙하 되는 것을 방지하는 밸브

56 ①

일반적으로 유압 펌프는 엔진의 플라이휠에 직접 연동되어 구동된다.

57 ④

유압 모터에는 기어식, 베인식, 플런저식, 로터리식이 있으며 직권형 모터는 전기를 이용하는 전기 모터이다.

58 ①

가스형 축압기(어큐뮬레이터)에는 질소 가스가 주입된다.

59 ③

숨 돌리기 현상이란 유압이 낮고 작동유의 공급량이 부족할 때 발생하며, 작동기의 작동이 불안정해지고, 작동이 지연되며 서지 압력이 발생된다.

60 ④

오답 피하기

① **오링** : 일반적으로 부하가 크지 않거나 회전력이 크지 않은 부분, 직선운동 부분에 사용되는 밀봉장치
② **개스킷** : 금속의 접합면에 사용하는 밀봉장치
③ **더스트 실** : 외부에서의 이물질 침입을 방지하며 누유를 방지하는 밀봉장치

기출 유형 문제 02회

01 ④	02 ①	03 ③	04 ①	05 ③
06 ③	07 ①	08 ③	09 ②	10 ④
11 ②	12 ②	13 ④	14 ②	15 ③
16 ②	17 ④	18 ②	19 ④	20 ④
21 ④	22 ②	23 ④	24 ③	25 ②
26 ③	27 ②	28 ②	29 ③	30 ④
31 ①	32 ①	33 ③	34 ③	35 ③
36 ②	37 ④	38 ②	39 ②	40 ④
41 ④	42 ④	43 ①	44 ②	45 ①
46 ①	47 ①	48 ②	49 ①	50 ②
51 ①	52 ④	53 ③	54 ③	55 ④
56 ①	57 ④	58 ④	59 ③	60 ③

01 ④

붐 하이드록 실린더는 작업장치에서 붐을 움직이는 유압 실린더이므로 주행과는 관계가 없다.

02 ①

무한궤도식 굴착기의 조향은 좌측과 우측에 설치된 주행(유압) 모터에 의해 작동된다.

03 ③

암페어미터(Am)의 지침은 방전되면 ⊖쪽을 가리킨다.

04 ①

타이어식 굴착기에서 전·후 주행이 되지 않을 경우에는 동력 전달 장치 계통과 브레이크 장치 계통을 점검하여야 한다.

05 ③

무한궤도식의 스프로킷(구동륜) 허브 주위에서 오일이 누유되는 원인은 스프로킷 허브 내측 또는 외측에 설치된 듀콘 실의 파손과 설치 불량에 있다.

06 ③

컨트롤 밸브 스프링이 불량하거나 스풀의 고착 또는 조작레버 링크 불량인 경우이다.

07 ①

조향 바퀴의 방향성을 부여하는 것은 캐스터이다.

08 ③

리코일 스프링 : 주행 중에 트랙의 전면에서 오는 충격을 완화하고, 트랙의 장력을 보호하며 차체의 파손을 방지

오답 피하기
① **슈** : 차체를 견인
② **캐리어(상부) 롤러** : 트랙의 늘어짐 방지
④ **트랙(하부) 롤러** : 장비의 중량을 지면에 고르게 분포

09 ②

굴착기의 굴착 작업은 디퍼스틱(암) 실린더를 사용하는 것이 효과적이다.

10 ④

장비 주차 시 유압 실린더의 로드는 노출시켜서는 안 된다.

11 ②

굴착기의 스윙 모터는 가변 용량이 가능한 레디얼 피스톤 모터를 주로 사용한다.

12 ②

• **전진 굴착 작업** : 굴착기를 후진하면서 똑바로 굴착하는 방법
• **병진 굴착 작업** : 굴착할 부분과 하부 추진체를 나란히 하고 상부 회전체는 하부 추진체에 대해 90도 선회한 후 굴착기를 이동하면서 굴착하는 방법

13 ④

벼랑 암석 굴착 작업 시에는 트랙 앞쪽에 트랙의 보호장치를 하고 구동륜(스프로킷)은 뒤쪽으로 향하게 한다. 작업을 하되 잘 보이지 않는 곳의 작업은 신호수를 운전자가 식별이 가능한 측면에 배치하고 신호에 따라 작업한다.

14 ②

유압 리퍼는 나무뿌리, 바윗돌 뽑기 등에 사용되며 토사를 굴착하지는 않는다.

15 ③

넓은 홈의 굴착 작업은 좌, 우, 중앙의 순서로 작업하되 2단으로 나누어 먼쪽부터 작업을 수행한다.

16 ②

자재이음 : 축의 각도 변화에 대응

오답 피하기
① **슬립이음** : 축의 길이 변화에 대응
③ **스테빌라이저** : 롤링을 방지함
④ **크로스 멤버** : 프레임의 좌우를 연결하여 고정

17 ④

1트랙의 장력은 일반적으로 25~38mm 정도이며 거친 땅, 자갈, 암반 작업장에서는 트랙 장력이 더 느슨해야 한다.

18 ②

오답 피하기
① **스로틀 레버** : 엔진의 출력을 제어한다.
② **컨트롤 레버** : 제어 밸브를 작동시키는 레버로 일의 크기, 일의 방향, 일의 속도를 조절한다.
③ **환향 클러치 레버** : 주행 또는 작업 시 방향을 전환한다.

19 ④

유량 부족, 펌프의 고장, 유압 실린더 내부 유출, 릴리프 밸브의 낮은 설정 압력, 컨트롤 밸브의 고장 등이 원인이다.

20 ④

조종사 앞쪽 2개의 레버에서 우측레버를 밀면 좌회전을 하지만, 경사지에서 회전은 좌측 레버를 조종자 앞으로 당겨 좌측 트랙이 뒤로 회전되게 하는 것이 장비에 무리가 없고 안전하다.

21 ④

사고의 직접적인 원인은 불안전한 행동과 상태에 의해 가장 많이 발생된다.

22 ②

해머로 타격을 할 때에는 천천히 작은 타격으로 시작하여 점차 큰 타격으로 바꾸어야 한다.

23 ④

출입금지 안전표지는 경고, 금지 표지이다.

24 ③

노란색은 주의를 표시한다.

25 ②

작업을 위한 공구관리는 항상 최소 보유량 이상으로 유지하여야 한다.

26 ③

굴착기를 트레일러에 상차할 때는 경사대를 이용하거나 기중기를 이용할 수 있다.

27 ③

폭 4m 이상 8m 미만인 도로에서 일반 도시가스배관을 매설 시 지면과 도시가스배관 상부와의 최소 이격거리는 1.0m 이상이고 노면과의 이격거리는 1.2m 이상이다.

28 ②

다른 매설물과 최소 30cm 이상 이격거리를 유지해야 한다.

29 ③

애자는 전선을 첩탑 또는 전봇대에 절연하기 위해 설치하는 지지물이다.

30 ③

작업자는 안전관리자의 지시에 따라 작업을 하여야 하며 안전거리 및 안전 조치 후에 작업을 하여야 한다.

31 ①

건설기계 조종사면허 정지처분 기간 중에 건설기계를 조종한 경우에는 건설기계 조종사면허가 취소된다.

32 ①

건설기계관리법령에 따라 기종의 변경과 적재함 용량의 변경은 불가하다.

33 ③

건설기계를 도로에 계속 버려두거나 정당한 사유 없이 타인의 토지에 버려둔 자는 1년 이하의 징역 또는 1천만 원 이하의 벌금형을 받게 된다.

34 ③

건설기계 정비업 등록을 하지 아니한 자는 제동장치 등 주요부분의 분해 수리를 할 수 없다.

35 ③

등록 말소 시 건설기계 등록증, 건설기계검사증, 멸실·도난·수출·폐기·반품 및 교육·연구목적 사용 등 등록 말소 사유를 확인할 수 있는 서류를 첨부해야 한다.

36 ②

건설기계 높이란 작업장치를 부착한 자체중량 상태의 건설기계의 가장 위쪽 끝이 만드는 수평면으로부터 지면까지의 수직 최단거리를 말한다.

37 ④

① 좌측으로 앞지르기 하여야 한다.
② 앞지르고자 할 때에는 반대방향의 교통 및 앞차의 전방 교통에도 충분한 주의를 기울여야 한다.
③ 앞차의 진로 또는 도로 상황에 따라 경음기를 울리는 등 안전한 속도와 방법으로 앞지르기를 하여야 한다.

38 ②

교통안전 표지의 종류는 주의, 규제, 지시, 보조, 노면표지로 되어 있다.

39 ②

편도 4차로 일반도로에서 4차로가 버스 전용차로일 때 건설기계는 일반 차량의 맨 마지막 차로인 3차로로 통행하여야 한다.

40 ③

서울역을 기점으로 남쪽에서 북쪽으로 건물번호가 커지므로 차량을 좌회전하는 경우 건물번호가 커진다.

41 ④

행정이란 피스톤이 움직인 거리, 즉, 상사점에서 하사점까지의 거리를 의미한다.

42 ④

오일 레벨 게이지는 유면계로서 오일팬의 오일량을 점검할 때 사용하며 운전 전 엔진이 정지된 상태의 평탄한 장소에서 오일량과 점도, 오일의 색, 오염 정도 등을 점검하는 것이다.

43 ①

① **압축 착화 엔진(디젤)** : 공기 만을 실린더 내로 흡입하고 고온고압으로 압축한 후 고압의 연료(경유)를 미세한 안개 모양으로 분사시켜 자기 착화시키는 형식의 엔진으로 디젤 엔진의 점화방식이다.
② **전기 점화 엔진(가솔린)** : 압축된 혼합 가스에 점화 플러그에서 고압의 전기불꽃을 방전시켜 점화 연소시키는 형식의 엔진으로 가솔린 엔진, LPG 엔진의 점화방식이다.

44 ②

라디에이터 캡에는 펌프의 효율을 증대시키기 위한 압력 밸브와 물의 비등점을 높이기 위한 진공 밸브가 설치되어 있다.

45 ①

윤활유의 6대 작용으로 감마 작용, 밀봉 작용, 냉각 작용, 세척 작용, 방청 작용, 응력분산 작용 등이 있다.

46 ①

엔진의 팬 벨트는 엔진이 정지된 상태에서 점검하며, 점검 시 엄지손가락으로 10kg의 힘으로 눌렀을 때, 벨트의 처짐 상태가 13~20mm 정도가 되면 정상이다.

47 ①

스파크 플러그(점화 플러그)는 점화장치 부품이다.

48 ②

충전 중인 축전지는 화학작용에 의해 양극(+)에서는 산소가스가, 음극(–)에서는 수소가스가 발생이 되는데 이 수소가스가 폭발성이기 때문에 화기를 가까이하면 폭발의 위험성이 있다.

49 ①

방향지시등에서 한쪽의 점멸이 빠른 경우는 다른 쪽 전구의 단선, 접촉 불량, 용량이 다를 경우이므로 전구를 가장 먼저 점검하여야 한다.

50 ②

충전되지 않는 경우나 충전 계통에 이상이 있을 때 충전 계기에 빨간불이 들어온다.

51 ①

유압유의 점도가 낮을 때 오일 누설이 증가한다.

52 ④

속도 제어 회로에는 작동기의 입구에 유량 제어 밸브가 설치된 미터인과 작동기의 출구에 설치된 미터아웃 그리고 병렬로 연결된 블리드 오프 회로가 있다.

53 ③

유압 펌프의 용량은 주어진 압력과 토출량으로 표시한다.

54 ③

서지(Surge) 현상 : 일시적으로 큰 압력 상승에 의한 이상 압력의 최댓값

① **캐비테이션(Cavitation) 현상** : 유체에서 발생되는 맥동 및 소음 진동 현상
② **채터링(Chattering) 현상** : 밸브에서 소음이나 진동이 나는 현상
④ **에어레이션(Aeration) 현상** : 회로 내에 공기가 유입되는 현상

55 ④

덥거나 추운 날씨는 고장의 주된 원인이 될 수 없다.

56 ①

그림의 기호는 ① 체크 밸브, ② 유압펌프 ③ 압력원, ④ 탱크를 나타낸다.

57 ④

오일펌프의 토출량이 과다하면 유압 모터의 회전 속도가 빨라진다.

58 ④

그림은 언로더(무부하) 밸브의 유압기호이다.

59 ③

오답 피하기

방향 제어 밸브는 일의 방향을 결정한다.

60 ③

평탄한 장소에서 유압유의 온도가 정상 작동 온도일 때 유압 탱크의 오일량을 점검한다.

기출 유형 문제 03회

290p

01 ③	02 ①	03 ③	04 ③	05 ②
06 ③	07 ②	08 ④	09 ②	10 ②
11 ④	12 ③	13 ③	14 ①	15 ①
16 ③	17 ④	18 ④	19 ③	20 ②
21 ②	22 ①	23 ③	24 ③	25 ②
26 ③	27 ④	28 ④	29 ②	30 ③
31 ①	32 ③	33 ③	34 ④	35 ①
36 ②	37 ④	38 ②	39 ③	40 ④
41 ④	42 ③	43 ③	44 ④	45 ①
46 ①	47 ①	48 ①	49 ③	50 ④
51 ①	52 ②	53 ①	54 ②	55 ②
56 ④	57 ③	58 ③	59 ①	60 ③

01 ③

스테이터는 펌프와 터빈 사이에 설치하여 유체의 흐름 방향을 전환하는 역할을 한다.

02 ①

기계식 변속기에서 기어가 이중으로 물리는 것을 방지하는 것은 인터록 볼이다.

03 ③

슬립이음은 추진축의 길이 변화에 대응하기 위하여 설치되어 있다.

04 ③

유압식 브레이크에서 잔압을 유지하여 브레이크가 밀리는 것을 방지하는 것은 체크 밸브이며, 잔압을 유지하여 신속한 작동과 베이퍼 록을 방지한다.

05 ②

타이어 공기압은 유격과는 관계가 없으며 핸들 조작력과 관계가 있다.

06 ③

급제동 시 노면으로부터 발생되는 진동과 충격을 흡수 완화하는 장치는 현가장치이다.

07 ②

오답 피하기

① 카커스(Carcass) : 타이어의 뼈대가 되는 부분
③ 숄더(Shoulder) : 타이어의 옆 부분
④ 트레드(Tread) : 타이어가 노면과 접촉하는 부분

08 ④

트랙 유격이 너무 크면 주행이 부드럽지 않고 트랙이 벗겨지기 쉽다.

09 ②

유압식 작업장치의 작업은 유량 제어 레버로 속도를 조절한다.

10 ②

굴착기의 작동유 교환 시기는 1,500시간 또는 3개월마다 1회 교환한다.

11 ④

붐이 자연 하강하는 원인은 유압 실린더의 내부 및 컨트롤 밸브의 스풀에서 누출, 유압라인의 파손 및 피스톤 링의 손상 등이 있다.

12 ③

굴착기의 3대 주요 구성품은 작업(전부)장치, 상부 선회체(회전체), 하부 추진체이다.

13 ③

무한궤도식의 등판능력 및 제동능력은 30%이고, 타이어식은 25%이다.

14 ①

무한궤도식 굴착기의 트랙에서 스프로킷과 전부 유동륜(아이들러)에 가까운 쪽의 롤러는 트랙의 진로를 바르고 원활하게 안내할 수 있도록 싱글형 롤러를 사용하고 있다.

15 ①

굴착 작업 시 유량이 부족하거나 유량 펌프의 고장, 유압유 누유, 컨트롤 밸브의 고장 또는 릴리프 밸브 설정 압력이 낮을 때 작업 능력이 가장 크게 떨어지게 된다.

16 ③

굴착기의 회전장치 부품은 회전 모터, 링기어, 감속(스윙감속기) 피니언 기어, 볼 레이스 등으로 구성되어 있으며 제어 레버에 의해 작동된다. 유압 실린더는 작업장치의 부품이다.

17 ④

조종사 앞쪽의 2개의 레버에서 우측레버를 밀면 좌회전을 하지만, 경사지에서의 회전은 좌측 레버를 조종자 앞으로 당겨 좌측 트랙이 뒤로 회전되게 하는 것이 장비에 무리가 없고 안전하다.

18 ④

센터 조인트는 상부 회전체의 오일을 하부 추진체로 공급하기 위한 회전 이음으로 상부 회전체의 회전에 영향을 받지 않도록 되어 있다.

19 ③

조종사의 시선은 작업장치의 작업 방향, 신호수의 수신호, 작업 진행 등의 사항을 항상 파악하고 주시하여야 한다.

20 ②

굴착기의 규격 표시는 작업 가능 상태에서 자체 중량으로 표시한다.

21 ②

작업 복장은 작업 용도와 안전에 맞는 것을 선정하여야 한다.

22 ①

그림의 표지는 차량통행금지 표지이다.

23 ③

해머 작업 중 손에서 미끄러져 이탈되지 않도록 하기 위하여 해머 작업 시 장갑의 착용을 금지한다.

24 ③

건설기계에는 ABC소화기가 비치된다.

25 ②

작업 전에 작동유를 충분히 가열시켜 최소한 20℃ 이상이 되도록 워밍업 하기 위한 운전을 말한다.

26 ③

반드시 작업 전에 공구의 이상 유무를 점검한다.

27 ④

해당 매설물의 사업자가 입회하여 시험굴착을 수립해야 하며 용역회사의 안전 관리자는 용역회사 근로자의 안전을 담당한다.

28 ④

차도의 지표면 아래에 전력선을 매설할 경우 지면에서 1.2m, 노면에서는 1.5m 깊이에 매설하여야 한다.

29 ②

작업 중에 고압선 근접 작업으로 접촉할 우려가 있을 때에는 관할 시설물 관리자에게 연락한 후 시설 관리자의 작업지시에 따라 작업을 실시한다.

30 ③

도시가스배관 외면에 사용자명은 표시되지 않는다.

31 ①

건설기계의 소유자가 장비를 등록 할 때에는 특별시장·광역시장·도지사 또는 특별자치도지사(이하 "시도지사"라 한다.)에게 건설기계 등록신청을 하여야 한다.

32 ③

건설기계의 등록번호를 부착 또는 봉인하지 아니한 자는 100만 원 이하의 과태료 처분을 받는다.

33 ③

등록이 말소된 건설기계를 사용하거나 운행한 자의 벌칙은 2년 이하의 징역 또는 2천만 원 이하의 벌금에 처한다.

34 ④

등록번호표에서의 색칠 기준에는 수입용은 지정되어 있지 않다.

35 ①

대여 장비의 임대차 계약서에는 검사신청에 관한 사항은 포함하지 않는다.

36 ②

타이어식 굴착기는 1년, 무한궤도식 굴착기는 3년마다 1회의 정기검사를 받아야 한다. 천공기, 1톤 이상 지게차, 모터그레이더, 로더는 2년 1회 정기 검사를 받아야 한다.

37 ④

3건설기계관리법에서 건설기계운전 중량 산정 시 조종사 1인의 체중은 65kg 으로 되어 있다.

38 ②

차마가 도로를 운행하고자 할 때에는 중앙선 우측으로 통행한다.

39 ③

4차로 이상의 고속도로에서 건설기계의 최저속도는 50km/h이다.

40 ①

왼쪽 한 방향용 도로명판으로 대정로 23번길 끝점을 의미한다. "← 65"의 현 위는 도로의 끝 지점이며, 65는 650m=65×10m를 의미한다.

41 ④

엔진 오일의 온도 상승 원인으로는 점도가 너무 높거나 오일 냉각기의 불량 또는 과부하 상태에서의 작업 등이 있다.

42 ③

디젤 엔진의 연료 분사 노즐의 구비조건은 무화(안개화), 관통력, 분포도 이다.

43 ③

오일량 점검에서 유면표시기(오일 레벨 게이지)를 사용할 때, 오일의 수준은 Low와 Full 표시 중간에서 Full에 가까이 있어야 정상이다.

44 ③

타이머 : 엔진 회전 속도에 따라 연료의 분사 시기를 조절한다.

오답 피하기

① **과급기** : 강제로 흡입 공기를 공급하여 출력을 증대시킨다.
② **기화기** : 가솔린 기관에 사용되는 부품이다.
④ **조속기** : 엔진 회전 속도에 따라 연료의 분사량을 조절한다.

45 ①

연료 분사 펌프는 인젝션 펌프라고 하며 저압의 연료를 공급받아 고압으로 압축하여 분사순서에 맞추어 분사 노즐로 공급한다.

46 ①

수온 조절기에 있는 바이패스 밸브는 냉각수의 온도가 정상온도에 이르기 전 냉각수를 물 펌프로 다시 돌려보내 엔진 내에서 회전시킬 수 있도록 한 것으로 냉각수 온도를 제어한다.

47 ①

메인 퓨즈가 단선이 되면 발전기의 발생 기전력이 배터리 등 외부의 전기 부하로 공급이 되지 않아 발전기의 전압이 높아지게 된다.

48 ①

납산 축전지는 충전 할 때에 양극에서는 산소가스, 음극에서는 수소가스가 발생된다. 이때, 수소가스가 가연성이며 폭발성이 있어 화기를 가까이 하면 위험하다.

49 ③

타이밍 벨트는 엔진의 크랭크축과 캠축을 이어주는 벨트로 밸브 개폐시기와 관계가 있다.

50 ④

- **분리할 때** : (−)선을 먼저 분리하고, (+)선을 나중에 분리한다.
- **연결할 때** : (+)선을 먼저 연결하고, (−)선을 나중에 연결한다.

51 ③

작동 속도는 유량과 관계가 있다.

52 ②

캐비테이션 현상이란 공동 현상, 숨 돌리기 현상, 과열 현상 등으로 유체가 이동 중에 압력 변화에 의한 소음과 진동이 발생되는 현상을 말한다.

53 ①

작동기는 유압 액츄에이터를 말하며 유압에너지에 의해 기계적 운동으로 전달하는 것으로 직선운동을 하는 실린더와 회전운동을 하는 유압 모터가 있다.

54 ②

유압 실린더의 양쪽으로 유압유를 교대로 공급하여 유압으로 전달할 수 있는 실린더는 복동식 유압 실린더이다.

55 ②

필터의 여과 입도가 너무 조밀하면 오일의 통과 속도가 늦어지고 압력이 상승하여 공동현상이 발생될 수 있다.

56 ④

하우징은 케이스를 말하며 균열이 있을 경우에는 하우징 자체를 교환하여야 한다.

57 ③

도면의 기호는 유압 펌프이다.

58 ③

유압 펌프와 제어 밸브 사이에 릴리프 밸브가 설치되어 있다.

59 ①

감압 밸브는 사용하고자 할 때에 분기회로를 구성하여 사용하며 주회로에 흐르는 유압보다 낮은 압력으로 유압 작동기를 동작시킨다.

60 ③

탱크의 구비조건
- 유면을 항상 흡입 라인 위까지 유지하여야 한다.
- 정상적인 작동에서 열을 발산할 수 있어야 한다.
- 공기 및 이물질을 분리할 수 있는 구조이어야 한다.
- 배유구와 유면계가 설치되어 있어야 한다.
- 흡입관과 복귀관(리턴 파이프) 사이에 격판이 설치되어야 한다.
- 흡입 오일을 여과시키기 위한 스트레이너가 설치되어야 한다.

기출 유형 문제 04회　298p

01 ②	02 ④	03 ③	04 ①	05 ④
06 ②	07 ④	08 ②	09 ④	10 ④
11 ④	12 ④	13 ④	14 ④	15 ③
16 ③	17 ④	18 ②	19 ①	20 ③
21 ①	22 ④	23 ②	24 ②	25 ③
26 ①	27 ③	28 ②	29 ④	30 ③
31 ②	32 ②	33 ①	34 ④	35 ③
36 ④	37 ②	38 ③	39 ③	40 ②
41 ②	42 ④	43 ②	44 ②	45 ①
46 ②	47 ③	48 ②	49 ③	50 ②
51 ①	52 ①	53 ③	54 ③	55 ②
56 ②	57 ①	58 ③	59 ②	60 ③

01 ②

모든 스위치가 OFF상태에서 기기 등에 의해 소멸되는 방전 전류를 암 전류라고 한다.

02 ④

유니버설 조인트는 자재 이음으로 축의 각도 변화에 대응하기 위해 설치되어 있다.

03 ③

트랙 장력이 너무 강할 때 미치는 영향
- 트랙 아이들러, 캐리어 롤러, 트랙 롤러의 축 및 부싱 마모
- 종 감속장치, 링 기어 및 구동 스프로킷 기어 마모 촉진
- 주행 저항이 커지고 모래, 돌, 눈 등이 끼어 트랙의 장력이 강해져 각부에 무리한 힘이 작용
- 롤러의 전동면 구동 스프로킷의 지면 및 링크의 상면 등의 마모 촉진

04 ①

유압식 조향장치에서 조향이 안 되는 원인
- 오일 호스나 부품 속에 공기가 들어 있을 때
- 공급되는 유압이 낮을 때
- 제어 밸브가 고착되었을 때
- 구동 벨트의 유격이 클 때
- 유압 오일이 부족할 때

05 ④

브레이크 회로 내에 잔압을 두는 이유는 작동지연과 오일 누설 및 베이퍼록을 방지하기 위함이다.

06 ②

고압 타이어 = 타이어 외경×타이어 폭 − 플라이 수
저압 타이어 = 타이어 폭 − 타이어 내경 − 플라이 수

07 ④

버킷 회전 제어 레버는 굴착기의 조종 레버가 아니다.

08 ②

투피스 붐 : 굴착 깊이를 깊게 할 수 있으며 다용도 사용이 가능하다.

오답 피하기

① **원피스 붐** : 가장 많이 사용되고 있는 형식으로 170도~178도 정도의 굴착 작업이 가능하다.
③ **백호스틱 붐** : 암의 길이가 길어 굴착 깊이를 깊게 할 수 있고 표토 제거 작업에 적합하다.
④ **회전형 붐** : 붐과 암 사이에 회전 장치를 설치하여 굴착기의 이동 없이 암을 360도 회전시킬 수 있다.

09 ④

굴착기의 상부 회전체는 360도 회전이 가능하다.

10 ④

카운터웨이트는 밸런스웨이트라고도 부르며 상부 회전체의 후부에 볼트로 고정되어 있어 작업 시 차체의 롤링을 완화하고 임계하중을 높인다.

11 ④

트랙은 슈, 슈볼트, 링크, 부싱, 핀 등으로 구성되어 있다.

12 ④

아웃트리거는 타이어식 굴착기에서 작업 중 차체의 진동으로 인한 전복 위험 및 작업 상태의 불안정을 방지하기 위한 장치이다.

13 ④

굴착작업의 1순환 사이클은 굴착-선회-덤프-선회-굴착 위치로 이루어진다.

14 ④

추진축의 휨이 발생하면 차체가 진동한다.

15 ③

트랙은 나사식과 유압식이 있으며 유압식은 그리스를 주입하여 아이들 롤러를 이동시키면서 트랙 장력을 조정한다.

16 ③

• **피벗 턴(완회전)** : 한쪽 주행 레버만 밀거나 당겨서 한쪽 트랙만 전, 후진시켜 회전하면 회전 반경이 커진다.
• **스핀 턴(급회전)** : 주행 레버 2개를 동시에 반대 방향으로 작동해 양쪽 트랙을 전, 후진시켜 회전하면 회전 반경이 작아진다.

17 ②

상부 회전체를 하부 추진체에 고정하는 것은 스윙 록 장치이다.

18 ②

타이어식 굴착기의 조향 방식은 전륜 조향식이며 유압식이다.

19 ①

우측 레버를 앞으로 밀면 붐이 내려가고 잡아당기면 붐이 올라간다.

20 ③

레버류의 조작력은 50kg 이하이고, 패달류 굴착기의 조작력은 90kg 이하이다.

21 ①

산업재해에서 경상해는 부상으로 1일 이상 14일 이하의 노동 상실을 가져오는 상해 정도를 말한다.

22 ②

그림의 안전표지는 안전모 착용을 지시하는 지시 표지이다.

23 ②

전기 작업 시 드라이버의 자루는 금속과 절연이 되어 있는 것을 사용한다.

24 ②

포말 소화기는 수용성 소화기로 전기의 감전을 유발하므로 사용을 금지해야 한다.

25 ③

아세틸렌 용접장치의 안전기는 가스 발생기와 가스 용기 사이에 설치한다.

26 ①

퓨즈가 없으면 작업을 중지하고 규정 용량의 퓨즈를 구입하여 교환하여야 한다.

27 ③

도로 굴착 작업 중 케이블 표지 시트가 발견 되었을 때에는 직하에 매설물이 있다는 것으로 해당 시설 관리자에게 연락을 취하여 그 지시에 따라 작업을 하여야 한다.

28 ②

지면으로부터 매설깊이 0.3m에 도시가스배관 보호판 또는 보호포 등이 있으면 직하에 가스배관 등이 묻혀 있음을 알리는 것이다.

29 ④

도시가스 사업이 허가된 지역에서 지하차도 굴착공사를 하고자 할 때에는 가스 안전 영향 평가서를 작성하여 제출하여야 한다.

30 ③

전력 케이블 등 지하 매설물을 보호하기 위하여 지하 0.3m 지점에는 표지 시트, 보호포 또는 보호판 등이 설치된다.

31 ②

건설기계를 변경할 목적으로 해체한 경우에는 구조 변경 검사를 받아 용도에 맞추어 사용할 수 있다.

32 ②

폐기 요청을 받은 건설기계를 폐기하지 아니하거나 등록번호를 폐기하지 아니한 자에 대한 벌칙은 1년 이하의 징역 또는 1천만 원 이하의 벌금형을 받는다.

33 ①

정기검사 유효기간 산정 기산일은 정기검사 유효기간 내에 검사를 받은 경우에는 유효기간 만료일 다음 날부터 기산하며 검사기간이 지난 경우에는 검사 받은 다음 날부터 산정 기산한다.

34 ④

건설기계가 사용되고 있을 때에는 검사연기 사유에 해당되지 않으며 검사기간을 지난 후에도 계속 사용하고자 할 경우에는 기간 내에 검사를 받아야 한다.

35 ③

건설기계 등록번호표의 반납은 10일 이내 시 · 도지사에게 반납하며 만일 기간이 초과되었을 때에는 과태료가 부과된다.

36 ④

언어 분별력은 80퍼센트 이상이어야 한다.

37 ④

도로교통법은 도로에서 일어나는 교통상의 모든 위험과 장해를 방지하고 제거하여 안전하고 원활한 교통을 확보하는데 그 목적이 있다.

38 ③

편도 2차로 이상의 고속도로에서 건설기계의 법정 최고속도는 시속 80km이다.

39 ③

도로 모퉁이로부터 5m 이내는 주정차 금지 장소이다.

40 ②

그림의 교통안전표지는 좌우로 이중 굽은 도로표지이다.

41 ②

라디에이터의 냉각수 주입량으로 계산하여 막힘률이 20% 이상의 차이가 발생하였을 때에는 신품으로 교환하여야 한다.

42 ②

인젝터는 전자제어 디젤엔진의 연료 분사 노즐을 말하는 것으로 솔레노이드 코일의 저항과 작동음, 연료의 분사량과 분사압력 등을 점검한다.

43 ②

냉각장치의 팬 벨트가 풀리의 밑 부분에 접촉되면 벨트가 미끄러져 회전이 불량해진다.

44 ②

내연기관은 피스톤→커넥팅로드→크랭크축→플라이휠 순서로 동력이 전달되며 클러치를 통해 바퀴까지 전달된다.

45 ①

오일의 점도가 높아지면 유압도 높아진다.

46 ②

프라이밍 펌프는 엔진이 정지된 상태에서 연료계통의 공기를 배출하여 연료를 공급하고자 할 때 사용한다.

47 ②

정전기는 이동하지 않고 물질에 정지하고 있는 전기이다. 물질에서 이동하는 전기는 동전기라고 한다.

48 ②

전해액은 순도가 높은 무색 무취의 진한 황산과 증류수를 혼합한 묽은 황산으로 극판과의 화학작용에 의해 얻어진 전류를 저장하고 발생하는 셀 내부의 전기적 도체이다.

49 ③

좌 · 우측 전조등의 회로는 복선식을 사용하며 회로는 병렬로 연결되어 있다.

50 ②

교류 발전기의 특징
- 저속에서도 충전이 가능하다.
- 회전부에 정류자가 없어 허용 회전 속도 한계가 높다.
- 실리콘 다이오드로 정류하므로 전기적 용량이 크다.
- 소형 경량이며 브러시 수명이 길다.
- 전압 조정기만 필요하다.
- 극성을 주지 않는다.
- 컷 아웃 릴레이의 작용은 실리콘 다이오드가 한다.

51 ①

압력의 단위로는 kgf/cm2, psi, bar, mpa, mmhg 등이 있다.

52 ①

펌프의 흡입구를 탱크의 밑면에 설치하면 이물질 등의 유입으로 회로의 막힘이 발생된다. 따라서 탱크 밑면에서 약간 올려 설치하는 것이 좋으며 흡입구와 복귀구 사이에는 격리판을 설치하여 복귀 시 발생되는 기포로부터 보호를 해주어야 한다.

53 ③

유압장치에서 유압의 제어 방법에는 압력 제어, 유량제어, 방향제어가 있다.

54 ③

유압 모터의 특징
- 무단 변속이 용이하다.
- 신호 시에 응답성이 빠르다.
- 관성력이 작으며, 소음이 적다.
- 소형으로 큰 힘을 낼 수 있으며, 가볍다.
- 작동이 신속하고 정확하다.
- 정 · 역회전 변화 제어가 가능하다.

55 ②

그림은 유압기호에서 스트레이너를 나타낸다.

56 ②

더스트 실은 피스톤 로드 가장 바깥쪽에 설치된 실로서 오일의 누출을 방지하면서 외부에서 오염 물질 등의 유입을 방지하는 역할을 한다.

57 ①

토출유량의 단위에는 GPM과 LPM이 있으며 이는 G/min, L(ℓ)/min을 말한다.

58 ③

유압장치의 부품은 경유를 사용하여 세척하여야 한다.

59 ②

셔틀 밸브 : 1개의 출구와 2개 이상의 입구를 지니고 있으며 출구가 최고 압력 쪽 입구를 선택하는 기능을 가진다.

`오답 피하기`

① **교축 밸브** : 통로의 단면적을 바꿔 감압과 유량을 조절하는 기능을 가진다.
③ **감압 밸브** : 리듀싱 밸브라고 하며 사용목적에 따라 유압이 높을 때 감압하여 일정한 압력을 유지하는 기능을 가진다.
④ **순차 밸브** : 2개 이상의 분기회로에서 작동 순서로 압력을 제어하는 기능을 가진다.

60 ③

유압유가 열화되면 심한 악취와 함께 갈색으로 변한다.

01 ②	02 ②	03 ③	04 ①	05 ①
06 ②	07 ④	08 ④	09 ③	10 ④
11 ④	12 ②	13 ④	14 ①	15 ③
16 ④	17 ②	18 ①	19 ①	20 ③
21 ③	22 ②	23 ④	24 ④	25 ①
26 ②	27 ②	28 ①	29 ①	30 ④
31 ②	32 ③	33 ③	34 ②	35 ②
36 ②	37 ①	38 ②	39 ④	40 ①
41 ①	42 ①	43 ③	44 ③	45 ①
46 ④	47 ④	48 ①	49 ④	50 ③
51 ②	52 ②	53 ④	54 ②	55 ③
56 ④	57 ①	58 ②	59 ③	60 ①

01 ②

양중작업은 지양하되 부득이할 경우 반드시 안전조치 사항을 강구한다.

02 ②

냉각수에 오일이 유입되는 주원인으로는 헤드 볼트의 이완, 개스킷 파손, 실린더 블록 및 실린더 헤드의 변형이나 균열, 수냉식 오일 쿨러 파손 등이 있다.

03 ③

연료 주입구는 배기관으로부터 30cm, 전기개폐기로부터는 20cm 이상 떨어져 설치해야 안전하다.

04 ①

스로틀 레버는 링키지나 와이어로 가속 페달에 연결되어 있어 굴착기를 정차할 경우 공전 및 저속의 위치에 놓아야 한다.

05 ①

아워미터는 엔진 운전 시간을 나타낸다.

06 ②

사용 압력에 따라 고압, 저압, 초저압 타이어가 있으며 중장비는 대부분 저압 타이어가 사용되나 굴착기는 고압 타이어도 사용한다.

07 ④

변속기는 엔진 시동 시 엔진을 무부하 상태로 하고 엔진의 회전력 증대와 장비 후진을 위하여 필요하다.

08 ④

릴리스 베어링은 영구 주유식으로 세척유로 세척하면 안 된다.

09 ③

베이퍼 록은 유체가 흐르는 관로에서 열에 의해 가열 · 기화되어 유체의 흐름을 방해하는 현상이다.

10 ④

굴착기 붐 제어 레버를 계속 상승 위치로 당기고 있으면 붐 실린더의 압력이 과도하게 상승되어 릴리프 밸브에서 채터링 현상이 생겨 시트가 손상될 수 있다.

11 ④

센터 조인트는 배관의 일종인 기계적 이음체로서 상부 회전체의 회전에도 영향을 받지 않으며 상부 회전체의 오일을 하부 주행모터에 공급하는 장치이다.

12 ②

- **트랙을 팽팽하게 하고 작업하는 장소** : 모래, 습지, 진흙, 수풀이 우거진 땅 등 부드러운 곳
- **트랙을 느슨하게 하고 작업하는 장소** : 바위가 깔린 땅, 지반이 단단한 땅 등

13 ④

슈의 종류에는 단일 돌기, 2중 돌기, 3중 돌기, 4중 돌기, 습지, 고무, 암반용, 평활 슈 등이 있다.

14 ①

고무 호스는 수리하여 사용할 수 없으며 고압 호스로 교환하여야 한다.

15 ③

센터 조인트는 상부 회전체의 회전에 영향을 받지 않고 상부 회전체의 오일을 하부 주행모터에 공급하기 위한 장치이다.

16 ④

추진축은 타이어형 굴착기에서 동력 전달 장치로 사용된다.

17 ②

굴착기의 버킷 용량은 m^3으로 표시한다.

18 ①

선회(스윙) 록 장치는 굴착기의 상부 회전체와 하부 추진체를 고정하는 장치이다.

19 ①

유압 실린더를 교환하였을 경우에는 회로를 설치한 다음 시동을 걸어 누유 여부를 점검하고 공기빼기 작업을 한 후 작동 상태를 점검하여야 한다.

20 ③

굴착기 주행 시 활지 또는 암반을 통과할 경우 엔진 속도는 저속으로 서행하여야 한다.

21 ③

불안전한 자세, 안전구의 미착용, 안전장치의 기능 제거는 불안전한 행동으로 인한 인적 결함에 속하며 방호장치는 물적 결함에 속한다.

22 ②

안전모의 소독은 약품을 이용한다.

23 ④

연소의 3요소는 불꽃을 발생할 수 있는 점화원, 가연성 물질과 산소 등이다.

24 ④

적색 원형을 바탕으로 만든 안전 표시판은 금지표시이다.

25 ①

격리형 방호장치에 대한 설명이다.

26 ②

수공구의 사용법과 성능, 안전 수칙을 숙지하고 공구를 사용하면 안전사고를 방지할 수 있다.

27 ②

폭 4m 이상 8m 미만인 도로에서 일반 도시가스배관을 매설 시 지면과 도시가스배관 상부와의 최소 이격거리는 1.0m 이상이고 노면과의 이격거리는 1.2m 이상이다.

28 ①

저압배관은 황색(노랑색)으로 사용압력은 0.1mpa 미만이고 중압배관은 적색(빨강색)으로 0.1mpa~1mpa 미만이다. 그러므로 0.5~0.8mpa 정도는 적색의 배관에 속한다.

29 ①

도시가스 배관 주위 1m 이내에는 반드시 인력으로 굴착하여야 한다.

30 ④

지중선로 표시기에는 매설표지판, 지중선 표시기, 지중선로 표시지주 등이 있으며 지중선로 표시등은 없다.

31 ②

건설기계를 등록하고자 할 때에는 출처를 증명하는 서류를 첨부하여야 하며 제작증, 제원표, 매수증서 등을 첨부하여야 한다. 수입 장비의 경우에는 제작증 대신 수입면장을 첨부하여야 한다.

32 ③

건설기계를 취득한 날로부터 2개월 이내에 시·도지사에게 등록 신청을 하여야 한다.

33 ③

건설기계관리법령에서 건설기계의 주요 구조 변경 및 개조에서 기종의 변경과 적재함 용량의 변경은 할 수 없다.

34 ②

건설기계 조종사면허 효력정지 기간에 건설기계를 조종한 경우 면허 취소에 해당된다.

35 ②

① 01 : 불도저
③ 03 : 로더
④ 04 : 지게차

36 ②

등록되지 아니한 건설기계를 조정하거나 운행한 자의 벌칙은 2년 이하의 징역 또는 2천만 원 이하의 벌금에 처한다.

37 ①

그림의 교통안전 표지는 차 중량 제한 표지이다.

38 ②

서행은 운전자가 차를 즉시 정지시킬 수 있는 느린 속도로 진행하는 것을 말한다.

39 ④

도로교통법에서 정한 앞지르기 금지장소에는 교차로, 터널 안, 다리 위, 도로의 구부러진 곳, 비탈길의 고갯마루 부근, 가파른 비탈길의 내리막 또는 지방 경찰청장이 안전표지에 의해 지정한 곳이 있다.

40 ①

술에 만취한 상태(혈중 알코올 농도 0.08% 이상)에서 건설기계를 조종한 자는 면허 취소 처분을 받는다.

41 ①

디젤 엔진에만 있는 예열플러그는 시동을 도와주는 장치이며 단선되면 시동이 어렵다. 단선 원인으로는 과대 전류 흐름, 엔진 과열 상태에서의 잦은 예열, 예열플러그 설치 불량 등이 있다.

42 ①

연료의 공급이 불완전할 때 디젤 엔진의 부조화 현상이 발생한다.

43 ③

윤활유의 기능은 마찰감소, 마멸방지, 밀봉작용, 냉각작용, 세척작용, 응력 분산작용, 방청작용 등이 있다.

44 ③

압력식 라디에이터 캡의 작동은 냉각장치 내부의 압력이 규정압력보다 높을 때 공기 밸브가 열리고 진공 밸브는 닫힌다. 반대로 내부압력이 낮을 때 진공 밸브가 열리고 공기 밸브는 닫힌다.

45 ①

디젤 연료 공급 시 공기빼기는 연료장치 → 공급 펌프 → 연료 여과기 → 분사 펌프 순서로 진행된다.

46 ④

운전석 계기판에서 온도 게이지가 "H" 위치에 근접해 있다면 엔진이 과열되었다는 것으로 작업을 일시중단하고 오일 체크 후 냉각계통을 점검하여 수리·보완한 후 작업을 결정한다.

47 ④

충전장치(발전기)는 전기장치에 전력을 공급한다.

48 ①

납산 축전지를 방전 상태로 방치하면 극판에 부착된 황산이 떨어져 나오지 못하기 때문에 영구 황산납이 되어 축전지를 사용할 수 없게 된다.

49 ④

플래셔 유닛은 깜빡이 릴레이라고 부르며 방향지시등의 점멸을 위한 릴레이를 말하는 것이다.

50 ③

그롤러 테스터 : 전기자의 단선, 단락, 접지시험
① **타코 메타** : 회전계
② **드웰 테스터** : 배전기 캠각 테스터
④ **멀티 테스터** : 전류, 저항, 전압 등의 측정

51 ②

작동유의 워밍업 온도는 27~30℃ 정도이고 정상 작동 온도는 40~80℃, 한계 온도는 80℃, 위험 온도는 100℃이다.

52 ②

나선 와이어 형식은 유압 호스의 고무층 사이에 가는 철선이 나선 모양으로 감겨있는 형식으로 나선층의 수에 따라 고압사용 여부가 결정된다.

53 ④

계통 내의 유압의 설정은 릴리프 밸브가 하는 일이다.

54 ②

기어 펌프는 소형, 경량이고 구조가 간단하여 수리가 쉽고 플런저 펌프에 비해 흡입력이 좋으나 효율이 낮고 초고압에는 사용이 곤란하다.

55 ③

유압장치에서 기포가 생기며 기포가 파괴되어 국부적 고압이나 소음을 발생시키는 현상을 캐비테이션(공동현상)이라 한다.

56 ④

오답 피하기
① 어큐뮬레이터
② 압력계
③ 첵 밸브

57 ①

액추에이터는 유압에 의해 작동되는 작동기로 직선운동을 하는 유압 실린더와 회전운동을 하는 유압 모터가 있다.

58 ②

압력 제어 밸브는 일의 크기를 결정하는 릴리프 밸브, 시퀀스 밸브, 리듀싱 밸브, 언로더 밸브, 카운터 밸런스 밸브가 있으며 체크 밸브는 일의 방향을 결정하는 방향 제어 밸브이다.

59 ③

유량 제어 밸브가 액추에이터 입구에 설치된 형식은 미터인 회로이고 액추에이터의 출구에 설치된 형식을 미터 아웃이라 하며 블리드 오프 회로는 회로를 병렬로 구성하여 사용하는 형식이다.

60 ①

유압계통을 흐르는 유량 및 용량에 의해 모든 유압기기의 작동 속도가 결정된다.